HISTOIRE
DU
PANTHÉISME POPULAIRE
AU MOYEN AGE
ET
AU SEIZIÈME SIÈCLE

THÈSE

PRÉSENTÉE

A LA FACULTÉ DE THÉOLOGIE PROTESTANTE DE MONTAUBAN

ET SOUTENUE PUBLIQUEMENT

Le 31-2 1875, à 2 5 heures du

POUR OBTENIR LE GRADE DE LICENCIÉ EN THÉOLOGIE

PAR

AUGUSTE JUNDT

de Strasbourg.

STRASBOURG

TYPOGRAPHIE DE G. FISCHBACH

1875

A M. LE PROFESSEUR

CHARLES SCHMIDT

MON MAITRE

A. JUNDT.

RÉPUBLIQUE FRANÇAISE.

UNIVERSITÉ DE FRANCE.

ACADÉMIE DE TOULOUSE.

FACULTÉ DE THÉOLOGIE PROTESTANTE
DE MONTAUBAN.

PROFESSEURS :

MM. Sardinoux ✳, doyen : Exégèse et critique du Nouveau Testament.
Nicolas ✳ : Philosophie.
Pédézert : Littérature grecque et latine.
Bois : Morale et éloquence sacrée.
Monod : Dogmatique.
Bonifas : Histoire ecclésiastique.
Bruston : Hébreu et critique de l'Ancien Testament.

Président de la soutenance :

M. BONIFAS.

Examinateurs :

MM. Bonifas.
Nicolas.
Bois.

La Faculté ne prétend ni approuver ni désapprouver les opinions particulières du candidat.

HISTOIRE

DU

PANTHÉISME POPULAIRE

AU MOYEN AGE

ET

AU SEIZIÈME SIÈCLE

PRÉLIMINAIRES

Introduction. — Le Néoplatonisme. — Denys de l'Aréopage (Pseudo-Denys). — Scot Érigène. — Joachim de Flore.

L'Église chrétienne des premiers siècles avait subi sans le vouloir l'influence de la philosophie païenne. Mise subitement en contact, par suite de son rapide développement, avec les systèmes de la sagesse antique et les récentes spéculations de la gnose orientale, elle n'avait pas su résister complétement aux séductions d'une civilisation plus raffinée, qui paraissait se dédommager du terrain qu'elle perdait dans les masses en envoyant à sa rivale ses meilleurs représentans. Justin Martyr, Clément d'Alexandrie, saint Augustin apportèrent dans l'Église la science et la méthode des écoles qu'ils avaient visitées avant leur conversion; d'autres, nés chrétiens, comme Origène, Grégoire de Nazianze, saint Basile et son frère Grégoire de Nysse, allèrent puiser dans les lettres grecques des trésors intellectuels qu'ils ne se firent pas faute de transplanter dans le sol de l'Évangile. Le platonisme, qui avait eu la force de briser un instant les barrières immuables du judaïsme, devait trouver bien plus facilement accès dans une religion qui venait de naître et dont la métaphysique était encore renfermée à l'état rudimentaire dans la tradition et les écrits apostoliques.

L'influence de la culture païenne sur la théologie ecclésiastique fut double. La lutte contre l'hérésie obligea les défenseurs de la foi de s'approprier la méthode dialectique de leurs adversaires; ce côté formel de la science s'imposa de plus en plus à l'esprit des docteurs chrétiens, et fut l'instrument indispensable de l'activité dogmatique intense qui s'éveilla dans l'Église à l'époque de Constantin. D'un autre côté, certains principes philosophiques pénétrèrent de bonne heure dans l'ensemble des notions dogmatiques de l'Église sous le patronage de noms illustres. L'école d'Alexandrie nous présente la fusion de ces deux élémens opposés. Il n'y eut pas jusqu'à l'Église d'Occident, si positive dans sa doctrine depuis que Tertullien lui avait imprimé son esprit éminemment romain, qui ne ressentit à un moment donné l'influence de ce nouveau courant d'idées. Le traité de saint Ambroise de Milan sur le paradis est tout plein d'allégories alexandrines, et même chez saint Augustin, l'adversaire décidé de tout spiritualisme intellectualiste, nous rencontrons des pages qu'on dirait empruntées à Platon.

Cette double influence continue à se faire sentir dans la théologie chrétienne pendant la seconde période de son développement. La méthode et la doctrine des écoles d'Athènes et d'Alexandrie survivent à l'affaissement général des esprits pendant le septième et le huitième siècle, et s'incarnent au moyen âge en deux créations distinctes. La forme dialectique de l'ancienne philosophie, jointe aux aspirations dogmatiques de la nouvelle société chrétienne qui s'élève sur les ruines du monde romain, donne naissance à la scolastique, tandis que la métaphysique grecque, transmise d'âge en âge, produit, à côté de plusieurs systèmes philosophiques grandioses, une longue suite de sectes populaires, unies en une même famille par la similitude des doctrines, et s'efforçant de réaliser les conséquences pratiques de ce panthéisme traditionnel, qu'elles confondent avec le christianisme sur l'autorité de quelques docteurs éminens.

C'est ce dernier côté de l'influence de la culture antique sur la vie intellectuelle et morale au moyen âge qui fera le sujet de ce travail. Ici la doctrine ecclésiastique ne constitue plus le principe fondamental de la pensée philosophique, comme c'est le cas pour la scolastique : elle a cédé le pas aux conceptions alexandrines, pour devenir à son tour le principe purement formel d'une spéculation hétérodoxe.

Cette étude nous permettra de jeter un coup d'œil sur la vie spirituelle du peuple au moyen âge, domaine encore peu connu de nos jours et qui mérite certainement de fixer l'attention, s'il est vrai que dans l'histoire de l'Église comme dans l'histoire profane les faits extérieurs n'ont d'importance qu'à la condition d'être reliés à la vie intérieure des populations.

Vers le milieu du troisième siècle, le néoplatonisme, corrigeant ce qu'il y avait d'irrationnel dans le dualisme gnostique, avait essayé de rallier en un faisceau les forces éparses du paganisme pour livrer à la religion nouvelle un combat décisif. De l'Égypte, sa patrie, il s'était rapidement répandu dans le monde romain, grâce à la propriété exceptionnelle qu'il possédait de convenir à toutes les croyances, à une époque qui n'a pas son égale pour la variété des opinions religieuses. Il était la quintessence de tous les systèmes antérieurs, le couronnement de l'édifice philosophique de l'antiquité; il justifiait au moyen d'un même principe l'idéalisme le plus raffiné et la superstition la plus grossière. Partant d'une notion de la divinité assez obscurément entrevue par Platon[1], il définissait le principe premier des choses comme l'être suprême, τὸ ἕν, l'essence indéterminée en qui tous les contraires sont identiques. De cet être purement négatif, obtenu par l'abstraction, il faisait dériver les réalités visibles et invisibles au moyen d'une série d'émanations dont la première était le νοῦς, l'intelligence divine renfermant en elle le monde idéal, le κόσμος νοητός de Platon, et la dernière la matière ou le monde visible, κόσμος αἰσθητός, organisé par la ψυχή divine ou l'âme universelle, seconde effluve de l'être infini. Entre ces deux mondes il y avait place pour toute la mythologie païenne. Mais le néoplatonisme voulait être avant tout une religion. A cet effet, il enseignait à l'homme que le but de son existence terrestre était de préparer son retour dans l'unité divine au moyen de l'abstraction intellectuelle (ἁπλῶσις) et de l'ascétisme, et il entrevoyait le terme de cette évolution (ἀναγωγή), non dans la contemplation des réalités suprêmes contenues dans l'intelligence divine (θεωρία), mais dans l'anéantissement de la personnalité elle-même au sein de Dieu (ἕνωσις).

Cette doctrine pénétra dans l'Église à partir du sixième siècle, et engendra un puissant courant d'idées dont les dernières manifestations expirent à l'époque des réformateurs.

Dans une discussion publique qui eut lieu à Éphèse en 531 entre les monophysites Sévériens et les orthodoxes, les monophysites produisirent à l'appui de leur manière de voir les œuvres de Denys de l'Aréo-

---

[1] Voyez entre autres *Timée*, édit. Stalb., p. 114.

page, premier évêque d'Athènes et disciple de Paul. Hypatius, l'archevêque d'Éphèse, déclara sans valeur le témoignage de ces livres, par la raison qu'aucun écrivain antérieur n'en garantissait l'authenticité. Malgré cette opposition, ces écrits ne tardèrent pas à être universellement acceptés par l'Église tant en Occident qu'en Orient, grâce au patronage illustre sous lequel l'auteur[1] avait pris soin de les placer.

Dieu y est représenté comme l'essence infinie, absolument élevée au-dessus de toute relation et de toute dénomination[2]. Inconnu à lui-même, il se manifeste au moyen d'une série d'émanations comprenant les attributs divins, les types éternels des choses visibles renfermés dans la nature spirituelle des anges, les âmes humaines et les natures diverses qui composent le monde matériel[3]. L'être divin donne la substance à tout ce qui existe; il est l'essence de toutes choses[4]. Il est donc également vrai de dire qu'aucun nom ne convient à Dieu et que tous les noms lui conviennent. A ce second degré de la vie divine nous rencontrons la distinction des personnes trinitaires[5]. Mais quelle est la valeur de cette distinction? « La paternité et la filialité divines, lisons-nous, proviennent de la non-paternité et de la non-filialité; c'est d'elles que sont issus les dieux et les fils des dieux, les pères des dieux et les esprits semblables à Dieu, ainsi nommés parce que cette paternité et cette filialité leur sont intégralement communiquées d'une manière spirituelle, c'est-à-dire immatérielle, intellectuelle. L'esprit divin primitif, au contraire, est au-dessus de toute immatérialité intellectuelle et de tout devoir; il n'y a pas ressemblance complète entre les causes et les effets[6]. » Si donc il est question quelquefois dans ces écrits de personnes divines dans le sens ecclésiastique, l'auteur nous invite lui-même à ne pas nous arrêter à ces expressions, mais à ne voir dans le nom de ces personnes que des catégories d'êtres célestes inférieurs à l'unité suprême, à laquelle seule appartient la réalité absolue. Dieu étant l'essence de toutes choses, connaît toutes choses dans la connaissance qu'il a de lui-même[7]. Il ne connaît point le mal : le mal ne possède ni substance ni puissance

---

[1] Cet écrivain inconnu, probablement originaire d'Alexandrie et vivant dans la seconde moitié du cinquième siècle, reconnaît lui-même sa dépendance vis-à-vis de la philosophie de son temps: *De nom. div.*, II, 4.

[2] *De theol. myst.*, I, 2. — *De nom. div.*, I, 1. — *De hier. eccl.*, II, 3.

[3] *De nom. div.*, IV, 4.

[4] *De hier. cœl.*, IV, 1. *De nom. div.*, V, 4.

[5] *De nom. div.*, II, 3; II, 5.

[6] *De nom. div.*, II, 8. On comprend sans peine comment les monophysites ont pu faire servir une pareille doctrine dans l'intérêt de leur cause.

[7] *De nom. div.*, VII, 2.

créatrice, il n'est qu'un manque de perfection dans les créatures. Dieu connaît le mal par le bien[1]. Le mal étant ainsi défini comme le non-être, et le bien comme la plénitude de l'être[2], il s'ensuit que le mal n'est qu'un accident qui doit s'évanouir. Toutes choses sont appelées à rentrer dans l'unité divine. Le salut du monde a pour base cette vérité que rien de ce qui est ne peut tomber dans le néant[3]. La succession des émanations divines ou la hiérarchie céleste, divisée en trois triades d'anges d'après un passage de saint Paul, nous rend possible ce retour en nous présentant les degrés successifs de notre ascension vers le ciel[4]. C'est également dans ce but qu'a été instituée la hiérarchie ecclésiastique, image de la précédente, et divisée en trois triades ecclésiastiques : le liturge administrant le baptême aux catéchumènes, le prêtre offrant la sainte-cène aux purifiés, l'évêque conférant l'onction aux initiés ou parfaits. « L'âme humaine n'a atteint le but auquel elle est appelée, que lorsqu'elle s'est plongée dans les ténèbres où habite celui qui est au-dessus de toutes choses, dans l'abîme de la non-connaissance où s'évanouissent toutes les distinctions, où elle s'unit parfaitement avec celui qu'on ne peut connaître, en le connaissant au delà de toute connaissance[5]. »

Le système de Denys de l'Aréopage reparut vers le milieu du neuvième siècle dans les écrits d'un profond penseur, originaire d'Irlande ou d'Écosse, qui continua à la cour de Charles-le-Chauve la tradition littéraire des écoles du palais, grâce à la science qu'il avait acquise dans les monastères de l'île des saints. La figure de Scot Érigène est une apparition étrange en ces temps de ténèbres. Il brille pendant quelques années du plus vif éclat à la cour de France, imprime aux querelles théologiques la marque originale de son génie philosophique, puis disparaît aussi mystérieusement qu'il était apparu, laissant à la postérité le soin de juger une doctrine que ses contemporains avaient soupçonnée d'hérésie, mais qu'ils n'avaient pas assez comprise pour la condamner.

« S'occuper de philosophie, dit-il, qu'est-ce sinon exposer les règles de la vraie religion, dans laquelle la cause suprême et principielle de toutes choses, Dieu, est adorée avec humilité et recherchée par voie rationnelle ? De là il résulte que la vraie philosophie est la vraie religion, et que la vraie religion est la vraie philosophie[6]. » Cette identification des deux domaines est le caractère général de la science au

---

[1] *De nom. div.*, IV, 20, 24, 30. — [2] Ibid., IV, 34. — [3] Ibid., VIII, 9. — [4] *De hier. coel.*, III, 2. — [5] *De theol. myst.*, II, 3. — [6] *De praedest.*, I, 1.

moyen âge, auquel notre auteur appartient déjà pour autant qu'il dépasse son époque. Il importe seulement de savoir si la prédominance de l'élément chrétien fera de lui le créateur de la scolastique, ou si celle de l'élément philosophique en fera l'initiateur du panthéisme au moyen âge.

« La nature universelle, nous apprend-il, se divise en quatre catégories : l'être qui n'est pas créé et qui crée, l'être qui est créé et qui crée, l'être qui est créé et qui ne crée pas, l'être qui n'est pas créé et qui ne crée pas. La première et la dernière de ces catégories se rapportent à Dieu ; elles ne diffèrent que dans notre entendement, suivant que nous considérons Dieu comme principe ou comme but final du monde[1]. » Telles sont les grandes lignes de son système.

Suivant Scot Érigène « deux méthodes intellectuelles conduisent à Dieu : l'une par voie de négation (ἀποφατική), qui fait table rase de toutes nos représentations de la divinité, l'autre par voie d'affirmation (καταφατική), qui applique à Dieu toutes nos conceptions intellectuelles sans en excepter aucune, nos qualités et même nos défauts[2]. Ces deux méthodes, loin de s'exclure, n'en forment qu'une, laquelle consiste à concevoir Dieu comme l'être au-dessus de toute essence, de tout bien, de toute sagesse, de toute divinité, comme le néant inaccessible à l'intelligence, au sujet duquel la négation est plus vraie que l'affirmation, et qui demeure inconnu à lui-même[3]. »

Cet être infini se révèle au moyen de « théophanies, » c'est-à-dire par la série des créatures qui émanent de lui. Il devient ainsi accessible à l'intelligence, « de même que la lumière, pour devenir sensible à l'œil, a besoin de se répandre dans l'air. » Ce n'est pas en vertu d'un mouvement subit de sa nature que Dieu crée ce qui existe : « être, penser et agir se confondent pour lui en un seul et même état. Dieu crée toutes choses, ne signifie rien d'autre que : Dieu est en toutes choses. De lui seul on peut dire qu'il est ; le monde n'existe qu'en tant qu'il participe à l'être de Dieu[4]. »

Dieu n'est donc pas seulement essence infinie, il est encore à lui-même sa propre manifestation ; « il est tout à la fois substance et accident, le maître universel et le temps et l'espace, créateur au-dessus de toute créature et créé au dedans de toute créature ; infini il devient fini, invisible il devient visible, éternel il commence à être, immobile il se meut par lui-même vers lui-même et devient toutes choses en toutes cho-

---

[1] *De div. nat.*, II, 1. — [2] Ibid., II, 1 ; I, 16. — [3] Ibid., II, 19 ; II, 28. — [4] Ibid., I, 74 ; II, 20 ; I, 10.

ses. Et ce n'est pas de l'incarnation du Verbe qu'il est question ici, mais de la descente ineffable de la bonté suprême, qui est unité et Trinité, vers les choses qui sont, afin qu'elles soient. Dieu se multiplie en lui-même à l'infini par les genres et les espèces, sans cesser d'être un en lui-même, et il rappelle en lui l'infinité de la multiplication de son propre être. Il n'existe hors de lui ni néant ni matière dont il aurait fait le monde ; il puise en lui-même le mobile de ses théophanies ; il est dans la matière de ce monde pour autant qu'elle participe à l'existence. Dieu est une unité multiple en elle-même ; il est le commencement, le milieu, la fin ; il est l'effluve hors de sa propre essence, le mouvement au sein de la contingence et le retour en lui-même. Tout ce qui est en Dieu est éternel comme lui ; le créateur et la créature sont un [1]. »

Cependant il convient d'établir quelques distinctions dans cet ensemble de natures issues du principe suprême. Au sommet de la série des émanations divines se trouvent les types universels des objets visibles ; leur unité forme le Verbe divin [2]. Ici se présente la doctrine de la Trinité que Scot Érigène essaie vainement de concilier avec son système. « Le Père, dit-il, a déposé dans le Verbe les causes essentielles et primordiales des choses ; le Saint-Esprit dérive les effets de ces causes, c'est-à-dire il fait descendre ces causes dans la variété des genres et des espèces, dans le domaine de la quantité et de la qualité. Les types éternels produisent ainsi les essences célestes et spirituelles, dépourvues de corps matériel, puis celles qui ont pour corps la simplicité des élémens premiers, et enfin les êtres qui composent le monde sensible ; et malgré ces manifestations successives ils demeurent éternellement et sans changement au sein de la Sagesse divine [3]. » Nous sommes loin ici des formules ecclésiastiques : la philosophie a absorbé le dogme. Le Fils n'est qu'un simple milieu métaphysique, et le Saint-Esprit une force inhérente aux idées universelles qui les porte à se réaliser ici-bas. « Pourquoi le Verbe de Dieu est-il descendu dans les effets des causes ? » lisons-nous dans un passage caractéristique : « uniquement pour sauver, suivant son humanité, les effets des causes éternelles qu'il possède en lui suivant sa divinité, pour faire rentrer les effets dans leurs causes, et sauver ainsi tout ensemble les causes et les effets. Incompréhensible à toute créature avant de s'être incarné, il s'est incarné d'une certaine manière, il est descendu dans la connaissance des anges et des hommes au moyen d'une théophanie merveilleuse, ineffable et multiple sans

---

[1] *De div. nat.*, I, 7 ; III, 17 ; II, 6. — [2] Ibid., III, 1 ; V, 14. — [3] Ibid., II, 22.

fin. Si la Sagesse de Dieu n'était pas descendue dans les effets des causes premières, la raison d'être des causes aurait disparu; car, si les effets des causes avaient péri, aucune cause n'aurait pu subsister, de même que si les causes avaient péri, aucun effet n'aurait pu se maintenir. Ces deux termes sont corrélatifs : ils naissent et disparaissent ensemble[1]. » Ne nous arrêtons pas à cette explication allégorique de l'incarnation du Verbe. Le procès de la divinité hors d'elle-même pour rentrer en elle-même est ici clairement attribué à une nécessité métaphysique, symbolisée dans l'idée ecclésiastique de l'activité personnelle du Fils et du Saint-Esprit. Il faut que le Fils s'incarne, c'est-à-dire que les effets des causes se multiplient à l'infini pour que le monde visible et invisible soit sauvé, ou, en d'autres termes, pour qu'il rentre dans l'unité divine. Il faut que le principe de division, qui a fait sortir l'essence divine de son unité absolue, s'épuise en produisant tous ses effets, afin que cette unité puisse se recomposer. En vue de la réalisation de ce but final, les causes peuvent tout aussi peu se passer de leurs effets que les effets de leurs causes : la production des effets est le commencement de la rédemption du monde. « Le procès des créatures hors de Dieu et leur retour en Dieu sont deux principes inséparables pour l'intelligence; Dieu est le commencement de toute division et la fin de toute réunion[2]. » Quelle place donner à la Trinité dans un pareil système, à moins de ne voir dans les trois personnes que les formes relatives imposées à l'essence divine par suite de sa manifestation à elle-même, c'est-à-dire de simples accidents qui pénètrent aussi peu dans l'unité de l'être divin que les noms que portent les hommes, ou les relations qui les unissent, compromettent au point de vue réaliste l'unité de la nature humaine[3].

Au-dessous du monde des idées se trouve le séjour des quatre éléments, puis vient le monde visible, qui n'est que le produit des qualités du monde invisible devenues plus grossières, et ne possède aucune substance propre[4]. « L'homme est le dernier terme de cette descente de l'être infini dans le règne de la division; c'est par lui que commence le retour de toutes les substances dans leur unité primitive[5]. »

« Au nombre des causes suprêmes se trouvait l'homme, notion intellectuelle éternellement conçue par la pensée divine. Il était fait à l'image de Dieu et destiné à être le médiateur entre Dieu et la créature, le lieu de réunion des créatures en une seule et même unité. Si l'homme n'avait pas péché, la division des sexes ne se serait pas produite : il se-

---

[1] *De div. nat.*, V, 25. — [2] Ibid., II, 2; II, 5. — [3] Ibid., I, 14. — [4] Ibid., V, 15; I, 62. — [5] Ibid., II, 5.

rait demeuré dans l'unité primitive de sa nature. De plus, le monde n'aurait pas été séparé en lui du paradis, c'est-à-dire aurait habité spirituellement dans l'unité de son essence; le ciel et la terre ne se seraient pas séparés en lui, car tout son être aurait été céleste et sans aucun élément corporel. Sans la chute, il aurait joui de la plénitude de l'être et se serait reproduit à la manière des anges. La nature sensible ne présenterait pas en lui ses oppositions multiples, car il serait tout entier intelligence, une intelligence attachée sans discontinuer à son créateur, et il n'aurait jamais quitté le séjour des causes premières au milieu desquelles il a été placé. Le monde entier des créatures, créé en lui, ne souffrirait pas en lui de division. Mais parce que le premier homme est tombé par orgueil hors de la félicité suprême, l'unité de la nature humaine a été brisée en un nombre infini de variétés et d'existences particulières. C'est pourquoi la Providence a fait choix d'un nouvel homme, afin que la nature humaine, diversifiée dans l'ancien homme jusqu'à l'infini, fût ramenée en lui à l'unité primordiale [1]. » Ajoutons tout de suite que Scot Érigène fait lui-même justice de l'idée de la chute de l'homme primitif par péché d'orgueil : « Qu'Adam ait été réellement pendant un certain temps dans le paradis avant la chute, le soutienne qui pourra! jamais il ne se serait détourné de la perfection s'il avait pu la goûter un seul instant [2]. » Le moment qui a précédé la chute et le pouvoir de s'y soustraire n'ont donc jamais existé qu'à l'état de simple possibilité logique, comme tout principe pose idéalement son contraire. Loin d'avoir été le résultat de la liberté morale du premier homme, la chute n'a été que le produit d'une nécessité métaphysique, et, ce qui plus est, elle a eu lieu hors du monde, dans la sphère de l'intelligence divine. La conséquence en a été, non la corruption morale de l'espèce humaine, mais la naissance du monde visible. En un mot, ce n'est là qu'une nouvelle manière de formuler l'axiome fondamental de cette philosophie qui voit dans la manifestation de Dieu à lui-même le principe de toute division cosmique, en même temps qu'un essai de concilier cette vérité avec l'un des principaux dogmes de l'Église. La sphère humaine et la sphère divine se couvrent si bien dans la pensée de Scot Érigène que les différens momens de l'évolution des créatures sont ici représentés comme se succédant, non plus en Dieu, mais dans l'intérieur de l'homme. C'est dans l'homme que les créatures étaient réunies dans leur unité primordiale, c'est en lui qu'elles se sont diversifiées à

---

[1] *De div. nat.*, V, 20; II, 6; IV, 7; II, 9. — [2] Ibid., II, 25; IV, 15.

l'infini, c'est en lui qu'elles existent présentement dans leur état de division et de faiblesse. La conclusion en est que le monde visible n'existe qu'en apparence et que les phénomènes extérieurs ne sont que le reflet fugitif des modifications de l'être intellectuel, un en lui-même[1]. Fichte n'a pas craint de renouveler, à la fin du siècle dernier, ces conséquences d'un idéalisme absolu, qui sacrifie la notion de l'être individuel pour proclamer la seule réalité de la conception abstraite.

Le résultat final de la chute pour l'homme a été son entrée dans le domaine de la matière, avec la division des sexes et le mode grossier de la reproduction physique. L'âme a créé elle-même son corps, car le corps n'est qu'une image de l'âme, comme l'âme est une image de Dieu. Être rivé à la matière corruptible est le degré le plus bas de l'existence[2].

« Rien de ce qui est ne saurait tomber dans le néant; le terme de la chute de la nature humaine est le point de départ de son relèvement[3]. »

« L'homme ici-bas possède en lui les deux élémens qui composent la nature universelle, l'esprit et la matière; il réconcilie en lui les extrémités opposées de la création. Il est le médiateur entre Dieu et le monde, le point où toutes les créatures, tant spirituelles que matérielles, doivent se confondre en une seule unité. La nature humaine n'a rien perdu de sa pureté primitive par le fait de la chute; elle la conserve tout entière. Ce n'est pas en elle qu'est le siège du mal, mais dans les mouvemens pervers de notre libre volonté. Comme toute idée première, elle jouit d'une beauté impérissable; le mal ne réside que dans l'accident, dans la volonté individuelle. L'image de Dieu continue à subsister dans l'âme humaine[4]. »

« Tout être renferme nécessairement ces trois qualités : la substance, la puissance, l'activité. Dans l'âme humaine la substance s'appelle l'intelligence, la puissance raison, l'activité discernement. Trois domaines différens correspondent à ces trois forces : le discernement s'occupe des effets des causes premières, la raison conçoit ces causes elles-mêmes, et l'intelligence s'élève au-dessus de ces causes jusqu'à l'être inconnu de Dieu[5]. Les notions de l'intelligence humaine, comme celles de l'intelligence divine, sont la substance de toutes choses. L'intelligence, tant divine qu'humaine, est réellement tout ce qu'elle connaît. La Trinité de l'âme ne diffère pas substantiellement de la Trinité divine : elles ne forment qu'une seule et même Trinité[6]. » L'être intellectuel, éternelle

---

[1] *De div. nat.*, IV, 7. — [2] Ibid., II, 5; V, 7; II, 29. — [3] Ibid., V, 7; V, 20. — [4] Ibid., II, 5; V, 31; IV, 16. — [5] Ibid., II, 23. — [6] Ibid., IV, 9; II, 8; II, 23.

manifestation de l'être inconnu de Dieu, est représenté ici comme l'unité de toutes les intelligences particulières et comme l'unique réalité dans le monde.

C'est par l'intelligence humaine que s'opère le retour de la création en Dieu. Les objets extérieurs, conçus par nous, passent dans notre nature et s'unissent à elle. Ils y trouvent les causes premières, dans lesquelles ils rentrent par l'effet de notre pensée, qui sait entrevoir l'éternelle essence dans les phénomènes passagers et s'identifier intellectuellement avec Dieu. Ainsi les créatures visibles remontent avec nous en Dieu[1]. « Le Verbe est le principe et le but final du monde; il retrouve à la fin des temps l'infinie multiplicité de son propre être revenue en lui dans son unité originelle », ou, pour employer le langage allégorique qui réduit les faits de la révélation chrétienne au rôle de symboles et d'images de cette évolution de l'être divin : « Christ monte au ciel d'une manière invisible dans les cœurs de ceux qui s'élèvent à lui par la contemplation[2]. »

La mort physique est le commencement du retour de l'homme à Dieu. D'un côté la matière s'évanouit sans laisser de traces, de l'autre toutes les divisions successivement issues de l'unité divine et qui coexistent dans l'âme humaine, rentrent l'une dans l'autre. Le premier terme de cette unification universelle est le retour de l'homme dans l'état primitif de sa nature, telle qu'elle existe au ciel, sans la division des sexes. Le Christ ressuscité nous a précédés dans ce paradis de la nature humaine une en elle-même, dans lequel toutes les créatures sont un[3]. » Tous les hommes indistinctement rentreront dans l'unité de la nature humaine, car cette nature est la propriété commune de tous. Mais ici s'établit en eux une triple distinction. Ceux qui se sont élevés durant leur vie jusqu'à la contemplation de l'être divin, s'élèveront au-dessus de l'unité de leur nature céleste jusqu'à la déification; ceux qui n'auront pas dépassé le niveau ordinaire de l'existence terrestre, demeureront dans le séjour de la nature humaine glorifiée; ceux, au contraire, qui se seront livrés aux « mouvemens irrationnels d'une volonté perverse, » tomberont dans d'éternels supplices, sans que la nature humaine, qui forme le fond de leur être, soit atteinte dans sa félicité idéale par leurs souffrances. La conscience individuelle seule sera le siége de la douleur[4].

Cette division des hommes après la mort en trois catégories et sur-

---

[1] *De div. nat.*, V, 8; V, 25; V, 21. — [2] Ibid., V, 20; V, 38. — [3] Ibid., V, 7; II, 8; V, 20; V, 8. — [4] Ibid., V, 36; V, 31.

tout l'idée des peines éternelles romperaient d'une manière fâcheuse l'harmonie de ce système, si l'auteur n'était revenu lui-même en maint passage sur cette concession faite au dogme ecclésiastique. « Toutes choses, revenues dans l'essence divine, y demeureront dans une unité indivisible et immuable. Après l'anéantissement de ce monde, il ne subsistera aucune malice, aucune mort, aucune misère. La bonté divine absorbera la malice, la vie éternelle absorbera la mort, la félicité absorbera la misère. Le mal aura une fin; il n'a point de réalité en lui-même, car Dieu ne le connaît pas [1]. » Tout le traité de Scot Érigène sur la prédestination est consacré à l'exposition de cette même idée. Les peines éternelles sont absolument condamnées par la logique de son système.

Quant à l'identité finale de la créature et de Dieu, même juxtaposition d'opinions contraires. « La substance, libre de tout accident, se transforme en Dieu et devient Dieu, non en vertu de sa nature, mais par un effet de la grâce divine. Les créatures perdent aussi peu leur substance particulière dans leur union avec Dieu que le fer perd sa substance dans son union avec le feu [2]. » Ailleurs, au contraire, il est question de la « mort des saints en Dieu, » de « l'engloutissement du monde dans le néant de la divinité absolue : » l'auteur, il est vrai, s'empresse d'ajouter qu'il ne faut entendre par là que le retour du monde dans ses causes premières [3].

« Quand l'unité primitive sera reconstituée, Dieu n'engendrera pas une seconde création : tout demeurera éternellement dans un repos absolu [4]. » La logique aurait voulu que la manifestation de Dieu fût aussi éternelle que son essence. N'avons-nous pas lu qu'en Dieu la pensée, l'activité et l'être se confondent absolument ?

Malgré ces inconséquences, le système de Scot Érigène est une œuvre incomparable de profondeur spéculative, si l'on songe à l'état intellectuel de l'époque qui l'a vu naître. Nous lui pardonnons ses concessions à la doctrine de l'Église en nous souvenant que ce système appartient à une philosophie qui s'est vantée de s'accommoder à tous les cultes et à toutes les doctrines. Scot Érigène et tous ceux qui, au moyen âge, ont recueilli son héritage spirituel, croient fermement adhérer à la foi de l'Église, mais ils croient tout aussi fermement à la vérité de leur doctrine particulière. Ils essaient dès lors de concilier les deux ordres d'idées, soit en faisant des concessions à la théologie ecclésiastique, soit en

---

[1] *De div. nat.*, V, 27; V, 31. — [2] Ibid., V, 20; V, 8; III, 15. — [3] Ibid., V, 21. — [4] Ibid., II, 2.

spiritualisant celle-ci au profit de leurs propres théories. Dans le premier cas, ils subordonnent le dogme à la philosophie en le considérant comme un moyen d'éducation pour les âmes ignorantes et faibles, c'est-à-dire comme une *forme inférieure de la vérité pure* dont ils réservent la connaissance aux esprits éclairés[1]. Dans le second cas, ils revêtent leurs propres conceptions des formules de la doctrine traditionnelle et ne font de cette doctrine, au moyen de l'interprétation allégorique, que l'image préfigurative de la vérité supérieure. Mais quoi qu'ils fassent, la théologie de l'Église se trouve absolument subordonnée au système philosophique, de la même manière que plusieurs siècles auparavant les diverses doctrines qui s'étaient partagé le monde ancien se trouvaient subordonnées au principe de l'être absolu dans le néoplatonisme, et n'étaient considérées que comme des manifestations imparfaites de cette unique vérité. Durant tout le cours du moyen âge, nous retrouverons ce même phénomène si surprenant d'une conscience partagée entre deux ordres de vérités absolument différens et qui croit les concilier lorsqu'involontairement elle sacrifie l'un à l'autre.

Mentionnons encore, avant de terminer ce chapitre préliminaire, la doctrine répandue dans les dernières années du douzième siècle par le moine calabrais Joachim de Flore. L'Église, selon lui, était tombée dans une corruption irrémédiable, et ne devait pas tarder à subir un terrible châtiment de la part de Dieu. Mais avant la catastrophe finale, Moïse et Élie devaient revenir en ce monde, personnifiés spirituellement par deux ordres mendians, chargés de prêcher une vérité supérieure à la fois à l'ancienne et à la nouvelle alliance. Le Père s'est incarné dans la loi de l'Ancien Testament, le Fils dans l'Évangile ; le Saint-Esprit s'incarnera à son tour dans l'ère nouvelle qui va s'ouvrir. Accueillies avec enthousiasme par la fraction exaltée de l'ordre des franciscains, ces théories apocalyptiques se répandirent rapidement, et nous les rencontrerons constamment dans le cours de cette étude, intimement unies à la tradition panthéiste que les sectes populaires se transmettront à travers le moyen âge.

[1] *De div. nat.*, I, 69.

CHAPITRE PREMIER.

TREIZIÈME SIÈCLE.

David de Dinant. — Amaury de Bène et les Amalriciens. — Les Vaudois panthéistes. — Le panthéisme des écoles. — Ortlieb de Strasbourg et les Ortlibiens.

La doctrine de Scot Érigène demeura dans l'oubli jusqu'à la fin du douzième siècle, époque où le réalisme, sorti victorieux de sa double lutte contre le nominalisme de Roscelin et le rationalisme intellectualiste d'Abélard, commence à exercer sur la théologie une influence prépondérante. Déjà Bernard de Chartres était allé plus loin que son contemporain Guillaume de Champeaux et avait enseigné l'éternité et la perfection du monde, son procès perpétuel hors de l'unité pure sous forme d'exemplaires divins ou de genres, puis d'espèces et enfin d'individus, et son retour incessant dans son principe original; mais, quant au mode de ce retour, il s'était arrêté en deçà de la dernière conséquence de ce genre de philosophie, à la distinction de cause et d'effet[1]. A partir de ce moment, le réalisme revêtira des formes plus décidées.

Au commencement du treizième siècle nous rencontrons simultanément deux figures bien différentes, quoique se rattachant toutes deux plus ou moins directement à la tendance spéculative inaugurée par Scot Érigène. Ici les écrits originaux nous font entièrement défaut: quelques rares données biographiques, et, relativement à leur doctrine, quelques passages d'auteurs contemporains et postérieurs, voilà les seules traces qui nous sont restées de ces deux hommes.

David, originaire de Dinant sur la Meuse, ne paraît pas avoir enseigné publiquement. « Doué d'un esprit très-délié, il vivait dans l'en-

---

[1] Cousin, *Introd. aux ouvr. inéd. d'Abélard.* Paris 1840, p. 128. — Hauréau, *De la philos. scol.*, I, 246 ss.

tourage du pape Innocent III qui était fort amateur de subtilités [1]. »
On peut placer avec assez de certitude sa mort avant l'année 1209.
Son livre intitulé *Quaterni* ou *Quaternuli*, petits chapitres, n'existe
plus ; Albert le Grand et Thomas d'Aquin en ont conservé quelques
extraits, d'après lesquels sa doctrine a été la suivante :

« L'universalité des êtres se divise en trois catégories : les corps, les
âmes, les substances éternelles. Le principe indivisible des corps est la
matière, celui des âmes l'intelligence, celui des substances éternelles
Dieu. Ces trois principes sont simples et par conséquent identiques :
Dieu, l'intelligence et la matière première sont un. Il résulte de là que
toutes choses sont unes dans la substance [2]. » Voilà tout son système.
Cette vérité unique, il s'efforce de la prouver au moyen de la dialectique d'Aristote, en partant successivement de chacun des trois principes en question pour montrer comment il s'identifie avec les deux
autres.

Il part d'abord de l'idée de Dieu : « Le point et l'unité, dit-il, sont
deux principes premiers, l'un de la sphère du concret, l'autre de
la sphère de l'abstrait. Si l'on fait abstraction de cette différence, ils
sont un dans la substance. De même, Dieu, la matière et l'intelligence
sont des principes premiers, chacun dans son domaine. Dieu, il est
vrai, est le principe actif, la matière le principe passif ; mais si l'on
fait abstraction de cette différence, Dieu, l'intelligence et la matière se
confondent dans l'unité de la substance [3]. »

Puis de l'intelligence : « L'intelligence, est identique à l'objet de sa
connaissance. Or l'intelligence connaît Dieu et la matière. Il importe
ici de se demander si le résultat de cette connaissance est une simple similitude ou une identité complète. Il ne peut être question
de similitude qu'à propos des substances revêtues de formes extérieures, et non à propos des substances simples, indivisibles. L'intelligence, la matière et Dieu sont donc identiques dans l'unité de la
substance [4]. »

Enfin de la matière : « Le principe *formable* (substantiel) d'une
catégorie d'êtres est la matière de ces êtres, ou du moins leur principe
matériel. L'intelligence est le principe matériel des substances intellec-

---

[1] *Chron. anonym. Laudun. canonici*, chez Bouquet, *Rerum gall. script.*, XVIII, 714.
[2] Thomas d'Aq. *Sentent.*, II, dist. XVII, quæst. 1, art. 1 ; p. 215 dans l'édition de Venise, 1776.
[3] Albert le Gr., *Summa de creat.*, p. II, quæst. 5, art. 2.
[4] Albert le Gr., *Summa de creat.*, ibid. ; — *Summa theol.*, II, tr. 12, qu. 72, membr. 4., art. 2.

tuelles, la matière celui des substances corporelles ; ces deux principes ne diffèrent pas l'un de l'autre, sans quoi il faudrait admettre un principe matériel supérieur pour expliquer leur différence, et remonter ainsi de principe en principe jusqu'à l'infini. » Même raisonnement pour prouver que Dieu ne diffère pas de la nature. « Dieu, l'intelligence et la matière sont donc identiques[1]. » Ailleurs il arrive à la même conclusion par une autre voie : « Tout être qui subit une action étrangère, la subit au moyen des formes particulières dont il est revêtu, non au moyen du sujet qui habite sous les formes particulières. Le sujet est insensible à toute influence extérieure, car en vertu de l'indifférence de sa nature il renferme en lui tous les contraires. Or l'âme et la matière sont deux sujets susceptibles de modifications, mais non en tant qu'elles forment l'essence commune des êtres individuels qui subissent ces modifications. L'intelligence et la matière sont donc identiques dans la substance[2]. »

David de Dinant s'est mû dans un cercle très-étroit de conceptions philosophiques. La vérité unique qu'il avait à soutenir, il a été tout naturellement amené à la présenter sous forme de paragraphes détachés, reprenant chacun le problème en question à un point de vue différent et aboutissant invariablement à cette conclusion, nous dirions presque à ce refrain : Dieu, l'intelligence et la matière se confondent dans l'unité de la substance. Cette forme de son exposition se retrouve dans tous les passages qui ont été conservés de lui, et c'est elle certainement qui a donné à son livre le nom qu'il porte. Au premier abord il paraît difficile de définir sa doctrine. Quelle place, en effet, attribuer dans l'histoire de la spéculation religieuse à une philosophie qui définit Dieu avec une égale facilité la matière première, l'intelligence de l'univers, et la Providence qui produit et gouverne toutes choses[3]? Est-ce le matérialisme, l'idéalisme ou le théisme chrétien? L'on serait tenté de la considérer comme une pénétration intime de ces trois éléments à proportions égales, si une pareille conception pouvait se présenter à l'esprit humain. Tout être, selon David, est à la fois matière, esprit et Dieu. Ces trois termes désignent, d'après lui, trois substances simples et par conséquent identiques, car il n'existe qu'une substance simple. Il ne reste donc plus qu'à chercher lequel des trois termes l'a emporté chez notre auteur dans la représentation qu'il s'est faite de cette subs-

[1] Albert le Gr., *Summa theol.*, I, p. 76.
[2] Albert le Gr., *Summa theol.*, II, tr. 12, quæst. 72, membr. 4, art. 2.
[3] Albert le Gr., *Summa de creat.*, p. II, quæst. 5, art. 2.

tance unique. Voici quelques passages qui ne laisseront subsister aucun doute sur ce point.

« L'essence indivisible qui est le fondement et le soutien de toutes choses et qui existe en toutes choses, est la matière première. Cette essence indivisible est Dieu, parce que le fondement et le soutien de toutes choses, l'essence qui donne aux choses leur être ne peut être que Dieu. Aristote raconte dans la première partie de sa Physique que les philosophes anciens ont dit que tout ce qui existe est un, et que ce principe indivisible et immuable de toutes les existences est la ὕλη, la matière première. Or l'unité indivisible et immuable est une qualité qui ne convient qu'à Dieu ; par conséquent Dieu et la matière première sont un. Un poëte ancien a dit : Où Dieu peut-il habiter si ce n'est dans la mer et dans l'air? Jupiter est tout ce que tu vois, l'espace dans lequel tu te meus. Orphée, dans ses vers, affirme que Dieu est l'univers. Et comme il est évident que l'univers est divers quant à la forme et un quant à la matière, il en résulte que Dieu et la matière sont un [1]. »

La substance première de David de Dinant n'est donc autre que la matière, envisagée, à la manière de Spinoza, comme le principe de toutes les existences tant corporelles que spirituelles. La matière est Dieu en tant qu'elle est l'absolue virtualité dans le sens d'Aristote; elle est intelligence en tant qu'elle donne naissance aux types universels tels que Platon les a définis. David a essayé de la sorte de concilier son système avec les formes de la philosophie de son temps, en certains endroits même avec l'enseignement ecclésiastique; mais ni Aristote ni Platon ne lui ont donné le principe de sa spéculation. La tendance générale de sa philosophie est l'abstraction systématique de toute différence en ce monde. Il n'aspire qu'à retrouver dans tous les êtres une même substance fondamentale, sans essayer de nous donner l'explication de l'origine des qualités particulières qui constituent les genres et les espèces. Il nous apprend bien que l'entendement humain est la source de toutes ces différences [2]; mais il a négligé de nous apprendre pourquoi l'intelligence est disposée de façon à concevoir tels êtres comme des substances matérielles, tels autres comme des substances spirituelles, tels enfin comme des substances célestes. Il n'a su que remonter par l'abstraction du composé au simple, sans chercher à décou-

---

[1] Albert le Gr., *Summa theol.*, II, tr. 12, quæst. 72, membr. 4, art. 2. — *Summa de creat.*, p. II, quæst. 5, art. 2.
[2] Thomas d'Aq., *Sentent.*, II, dist. XVII, quæst. 1, art. 1.

vrir le chemin par lequel l'unité est descendue dans la pluralité, ce qui seul aurait fait de son enseignement une vraie philosophie. David n'a pu déduire aucune vérité métaphysique, aucun précepte moral du principe unique qu'il avait formulé : en effet, avec une pareille méthode dialectique, l'unité substantielle de toutes choses une fois affirmée, la pensée philosophique a terminé sa carrière ; la notion de l'immobilité de toutes les existences au sein de la matière universelle est nécessairement sa première et sa dernière conquête.

Ce panthéisme à la fois absolu et rudimentaire ne pouvait pas exercer d'influence sur une époque trop attachée à la doctrine ecclésiastique pour l'accepter, et trop éprise de spéculation pour s'en contenter. Le peuple surtout devait lui rester complètement étranger. Albert le Grand parle bien d'un disciple de David, nommé Baudoin, avec lequel il aurait lui-même discuté, et Thomas d'Aquin raconte que plusieurs philosophes de son temps défendaient encore la doctrine de David[1]. Les disciples ont pu répéter les subtilités du maître, comme le prouvent les propositions attribuées à Baudoin ; ils n'ont rien su ajouter à l'édifice d'un système condamné par son principe à demeurer absolument stérile.

Reste la question de l'origine de ce système. Ce n'est pas dans Scot Érigène qu'une pareille spéculation a pu trouver sa méthode. Trouverons-nous la solution de ce problème dans la philosophie des écoles arabes qui ont jeté un si vif éclat tant en Orient qu'en Espagne ? Déjà au commencement du onzième siècle, Avicenne avait écrit une analyse de l'Organon et des commentaires sur les livres de l'âme, du ciel et du monde, sur la Physique et la Métaphysique d'Aristote ; mais il avait fortement mélangé la doctrine péripatéticienne d'élémens empruntés au néoplatonisme, tels que l'idée des émanations divines naissant du premier moteur, l'impossibilité de connaître et de définir Dieu par le moyen de ses perfections, etc. Algazel, à la fin du onzième siècle, enseigna et écrivit dans le même esprit. Le principal représentant de cette fusion des deux élémens de la philosophie antique fut, vers le milieu du douzième siècle, Averrhoës, l'illustre docteur de Cordoue. Lui aussi place une succession de sphères émanées l'une de l'autre entre le premier moteur et le monde, et il admet la possibilité d'une identification de l'intellect individuel et du principe premier ou intellect universel ; mais il hésite à tirer la dernière conséquence d'une pareille manière de voir, la négation de l'immortalité de l'âme individuelle, tant

---

[1] Albert le Gr., *Summa theol.*, II, p. 63. — *De caus. et proc.*, IV, 5, p. 556.

pour ceux qui sont parvenus, au moyen de la spéculation, à cet anéantissement de l'intellect particulier dans la seule réalité de l'intellect absolu, que pour ceux qui ne se sont pas élevés au-dessus des phénomènes fugitifs de ce monde. Outre certains ouvrages originaux, il composa des commentaires sur un grand nombre de traités d'Aristote, entre autres la Physique, la Logique et l'Éthique. A cette tendance philosophique appartient également un ouvrage anonyme, longtemps attribué à Aristote et très-répandu à cette époque, le *Livre des causes*, déjà connu par Alain de Lille vers la fin du douzième siècle[1]. Le principe du monde y est défini, il est vrai, dans le sens d'Aristote comme la causalité suprême; mais il n'est attribué à ce moteur premier d'autre activité que de laisser émaner hors de lui la série des substances intelligentes, reliées entre elles par le lien de la causalité et procédant toutes de l'être infini et incompréhensible auquel seul appartient la réalité, tout comme l'avaient enseigné les néoplatoniciens. La philosophie arabe exerça une grande influence sur les premiers développemens de la scolastique; les commentaires d'Aristote, tout pénétrés des idées alexandrines, qui se répandirent en Occident, furent les seules versions des écrits de ce philosophe que connurent les docteurs de l'Église jusque vers le milieu du treizième siècle. C'est là que David de Dinant a puisé sa connaissance d'Aristote; mais s'il est aisé de reconnaître dans les catégories de sa pensée l'influence de la Logique du «maître naturel,» le principe de son système, tout en ayant plus d'analogie avec le dynamisme cosmique des péripatéticiens qu'avec l'idéalisme métaphysique d'un Proclus, ne lui a cependant pas été suggéré par l'étude d'Aristote. — La spéculation orientale a encore produit au moyen âge un autre genre de philosophie que cette pénétration intime de la pensée d'Aristote par les principes néoplatoniciens. Un contemporain d'Avicenne, Avicembron, est l'auteur d'un livre intitulé la *Fontaine de vie*, dans lequel nous croyons trouver une des sources de la doctrine de David. « Tout être, y est-il dit, est composé de matière et de forme; la matière en est le genre, la forme en est le caractère spécifique. La matière est la substance des corps, c'est-à-dire le sujet de l'étendue et des divers accidens; les formes sont les qualités qui les différencient. Même les substances éternelles, les types universels des choses visibles, sont composées de matière et de forme. Chaque matière ou genre est à son tour forme ou espèce d'une matière supérieure; l'on remonte ainsi des objets

---

[1] Hauréau, *De la philos. scolast.*, I, 383.

terrestres à leurs types éternels, et de là aux quatre élémens qui forment la matière de ces types; à leur tour, les quatre élémens ont pour matière la corporéité, et leurs qualités particulières sont leurs formes. Le dernier terme de cette ascension est la matière première qui existe au ciel [1]. » Avicembron a donc enseigné l'unité de substance; il a vu dans la matière première le sujet indéterminé et indivisible de toutes les existences corporelles et spirituelles, et il s'est élevé à cette conception en pratiquant la même méthode de l'abstraction dont David a fait usage deux siècles plus tard. La profonde ressemblance des deux doctrines nous autorise à supposer que la *Fontaine de vie* n'a pas été inconnue à David. Cet écrit était répandu au treizième siècle dans les écoles de l'Occident; Albert le Grand et Thomas d'Aquin ont dirigé contre lui leurs attaques.

Dans un des passages précédemment cités, David de Dinant mentionne d'après Aristote le témoignage « d'anciens philosophes » qui voient dans la matière (ὕλη) le principe du monde. Ailleurs il s'appuie directement sur une sentence d'Anaximènes de Milet qu'il rencontre dans Aristote [2]. Ces débris du vieux naturalisme grec nous paraissent avoir été le point de départ de sa pensée, à laquelle l'influence d'Avicembron et les dispositions originales de son propre esprit ont donné la forme sous laquelle elle se présente à nous. David a été avec Avicembron le continuateur du matérialisme ionien au moyen âge. Cette forme particulière du panthéisme n'a fait dans l'histoire de la philosophie que de rares apparitions : après David de Dinant elle a sommeillé jusqu'au seizième et au dix-septième siècle, où nous la voyons d'abord se manifester passagèrement dans les attaques dirigées par Michel Servet contre la Trinité, et puis renaître avec une énergie nouvelle dans l'Éthique de Spinoza.

A la même époque vivait à Paris un docteur dont le système exerça une influence particulière sur la vie religieuse du peuple. Originaire de la ville de Bène dans le territoire de Chartres, Amaury enseigna d'abord non sans éclat la logique et les autres disciplines littéraires; puis il se tourna vers la théologie « qu'il professa d'après une méthode complètement originale et dans l'exposition de laquelle il fit preuve d'opinions nouvelles et d'une grande indépendance de jugement. » La réputation dont il jouissait lui gagna même la faveur de Louis, dauphin de

---

[1] Hauréau, *De la philos. scolast.*, I, 372.
[2] Albert le Gr., *Summa theol.*, II, tr. 12, quaest. 72, membr. 4, art. 2.

France. La thèse fondamentale de sa théologie était que « tout chrétien est tenu de croire qu'il est membre de Christ et qu'il a souffert réellement avec Christ le supplice de la croix. » Cette proposition ayant soulevé de vives contradictions au sein de l'Université, Amaury fut contraint en 1204 de soumettre le débat au pape, qui se prononça contre lui. Revenu à Paris et mis en demeure par ses collègues de rétracter la proposition incriminée, il le fit, non sans protester au fond de sa conscience contre l'aveu qu'on lui arrachait. Miné par le chagrin que lui causait cette humiliation, il tomba malade et mourut peu après. On l'enterra près du monastère de Saint-Martin-des-Champs[1]. Nulle part il n'est fait mention de livres qu'il aurait composés.

Amaury laissait un certain nombre de disciples qui continuèrent dans l'ombre à répandre sa doctrine. La secte échappa pendant quelques années à la vigilance de l'Église jusqu'à ce que le zèle d'un de ses membres les plus enthousiastes la perdît. « Un orfévre du nom de Guillaume, se disant envoyé du Seigneur, vint un jour trouver le docteur Rodolphe de Nemours pour lui proposer les articles suivans : « Le Père a agi dans l'ancienne alliance sous certaines formes, notamment sous la forme de la loi ; le Fils a agi dans la nouvelle alliance sous certaines formes, entre autres sous la forme des sacremens. Les formes de la loi mosaïque sont tombées lors de la venue de Christ ; ainsi tomberont maintenant toutes les formes sous lesquelles le Fils a opéré ; les sacremens seront abolis, parce que le Saint-Esprit se manifestera ouvertement par ceux des hommes dans lesquels il s'incarnera ; il parlera principalement par la bouche de sept prophètes au nombre desquels je me trouve moi-même. Le règne de l'Esprit approche ; quand Dieu aura visité les peuples, les princes, les bourgeois et surtout les prélats par les fléaux de la famine et de la guerre, les tremblemens de terre et les feux du ciel, tous les royaumes du monde seront soumis au roi de France. Le pape est l'Antéchrist, et Rome la Babylone d'impureté. » Entendant cela, maître Rodolphe demanda à l'orfévre s'il comptait quelques associés auxquels les mêmes révélations avaient été faites. Guillaume répondit qu'il en avait beaucoup, et il se mit à citer leurs noms. Maître Rodolphe comprit le danger qui menaçait l'Église ; mais sentant son impuissance en face de tant de perversité, il déclara à l'orfévre que le Saint-Esprit lui avait révélé qu'il prêcherait lui-même un

---

[1] Rigord, chez Duchêne, *Hist. Franc. script.*, V, 50. — *Chron. anonym. Laudunensis canonici*; Bouquet, 18, 715. — Vincent de Beauvais, *Specul. histor.*, XXIX, 107. — Rob. Gaguin, *Comp. super Franc. gestis*, f° 100.

jour cette même doctrine en compagnie d'un autre prêtre. Là-dessus il se rendit immédiatement auprès de l'évêque de Paris et de plusieurs ecclésiastiques et docteurs en théologie et leur raconta ce qu'il venait d'apprendre. Ceux-ci lui conseillèrent, ainsi qu'au prêtre qui l'avait accompagné, de continuer à feindre les dispositions les plus bienveillantes envers la secte jusqu'à ce qu'ils en connussent à fond les erreurs. Maître Rodolphe et son compagnon parcoururent donc pendant trois mois les diocèses de Paris, de Langres, de Troyes et de Sens, et rencontrèrent un nombre très-considérable de sectaires. Pour inspirer aux hérétiques pleine confiance en lui, maître Rodolphe simulait parfois un ravissement, et racontait ensuite dans les réunions pieuses ce qu'il assurait avoir vu. Quand l'évêque de Paris fut instruit de tout ce qu'il désirait connaître, il fit saisir les hérétiques dans leurs provinces; le sous-diacre Bernard seul fut arrêté à Paris. Des évêques voisins et des maîtres en théologie se réunirent sous la présidence de l'archevêque de Sens, Pierre de Corbeil, pour interroger les accusés. On présenta à ces derniers une liste de propositions qu'ils avouèrent leur appartenir; puis, sur l'avis des docteurs et des évêques, ils furent dégradés publiquement et livrés au bras séculier. Le 19 novembre 1209, dix des condamnés subirent la peine du bûcher. C'étaient le sous-diacre Guillaume de Poitiers, qui avait enseigné les arts à Paris et avait étudié trois ans la théologie; le sous-diacre Bernard; le sous-diacre Étienne; l'orfèvre Guillaume, le prophète de la secte; Étienne, prêtre du Vieux-Corbeil; Étienne, prêtre de Celles; le prêtre Jean; le prêtre Dadon; Elmange et Odon, clercs de Saint-Cloud. Ils moururent sans manifester le moindre repentir. Le sous-diacre Bernard prétendit même «qu'aucun incendie, qu'aucun supplice ne pouvait l'affecter, parce qu'il était Dieu pour autant qu'il possédait l'existence.» Quatre autres, le diacre du Vieux-Corbeil du nom d'Étienne, maître Guérin, le prêtre de Saint-Cloud appelé Pierre et le prêtre Ulric, ces deux derniers sexagénaires, furent condamnés à la prison perpétuelle. L'on accorda le pardon aux femmes et à ceux qu'une crédulité naïve avait amenés dans la secte. Ainsi fut extirpée l'hérésie pernicieuse des Amalriciens[1].»

Le même Synode condamna la mémoire d'Amaury de Bène, le fondateur de la secte coupable. Son corps fut extrait du cimetière et enseveli dans une terre non consacrée. De plus, on défendit la lecture des écrits de David de Dinant, des «livres naturels» d'Aristote et des commen-

---

[1] Rigord, chez Duchêne, *Hist. Franc. script.*, V, 50. — Césaire d'Heisterbach, *Hist. memor.*, l. V, c. 22. — Martène, *Thes. nov. anecd.*, IV, 163.

taires (arabes) qui les interprétaient[1]. Le président du Synode prononça même un blâme sévère contre la doctrine de Scot Érigène, comme étant la source à laquelle Amaury aurait puisé ses hérésies[2]. Cette sentence fut renouvelée en 1215 dans les statuts donnés par le légat Robert de Courçon à l'Université de Paris. L'étude de la Dialectique d'Aristote fut recommandée, mais l'interdiction prononcée contre sa Philosophie naturelle fut encore étendue à sa Métaphysique. La doctrine de David de Dinant et celle d'Amaury y furent condamnées une seconde fois[3].

Un fait digne de remarque est l'absence du nom de Scot Érigène dans ces statuts de 1215. Déjà six années auparavant Scot n'avait pas été expressément mentionné dans la sentence du Synode de Paris : l'archevêque de Sens s'était contenté de blâmer incidemment son enseignement, sans le condamner au même titre que celui de David et d'Amaury. Pourquoi ces ménagemens envers une doctrine reconnue comme hérétique? Était-ce pour ne pas accuser d'aveuglement et d'ignorance les chefs de l'Église du temps desquels elle avait paru? ou bien n'était-ce pas plutôt à cause de la réputation de sainteté qui commençait à entourer le nom de son auteur? car on ne pouvait condamner comme un hérétique vulgaire celui que des récits venus du Nord assuraient avoir été martyr, et dont le nom figurait sans doute déjà et devait continuer à figurer jusqu'au seizième siècle parmi les saints de l'Église d'Angleterre[4]. Grâce à cette tolérance tacite, le traité *De la division de la nature* se releva vite de sa condamnation momentanée, et déjà Honorius III est obligé d'avouer en 1221, dans la lettre même où il raconte le blâme infligé à ce livre en 1209, que l'ouvrage de Scot Érigène se trouve « entre les mains d'un grand nombre de moines et de docteurs des écoles[5]. » Également rapide fut la réhabilitation des ouvrages d'Aristote. A vrai dire, la sentence du Synode de Paris ne fut jamais complètement exécutée contre eux. La défense de les lire dut être renouvelée en 1215, puis en 1231, en des termes, il est vrai, bien moins catégoriques, dans une bulle de Grégoire IX : « Que l'on ne se serve plus à Paris des livres naturels d'Aristote, dont la lecture a été interdite par un concile provincial, jusqu'à ce qu'ils aient été examinés et

---

[1] Martène, *Thes. nov. anecd.*, IV, 166. — Jourdain, *Recherches crit. sur l'âge et l'origine des trad. lat. d'Aristote*, 210 ss.

[2] Albéric, *Chron.*, 514.

[3] Du Boulay, *Hist. Univ. Par.*, 3, 81.

[4] Saint-René Taillandier, *Scot Érigène et la phil. scolast.*, 1843, p. 46.

[5] Gerson, *De concord. metaph. cum log.*, in Opp., IV, 2, 826, édit. de La Haye 1728.

purgés de tout soupçon d'erreur[1]. » Un historien contemporain raconte même que la sentence du Synode de 1209 ne devait rester en vigueur que pendant trois ans[2]; ce fait prouve combien le sentiment universel des savans de l'époque s'accommodait peu de l'idée d'une suppression totale des écrits condamnés. Cette interdiction devint de plus en plus illusoire jusqu'à ce qu'elle tombât complétement dans l'oubli, lorsque vers le milieu du même siècle des versions plus exactes d'Aristote furent importées de l'Orient. Robert Lincoln et Albert le Grand paraissent déjà n'en avoir plus tenu compte; ils ont commenté, sans soulever la moindre opposition, la Physique et la Métaphysique d'Aristote.

Les livres contenant la doctrine d'Amaury de Bène[3] et de David de Dinant ne survécurent pas à la tourmente. Voici les hérésies attribuées aux disciples d'Amaury par la sentence du Synode de Paris :

« Le Père a opéré au commencement sans le Fils et sans le Saint-Esprit, jusqu'à l'incarnation du Fils. Le Père s'est incarné en Abraham, le Fils dans le sein de Marie, le Saint-Esprit s'incarne chaque jour en nous-mêmes. Le Fils a agi jusqu'aux temps présens, mais le Saint-Esprit commence à agir dès maintenant jusqu'à la fin des temps. — Tout est un, car tout ce qui est est Dieu. — Actuellement Dieu est revêtu de formes visibles au moyen desquelles il peut être vu des créatures; il se manifeste par le moyen d'accidens extérieurs. Le corps de Christ se trouve donc présent sous les accidens visibles du pain avant la consécration. La consécration ne fait que constater cette présence. — Le Fils s'est incarné en se soumettant à une forme visible; le Fils incarné n'a pas été autrement Dieu que ne l'est l'un de nous. — Le Saint-Esprit, incarné en nous, nous révèle toutes choses; c'est en cette révélation que consiste la résurrection des morts; c'est pourquoi nous prétendons être déjà ressuscités. — Les enfans issus de l'union de l'un de nous avec une femme de la secte n'ont pas besoin de baptême[4]. »

Nous ajoutons à ces hérésies celles que nous trouvons relatées par les historiens postérieurs. En 1220, Guillaume le Breton écrivait : « Ces sectaires prétendaient que le pouvoir du Père a duré aussi longtemps

---

[1] Du Boulay, *Hist. Univ. Par.*, 3, 140. — Albéric, *Chron.*, 514.
[2] Cés. d'Heisterb., *Hist. memor.*, l. V, c. 22.
[3] Du Boulay, *Hist. Univ. Par.*, 3, 82: « libri de doctrina Amalrici heretici; » sans doute des recueils de sentences d'Amaury composés par ses disciples.
[4] Martène, *Thes. nov. anecd.*, IV, 163 ss. — Cés. d'Heisterb., *Hist. memor.*, l. V, c. 22.

que la loi mosaïque, qu'à l'arrivée du Christ les sacremens de l'ancienne alliance ont été abolis, et que de notre temps a commencé le règne de l'Esprit. La confession, le baptême, l'eucharistie ne trouvent plus place dans la nouvelle ère qui s'ouvre, car désormais c'est l'action intérieure de l'Esprit, sans aucun acte extérieur, qui confère le salut. — Ils entendaient la vertu de la charité dans un sens si large, qu'ils prétendaient que tout acte considéré habituellement comme un péché ne l'est plus s'il est accompli dans la vertu de la charité. C'est pourquoi ils se livraient, au nom même de la charité, aux péchés les plus grossiers, et promettaient l'impunité à leurs victimes en leur assurant que Dieu n'est que bonté et non justice[1]. » En 1222, Césaire leur attribuait les propositions suivantes: « Le Fils incarné n'a pas été autrement Dieu que ne l'est l'un de nous; chacun de nous est donc Christ et le Saint-Esprit. — Dieu a parlé par la bouche d'Ovide aussi bien que par celle de saint Augustin. — Le corps de Christ n'est pas autrement dans le pain consacré que dans tout autre pain ou dans n'importe quel objet. — Élever des autels aux saints, brûler de l'encens devant les images sacrées et vénérer les reliques des martyrs est une idolâtrie. — Si quelqu'un vit au sein de l'Esprit, et qu'il commet les plus grossiers péchés, il ne pèche pas, car l'Esprit, qui est Dieu, ne peut pécher, et l'homme, qui n'est rien, ne peut pécher aussi longtemps que cet Esprit, qui est Dieu, est en lui. Cet Esprit opère tout en tous. » Ils niaient, selon lui, la résurrection des corps, et prétendaient que le paradis et l'enfer n'existent pas, disant que « l'homme possède en lui la connaissance de Dieu, » et que « l'enfer habite dans son âme quand l'homme commet des péchés mortels[2]. » Martin de Pologne, chapelain de Nicolas III, dans sa chronique de 1271, fait remonter à Amaury lui-même la proposition: « Aucun péché n'est imputé à ceux qui vivent dans la charité, » et il ajoute: « Sous l'apparence de la charité, ses adhérens se livraient à toute sorte de débauches[3]. » Suivant Thomas d'Aquin, les Amalriciens considéraient Dieu comme « le principe formel de toutes choses[4]. » Enfin, Gerson raconte avoir trouvé dans les écrits du cardinal d'Ostie, qu'Amaury avait enseigné que « la créature se transforme en Dieu et qu'elle retrouve en lui son propre être et son principe idéal », et que ses disciples ont cru avec lui « que l'âme, lorsqu'elle monte à

[1] Guill. le Breton, *De gestis Phil. Aug.*, à l'année 1209.
[2] Cés. d'Heisterb., *Hist. memor.*, l. V, c. 22.
[3] Martin de Pologne, *Chronic.*, 395, édit. d'Anvers 1574.
[4] Thomas d'Aq., *Summa theol.*, quæst. 3, art. 8.

Dieu au moyen de l'amour, se dépouille complétement de sa nature particulière et retrouve en Dieu son éternelle et immuable essence, qu'une telle âme perd son propre être et reçoit l'être de Dieu, qu'elle n'est plus une créature, qu'elle ne voit plus et n'aime plus Dieu, mais qu'elle est Dieu lui-même, l'objet de toute contemplation et de tout amour[1]. »

Gerson, sur la foi du cardinal d'Ostie, ajoute que c'est à cause des hérésies qu'Amaury a puisées dans le livre *De la division de la nature* que Scot Érigène a été censuré par le Synode, et que c'est le chancelier de l'Université de Paris, Odon de Tusculum, qui a tiré de l'ouvrage de Scot les hérésies qui ont motivé ce blâme. Nous en concluons que les propositions réunies par Odon ne sont autres que celles qu'Amaury s'était appropriées. En effet, si les hérésies notées par Odon avaient été tirées du livre en question pour servir de base à un procès expressément intenté à l'auteur de cet ouvrage, le nom de Scot Érigène se trouverait nécessairement mentionné dans la sentence de 1209, et ce ne sont pas les raisons énoncées tantôt qui auraient fait reculer les juges devant une condamnation explicite, puisqu'ils n'ont pas craint de flétrir le nom du commensal d'Innocent III, David de Dinant, du vivant encore de ce pape. Ce n'est que s'il n'y a pas eu d'action judiciaire directement intentée à la mémoire de Scot Érigène que le président du Synode de Paris a pu se contenter de blâmer sa doctrine, sans instituer, pour l'une des raisons produites plus haut, une enquête plus approfondie sur la question de son orthodoxie ; dès lors les propositions qui suivent n'ont pu être extraites du livre de Scot Érigène que pour servir au procès d'Amaury, ce qui prouve qu'on les avait rencontrées mêlées à l'enseignement de ce dernier. Le cardinal d'Ostie s'est servi, pour son récit, des notes mêmes du chancelier Odon. Plus tard, Martin de Pologne, à qui sa haute position devait singulièrement faciliter les recherches de ce genre, attribue également à Amaury une série de propositions textuellement extraites du livre *De la division de la nature*; mais, chose curieuse, les deux listes diffèrent, et même pour certaines propositions communes à toutes deux, les termes ne sont pas identiques. Martin de Pologne a donc possédé des sources autres que les notes du chancelier Odon, et la rencontre de son témoignage avec celui du cardinal d'Ostie relativement à la dépendance d'Amaury vis-à-vis de Scot Érigène est une

---

[1] Gerson, *De mystica theol. specul.*, in Opp., III, 2, 394; — *Epist. ad fr. Bartholomæum Carthus.*, I, 80; — *Sermo* 37, in Opp., III, 3, 1242. — Là aussi se manifeste l'influence de Scot; voy. p. ex. *De div. nat.*, l. V, c. 25, 38.

garantie de plus de la vérité de ce fait. Nous ne saurions donc nous ranger à l'avis d'un historien allemand[1] qui cherche à démontrer que les hérésies réunies par Odon n'ont rien de commun avec la doctrine d'Amaury, et nous ne pensons pas dépasser la vérité historique en considérant les propositions de Scot Érigène comme des citations introduites par Amaury dans son exposition pour appuyer de leur autorité une doctrine analogue. Voici ces propositions :

« Toutes choses sont Dieu ; aucun mouvement ne saurait être attribué à Dieu, parce que toutes choses sont en lui et qu'il est lui-même toutes choses. On ne peut nier facilement l'identité de Dieu et de la créature. De même qu'il n'y a pas une autre nature en Abraham et une autre en Isaac, mais une seule et même nature dans l'un et l'autre, ainsi tout est un dans la nature première qui est Dieu. — Dieu est l'essence de toutes les créatures et l'être de toutes choses. — Les idées premières créent et sont créées. — De même que la lumière n'est point perçue en elle-même, mais dans l'air, ainsi Dieu ne peut pas être compris en lui-même, mais seulement dans les créatures. — Sans le péché, la nature humaine n'aurait pas été soumise à la distinction des sexes ; les hommes se seraient multipliés à la manière des anges. La distinction des sexes disparaîtra après la résurrection ; elle n'existait déjà plus dans le Christ ressuscité. — Dieu est appelé la fin de toutes choses, parce que toutes choses doivent retourner en lui et demeurer en Dieu dans un repos inaltérable, au sein de l'unité indivisible[2]. » Il est aisé de se convaincre par ce qui précède que toutes ces propositions appartiennent à Scot Érigène.

Amaury était mort réconcilié avec l'Église ; la rigueur de sa condamnation posthume prouve que ses adhérens avaient fidèlement reproduit son enseignement. Il ne convient donc pas de séparer, au point de vue de la doctrine, le maître des disciples, tout en reconnaissant que l'intervalle qui a séparé la mort d'Amaury de l'arrestation de ses partisans n'a pas été trop court pour permettre à la secte de tirer des principes de son fondateur quelques-unes des conséquences pratiques qu'ils ren-

---

[1] Krœnlein, *Almalrich von Bena und David von Dinant*, dans les *Theol. Stud. und Krit.*, 1847, II, 287 ss.
[2] Gerson, *De concord. metaph. cum logica.*, in Opp., IV, 2, 826.
Gerson a tiré ces fragments du commentaire du cardinal d'Ostie sur *Decret. Greg.*, l. I, tit. 1, cap. 2, § reprobamus. Un texte plus complet en a été publié par Thomasius, *Origines hist. philos. et eccles.* Halle 1699, p. 113. — Martin de Pologne, *Chron.*, p. 394. — Les passages de Scot, reproduits par Amaury, se trouvent *De div. nat.*, I, 74 ; II, 2 ; I, 14 ; I, 73 ; II, 1, 2 ; I, 10 ; II, 6 ; II, 2.

fermaient. Voici le système d'Amaury de Bène, autant qu'il nous est possible de le reconstruire d'après les sources que nous venons d'indiquer :

Dieu, l'être infini et immuable, se manifeste à lui-même en revêtant les formes accidentelles des créatures. De la sorte il est à la fois le principe formel du monde en tant qu'il est l'intelligence qui conçoit et réalise dans le domaine de la contingence les types éternels des choses, et l'essence de tout ce qui est, car il n'existe rien au dehors de lui. Ce panthéisme, à la base duquel se trouve la doctrine de l'émanation, s'achève par l'idée du retour final de toutes choses en Dieu : les divisions issues de l'unité divine doivent successivement disparaître ; l'âme rentre en Dieu par la contemplation et l'anéantissement progressif de son être individuel dans l'être infini. Ces vérités, communes à la grande famille des penseurs de l'école d'Alexandrie, Amaury les exprime tantôt en répétant les formules de Scot Érigène, tantôt en spiritualisant le langage de l'Écriture. Ainsi, l'identification substantielle de l'homme et de Dieu au moyen de la connaissance, il l'appelle « le retour de l'homme dans l'unité primitive de sa nature céleste, » ou bien encore, d'un terme emprunté à 1 Cor. XII, 27, « devenir membre du corps de Christ, » et pour bien graver sa pensée sous cette dernière forme dans l'esprit de ses disciples, il l'exprime d'une manière paradoxale en étendant la communion substantielle avec Christ jusqu'aux souffrances de la crucifixion. Il réussit ainsi à faire entrer si profondément la conviction de leur identité avec Dieu dans le cœur de ses adhérens, qu'ils seront prêts à affronter tous les tourmens, persuadés qu'ils ne peuvent souffrir puisqu'ils sont unis à Dieu tout autant que l'a été Jésus-Christ. A-t-il professé également la théorie des trois âges, que nous rencontrons chez ses disciples quelques années après sa mort? nous n'osons l'affirmer, quelque probable que cela nous paraisse, n'ayant sur ce point qu'un seul témoignage d'une autorité assez douteuse[1].

Amaury a donc suivi une méthode intellectuelle absolument différente de celle de David de Dinant. Au lieu de se représenter l'identité des principes qui se partagent le monde comme une réalité immobile, étrangère à toute idée de développement, il a voulu, suivant en cela les traces d'un illustre prédécesseur, fonder cette identité sur l'idée d'une évolution s'accomplissant au sein de l'être divin. Ses doctrines morales nous sont inconnues ; mais il n'a certainement songé, pas plus que

---

[1] Eymeric, *Director. Inquisit.*, II, 248, édit. de Rome 1587.

Scot Érigène, à abolir les prescriptions de la loi divine pour proclamer l'affranchissement de la nature individuelle; on peut dire que lorsqu'il a enseigné l'union finale de l'homme et de Dieu, il n'a voulu qu'élever l'homme à un état de perfection tel que tout secours extérieur lui deviendrait inutile, et que même les commandemens de la loi morale ne lui seraient plus nécessaires, puisqu'il posséderait en lui la source de toute vie et de tout bien. Théorie pleine de dangers, par laquelle il plaçait dans l'esprit plus ou moins grossier de ses disciples les prémisses de funestes déductions.

Les Amalriciens ont reproduit dans leur enseignement les principes métaphysiques de leur fondateur : « Tout est un, disaient-ils, car tout est Dieu. L'être infini de Dieu est revêtu dans le temps présent de formes accidentelles au moyen desquelles il devient intelligible ; l'incarnation du Fils n'est autre chose que l'une des innombrables manifestations de l'infini au sein du fini. Dieu a parlé par la bouche d'Ovide ainsi que par celle de saint Augustin. L'homme de bien, en s'unissant à l'être absolu, peut devenir Dieu comme le Fils l'a été; il peut devenir Christ et l'Esprit. » Mais ces propositions qui, chez Amaury, étaient formulées dans un intérêt purement philosophique, ont été répétées par ses disciples dans un but éminemment pratique. Déjà avant 1209 ils ont conclu du principe de la présence substantielle de Dieu en toutes choses au rejet du sacrement de l'eucharistie, qui limite cette présence aux élémens consacrés, et qui la fait dépendre de formules extérieures ; ils ont également aboli le baptême comme un rite inutile aux enfans nés dans leur secte. En outre, ils ont nié la résurrection des corps, affirmant être déjà ressuscités par le fait de leur union avec Dieu, et réduit par conséquent le paradis et l'enfer à de simples états intérieurs, suivant que l'homme a conscience ou non de posséder cette union. Ce qui est plus grave, c'est qu'ils ont déduit du principe de l'identification de l'âme humaine et de Dieu l'impossibilité pour l'homme de pécher dans cet état d'illumination intérieure : il ne pèche plus, disaient-ils, car ce n'est plus lui, mais Dieu qui désormais est l'auteur de ses actions. La distinction du bien et du mal une fois abolie, la puissance coërcitive de la loi morale s'efface d'elle-même. Selon eux la justice divine n'est qu'illusion, Dieu n'est que bonté ; aucune défense extérieure n'étant imposée à l'homme, aucun châtiment ne saurait lui être réservé. Ce n'est qu'après 1209 qu'ils paraissent avoir tiré de leur doctrine spéculative et mis en pratique cette dernière conséquence. Le Synode de Paris eût certainement mentionné ces principes moraux si la secte les avait déjà possédés auparavant. Pour la même raison nous n'admettrons pas sur ce point le témoignage de Martin de Pologne qui les fait remonter jusqu'à Amaury lui-même. Mais déjà avant 1220 la secte a professé la doctrine que l'homme en qui habite le Saint-Esprit ne pèche plus, quoi qu'il fasse.

A côté de cette doctrine philosophique poussée jusqu'en ses déductions extrêmes, nous rencontrons chez les sectaires un ensemble de conceptions d'un autre ordre, destiné à servir de base historique à la vérité spéculative et à légitimer les précédentes conséquences morales en faisant entrer les principes dont elles sont déduites dans l'organisme de la révélation chrétienne. Faire du panthéisme la fin de l'histoire des dispensations divines, tel est le but auquel l'hérésie a fait servir les rêveries apocalyptiques de Joachim de Flore. « De même que l'incarnation du Fils a aboli les prescriptions de l'ancienne alliance, ainsi le Saint-Esprit, s'incarnant dans les hommes disposés à le recevoir, abolit pour eux les sacremens de la nouvelle alliance. Désormais le culte des saints et des reliques est une idolâtrie et la hiérarchie sacerdotale, persécutrice de la vérité, une abominable institution. Aucun acte extérieur ne confère le salut : seule l'incarnation du Saint-Esprit sauve les hommes. Ce spiritualisme absolu de la nouvelle ère, fondé sur les ruines du légalisme mosaïque et de la piété évangélique, sera introduit par de grandes catastrophes qui fondront principalement sur l'Église, et par la soumission de tous les peuples de la terre au roi de France. » La secte s'attribuait la mission de révéler aux hommes ce royaume de l'Esprit dont elle possédait dès maintenant les trésors de connaissance et de liberté intérieure.

Déjà en 1209 la secte des Amalriciens était trop répandue pour pouvoir être détruite par le supplice de quelques-uns de ses membres. Depuis la mort de son fondateur, elle avait envahi quatre diocèses, et, de l'aveu même de ses persécuteurs, elle était très-nombreuse. Elle était composée de clercs et de laïques, comptait des gens instruits dans son sein à côté de gens du peuple à l'esprit « crédule et naïf, » et paraît avoir possédé une certaine organisation intérieure. Il est du moins question de réunions religieuses dans lesquelles la description de ravissemens célestes était accueillie avec faveur, et il est fait mention de sept prophètes, organes spéciaux du Saint-Esprit pour la diffusion de la vérité. C'est la propagande trop zélée de l'un de ces prophètes qui lui attira la sanglante répression de 1209.

La secte se dispersa après le martyre de ses principaux membres. Dès 1211, un de ses chefs, maître Godin, fut brûlé à Amiens[1]. En 1215, le concile du Latran renouvela la condamnation de la doctrine d'Amaury en la jugeant « encore plus insensée qu'hérétique[2]. » Nous savons que dans la même année le légat cardinal Robert de Courçon défendit à l'Université de Paris l'usage des livres déclarés suspects en 1209. Cependant toutes ces mesures n'empêchèrent pas l'hérésie de se propager sourdement tant dans les écoles et les couvents que dans les rangs du peuple. En 1220, on brûla, à Troyes, un hérétique qui s'était dit le Saint-Esprit incarné[3]. Un biographe de Thomas d'Aquin raconte que vers la même époque un chevalier, invité à faire pénitence de ses péchés, répondit : « Si saint Pierre a été sauvé, je le serai aussi, car en lui et en moi habite le même esprit[4]. »

C'est Lyon qui paraît avoir été le principal lieu de refuge des sectaires. Il est probable qu'ils se retirèrent en grand nombre dans cette partie de la France, espérant gagner à leur foi les hérétiques de cette contrée, les Vaudois, déjà persécutés à cette époque, et animés de sentimens analogues aux leurs contre la hiérarchie sacerdotale et les cérémonies de l'Église. Les deux sectes, en effet, se mêlèrent intimement, et confondirent un instant leurs destinées. Le dominicain Étienne de Belleville, qui a séjourné à Lyon en 1223, et interrogé, en sa qualité d'inquisiteur, les hérétiques qu'on découvrait, nous a tracé le plus curieux tableau des Vaudois de son temps[5].

« Ils refusent absolument, dit-il, l'obéissance à l'Église romaine qu'ils appellent la Babylone impure de l'Apocalypse. Pour eux tous les gens de bien sont prêtres, ayant reçu de Dieu l'ordination, que les ecclésiastiques ne reçoivent que des hommes. Tous les gens de bien, et, suivant quelques-uns, même les femmes, peuvent donner l'absolution et consacrer le pain en prononçant les paroles prescrites. Ils enseignent qu'il suffit de confesser ses péchés à Dieu et que Dieu seul a le droit d'excommunier. Il est même permis, d'après eux, de rompre les liens du mariage pour s'attacher à leur secte. Ils ne croient pas davantage au

---

[1] *Chron. anonym. Laudun. canonici*; Bouquet, 18, 715.
[2] Can. 2. Mansi., *Collectio concil.*, 22, 982.
[3] Cés. d'Heisterb., *Hist. memor.*, 389.
[4] *Vita S. Thomæ Aquin.* Acta SS., Mars, 1.
[5] Étienne de Belleville (Stephan. de Borbone, ord. ff. Prædic.). *Liber de VII donis Spiritus sancti*, ms. de la Sorbonne, n° 938, p. 4, titul. 7, cap. 30, p. 395. Le passage en question se trouve aussi chez d'Argentré, *Collectio judicior. de novis erroribus*, 1, 87. — Voy. encore l'*Appendix* du *Cod. Cadomensis* de la Somme de Rainerio, ibid., 1, 56. Cet *appendix* n'est probablement qu'un extrait de l'ouvrage d'Étienne de Belleville.

mérite des indulgences et à l'efficacité des prières en faveur des morts, car pour eux le purgatoire n'existe que dans cette vie. Ils rejettent le mensonge et le serment, dénient le droit d'exercer la justice et de faire la guerre si ce n'est aux démons, et permettent de se soustraire au jeûne et de travailler pendant les fêtes des saints, à condition toutefois de ne scandaliser personne, car, selon eux, il n'y a d'autres saints que les gens de bien ici-bas. Pareillement ils considèrent comme un péché d'adorer la croix et le corps de Christ et de payer la dîme au clergé; ils appellent fils du diable les prêtres enrichis, et refusent de reconnaître aux cimetières et aux églises un caractère particulier de sainteté, toute terre, selon eux, étant également bénie de Dieu. Ils se moquent des chants religieux et des lumières qu'on brûle devant les images consacrées, et appellent par dérision les consécrations des églises et des autels les fêtes des pierres.

« Ils prétendent que tout homme de bien est le fils de Dieu de la même manière que Christ l'a été : Christ a eu Dieu ou le Saint-Esprit pour âme, et voilà ce qu'ils disent également des autres hommes. Ils croient à l'incarnation, à la naissance, à la passion, à la résurrection du Christ; mais ils entendent par là la conception, la naissance, la résurrection spirituelle de l'homme parfait au moyen de la pénitence. Pour eux la vraie passion de Jésus est le martyre du juste, et le véritable sacrement est la conversion de l'homme, car c'est là qu'est fait le corps de Christ. Voici la Trinité qu'ils admettent : le Père est celui d'entre eux qui convertit un étranger à leur doctrine, le Fils est celui qui est converti, le Saint-Esprit la vérité au moyen de laquelle et au sein de laquelle s'opère cette conversion. C'est là ce qu'ils entendent dire lorsqu'ils affirment croire au Père, au Fils et au Saint-Esprit. Suivant eux, l'âme de tous les hommes depuis Adam est le Saint-Esprit qui est Dieu; mais si l'homme pèche, le diable se met à la place du Saint-Esprit. C'est parce que Dieu habite en eux que tous les hommes de bien sont prêtres; c'est Dieu qui opère par eux et qui leur confère le pouvoir de lier et de délier.

« Cependant ils diffèrent beaucoup entre eux, suivant qu'ils sont plus ou moins atteints de ces erreurs. Presque tous accordent que l'âme de tout homme de bien est le Saint-Esprit, c'est-à-dire Dieu; mais il y en a d'autres dont les sentimens sont un peu moins mauvais et dont l'erreur est que tout homme de bien peut faire le corps de Christ dans l'eucharistie, en prononçant les paroles prescrites. J'ai vu brûler une hérétique qui, placée devant un autel improvisé, s'était imaginé consacrer les espèces; j'ai entendu une mère et sa fille, atteintes de ces mêmes erreurs, quoique d'opinion différente sur certains points, faire preuve d'une connaissance très-approfondie des propositions qu'elles défendaient : elles furent brûlées toutes deux. »

La secte de Lyon a donc possédé un ensemble assez peu homogène de doctrines. La première série des propositions relatées est en tout point conforme à ce que nous savons de la doctrine particulière des Vaudois au commencement du treizième siècle. La seconde nous retrace les principes fondamentaux des Amalriciens. Les dernières propositions de cette seconde série nous montrent d'une manière frappante la fusion de la doctrine déjà si évangélique des Vaudois avec la métaphysique panthéiste importée dans la secte par les hérétiques de Paris : d'abord l'essai de concilier le principe de l'inhabitation substantielle de Dieu dans l'homme avec l'idée de la corruption amenée par le péché, puis la justification de la liberté vaudoise vis-à-vis du sacerdoce ecclésiastique au moyen de ce même principe de l'union de l'homme et de Dieu. L'hérésie panthéiste avait pu d'autant plus facilement se faire accepter des Vaudois que ceux-ci n'avaient pas encore définitivement arrêté leur doctrine, et ne possédaient donc aucun moyen de distinguer la fausse spéculation de la vraie, surtout si elle aboutissait aux résultats pratiques qu'ils avaient déjà proclamés eux-mêmes. Sans doute, les Vaudois ne virent, au commencement, dans les discours de leurs nouveaux frères que des descriptions fortement imagées de l'union extatique de l'âme avec Dieu; le panthéisme se sera glissé dans la secte à la suite du mysticisme. Il est à remarquer cependant que les théories morales que nous avons signalées chez les Amalriciens après 1209 ne se sont point montrées à Lyon : l'esprit éminemment chrétien des sectaires de ces contrées aura empêché les nouveaux venus de dévoiler les conséquences extrêmes de leur enseignement, ou bien, si l'arrivée des hérétiques à Lyon remonte aux premières années après les événemens de Paris, à une époque où ces doctrines pratiques n'étaient pas encore formulées, le caractère sérieux de la piété vaudoise aura empêché ces doctrines de naître. Mais les deux élémens ainsi juxtaposés, malgré l'influence qu'ils ont exercée l'un sur l'autre, étaient trop différens pour que leur union eût pu être parfaite et durable; la persécution même ne l'a pas cimentée. Étienne de Belleville constate qu'une fraction de la secte était demeurée étrangère à l'invasion des idées panthéistes; sans doute l'influence de ces idées est allée en diminuant depuis ce moment, car plus tard nous n'en trouvons plus trace.

Rien dans la théologie ultérieure des Vaudois ne rappelle leur contact momentané avec les disciples d'Amaury.

Dès lors l'hérésie populaire disparaît pour quelque temps de France.

Dans les écoles, le panthéisme systématique vécut d'une existence languissante jusque vers la seconde moitié de ce siècle, pour s'éteindre sous l'influence d'un nouveau courant d'idées provoqué par la réapparition du nominalisme. En 1231, Grégoire IX crut atteindre la source même de l'hérésie en renouvelant la défense de lire les livres naturels d'Aristote [1]. Après lui, Albert le Grand et Thomas d'Aquin jugèrent qu'une réfutation au moyen de la dialectique produirait plus d'effet que les anathèmes répétés de l'Église. Ils opposèrent donc aux doctrines d'Amaury et de David les principes du théisme chrétien, combattant le système qui fait de Dieu la substance matérielle ou le principe formel du monde par l'exposition des vrais rapports de l'être personnel de Dieu et de la création. Grâce aux citations dont est émaillée leur polémique, il nous est possible d'entrevoir ce qu'ont été les doctrines qu'ils attaquent. Saint Thomas composa un traité particulièrement dirigé contre les partisans d'Averrhoës, qui concluaient de l'identité de l'élément intellectuel dans la nature humaine à l'unité de l'intelligence universelle [2]. Mais telle était encore à cette époque l'influence de la philosophie antique sur les esprits cultivés, influence constatée explicitement par l'inquisiteur Monéta de Crémone, lorsque dans son grand ouvrage contre les Cathares et les Vaudois, écrit vers l'an 1240, il réfute longuement l'erreur des « docteurs qui marchent sur les traces des philosophes païens et estiment que le monde est éternel [3], » que Thomas d'Aquin ne sut pas lui demeurer absolument étranger, pas plus que ne l'avait su autrefois saint Augustin, et que, tout en affirmant très-énergiquement la transcendance de la personnalité divine, il reproduisit lui aussi en maints passages les formules qui définissent Dieu comme l'être absolu et immuable, intelligible seulement dans ses manifestations, causalité suprême et substance de tout ce qui est. Aussi, après sa mort, ces concessions aux tendances intellectuelles de son époque faillirent-elles compromettre sa réputation d'orthodoxie. Attaquée à la fois à Paris et à Oxford, sa doctrine fut défendue avec énergie par

---

[1] Du Boulay, *Hist. Univ. Par.*, 3, 140.
[2] *Secund. Sentent.*, dist. 17, quæst. 2, art. 1, — et le traité *De unitate intellectus contra Averroistas*. Opp. Venise 1745, in-4°, t. 19.
[3] *Summa adv. Cath. et Wald.*, Rome 1743, in-fol., p. 477.

l'ordre des dominicains. Au *Protectorium Th. Aquinatis* du dominicain Robert d'Oxford avait succédé, en 1285, le *Reprehensorium fr. Thomæ* du franciscain Guillaume de Lamare, et dans l'intervalle l'évêque de Paris Étienne Tempier avait condamné, en 1276, plusieurs propositions de l'illustre docteur. Mais les dominicains, attaqués dans la personne de leur principal représentant, décidèrent en 1286, au chapitre général de Paris, de faire de la justification des opinions de Thomas d'Aquin le but essentiel de leur activité et la condition absolue du séjour des membres dans l'ordre. Grâce à la considération dont ils jouissaient dans l'Église, grâce surtout à la valeur intrinsèque des ouvrages qu'ils défendaient, ils réussirent à réhabiliter la mémoire de Thomas d'Aquin, si bien qu'il put être canonisé en 1322 et que le jugement de l'évêque de Paris fut annulé trois ans plus tard.

En la même année 1276, où furent condamnées quelques propositions du « docteur angélique », le pape Jean XXI apprit que certaines erreurs troublaient « la source vive de la sagesse salutaire, » l'Université de Paris. Il chargea l'évêque Étienne de faire un examen rigoureux des doctrines professées à cette école. Étienne ne découvrit pas moins de deux cent dix-neuf hérésies, avancées pendant les dernières années par les étudians de la Faculté des arts sous forme de questions discutables : procédé nullement compromettant, grâce auquel la témérité des opinions se dissimulait sous le principe peu sincère au fond que ce qui est vrai selon la philosophie peut être faux selon la foi. Dans le pêle-mêle de ces propositions, qui toutes ne sont pas fausses, nous lisons les suivantes :

« L'on ne peut rien connaître de Dieu, si ce n'est qu'il est. — L'être pur de Dieu ne peut se concevoir d'une manière positive, mais seulement d'une manière négative. — En Dieu la Trinité et l'unité s'excluent autant que le simple exclut le composé. — Dieu ne connaît autre chose que lui-même. — L'activité de Dieu est éternelle comme son être. — La création n'a jamais été possible ; mais il faut croire le contraire selon la foi. — Le monde est éternel. — Rien n'est l'effet du hasard ; tout est le produit d'une nécessité immuable. — La volonté et l'intelligence ne fonctionnent point par elles-mêmes, mais en vertu d'une cause éternelle, de même que les corps célestes. — Tous les mouvemens de la volonté doivent être ramenés au moteur premier. — Il ne peut pas y avoir de péché dans les facultés supérieures de l'âme. — La simple fornication entre célibataires n'est pas un péché. — La mort est la fin de toute crainte. — C'est dans cette vie et non dans l'autre que l'homme possède la félicité. — L'on ne doit point prier. — L'intelligence humaine est éternelle parce qu'elle provient d'une cause immuable. — La connaissance perçue par l'intelligence ne diffère pas de la substance de l'intelligence. — Il n'y a pas de différence entre le sujet qui connaît et l'objet qui est connu ; de même tout ce que nous connaissons est un dans l'intelligence. — Il n'y a dans tout l'univers qu'une seule intelligence[1]. »

Plusieurs de ces propositions avaient déjà été condamnées, en 1270, par l'évêque de Paris[2]. Leur réapparition pendant les années suivantes prouve combien était encore vivace le désir des spéculations aventureuses. Malheureusement, ce n'était plus un profond besoin de l'intelligence qui les faisait entreprendre, mais le vain plaisir d'engager une lutte dialectique sur des questions réputées dangereuses pour la foi. Ces questions elles-mêmes ne se reproduisirent plus dans la suite. La philosophie réaliste, tombée au rôle d'un simple exercice de l'esprit, disparut peu à peu devant l'influence croissante d'Aristote. Les discussions entre les Thomistes et les Scotistes amenèrent le triomphe du nominalisme : la source des grands systèmes fut dès lors tarie dans les écoles.

Les contrées occidentales de l'Allemagne furent, au moyen âge, le véritable foyer de l'hérésie panthéiste. Les florissantes cités du Rhin renfermaient une bourgeoisie enrichie par le commerce et animée des plus larges sentimens d'autonomie politique et religieuse ; aussi toutes les sectes hostiles à l'Église, les Cathares, les Henriciens, les Vaudois, y trouvèrent-elles un facile accueil. A cet esprit d'indépendance, les populations de ces pays joignaient des tendances mystiques très-prononcées, dispositions trop favorables pour que le panthéisme populaire ne jetât pas à son tour dans ce sol de profondes et durables racines.

Mosheim, sur la foi de vagues indices, suppose qu'il faut chercher en Italie l'origine de la secte hérétique qui, sous différens noms, soutint dans cette partie de l'Allemagne, pendant plus de deux siècles, une lutte sans cesse renaissante contre l'Église[3]. Quiconque connaît les opinions des disciples d'Amaury et des sectaires de Lyon n'hésitera pas à la considérer comme une ramification du panthéisme de France, auquel d'ailleurs Gerson l'a déjà rattachée[4]. Avant Amaury de Bène,

---

[1] D'Argentré, *Collect. judic. de nov. errorib.*, 1, 175.
[2] D'Argentré, ibid., 1, 188.
[3] *Institut. hist. eccles.*, 384, note t.
[4] *Tractatus de cantic. originali ratione*, Opp., 3, 2, 622.

nulle trace d'une semblable doctrine dans les pays du Rhin : immédiatement après la persécution des Amalriciens, les deux sectes de Lyon et d'Alsace surgissent simultanément et professent des principes analogues. Ce n'est donc pas une hypothèse trop invraisemblable d'admettre que plusieurs disciples d'Amaury, entre autres celui dont la secte porte le nom, se sont réfugiés, après les événemens de 1209, dans les provinces occidentales de l'Allemagne et ont implanté dans ces pays l'hérésie de leur maître.

Dans un fragment ajouté à la Somme de Rainerio Sacchoni contre les Cathares et les Vaudois, il est dit qu'un certain Orclenus ou, d'après une meilleure version, Ortlenus de Strasbourg, a été condamné par Innocent III pour avoir enseigné « que l'homme doit s'abstenir de tout ce qui est extérieur et suivre l'impulsion de l'Esprit qui est en lui[1] ». A la place du mot inconnu Ortlenus il faut sans doute lire Ortlevus, c'est-à-dire Ortleb ou Ortlieb, nom qui paraît avoir été assez fréquent à l'époque dont nous parlons[2]. Cet Ortlieb est évidemment le chef de la secte des *Ortlibenses* ou *Ortlibarii* dont il est question également dans le passage cité[3]. L'histoire ne sait rien d'une condamnation de cet homme par Innocent III; l'on est donc réduit à supposer ou bien que les pièces du procès existent encore à Rome, ou que l'auteur de cette notice, trompé par la ressemblance des deux doctrines, a étendu à Ortlieb la condamnation d'Amaury par le concile du Latran. L'exposition de l'enseignement des Ortlibiens mettra en lumière ce rapport de parenté qui les unit aux sectaires de Paris et de

---

[1] *Bibl. PP. max.*, 25, 277.

[2] Nous trouvons ce nom dans plusieurs documens de ce temps : En 1197, Ortliebus; en 1200, Ortleb, bourgeois de Strasbourg; en 1210, Ortliebus, *scultetus de Ehenheim*; en 1238, Ortliebus de Falkenstein; en 1336, Claus Ortlieb, *schœffe zuo Urmat*. (Schmidt, *Hist. du chapitre Saint-Thomas de Strasb.*, chartes 12 et 13; — *Als. dipl.*, 1, 389; 1, 381; 2, 156.)

[3] *Bibl. PP. max.*, 25, 266. — Ce passage et plusieurs autres sont sans doute l'œuvre d'un inquisiteur allemand qui a interpolé l'ouvrage de Rainerio suivant les besoins particuliers du milieu dans lequel il vivait (v. Gieseler, *De Rainerii Sacchoni Summa commentatio critica*, Gœttingæ 1834). Il se compose de deux fragmens indépendans l'un de l'autre, le premier commençant par le mot *Ordibarii*, le second par le mot *Ortlibenses*, et donnant chacun avec plus ou moins de développemens une exposition complète de la doctrine des sectaires. — Un manuscrit interpolé du traité de David d'Augsbourg, *De hæresi pauperum*, longtemps attribué au dominicain Yvonetus (v. les recherches de Pfeiffer dans la *Zeitschrift de Haupt*, 1853, 9, 55), nomme les *Ortlibarii* sans indiquer leur doctrine. Ce manuscrit se trouvait à l'ancienne Bibliothèque de Strasbourg. — La même Bibliothèque possédait un traité manuscrit, datant, ainsi que le précédent, du milieu du treizième siècle et contenant la doctrine des Ortlibiens, trésor perdu pour la science comme tant d'autres.

Lyon, et il fera ressortir les idées qui leur sont particulières. Nous laissons la parole à l'auteur du fragment en question :

« Avant la naissance de Jésus-Christ, disent-ils, le Père a agi seul; la Trinité n'existait pas encore. Celle-ci n'a été complétée que lorsque Jésus se fut attaché son premier disciple saint Pierre, qui seconda le Seigneur dans son ministère : ce fut là le Saint-Esprit, lequel opère dans le monde de concert avec le Fils. — Le monde est éternel, Dieu ne l'a pas créé. Si l'on demande comment Adam peut encore être appelé le premier homme, la réponse est qu'Adam a été le premier homme que Dieu a créé membre de leur secte en lui faisant connaître et accomplir sa volonté. — Fondée par Adam, leur secte a traversé les temps comme l'unique dispensatrice du salut, hors de laquelle tous les hommes ont péri. C'est elle qui est la véritable arche de Noé. Elle a sauvé huit hommes depuis Adam jusqu'au temps présent, entre autres Jésus-Christ; ces huit élus de Dieu l'ont successivement rétablie, alors qu'elle était menacée dans son existence. Ainsi s'est transmis le précieux dépôt de la grâce divine. — Christ a été le fils véritable de Joseph et de Marie, et de plus un pécheur. Ce n'est que par la prédication de Marie qu'il est devenu le Fils de Dieu; Marie a donc été la fille de Dieu avant que Jésus n'en ait été le Fils. C'est de cette manière qu'elle a donné le jour au Fils de Dieu tout en restant vierge. Christ a obtenu le salut en entrant dans leur secte; la pénitence, par laquelle il a dû passer pour en devenir membre, est la seule Passion qu'il ait endurée. De même, ils n'attribuent aucune réalité à la mort et à la résurrection du Seigneur. Le Fils meurt, lorsque l'un d'entre eux tombe dans un péché mortel ou qu'il quitte la secte; il ressuscite quand ce même frère fait pénitence. — Ils se disent eux-mêmes les fils de Dieu. — Le pape, suivant eux, est la source de tout mal; il est un docteur de l'erreur. Les prêtres sont les guides des âmes sur le chemin du mensonge; les chants d'église ne sont que clameurs de l'enfer. Ils n'ajoutent aucune foi aux indulgences ni au pouvoir des clefs. Selon eux, l'homme, lorsqu'il est devenu parfait et qu'il est le Saint-Esprit, peut lier et délier et faire toutes choses. Pareillement, ils affirment qu'on n'est pas tenu de payer la dîme au clergé et que les prêtres doivent vivre du travail de leurs mains comme tout autre artisan. Ils rejettent aussi les sacremens : le baptême, disent-ils, n'a pas de valeur indépendamment du mérite de celui qui le confère; il ne sert à rien aux enfans étrangers à leur secte; un juif peut être sauvé sans baptême s'il entre dans leur association. Le corps de Christ dans l'eucharistie n'est que du pain ordinaire ; par contre, ils appellent leur propre corps le vrai corps de Christ. — Ici peut se placer ce que nous savons de l'enseignement d'Ortlieb lui-même : « L'homme doit s'abstenir de tout ce qui est extérieur, pour suivre l'Esprit qui est en lui. » Il entendait certainement par là opposer à la loi extérieure et aux pratiques de l'Église l'inspiration directe du croyant. — « Quant au mariage, ils le restreignent à la simple communion spirituelle des époux, n'admettant d'autre génération que la conversion des hommes à leur secte. » Ils vivent avec une grande austérité et s'imposent de lourdes pénitences et des jeûnes fréquens.

« Les quatre évangiles, disent-ils, sont des livres utiles, car ils sont écrits dans les cœurs ; mais les ouvrages des quatre grands docteurs saint Jérôme, saint Augustin, saint Ambroise et saint Bernard, sont inutiles, car ils ne sont écrits que sur du parchemin. Saint Bernard cependant ne doit pas être condamné comme les autres, car il s'est converti à la vérité et il a été sauvé. » Ils rejettent ainsi l'autorité des Pères de l'Église. De la même manière ils refusent de se soumettre à la lettre du texte biblique, et ne voient qu'un enseignement moral dans les récits historiques des Écritures. Il arrive de la sorte que, si on les interroge sur les articles de la foi chrétienne, ils les accordent tous, mais ils les interprètent d'une manière mystique, si bien que les femmes de leur secte induisent souvent en erreur nos clercs les plus savans. « Ils se composent une Trinité terrestre à l'image de la Trinité céleste qu'ils admettent. Le Père est celui d'entre eux qui, par sa prédication, a amené un membre à leur secte ; le Fils est le membre nouveau converti par le Père, et le Saint-Esprit est celui d'entre eux qui a secondé le Père dans cette œuvre de conversion ou qui a consolidé la foi du frère nouvellement admis. Ils se réunissent ainsi par groupes de trois pour célébrer leur culte. Le Père se tient entre ses deux compagnons qu'il dépasse tous deux ; à sa droite est le Fils, plus élevé d'un degré que le Saint-Esprit, qui se tient à gauche. Ils représentent ainsi la Trinité lorsqu'ils prient. Ces trois personnes sont unies entre elles par des liens tout particuliers. Si l'on demande à l'une d'elles quel est son prochain, elle nomme les deux autres personnes qui composent avec elle la Trinité. — Ils nient la résurrection des corps, mais ils croient au jugement dernier et à la vie éternelle des esprits. Le jugement de Dieu, selon eux, viendra quand le pape et l'empereur seront convertis à leur secte. Alors seront anéantis tous ceux qui n'auront pas été des leurs ; quant à eux, ils jouiront en toute éternité d'une paix absolue, tout en continuant à se reproduire à la manière des hommes et à être sujets à la mort terrestre. »

Dans cet ensemble de doctrines, nous retrouvons l'idée de l'identité de la nature humaine et de la nature divine telle que les Amalriciens l'avaient enseignée, sous la forme de l'union substantielle de l'homme et du Fils de Dieu, et revêtue du même emblème de la Trinité humaine sous lequel les hérétiques de Lyon se la représentaient. De plus, nous constatons ici la même aversion pour l'Église et son culte, les mêmes opinions au sujet des sacremens, la même méthode de l'interprétation des faits bibliques que chez les autres sectaires; seulement, chez les Ortlibiens, la tendance à spiritualiser la lettre de l'Écriture se manifeste d'une manière si complète, qu'elle imprime à la secte un de ses caractères distinctifs. Également digne de remarque est la présence, sous une forme un peu affaiblie, il est vrai, des théories apocalyptiques de Joachim de Flore, entièrement absentes chez la secte de Lyon. Les principes métaphysiques d'Amaury sont encore représentés ici par la doctrine de l'éternité du monde et par la négation, au point de vue philosophique, de l'idée de la création. Nulle trace, dans ce fragment de la Somme de Rainerio, des erreurs pratiques reprochées aux Amalriciens; bien au contraire, nous y trouvons des indices évidens d'une tendance ascétique chez les sectaires de Strasbourg. Sans doute, Ortlieb et un certain nombre de ses disciples ont su se maintenir à la hauteur morale où les avait placés l'enseignement d'Amaury. Cependant il ne faudrait pas se hâter de porter sur toute la secte un jugement aussi favorable. Une doctrine qui attribuait à l'homme parfait, identifié avec le Saint-Esprit, une absolue souveraineté religieuse et morale et qui enseignait qu'il faut se soustraire à toute influence extérieure pour ne suivre que l'impulsion de l'Esprit intérieur, ne pouvait pas exercer une influence salutaire sur la vie du peuple. En 1215, on brûla, à Strasbourg, quatre-vingts personnes de tout rang[1]; la plupart des condamnés étaient des Vaudois, mais dans le nombre il s'en trouvait également qui disaient que les péchés les plus grossiers sont permis et conformes à la nature[2]. D'après un chroniqueur suisse, cette hérésie comptait, en 1216, des partisans dans toute l'Alsace et avait pénétré jusqu'en Suisse[3]. Si donc l'idéalisme moral d'Amaury de Bène s'est

---

[1] *Annales Argent.*, chez Bœhmer, *Fontes rerum german.*, 2, 105.
[2] Nauclerus, *Chronica*, Col. 1579, in-fol., p. 912.
[3] Hartmann, *Annales Eremi* (du couvent d'Einsiedlen en Suisse), chez Füslin, *Kirchen- und Ketzergeschichte der mittlern Zeit*, 2, 6.

conservé chez quelques membres de la secte, s'il a même engendré l'ascétisme dans quelques âmes heureusement disposées, le matérialisme pratiqué a envahi d'autres âmes plus grossières. Dès 1215, cette double conséquence d'un même principe était représentée chez les Ortlibiens.

Le nom des Ortlibiens ne tarda pas à disparaître. Il n'est plus guère mentionné que dans la loi que l'empereur Frédéric II publia à Padoue, en 1224, contre les hérétiques de son temps[1]. Vers le milieu de ce siècle, les sectaires panthéistes des pays du Rhin commencent à être connus sous le nom de Frères du libre esprit. La doctrine nouvelle s'était répandue au loin ; elle comptait de nombreux partisans dans les villes et dans les couvents de ces contrées. La secte des Ortlibiens, paraît-il, s'absorba dans ce vaste développement de l'hérésie dont elle avait été le premier foyer en Allemagne. Vers 1250, il y eut, à Cologne, des hérétiques « recherchant l'apparence de la liberté, » mais enseignant des doctrines si blasphématoires, si contraires à l'Église et à l'ordre social, que le chroniqueur n'osa pas les rapporter[2]. Peu de temps après, on trouva en Souabe, dans plusieurs couvents d'hommes et de femmes, des gens qui disaient qu'on ne peut pas mieux servir Dieu que par la « liberté de l'esprit[3]. » Depuis cette époque, l'hérésie n'est plus mentionnée pendant quelque temps par les historiens. Les troubles de l'interrègne agitaient l'Empire, la juridiction de l'Église était affaiblie, les seigneurs et les magistrats résistaient aux évêques et aux moines ; nul ne faisait attention aux sectes au milieu de l'anarchie générale. A ces conditions éminemment favorables aux progrès de l'hérésie se joignait l'aversion que l'on éprouvait pour Rome dans beaucoup de contrées de l'Allemagne, et qui s'exprima avec tant de force dans les poésies des *Minnesænger*. La secte panthéiste s'est ainsi propagée dans l'ombre jusqu'au commencement du quatorzième siècle, où nous la voyons reparaître avec une énergie nouvelle.

[1] Sous le nom d'*Ortoleni*; Hartzheim, *Concilia germ.*, 3, 509.
[2] Nider, *Formicarius*, Strasb. 1517, in-4º, p. 45ª, d'après un manuscrit d'Albert le Grand.
[3] Mart. Crusius, *Annales Suev.*, p. 3, l. 2, c. 14, d'après le dominicain Félix Faber, du quinzième siècle.

CHAPITRE DEUXIÈME.

QUATORZIÈME ET QUINZIÈME SIÈCLES.

Les Béghards et les Béguines. — Les Frères et les Sœurs du libre esprit. — Maître Eckhart. — Les Frères du libre esprit (fin). *— Marguérite Porrette, Jeanne Dabenton et les Turlupins. — Les Hommes de l'intelligence, de Bruxelles. — Les Adamites ou Picards de Bohème.*

Vers la fin du douzième siècle apparaissent dans les Pays-Bas des associations religieuses d'un genre tout particulier. Les croisades, s'ajoutant aux guerres continuelles, aux maladies et aux autres maux qui affligeaient les populations, avaient aggravé les malheurs du temps. Pour les orphelins et les veuves, nul asile que le cloître. Les femmes tombées dans la misère, qu'effrayait la règle sévère des couvents et qui désiraient rester honnêtes, étaient réduites à demander à la mendicité les moyens de vivre, que le travail ne leur procurait que d'une manière insuffisante, surtout en temps de disette. Elles cherchaient donc à compléter leur gain modique en implorant la charité des passans, ou bien, si l'âge et les infirmités leur interdisaient le travail, elles vivaient exclusivement d'aumônes. Vers l'époque indiquée, la position de ces malheureuses commence à se modifier : à la voix d'un prédicateur zélé, ou bien d'après les dispositions du Magistrat, ou plus souvent encore sur l'initiative de quelque riche et charitable bourgeois, elles se réunissent et forment une association d'un caractère à la fois laïque et religieux, parfaitement indépendante au début de tout ordre monastique et placée la plupart du temps sous la seule surveillance de l'évêque. Telle est l'origine de l'institution des *Béguines*, institution d'une haute importance sociale au siècle où elle a paru, et qui a dû à sa grande utilité un développement considérable [1].

[1] On a beaucoup discuté sur la signification du mot *Béguine*. En Belgique, cette question a suscité au dix-septième et au dix-huitième siècle une controverse très-vive à laquelle les rivalités des principales maisons de Béguines ne sont pas restées étrangères. Les uns ont rattaché ce nom à sainte Begge, la fille de Pépin de Landen, créatrice présumée de l'institution des Béguines au septième siècle; les autres y ont vu le surnom populaire donné à un prêtre de Liége, Lambert dit le Bègue, fondateur d'une communauté de béguines en cette ville (1180). De ces deux opinions la seconde seule s'est maintenue jusqu'aux temps présens. En 1843 elle a trouvé un défenseur décidé en la personne de Hallmann (*Die Geschichte des Ursprungs der belgischen Beghinen*, Berlin). Gieseler (*Kirchengeschiche*, II, 364 ss.) et Wackernagel (*Altdeutsches Wœrterbuch*, § Beghine) l'ont adoptée, le second, il est vrai, non sans manifester quelque doute, tandis que Grimm (*Deutsches Wœrterbuch*, I, 1295) la rejette comme la première, et déclare le problème insoluble. Nous pensons également que cette seconde hypothèse ne peut guère mieux se justifier que la précédente. En effet, comment admettre que le surnom donné au prêtre Lambert à cause de sa prononciation vicieuse se soit étendu aux femmes pauvres recueillies par lui dans son domaine, et, chose plus invraisemblable encore, ait été donné aux membres de toutes les associations analogues à celles de Liége qui surgirent peu après en des localités où le nom de Lambert le Bègue n'est jamais parvenu à la connaissance du peuple? Du reste, Hallmann paraît avoir senti lui-même l'invraisemblance de cette conjecture, car il l'abandonne en partie à la fin de son travail, et, ruinant lui-même l'autorité du récit de Gilles d'Orval (datant de 1230), sa source la plus importante, il nous apprend (p. 112) que «par une de ces erreurs légères dont les historiens du moyen âge se rendent souvent coupables, Gilles a pris pour un surnom populaire ce qui n'était en réalité que le nom de famille de Lambert: comment, en effet, ce prêtre aurait-il pu être un prédicateur fort goûté, comme Gilles le raconte, s'il avait été bègue?» Notre auteur oublie apparemment que les noms de famille n'étaient pas encore en usage à cette époque, et, par le reproche qu'il adresse à Gilles, il reconnaît implicitement qu'il n'est pas possible d'expliquer le mot *Béguine* par le surnom du prêtre Lambert.

Les circonstances extérieures qui ont donné naissance aux réunions des Béguines devront nous fournir le plus sûrement l'explication de leur nom. Avant de former une société particulière, les Béguines étaient confondues dans la foule des femmes pauvres qui vivaient d'aumônes. Or étymologiquement *Béquine* ne peut signifier que mendiante, en admettant que ce mot s'est formé de la même manière que d'autres mots analogues qui tous dérivent d'un verbe. Ainsi *Lollhard* vient de *lollen*, réciter des prières (« Lolhardi lollant ut micas undique tollant, etc., » est-il dit dans une vieille poésie satirique; v. Matthias von Chemnat, *Chronik Friedr. I. des Siegreichen*, dans les *Quellen zur bayer. u. deutschen Gesch.* München 1862, II, 110), *Papelhard* de *papeln* ou *plapern*, babiller, même sens. *Béghard*, que les auteurs allemands du quatorzième siècle écrivent *Begehart* ou *Beggehart* (Tauler, 2e sermon pour le 3e dimanche après la Trinité, nº 30 Cod. A, 89, in-4º, quatorzième siècle de l'anc. Bibliothèque de Strasb., Rulman Merswin, *Von den neun Felsen*. Leipz. 1859, p. 33), et les auteurs latins *Beginhardi* ou *Begihardi* («conversi seu Begihardi, hoc est fratres non habentes domicilia, in processione *mendicantes* cibaria.» *Annales domin. Colmar.*, ad annum 1302, p. 190), dérive évidemment de la même racine que *Béguine*, d'un verbe *beggen*, mendier, que le dialecte des Pays-Bas a dû posséder à cette époque et que nous rencontrons encore en anglais (*to beg, a beggar*). Cette solution s'est présentée à l'esprit de Mosheim; il la repousse en disant que les Béguines ne

La première de ces associations qui nous est connue d'une manière plus précise est celle de Liége, fondée dans les années 1180 à 1184, par le vénérable prêtre Lambert, surnommé le Bègue, dans une campagne qu'il possédait près de la ville [1]. En 1202, nous rencontrons un semblable établissement à Tirlemont, en 1212 à Valenciennes, en 1219 à Douai, en 1227 à Gand, en 1230 à Anvers, en 1234 à Louvain et à Bruges et en 1250 à Bruxelles. Cette institution se répandit rapidement hors des limites du pays où elle était née. Les auteurs français du milieu du treizième siècle la mentionnent comme existant dans les principales villes de France, surtout à Paris et à Cambrai, où elle comptait au delà de mille membres à la mort de saint Louis. En 1250, elle ne possédait pas moins de deux mille adhérentes à Cologne; à Strasbourg, la charité des bourgeois commençait à lui ouvrir de nombreux asiles [2]; vers la

mendiaient pas, et il ne voit d'autre moyen de résoudre la difficulté que de donner au verbe duquel ce mot paraît provenir, un sens que rien ne justifie, celui de prier Dieu; Béguine signifierait ainsi dévote. Nous croyons plus naturel d'admettre que le surnom de mendiantes que les Béguines devaient à leur première condition, leur est resté dans la bouche du peuple, alors même qu'elles ne mendièrent plus. Dans l'asile que la charité leur avait ouvert (*oratorium, goueshus* = Hôtel-Dieu; au quinzième siècle seulement *beguinagium*) autant pour améliorer leur condition que pour enlever aux multitudes un spectacle pernicieux, elles n'en continuèrent pas moins à vivre indirectement de l'assistance publique et à s'appeler elles-mêmes les « pauvres sœurs » (*pauperes sorores, arme Schwestern*).

Les premières apparitions des Béguines ont eu lieu presque simultanément et nous pouvons ajouter indépendamment les unes des autres, car elles naissaient d'un besoin général des populations à cette époque. Gilles d'Orval place à Liége la naissance de la famille des Béguines; Thomas de Cambray la place à Nivelles, autre ville des Pays-Bas (Mosheim, *De Beghardis et Beguinabus*, p. 105). Cette divergence entre deux auteurs contemporains, loin de nous étonner, nous est une preuve qu'il ne faut pas chercher l'origine de cette famille religieuse dans une localité déterminée, ni par conséquent la rattacher à l'activité d'un seul homme, mais qu'il convient de considérer les différentes associations qui ont surgi tout d'abord, comme des foyers distincts, dont chacun, dans un certain sens, a droit à la priorité, en vertu de la nécessité sociale qui a produit partout les mêmes manifestations de la charité. Dans toutes ces localités, le nombre des Béguines a forcément été assez restreint au commencement, et le peuple ne les aura guère distinguées du reste des femmes pauvres qui continuaient à demander l'aumône : le surnom, une fois transmis, leur sera resté. N'oublions pas qu'à l'époque où les deux ordres les plus célèbres ont élevé la mendicité à la hauteur d'une vertu évangélique, ce nom ne pouvait rien contenir d'injurieux; dans la suite des temps il a reçu une signification de plus en plus religieuse, pour ne plus désigner bientôt que des femmes vivant dans l'humilité et dans la pauvreté, et livrées à la pratique assidue des œuvres charitables et des exercices de piété. Ce surnom populaire toutefois, nous ne le possédons plus sous sa forme primitive, mais uniquement sous la forme latine (*Beguina, Beghina*) que les écrivains ecclésiastiques lui ont donnée.

[1] Mosheim, *De Beghardis*, 73 sq. — [2] Ch. Schmidt, *Die Strassburger Beginenhäuser im Mittelalter;* dans l'*Alsatia*, 1859; p. 16.

même époque, elle fait son apparition à Bâle, à Berne, à Augsbourg, à Hambourg, à Lübeck, etc. Le treizième siècle fut l'âge d'or de cette institution, dont Matthieu de Paris n'hésite pas à ranger les rapides progrès parmi les merveilles de son temps[1].

En France et en Allemagne, les Béguines demeuraient en assez grand nombre dans une même maison, tandis qu'en Belgique leur habitation nous rappelle moins un cloître qu'une de nos cités ouvrières modernes : elle se composait (et elle se compose encore aujourd'hui) d'une série de maisons assez petites, dont chacune ne renfermait pas plus de deux ou trois Béguines; au centre, s'élevaient une église et un hôpital pour les sœurs âgées ou malades; tout près de là se trouvait un cimetière. Le genre de vie de ces femmes tenait le milieu entre la vie monastique et la vie profane. Elles ne renonçaient nullement à la société des hommes, aux affaires et aux préoccupations terrestres; elles faisaient vœu de chasteté et d'obéissance, mais non d'une manière absolue comme religieuses; elles conservaient la liberté de quitter l'association quand elles le voudraient et de contracter mariage. Celles qui n'étaient pas entièrement pauvres pouvaient même disposer par testament d'une certaine partie de leur avoir. A l'intérieur de leur maison, elles s'occupaient de différens travaux de femme, et consacraient une partie de leur temps aux prières et aux lectures pieuses. Souvent aussi elles se rendaient dans les différentes familles de la ville pour soigner un malade; quand elles recevaient des legs, elles s'appliquaient à célébrer l'anniversaire de la mort de leurs bienfaiteurs, en assistant à des messes pour le repos de leur âme et en récitant des prières sur leur tombe. Les Béguines jouissaient ainsi de la plus grande partie des bienfaits de la vie des couvens, sans en éprouver les désavantages.

Elles ne tardèrent pas à trouver des imitateurs. Des confréries d'artisans, le plus souvent de tisserands, se formèrent à leur image dans les différentes villes où elles possédaient des établissemens. Appelés par le peuple *Béghards,* les membres de ces associations éminemment laïques joussaient de la même indépendance que les Béguines; ils consacraient leur vie au travail manuel et aux exercices de piété, et s'attirèrent ainsi la faveur des populations.

Les progrès de ces deux sociétés religieuses ne manquèrent pas de leur susciter des ennemis, surtout parmi le clergé séculier, dont ils éveillèrent la jalousie. Les curés des paroisses recevaient une certaine somme par an, à titre de dédommagement pour les pertes que leur faisait

---

[1] Mosheim, o. c., 136.

éprouver la présence d'un prêtre spécialement attaché à chacune de ces associations; on leur abandonnait même une partie du prix des enterremens quand quelque riche bourgeois, et le cas n'était point rare, demandait à être enseveli dans le cimetière attenant à l'établissement : quant aux ordres religieux, ils ne pouvaient que perdre au crédit croissant de ces fondations pieuses qui les privaient, non-seulement du concours de beaucoup de membres, mais encore de donations importantes.

Le concile du Latran avait décrété que nul ordre n'obtiendrait plus à l'avenir l'approbation pontificale; c'est de cette décision que l'on fit usage contre les Béghards et les Béguines, en les accusant, entre autres griefs, de former une association non reconnue par l'Église. Déjà en 1240, Jeanne de Flandre jugea nécessaire d'ordonner à ses magistrats de les défendre contre leurs spoliateurs; cinq ans plus tard, Innocent IV les prit tout spécialement sous sa protection. En 1261, Urbain IV écrivit au doyen de Louvain « de les protéger contre les téméraires qui les affligent, et de ne pas permettre qu'on les moleste par des procès ni dans leurs personnes ni dans leurs biens [1]. » Mais en 1274 Grégoire X renouvela la sentence du concile du Latran, et dès lors commença le déclin de l'institution des Béghards et des Béguines, hâté encore par les accusations d'hérésie qui ne tardèrent pas à les frapper. Depuis la fin du treizième siècle, ces associations religieuses furent obligées, pour sauver leur existence, de sacrifier, l'une après l'autre, leur indépendance, et de se placer sous la protection soit des franciscains, soit des dominicains, en acceptant la troisième règle de ces ordres. Les poursuites auxquelles elles furent exposées, et surtout leur absorption progressive par le clergé régulier, firent qu'elles disparurent, au bout d'un certain temps, en France et en Allemagne. Dans les Pays-Bas, il se forma, depuis le milieu du quinzième siècle, la *Congrégation des Béghards de la troisième règle de saint François*, dirigée par une assemblée annuelle réunie à Zipperen; de là son nom de *Congregatio Zipperensis* [2]. Après la tourmente du seizième siècle, cette congrégation, réduite à un nombre de membres très-restreint, fut réunie, par Innocent X, aux tertiaires franciscains de Lombardie, et ne fut, dès lors, plus qu'une province de l'ordre de saint François. Quant aux Béguines, elles se maintinrent jusqu'à nos jours sur cette terre qui les avait vues naître; mais, ainsi que nous avons pu nous en assurer nous-même, on chercherait vainement, dans les quelques établissemens qu'elles y possèdent encore, les vestiges de leur an-

---

[1] Mosheim, o. c., 140 s.
[2] Mosheim, o. c., 191 s.

...cienne autonomie religieuse, tant elles ont changé de caractère par suite de leur entrée dans le tiers ordre des frères mendians.

A ce déclin de la prospérité extérieure de cette institution se joignit encore, comme une conséquence de son rapide développement, la décadence intérieure, la corruption des mœurs et des doctrines, amenée fatalement par l'entrée dans ces associations d'une foule d'élémens hétérogènes. Déjà en 1244, Siegfried III, archevêque de Mayence, pour prévenir l'abus que les plus jeunes d'entre les Béguines faisaient de leur liberté, prescrivit aux établissemens de son diocèse de ne pas accepter des membres nouveaux au-dessous de quarante ans[1]. En 1300, l'archevêque Pierre de Mayence renouvela cette mesure. De même, l'évêque d'Eichstedt, Reinbotto, menaça, vers l'an 1239, les Béguines mal famées de son diocèse des peines les plus sévères[2]. De plus, l'exemple des frères mendians paraît avoir ramené quelques Béguines à leur ancien genre de vie et donné à certains Béghards des habitudes de vagabondage. Un décret du concile de Mayence de 1295, renouvelé à Aschaffenbourg en 1292 et à Mayence en 1310, défend aux membres de ces associations de traverser les rues et les places publiques en criant : « du pain, au nom de Dieu ! », et de se livrer encore à d'autres pratiques singulières[3]. En France, Guillaume de Saint-Amour leur reproche vers la même époque de vivre d'aumônes et d'affecter une piété extraordinaire en portant en public des vêtemens délabrés[4]. Il constate qu'ils jouissent, pour ce motif, d'une faveur très-grande auprès du peuple que séduisent leurs dehors hypocrites, et il exprime le vœu de voir l'entrée des maisons des Béguines interdite aux religieux, comme leur est défendue l'entrée des demeures des nonnes. Enfin, mis en rapport avec les sectes de leur temps par suite de leur immense extension, les Béghards et les Béguines durent naturellement en subir l'influence, grâce à la liberté de leur genre de vie, et leur nom ne tarda pas à être employé pour couvrir toute sorte d'hérésies. Dans le sud de la France, on désigna sous ce nom les franciscains hérétiques ou *Fratricelles*; en Allemagne, dans les Pays-Bas et dans le nord de la France, on appela Béghards et Béguines les *Frères et les Sœurs du libre esprit*. Jean XXII donna même ce nom aux par-

[1] Ibid., 147.
[2] V. son statut, s. a., chez Chmel, *Die Handschriften der Wiener Bibl.* Vienne 1841, 2, 349.
[3] Mansi, *Collect. concil.*, 23, 298, can. 4; — 25, 261, can. 51; 325; — Mosheim, o. c., 202.
[4] Mosheim, o. c., 12.

tisans de Gérard Segarelli répandus en Italie[1]. Toutefois, il ne faut pas oublier qu'à côté des membres de ces associations, qui acceptèrent des doctrines étrangères à l'Église, il y en eut d'autres qui restèrent orthodoxes, distinction qu'il importe d'observer dans l'étude des sources de leur histoire.

C'est comme partisans de l'hérésie du libre esprit que les Béghards et les Béguines rentrent dans l'ensemble des sectes panthéistes au moyen âge.

Vers 1250, Albert le Grand, vivant à Cologne, rencontra pour la première fois des Béghards hérétiques. Il écrivit sur leur compte de si horribles détails dans un de ses livres intitulé *Manuel*, aujourd'hui perdu, qu'un auteur postérieur, qui a possédé ce livre, se refuse à transcrire ce passage et se contente d'appeler ces hérétiques « une peste recherchant l'apparence de la liberté[2]. » En 1261 apparurent en Souabe des sectaires semblables aux précédens, mais dont le but paraît avoir été de jeter le trouble dans les couvens. « Alors surgirent dans quelques couvens un certain nombre d'adversaires de la vie monastique; on les nommait Fratricelles, Béghards et Béguines. Ils engagèrent beaucoup de religieux à vivre sans règle, assurant qu'on pouvait mieux servir Dieu par la liberté de l'esprit ». Les évêques s'émurent de ces tentatives et voulurent dissoudre les colléges où de pareilles voix s'étaient fait entendre; alors les religieuses de Kirchen et de Gnadenzell, « auxquelles la liberté des Fratricelles avait plu, » demandèrent instamment à l'évêque de Constance de leur donner la règle de saint Augustin, afin de cacher ces doctrines nouvelles sous l'apparence d'une vie monastique régulière. Ces religieuses sont évidemment des Béguines[3]. En 1290, le lecteur des franciscains de Bâle fit saisir à Colmar deux Béghards et deux Béguines, et plusieurs autres à Bâle même, parce qu'il les considérait comme hérétiques[4].

La première moitié du quatorzième siècle fut pour la secte du libre esprit l'époque de son plein épanouissement. Cologne, Mayence, Strasbourg furent les foyers de l'hérésie. Grâce au texte des décrets lancés contre les novateurs, il nous est possible de connaître exactement leur doctrine.

Henri de Virnebourg, archevêque de Cologne, publia en 1306 une

---

[1] Mosheim, o. c., 67.
[2] Mosheim, o. c., 198.
[3] Mosheim, o. c., 199.
[4] Mosheim, o. c., 201.

loi « contre les Béghards et les Béghardes[1]. » Il leur reproche de « pratiquer un nouveau genre de vie sous prétexte de pauvreté, de mendier au lieu de travailler, au grand détriment de la chrétienté, » c'est-à-dire au grand détriment des frères mendians, et de « prêcher publiquement leur doctrine quoique étant des laïques. » Voici les erreurs dont il les accuse : « Dieu se trouve dans un état de perdition (*in quadam perditione*). — Ceux qui sont menés par l'Esprit de Dieu ne sont plus sous la loi, car la loi n'est pas imposée au juste, à celui qui vit sans péché. — Celui qui ne me suit pas, disent-ils, ne peut être sauvé, car je ne pèche pas. — La simple fornication n'est pas un péché. — Tout homme peut renvoyer sa femme légitime pour suivre Dieu. — Si une femme ne déplore pas la perte de sa virginité dans le mariage, elle ne peut être sauvée. — Toutes ces vérités leur viennent d'une révélation céleste. » Les menaces d'excommunication et de persécution qui terminaient ce mandement n'effrayèrent pas les hérétiques; leur nombre ne fit qu'augmenter à Cologne. Leur audace alla même jusqu'à troubler les réunions religieuses tenues par les dominicains et les franciscains, et à interpeller en pleine église celui des frères mendians qui osait comdamner leurs doctrines du haut de la chaire. En même temps les revenus de ces deux ordres diminuaient sensiblement. On trouva donc nécessaire de faire venir dans cette ville un des théologiens les plus illustres de l'époque pour réfuter une doctrine dont le clergé de la localité était impuissant à démontrer l'erreur. Duns Scot arriva à Cologne en 1307 et se mit immédiatement à l'œuvre; mais l'année suivante il mourut sans avoir pu achever sa tâche[2].

Le concile de Trèves de l'année 1310 s'occupa également des Béghards. « Dans la ville et le diocèse de Trèves, est-il dit dans les actes de cette assemblée, il y a un certain nombre de laïques, appelés Béghards, du nom d'une congrégation imaginaire à laquelle ils feignent d'appartenir; ils se présentent en public vêtus de longues tuniques ornées de grands capuchons et fuient tout travail manuel. A certaines époques ils tiennent entre eux des réunions dans lesquelles ils se donnent, en présence de personnes crédules, l'apparence de profonds interprètes des Écritures sacrées. Nous désapprouvons leur association comme étrangère à toute congrégation reconnue par l'Église, et leurs habitudes de mendicité et de vagabondage[3]. »

---

[1] Mosheim, o. c., 210 s.
[2] Wadding, *Annales frat. minorum*, 6, 108.
[3] Mosheim, o. c., 242 s. — Clement., lib. 5, tit. 3, cap. 3.

Parmi les pratiques singulières que leur reproche le concile de Mayence de la même année, il est question de réunions secrètes dans des lieux retirés ou dans des cavernes.

Clément V, dans une lettre écrite en 1311 à l'évêque de Crémone, Rainerio de Casulis, « contre la secte du libre esprit, » nous montre que l'hérésie avait déjà franchi les monts. « Dans quelques parties de l'Italie, dans la province de Spolète et les contrées avoisinantes, se trouve un certain nombre d'hommes et de femmes, tant membres d'un ordre religieux que laïques, qui veulent introduire dans l'Église un genre de vie abominable, qu'ils appellent la liberté de l'esprit, c'est-à-dire la liberté de faire tout ce qui leur plaît[1]. » Au concile de Vienne, qui eut lieu la même année, Clément V dirigea contre la secte deux décrets ou constitutions, recueillis dans les *Clémentines*. Dans le premier de ces documens il est dit : « Nous avons appris d'une source digne de foi qu'il existe un certain nombre de Béguines, atteintes sans doute de folie, qui se livrent à des discussions et à des prédications sur la Trinité et sur l'essence divine, et qui manifestent des opinions hétérodoxes sur les articles de foi et les sacremens de l'Église. De la sorte elles induisent en diverses erreurs beaucoup de gens simples et crédules; de plus, elles commettent sous le voile de la sainteté beaucoup d'actions qui sont un danger pour les âmes. » Le pape concluait à la suppression totale de l'institution des Béguines, arrêt trop sévère puisqu'il frappait les innocentes en même temps que les coupables; il est revenu lui-même sur cette décision dans un écrit publié peu après, dans lequel il accorde aux Béguines orthodoxes et de mœurs irréprochables la permission de « servir Dieu selon l'inspiration du Seigneur. » La seconde constitution avait pour exorde : « Ce n'est pas sans un grand déplaisir que nous avons appris qu'en Allemagne a surgi une secte abominable et condamnable, formée par quelques hommes pervers et quelques femmes infidèles, vulgairement appelés Béghards et Béguines. » Elle reproche aux sectaires les erreurs suivantes : « Ils divisent le temps compris entre la création et la fin du monde en trois époques : suivant eux, le temps qui s'est écoulé depuis la création jusqu'à l'arrivée du Seigneur est l'époque du Père, celui qui est compris entre l'incarnation du Christ et la venue du Saint-Esprit est l'époque du Fils, et le temps de la rédemption, qui dure depuis l'envoi du Saint-Esprit jusqu'à la fin du monde, est l'époque du Saint-Esprit, le temps de la liberté pour

---

[1] Raynaldi, *Annal.* ad ann. 1311, n° 66.

l'homme de faire ce qui lui plaît, sans que rien puisse être appelé mal.
— L'homme peut acquérir dès la vie présente la plénitude de la félicité
céleste telle qu'il l'obtiendra après la mort. — Tout être intellectuel
possède en lui-même la parfaite félicité en vertu de sa nature ; l'âme n'a
donc pas besoin de la lumière divine pour s'élever à la contemplation
et à la jouissance de Dieu. — L'homme peut atteindre dès l'existence
actuelle un tel degré de perfection qu'il devient incapable de pécher et
qu'il ne peut plus faire aucun progrès dans la grâce divine. Car s'il pouvait encore progresser, il pourrait dès ici-bas s'élever à une perfection
supérieure à celle qu'a possédée Jésus-Christ. — L'homme, quand il
est parvenu au dernier degré de la perfection, ne doit plus ni jeûner ni
prier, car ses sens sont alors si complétement soumis à la raison, qu'il
peut en toute liberté accorder à son corps tout ce qui lui plaît. — Ceux
qui vivent dans cet état de perfection et qu'anime l'esprit de Dieu ne
sont plus soumis à aucune loi humaine ni à aucun précepte ecclésiastique, car là où est l'esprit de Dieu, là est la liberté. — S'exercer dans
la pratique des vertus est le fait d'un homme imparfait. L'âme parfaite
donne congé à toutes les vertus. — L'union sexuelle est un péché mortel si elle ne s'accomplit pas sous l'impulsion de la nature. Dans ce cas,
au contraire, elle n'est pas un péché, surtout si la tentation l'a précédée. — Lorsqu'on présente le corps du Christ dans le service divin, il
ne faut pas se lever, ni témoigner à l'hostie aucun respect, car ce serait
un signe d'imperfection que de descendre des hauteurs de la contemplation pure, pour s'arrêter à une pensée quelconque touchant le mystère de l'eucharistie ou la Passion du Seigneur. » Ces constitutions ne
paraissent pas avoir été publiées immédiatement. Du moins il n'en est
pas fait mention dans la lettre adressée, six ans plus tard, par l'évêque
de Strasbourg, Jean d'Ochsenstein, à son clergé, au sujet des mêmes
hérétiques; la décison du concile de Mayence de 1310 est seule relatée
dans cette lettre. Ce n'est que sous Jean XXII que ces décrets du concile de Vienne parvinrent à la connaissance des évêques, qui dès lors
rivalisèrent de zèle dans la répression de l'hérésie.

La lettre de Jean d'Ochsenstein, de l'année 1317, est le plus précieux témoignage que nous ayons au sujet des Frères du libre esprit.
Nous y trouvons une exposition très-étendue de leurs principes, et de
plus quelques détails sur leur genre de vie dans le diocèse de Strasbourg. Elle fut écrite sur les renseignemens réunis par la commission
inquisitoriale nommée par l'évêque dans le but spécial de rechercher
ces hérétiques. Nous y lisons : « L'on rencontre dans notre ville et dans

notre diocèse un certain nombre de sectaires que le peuple appelle Béghards et Sœurs mendiantes[1], et qui se donnent à eux-mêmes le nom de secte du libre esprit et de Frères et Sœurs de la pauvreté volontaire. Dans leur nombre se trouvent, à notre grande douleur, des moines et des prêtres, et beaucoup de gens mariés... Nous condamnons toutes les doctrines et cérémonies de la secte; nous ordonnons que ces hérétiques soient chassés de leurs habitations, que les maisons qui servaient à leurs réunions soient vendues publiquement au profit de l'Église. Les livres qui renferment leur doctrine doivent être remis aux prêtres dans l'espace de quinze jours et brûlés. Ceux d'entre les sectaires qui n'auront pas fait pénitence et changé de costume dans un délai de trois jours[2], seront excommuniés, ainsi que ceux qui leur donneront l'aumône. Sont exceptés les Béghards qui ont accepté la troisième règle des franciscains ou qui sont régis par des frères appartenant à des ordres approuvés par l'Église, et les Béguines menant une vie pieuse et honnête. » Voici les hérésies qui motivent cette sévère sentence : « Dieu est d'une manière formelle tout ce qui est[3]. — Ils assurent être Dieu en vertu de leur nature, sans qu'on puisse établir aucune distinction entre eux et Dieu. L'homme, disent-ils, peut s'unir si bien à Dieu, que sa puissance, sa volonté, son activité se confondent avec la puissance, la volonté et l'activité de Dieu. Aussi prétendent-ils avoir créé toutes choses et avoir plus créé que Dieu. De même, suivant eux, chaque homme parfait est Christ en vertu de sa nature, et peut même acquérir un mérite plus grand que celui de Christ. Plusieurs d'entre eux se disent plus parfaits que saint Paul et supérieurs à la Vierge en trois vertus. Toutes les perfections divines sont réunies en eux; ils affirment être éternels et vivre dès ici-bas dans l'éternité. — L'Église catholique ou la chrétienté n'est que vanité et que fatuité. L'homme parfait n'est point tenu d'obéir aux commandemens de Dieu, entre autres à celui qui impose le respect

---

[1] « .....Quos vulgus Begehardos et swestrones «brod durch got» nominat.» Mosheim, o. c., 255.

[2] « .....Habitu quo hactenus in perversitate usi sunt penitus abjecto et mutato, indumentis ab umbilico deorsum scissis, desuper cum capuciis parvis, non tamen tunicæ consutis, et in petendis eleemosynis modum suum consuetum qui est «brod durch got» omittant et aliis mendicantibus se conforment.... Swestrones quæ in singularitate quadam reprobra pallium replicant supra caput et dum petunt eleemosynam, «brod durch got» clamitant in plateis. Mosheim, o. c., 259 s.

[3] « Deus est formaliter omne. » — Comp. Thom. Aq., *Summa theol.*, p. 1, quæst. 3, art. 8 : « Alii dixerunt Deum esse principium formale omnium, et hæc dicitur fuisse opinio Amalricianorum. »

des parens. En vertu de cette liberté, il est également dispensé de suivre les préceptes des prélats et les statuts de l'Église. — Ils ne vénèrent nullement le corps de Christ; bien plus, ils se détournent, en blasphémant, de l'hostie et prétendent que le corps du Seigneur se trouve dans tout pain au même titre que dans le pain de la sainte-cène. — De même ils affirment que tout laïque honnête peut consacrer les élémens, et que le prêtre, lorsqu'il a déposé ses vêtemens sacerdotaux, a perdu tout pouvoir particulier et ressemble à un sac dont on aurait versé le froment. Confesser ses péchés à un prêtre n'est pas nécessaire pour le salut; recevoir la sainte cène des mains d'un laïque hâte autant la délivrance des âmes des défunts que la célébration de la messe par le prêtre. — Il n'y a ni enfer ni purgatoire. Le jugement dernier n'aura pas lieu; l'homme ne sera jugé qu'au moment de sa mort. Alors son esprit retournera vers celui dont il est issu, et redeviendra si complétement un avec lui, qu'il ne restera plus que Dieu seul, tel qu'il existe de toute éternité. Personne ne sera damné, ni les Juifs, ni les Sarrazins, parce qu'après la mort leur esprit retournera en Dieu. — L'Écriture renferme beaucoup de passages poétiques, dans lesquels il ne faut point chercher la vérité. Si tous les livres de la foi catholique étaient détruits, certains membres de la secte pourraient en composer de meilleurs. C'est pourquoi l'on doit plus ajouter foi aux conceptions humaines qui procèdent du cœur, qu'à la doctrine des Évangiles, et l'on est plus tenu de suivre l'instinct intérieur que les vérités prêchées dans les églises. — Plusieurs d'entre eux ont atteint un tel degré de perfection qu'ils ne peuvent plus ni reculer vers le mal ni progresser vers la sainteté. Ils ne peuvent plus pécher: aussi affirment-ils qu'il leur est donné de commettre sans péché tous les péchés quels qu'ils soient. — Ils prétendent que toutes choses sont communes à tous et qu'il leur est permis de voler. — Aucun mobile extérieur, pas même le désir du royaume des cieux, ne doit solliciter l'activité de l'homme. Ils se tiennent impassibles au sommet de la neuvième roche[1]; ils ne se réjouissent, ils ne s'affligent de rien, et, s'ils pouvaient écarter d'un seul mot des souffrances mortelles, ils ne le feraient

---

[1] Ces mots sont une allusion évidente au *Livre des neuf roches* écrit par un des membres de la secte et que Mosheim a encore eu entre les mains au siècle dernier. Depuis lors il ne s'est plus retrouvé. Ces neuf rochers paraissent avoir symbolisé neuf degrés successifs de l'union de l'âme avec Dieu. Ce livre ne doit pas être confondu avec un traité mystique du même nom, longtemps attribué à Henri Suso, et, dont le véritable auteur est le bourgeois de Strasbourg Rulmann Merswin. (Ch. Schmidt, *Die neun Felsen von Rulmann Merswin*, Leipzig 1859.)

pas. — L'homme parfait n'a plus besoin, dans cette vie, des trois vertus principales, la foi, l'espoir et la charité ; il doit être libre de toute vertu et de tout acte de vertu, libre de Christ et de toute méditation sur sa mort, libre de Dieu même. — Christ n'a pas souffert pour nous, mais pour lui-même. — Toute union sensuelle est un péché, excepté celle qui a pour but la naissance des enfans. » La gravité de ces propositions fait comprendre la sévérité de la sentence épiscopale [1]. Les hérétiques furent poursuivis avec ardeur ; ceux qui échappèrent aux inquisiteurs se réfugièrent en Hesse, en Saxe, en Thuringe ; un grand nombre d'entre eux descendit le long du Rhin vers Mayence et Cologne. Jean d'Ochsenstein prévint par lettre son collègue de Worms de cette émigration des sectaires, et l'engagea à sévir contre eux. Au dire de Wimpheling, l'évêque de Strasbourg a réussi à extirper l'hérésie de son diocèse ; il est certain du moins qu'à partir de cette époque elle n'y reparut plus qu'à de rares intervalles [2].

A Cologne, les Frères du libre esprit n'avaient plus été inquiétés depuis 1306. Cette tranquillité leur avait permis de s'augmenter considérablement et de mettre en pratique les principes moraux contenus dans leur doctrine. Suivant un chroniqueur du temps « la ville était presque toute entière infectée de l'hérésie [3]. » En 1319, on y brûla un prêtre qui avait fait partie de la secte. Vers 1322, les hérétiques avaient pour chef un Hollandais du nom de Walter, qui s'était fixé à Cologne après avoir séjourné quelque temps à Mayence. Il savait un peu de latin, et avait exposé sa doctrine dans quelques livres rédigés en allemand. Jeté en prison, il déclara, peu de temps avant de subir le supplice du feu, qu'il avait beaucoup de partisans dans la ville et dans les localités environnantes. Cet aveu paraît avoir stimulé le zèle des inquisiteurs épiscopaux. En 1325, ils parvinrent à s'emparer d'un grand nombre de Béghards et de Béguines hérétiques, dont les uns furent brûlés, les autres noyés dans le Rhin. Un contemporain, le moine Guillaume, raconte que les sectaires s'étaient construit un lieu de réunion souterrain, qu'ils appelaient le paradis ; ils y attiraient les femmes de la ville, et y célébraient leur culte dans un état de nudité absolue, symbolisant par là leur retour à l'état d'innocence d'Adam et d'Ève dans le jardin d'Éden [4].

---

[1] Voir une série de propositions analogues, Preger, *Gesch. der deut. Myst.*, I, 462.
[2] Mosheim, o. c., 253 s. — [3] *Gesta Baldewini*, Trever. archiep., Baluze, *Miscell.*, 1, 144.
[4] Mosheim, o. c., 270 s. — Joh. Victriensis (abbé de Victring, près de Klagenfurt), *Chronicon*, chez Bœhmer, *Fontes rerum german.*, 1, 401.

Arrêtons-nous ici pour réunir en un tableau d'ensemble les renseignemens recueillis sur la secte du libre esprit dans la première période de son développement. Elle se composait de communautés isolées dont les membres se distinguaient par un genre de vie et un costume particulier; la mendicité était leur principale ressource. Souvent ces communautés avaient un chef; c'était un prêtre ou bien un laïque plus intelligent que ses compagnons, qui développait les principes philosophiques communs à la secte entière, d'après la direction de son propre esprit. De là ces nuances diverses d'une même doctrine panthéiste, suivant que ce fut l'élément spéculatif ou l'élément pratique qui prédomina dans les différentes localités. Le culte était célébré dans des réunions secrètes, qui devinrent souvent l'occasion des plus honteux excès.

Le système philosophique des Frères du libre esprit est plus développé que celui des sectes précédentes; ses formes sont plus nettes, car il est débarrassé en grande partie du symbolisme allégorique que nous avons rencontré tantôt, et ses solutions sont plus hardies. L'identité de Dieu et du monde en est encore la vérité centrale. Dieu y est représenté comme descendu de son unité immuable dans le domaine de la relation et de la pluralité. Les types éternels, renfermés dans l'unité de son être, se sont multipliés à l'infini; il en résulte que les créatures sont Dieu en tant qu'elles portent en elles ces formes de l'intelligence divine, ou, en d'autres termes, que « Dieu est d'une manière formelle tout ce qui est. » Mais cette manifestation de Dieu à lui-même au moyen du monde sensible est loin d'être un état plus parfait de la vie divine; c'est une chute, un état de « perdition, » dans lequel l'essence absolue ne peut demeurer; l'unité doit être recomposée, la créature doit rentrer en Dieu. Pour arriver à cette union avec Dieu, l'âme n'a besoin d'aucun secours d'en haut; ses dispositions naturelles l'y ramènent nécessairement. Il n'existe plus aucune distinction entre l'âme parfaite et Dieu, entre l'âme parfaite et Christ. L'homme peut atteindre dès ici-bas le terme suprême de la sainteté, que Christ a atteint au prix des plus grandes souffrances, endurées pour lui-même et non pour l'humanité; il peut même dépasser saint Paul, qui avoue n'être pas encore parvenu au but vers lequel il tend. Dès lors, ce qui est péché pour les autres ne l'est plus pour lui; son union avec Dieu sanctifie toutes ses œuvres quelles qu'elles soient. Pour accomplir le bien, il n'a qu'à s'abandonner à l'inspiration de sa propre nature; aucune loi extérieure ne saurait poser de limites à la liberté de son esprit.

L'Église, avec ses préceptes et ses vertus, ses sacremens et sa parole écrite, n'est que vanité aux yeux de celui qui perçoit Dieu dans tous les objets visibles aussi bien que dans le pain de la sainte cène, et qui a conscience d'être la révélation immédiate de Dieu. L'enfer, le paradis, le jugement dernier et d'autres points encore de la doctrine des Écritures ne sont que des allégories : les conceptions de l'intelligence humaine doivent primer les vérités de la révélation extérieure. « On a l'enfer, dit un jour un membre de la secte, quand on est empêché de suivre sa volonté; on a le ciel quand on peut l'accomplir en toute liberté [1]. » Personne ne sera damné : au moment de la mort, l'âme retourne en Dieu et se perd en lui, de manière qu'il ne reste plus que ce qui a été de toute éternité, c'est-à-dire Dieu. Quand Christ et la doctrine du salut, quand Dieu et la loi morale ont cessé d'être pour nous des réalités objectives, notre destinée est réalisée. Désormais, le monde nous trouve insensibles; aucun bien ne nous sollicite plus, aucun malheur ne nous afflige plus. Seuls nos mouvemens intérieurs déterminent encore notre activité; ils légitiment le vol au nom du principe de la communauté des biens, ils légitiment l'union sensuelle en vertu de l'excellence de nos désirs naturels et de leur supériorité sur toutes les lois sociales et ecclésiastiques. L'époque présente, dans laquelle se réalise cette union de l'homme et de Dieu, est le terme du développement historique de la révélation divine; c'est le règne du Saint-Esprit succédant au règne du Fils, comme le règne du Fils a succédé à celui du Père.

On aurait cependant tort de croire que tous les Frères du libre esprit aient professé les conséquences morales qui précèdent. Nous trouvons dans les propositions énumérées plus haut la preuve qu'il a dû exister dans ces communautés, à côté du parti qui abolissait ouvertement la distinction du bien et du mal, un parti qui préférait demander à l'ascétisme la réalisation pratique de son principe philosophique. Le panthéisme, en effet, suivant les individualités qui le représentent, donne inévitablement naissance à l'une ou à l'autre de ces deux morales, au matérialisme ou à l'ascétisme. Nous lisons dans le décret de Henri de Virnebourg de l'année 1306, à côté du principe que « la fornication n'est pas un péché, » cet autre qu' « une femme ne peut être sauvée si elle ne déplore la perte de sa virginité dans le mariage; » et, dans la lettre de l'évêque de Strasbourg, outre le principe que l'homme

---

[1] Alvarus Pelagius, *De planctu Ecclesiæ*, f° 172ᵃ. Lyon 1517.

parfait peut commettre impunément tous les péchés, la proposition bien différente que « toute union dans le mariage est un péché, excepté celle qui a pour but la naissance des enfans. » Ce sont là des traces évidentes du désaccord qui a dû exister dans la secte au point de vue pratique entre un petit nombre d'âmes d'élite et le reste des adhérens.

Avant de poursuivre l'histoire de l'hérésie du libre esprit, il importe d'étudier une doctrine qui ne fut pas sans influence sur le développement ultérieur de la secte, la doctrine du plus grand des docteurs mystiques du quatorzième siècle, maître Eckhart [1].

[1] Nous nous contenterons de donner ici une exposition succincte de la vie et du système d'Eckhart, renvoyant ceux qui désireraient plus de détails à notre *Essai sur le mysticisme spéculatif de maître Eckhart.* Strasbourg 1871. Voir encore sur ces questions les différentes publications de M. Schmidt (*Meister Eckart*, dans les *Stud. u. Krit.*, 1829. — *Études sur le mysticisme allemand au quatorzième siècle*, dans les *Mémoires de l'Acad. des sciences mor. et polit.*, 1847. *Meister Eckart*, dans la *Real-Encycl. Herzog*, 1855), celles de M. Preger (*Vorarbeiten zu einer Geschichte der deutschen Mystik*, dans la *Zeitschr. f. hist. Theol.*, 1869. — *Meister Eckhart u. die Inquisition*, Munich 1869. — *Geschichte der deutschen Mystik im Mittelalter*, I. Leipzig 1874), et celles de Martensen (*Meister Eckart, eine theol. Studie*, 1842), de M. Bach (*Meister Eckhart*, 1864) et de M. Lasson (*Meister Eckhart, der Mystiker*, 1868).

L'année dernière, a paru le premier volume de l'ouvrage depuis longtemps attendu de M. Preger (*Gesch. der deut. Mystik im Mittelalter.* Leipzig 1874). Ce volume s'arrête à l'année 1330; l'auteur y a traité, avec des développemens très-détaillés et en majeure partie originaux, toutes les questions qui se rattachent à la personne de maître Eckhart. Sur ce point, les conclusions de M. Preger sont, pour la plupart, en opposition directe avec les résultats antérieurement acquis; il nous importe d'examiner si l'ancienne manière de voir, que nous avons nous-même cherché à corroborer dans notre premier travail sur maître Eckhart, est destinée à céder le pas à la nouvelle.

Commençons par la question biographique. D'après M. Preger (*Gesch. d. deut. Mystik*, I, 325). «Eckhart est né vers l'an 1260, très-probablement en Thuringe.» Cette assertion se fonde sur trois preuves : le témoignage de Quétif, la décision du chapitre général de Besançon en 1303, et les fonctions administratives qu'Eckhart exerça dans son ordre en Saxe à la fin du treizième et au commencement du quatorzième siècle. Nous avons déjà examiné ces points en 1871, ainsi que la plupart des autres qui entreront ici en discussion. Notre critique n'ayant inspiré à M. Preger aucun argument nouveau, comme le montre la réponse qu'il nous a faite, nous répéterons ici, sous une forme plus convaincante, si possible, les preuves déjà produites, en y ajoutant quelques autres non moins dignes d'attention.

1º M. Preger tient beaucoup, et pour cause, au témoignage de Quétif. « Parmi les écrivains qui ont parlé des hommes distingués de l'ordre des dominicains, dit-il (*Vorarb.*, p. 63. — *Gesch. d. deut. M.*, I, 326), Quétif et Echard, presque seuls, ont travaillé avec l'exactitude d'un critique; ils ont eu à leur disposition des sources nombreuses et importantes; or, c'est Quétif qui appelle Eckhart un Saxon.» M. Preger laisse ainsi entrevoir sa pensée : c'est sur la foi d'anciens documens que ces auteurs assignent à Eckhart la Saxe pour patrie. Voici ce qu'ils disent : « Fr. Aicardus, aliis Aycardus vel Haycardus (sic enim in antiquis ordinis monumentis varie scriptum legitur), nec minus varie a recentioribus Eccardus, Eckardus, Ecchardus, Saxo,

Les rapports que maître Eckhart a eus avec les Frères du libre esprit et les emprunts que ceux-ci ont faits à sa doctrine, justifient cette digression dans le domaine du panthéisme spéculatifs au moyen âge, la

Parisiis in gymnasio Sanjacobeo sententias legebat publice, pro forma, ut aiunt, et gradu magisterii; sed exorto tum graviori illo inter Bonifacium VIII et Philippum IV, Franciæ regem, dissidio, Aicardum, ut supra dictum est de Remigio Florentino (p. 506), Romam evocavit Bonifacius et doctorem ipse inauguravit. Sic enim a Bernardo Guidonis post Remigium laudatum recensetur : fr. Haycardus teutonicus licentiatus per Bonifacium VIII anno MCCII. Tanta vero tum in existimatione erat, ut, divisa anno sequenti ob nimiam amplitudinem provincia Teutonia, et Saxonia ab ea distracta et in novam provinciam erecta, Aicardus primus hujus novæ provinciæ prior electus fuerit, et in comitiis ordinis Tolosæ anno MCCCIIII habitis, ab Aimerico Placentino, in iisdem magistro ordinis electo, confirmatus. Eam vero tanta diligentia, eoque disciplinæ regularis studio vexit, ut in comitiis ordinis Argentinæ MCCCVII sic de eo statutum legatur : Cum multa digna examinatione et correctione audiverimus de provincia Bohemiæ, statuimus et ordinamus fr. Aycardum, provincialem Saxoniæ, nostrum vicarium generalem in provincia Bohemiæ, dantes sibi plenariam potestatem tam in capite quam in membris, in omnibus et singulis, etiamsi de iis oporteret facere mentionem specialem, ut ipse ordinet et disponat secundum quod sibi videbitur expedire. — Verum ut præstantiora non sibi semper caveant ingenia, propositiones quædam sive in sermonibus sive in scriptis, ad mysticam theologiam spectantes, illi exciderunt, quas Johannes XXII constitutione data Avenione VI kal. april. pontif. XIII, id est MCCCXXIX reprobavit..» (Quétif et Echard, *Sript. ord. prædic.* Paris 1719, in-f°, I, 507). Tout d'abord notons que c'est au commencement du dix-huitième siècle que Quétif et Echard ont composé leur ouvrage, par conséquent à une époque où toute tradition orale relative au quatorzième siècle s'était depuis longtemps éteinte dans l'ordre; ce qu'on connaissait des docteurs de cette époque, c'est des livres qu'on le tenait. Or, que savent nos auteurs de la vie d'Eckhart? Trois faits précis : son séjour à Paris et ses relations avec Boniface VIII, sa nomination comme premier provincial de Saxe et sa confirmation par Aymeric de Plaisance au chapitre général de Toulouse, enfin son élection au vicariat général de Bohême au chapitre général de Strasbourg, — c'est-à-dire les seuls événements compris entre les années 1302 à 1307; puis il est immédiatement question de la bulle de Jean XXII (1329), publiée après la mort d'Eckhart. Ce n'est donc qu'à l'âge de quarante-deux ans qu'Eckhart entre en scène pour eux; ils le perdent déjà de vue à l'âge de quarante-sept ans; or nous savons qu'il est devenu presque octogénaire. Pas un mot de la première partie de la vie d'Eckhart, pas un mot des événemens qui ont suivi l'année 1307; la plus importante période de la vie du maître, celle qui comprend son séjour à Strasbourg, à Francfort, à Cologne, est complètement passée sous silence. *Toute la biographie d'Eckhart se réduit pour Quétif et Echard à un espace de cinq années, précisément celles qui furent remplies par le double priorat provincial d'Eckhart en Saxe, et son vicariat général de Bohême.* Est-il étonnant dès lors qu'ils aient appelé Eckhart un Saxon? Car, remarquons-le bien, ils ne nomment pas une localité déterminée comme le lieu de son origine, ce que, vu leur exactitude, ils eussent certainement fait s'ils avaient eu à ce sujet quelque document précis; leur indication ne se compose que d'un mot, «Saxo,» sans preuve à l'appui, eux qui aiment tant, comme le montre l'extrait ci-dessus, à citer leurs sources quand ils en possèdent d'intéressantes. Trithemius ne connaissant également que le séjour d'Eckhart dans l'Allemagne orientale («Claruit suo tempore in Austria maxime,» *De script. eccles.*, dans la *Bibl. eccl.* de Fabricius. Hambourg 1718, § 537), s'était contenté d'en conclure qu'il était Allemand (teutoni-

dernière de ce genre que nous ayons à faire pour expliquer les divers phénomènes qu'a présentés à cette époque la vie spirituelle du peuple.

cus); mais plus tard Steill, par une induction complétement analogue à celle de Quétif (ce qui prouve que ce n'est pas une simple hypothèse que nous avons faite tantôt), prenant le passage de Trithemius à la lettre, en tirait qu'Eckhard était Autrichien (Preger, *Vorarb.*, p. 61). — Nous arriverons au même résultat par une voie toute différente. Les anciens documens de l'ordre qu'ils ont consultés, nous apprennent Quétif et Echard, font commencer le nom d'Eckhart par A; ce ne sont que les manuscrits plus récens qui l'écrivent avec E. Ceci exclut dès l'abord les vieux manuscrits allemands (nos auteurs étaient français), car ce n'est qu'en latin que ce nom peut s'écrire avec A. En second lieu, le nombre des anciens documens latins eux-mêmes se trouve par là fort restreint, car il s'ensuit que Quétif et Echard n'ont pas connu tous ceux où ce nom est écrit avec E. (V. par exemple la lettre adressée en 1320 aux prieurs de Worms et de Mayence par le général de l'ordre des dominicains Hervé, dans Jaquin, *Chron. Præd.*, ms. de la bibl. de Francfort, cité par M. Schmidt, *Études sur le myst. all. au quatorzième siècle*, p. 14: «Habui etiam delationes graves de fratre Ekardo, nostro priore apud Frankefort, et de fratre Theodorico de Santo Martino, de malis familiaritatibus et suspectis; et idcirco de ipsis duobus signanter inquiratis sollicite.» Voir encore plus loin les actes du chapitre provincial d'Erfurt). Chose curieuse, nous retrouvons dans les trois pièces se rapportant précisément aux trois seuls points qu'ils aient connus de la vie d'Eckhart, la triple orthographe qu'ils nous donnent de ce nom sur la foi d'anciens documents de l'ordre. Ce fait nous confirme dans l'idée que Quétif et Echard n'ont guère connu, pour la biographie de maître Eckhart, outre la bulle de Jean XXII, que le catalogue des docteurs en théologie de l'Université de Paris, dressé par Bernard Guidonis, où nous lisons «Haycardus» à l'année 1302; les actes du chapitre général de Strasbourg (1307), où se trouve «Aycardus»; enfin les actes du chapitre général de Toulouse (1304), où se rencontre la troisième forme: fr. Aichardus; non tamen erat confirmatus in die electionis magistri, sed die lunæ sequenti fuit confirmatus in provincialem a magistro » (Preger, *Vorarb.*, p.53). Pareillement, nous pouvons dire qu'ils n'ont pas connu les actes du chapitre provincial d'Erfurt («a. d. 1303 in capitulo provinciali apud Erphordiam fuit electus primus provincialis Saxoniæ, magister Eckhardus, qui fuit absolutus apud Neapolim a. d. MCCCXI et missus Parisius ad legendum.» *Vorarb.* p. 54); aussi n'insèrent-ils à cette occasion aucune citation et ne nomment-ils pas même la ville où le chapitre se tint. — Voilà à quoi se réduit le degré d'information et la valeur du témoignage de Quétif et d'Echard en cette matière.

2° En 1303, dit M. Preger (*Gesch. der deut. Myst.*, I, 326), «le chapitre général de Besançon avait défendu aux membres de l'ordre de remplir des fonctions dans une province autre que celle dont ils étaient originaires. Or, immédiatement après, le chapitre provincial d'Erfurt appelle Eckhart aux fonctions de prieur provincial de Saxe». Le fait serait grave, en effet, si tout s'était bien passé ainsi. Voici la décision du chapitre de Besançon: «Volumus et ordinamus quod fratres de provinciis diversis ad suas provincias, unde taxerunt originem, revertantur, et absolvimus illos, qui in officiis prioratus, subprioratus, lectoratus vel in aliis erant ante» (Preger, *Vorarb.*, 5). Il n'est ici pas le moins du monde question d'une *défense* destinée à empêcher dorénavant des choix d'une certaine espèce, mais d'une mesure purement temporaire, prise en vue de circonstances données, et n'engageant nullement l'avenir. Le nombre de leurs couvens s'étant, paraît-il, fort augmenté vers la fin du treizième siècle, les dominicains jugèrent nécessaire à plusieurs reprises de dédoubler certaines provinces pour faciliter la tâche des prieurs provinciaux. C'est ainsi qu'en 1288 le chapitre gé-

Eckhart naquit très-probablement à Strasbourg vers l'an 1260. Nous ne possédons aucun détail sur sa jeunesse. Entré dans l'ordre des dominicains, il quitta, paraît-il, vers l'âge de trente ans, son pays, pour

néral de Metz sépara la Bohême de la Pologne, sentence qui ne devint définitive qu'au chapitre général de Cologne en 1301; en 1303, celui de Besançon sépara la Saxe de la province d'Allemagne. A ces deux nouvelles provinces il fallait des administrateurs; on résolut donc de rappeler dans leurs foyers ceux des frères qui, suivant les habitudes nomades des moines mendians, avaient pu se fixer ailleurs, afin de voir, comme le dit fort bien M. Preger, de quelles forces intellectuelles on disposait dans chaque province (*Gesch. der deut. Myst.*, I, 337). Ceux des frères qui remplissaient des fonctions administratives dans d'autres provinces que la leur, furent relevés de leurs charges afin de faciliter leur départ. Voilà jusqu'où nous conduit notre texte. A la question: que devait-on faire si dans l'une de ces provinces il ne se trouvait pas d'hommes capables de l'administrer? il reste muet; aucune décision nouvelle ne fut prise à cet égard; tout resta dans l'état. Or l'on sait que, s'il était d'usage de choisir autant que possible dans chaque province les fonctionnaires parmi les indigènes, aucun règlement ne défendait de procéder différemment. Telle resta, en effet, la manière d'agir dans l'ordre *après* 1303. Le prieur provincial que choisit la province de Bohême ne sut pas l'administrer; en 1307, le chapitre général lui-même (nous donnant ainsi la véritable interprétation de sa décision de 1303) chargea Eckhart (Saxon ou non, peu importe) de rétablir l'ordre dans cette province avec un pouvoir discrétionnaire. En 1331, c'est même un Français, Bernard Tarrerii, originaire de la province de Toulouse, qui devint d'abord vicaire général, puis prieur provincial d'Allemagne, et cela sur la recommandation de Jean XXII lui-même. Mais, sans descendre aussi loin, nous voyons qu'en 1310 le chapitre provincial d'Allemagne, réuni à Spire, nomme Eckhart prieur de cette province, alors même qu'il était encore prieur provincial de Saxe. Nous reviendrons plus tard sur cette décision; pour le moment il nous suffira de dire qu'elle ne fut pas validée. La raison que M. Preger donne de cette non-validation ne nous satisfait pas. « Le motif pour lequel ce choix ne fut pas confirmé, est-il dit (*Gesch. der deut. Myst.*, I, 340), nous le trouvons dans la décision (citée plus haut) du prochain chapitre général, tenu à Naples en 1311. Eckhart y fut relevé de ses fonctions de prieur provincial et envoyé à Paris, en qualité de lecteur, par le général de l'ordre Aymeric. » Eckhart avait obtenu le grade de licencié en 1302; pour devenir docteur, il lui fallait, entre autres épreuves, lire les sentences pendant un an (*Vorarb.*, 9). Eckhart n'avait pas rempli cette dernière formalité; Aymeric lui en fournit l'occasion en le déchargeant de ses fonctions. Nous ne relèverons pas combien il est invraisemblable que le général de l'ordre n'ait pas confirmé le choix du chapitre provincial de Spire, uniquement par prévision de la mission dont Eckhart devait être chargé un an plus tard; mais nous dirons: si Eckhart ne s'était pas trouvé dans la situation purement accidentelle d'avoir encore à lire les sentences pendant un an, il n'y aurait eu, d'après M. Preger, aucun obstacle à la confirmation de son élection. M. Preger semble oublier de la sorte toute l'œuvre du chapitre général de Besançon, et la division de l'Allemagne et de la Saxe en provinces destinées à demeurer distinctes, et la «*défense* de remplir des fonctions dans une autre province que celle dont on était originaire.» Non, l'élection de Spire n'a pas été validée, parce que c'eût été réunir dans une même main l'administration de deux provinces séparées l'une de l'autre par la décision de 1303. — Lors même donc que l'on serait réduit à cette seule donnée biographique au sujet d'Eckhart, à sa nomination comme premier provincial de Saxe, ce fait ne donnerait pas une entière certitude, mais seulement une probabilité relativement à son lieu de naissance; probabilité très-grande, nous le reconnaissons volontiers, mais qui, nous l'avons prouvé,

voyager, suivant la coutume des frères mendians, dans la province de l'ordre à laquelle appartenait son couvent. Nous le rencontrons du moins,

laisse suffisamment de place à l'hypothèse contraire pour qu'elle ne donne pas le droit d'attaquer les témoignages positifs que nous allons bientôt rencontrer.

Eckhart a donc pu devenir provincial en Saxe sans en être originaire; en effet, il était loin d'être un étranger pour cette province. Dans les dernières années du treizième siècle il avait été successivement nommé prieur d'Erfurt et vicaire de Thuringe, et il s'était concilié l'estime universelle dans l'exercice de ces doubles fonctions. De plus, en 1303 la province d'Allemagne n'avait pas besoin de lui. Antoine de Coblence l'administrait quand le partage se fit (« *Sub isto dividitur provincia* »... V. Append. IV, les catalogues des provinciaux d'Allemagne), et continua à l'administrer jusqu'en 1305. Très-estimé en Saxe pour les services déjà rendus, inutile à sa propre province, pourquoi Eckhart n'aurait-il pu devenir provincial de Saxe? car, remarquons-le bien, les bons administrateurs étaient rares à cette époque, et Eckhart était si bien un personnage nécessaire dans cette partie de l'Allemagne, qu'à l'expiration de son premier priorat on ne put se résoudre à le remplacer, et qu'on lui conféra cette dignité pour la seconde fois. En 1307, par décision du chapitre général lui-même, malgré la défaveur qui s'attachait dans l'ordre au cumul des fonctions administratives (les simples prieurs des couvens ne devaient même pas devenir vicaires provinciaux, par décision du chapitre général de 1298, Preger, *Vorarb.*, 60), Eckhart dut joindre à sa charge de provincial de Saxe celle de vicaire général de Bohême.

3° « A l'époque où nous rencontrons Eckhart pour la première fois, dit M. Preger (*Gesch. d. deut. Myst.*, I, 326), il est prieur d'Erfurt et vicaire de Thuringe. *Habituellement* on choisissait le prieur parmi les frères appartenant au couvent même, et la loi de l'ordre voulait qu'en entrant dans la vie monastique chacun se fît admettre dans le couvent dans l'arrondissement duquel il était né. » Quelques pages plus loin M. Preger nous raconte comme la chose la plus naturelle du monde qu'en 1320 Eckhart est prieur à Francfort (ibid. 351). « Je suppose, ajoute-t-il, que la translation d'Eckhart de Strasbourg à Francfort se rattache aux mesures prises par l'évêque (de Strasbourg, Jean d'Ochsenstein) contre les Béghards. » Si donc un Saxon a pu devenir prieur dans la province d'Allemagne, pourquoi un frère de cette province n'aurait-il pu devenir prieur en Saxe? — Il nous est même plus facile de comprendre cette dernière nomination que la première. En effet, lors de sa nomination à Erfurt (avant 1298, dit M. Preger, *Vorarb.*, 331), Eckhart avait environ 35 ans. Il avait donc eu le temps de voyager, et cela d'autant plus aisément *qu'en allant à cette époque à Erfurt, il ne sortait pas de sa province.* En 1320, au contraire, les deux provinces étaient séparées, et Eckhart commençait à être, sinon suspect d'hérésie, du moins soupçonné d'entretenir des relations avec des hérétiques, ce qui ne le recommandait pas précisément au choix de ses nouveaux confrères. — Ici encore la simple habitude ne saurait donc être invoquée comme preuve contre les témoignages catégoriques, auxquels nous passons maintenant.

Les critiques qui se sont occupés d'Eckhart depuis la publication de ses sermons et traités par Pfeiffer (*Deutsche Mystiker*, II, 1857), ont passé, sans l'apercevoir, devant un fait qui rend inadmissible l'hypothèse de l'origine saxonne de maître Eckhart. Nous lisons dans l'ouvrage de Pfeiffer (*introd.*, p. XI): « Au nombre des sermons les plus anciens d'Eckhart, prononcés peut-être pendant son vicariat général de Bohême, je range les sermons 105-110, tirés du manuscrit L. 5 du couvent de Melk (en Autriche), car dans les suscriptions de ces sermons Eckhart est toujours appelé *maître Eckhart de Paris*, désignation qui provient d'une époque où le souvenir de ses années d'études passées à Paris était encore vivant. » M. Preger souscrit à ce ju-

dans les dernières années du treizième siècle, revêtu des doubles fonctions de prieur du couvent d'Erfurt et de vicaire de Thuringe. Le chapitre

gement: « Que les sermons tirés du manuscrit du couvent de Melk appartiennent à l'époque qui a suivi immédiatement le premier séjour d'Eckhart à Paris, et antérieure par conséquent à son séjour à Strasbourg, c'est ce que Pfeiffer a également conclu du fait qu'Eckhart y est souvent appelé maître Eckhart de Paris, désignation qui provient, selon lui, d'une époque où le souvenir de son séjour à Paris était encore vivant » (*Gesch. d. deut. Myst.*, II, 315). Nous possédons de la sorte une donnée nouvelle pour la solution de cette question biographique, un témoignage remontant à l'époque « qui a suivi immédiatement le premier séjour d'Eckhart à Paris et précédé son séjour à Strasbourg, » autrement dit, provenant de la province de Saxe elle-même ou de la Bohême. Eckhart était si bien considéré comme un étranger dans cette partie de l'Allemagne, que le simple fait de son arrivée de Paris a suffi pour faire placer son lieu de naissance hors de l'Allemagne elle-même. Que cette désignation ait de quoi étonner, nous l'accordons; mais le passage est formel : il n'est pas dit « docteur de Paris », mais « Eckhart de Paris ». Témoignage d'une erreur trop manifeste pour que nous ayons à craindre le reproche de ne pas l'avoir adopté ici comme une valeur positive, mais qui n'en conserve pas moins au point de vue négatif une importance remarquable. — Qu'on ne nous objecte pas que la désignation de « maître Eckhart de Paris » se retrouve encore au traité III, *Von der sêle werdikeit und eigenschaft* (Pfeiffer, *o. c.*, 394, 8: « Do got die sêle beschuof, dô greif er in sich selber unde machte si nâch sîner glîchnüsse. Dâ von sprichet meister Eckehart von Parîs: got hât nicht beschaffen, daz im glîch sî, dan die sêle »... 399; 31: « Aber nâch dem inristen teile der drîer persône, gotheit geist, ensach nie kein crêatûre weder sêle noch engel noch die menscheit Kristi von ir eigenen nâtûre. Wan ez sprechent etlîche unde sunder meister Eckehart von Parîs der dinge aller beschrîber: als ir von mir gewis sît daz ich ein mensche bin, als gewislîch gebirt got sîn eigen nâtûre in dem grunde mîner sêle als in dem himel »... 414, 34: « Unt dar umbe, daz die sêle zuo sô gar hôhen wirdigen himelischen dingen beschaffen ist, sô hât meister Eckehart von Parîs an dem ende der vorgeseiten dinge, diu ûz sîner geschrift genomen sind sîn gebet gesetzet unde sprichet: O hôher richtuom gotlîcher nâtûre »...), traité que M. Preger range parmi les écrits composés pendant le séjour d'Eckhart à Strasbourg; ce qui ferait tourner la démonstration contre nous-même. M. Preger, se fondant sur les passages que nous venons de citer, reconnaît avec raison (*Gesch. d. deut. Myst.*, II, 316) que cet écrit n'est qu'un extrait d'un ouvrage plus considérable de maître Eckhart. Or, comme les mots « maître Eckhart de Paris » font partie de la formule avec laquelle le compilateur postérieur introduit ses citations de cet ouvrage, le traité III peut appartenir, quant à la doctrine qu'il renferme, à telle période qu'on voudra, la désignation en question sera toujours indépendante du jugement historique que l'on portera sur le fond de cet écrit — et c'est tout ce qu'il nous fallait prouver. — Nous pouvons cependant aller plus loin. Il n'existe de ce traité III (œuvre, non d'Eckhart, mais d'un compilateur postérieur) qu'un seul et unique exemplaire dans un manuscrit du quinzième siècle, conservé, chose digne de remarque, à cette même bibliothèque du couvent de Melk, où se trouvent encore les sermons 105-110, également dans un manuscrit du quinzième siècle. Nous nous croyons autorisé par là à placer au quinzième siècle et au couvent de Melk la rédaction du traité III, sous sa forme actuelle, et à attribuer par conséquent l'origine de la désignation « maître Eckhart de Paris » qui s'y trouve, à la connaissance que le compilateur aura eue de la désignation analogue figurant en tête des sermons précités copiés à la même époque, sinon par la même main.

Les preuves apportées par M. Preger n'étant pas décisives, et l'hypothèse de la

général de Besançon ayant décidé en 1303 la division de la province d'Allemagne en deux provinces distinctes, Eckhart fut appelé par le

naissance d'Eckhart en Saxe se trouvant même exclue du débat, il reste encore à déterminer quelle a été la patrie d'Eckhart.

1º Avant tout, et comme argument péremptoire, nous citerons le témoignage de Pierre de Nimègue (Noviomagus), dans l'introduction à son édition des sermons de Tauler (Cologne 1543): « A l'époque du docteur Tauler, dit-il, il y eut en Allemagne et principalement à Cologne un grand nombre d'hommes profondément pieux et aimant Dieu, comme il est facile de le voir dans ses ouvrages. Alors vécurent à Cologne les docteurs Eckard de Strasbourg, Henri Suso, Henri de Louvain, Eckard le jeune; à Bruxelles Jean Ruysbrœck, à Deventer Gérard Groot et beaucoup d'autres maîtres éclairés par l'esprit de Dieu... De là vient sans doute qu'un certain nombre de sermons et d'écrits de ces derniers se rencontrent sous le nom de Tauler mêlés à ses propres œuvres. » Ce passage montre que Pierre de Nimègue a été parfaitement au courant de tout le mouvement intellectuel dont Cologne a été le centre au quatorzième siècle, qu'il a vécu dans cette ville au milieu des souvenirs et des traditions que la grande école mystique y avait laissés. Pourquoi dès lors l'indication biographique qu'il ajoute au nom d'Eckhart serait-elle moins digne de foi que celles qui accompagnent le nom des autres docteurs qu'il cite? M. Preger a compris l'importance de ce témoignage remontant au milieu du seizième siècle. Voici comment il l'écarte. L'on sait qu'il a existé à la Bibliothèque de Strasbourg un manuscrit du milieu du quatorzième siècle (auj. brûlé), provenant de l'ancien couvent de Saint-Jean, et renfermant, outre 23 sermons d'Eckhart (compris dans la publication de Pfeiffer et prononcés très-vraisemblablement à Strasbourg), un traité d'Eckhart intitulé: «Daz ist swester Katrei meister Ekehartes tohter von Strâzburc» (nº VI chez Pfeiffer). « *Peut-être*, dit M. Preger, sont-ce ces sermons prononcés à Strasbourg, *peut-être* aussi est-ce une *fausse* interprétation de la suscription du traité «Daz ist swester Katrei»... qui a amené Pierre de Nimègue à désigner Eckhart comme originaire de Strasbourg» (*Gesch. d. deut. Myst.*, II, 342-343). Si nous comprenons bien la pensée de M. Preger, Pierre de Nimègue aurait eu connaissance du manuscrit du couvent de Saint-Jean, car là seulement se trouvait la collection des sermons d'Eckhart prononcés à Strasbourg. Or, nous le demandons, quel critique assignera jamais à un moine mendiant, dont on connaît les habitudes nomades, une ville pour patrie, par l'unique motif qu'il aura trouvé dans cette ville quelques sermons de ce moine? Pierre de Nimègue ne devrait-il pas trouver à Cologne même tout autant de sermons d'Eckhart, sinon plus encore, que n'en contenait le manuscrit de Strasbourg? Et puis, M. Preger ne voit-il pas qu'en supposant que Pierre de Nimègue a connu la suscription du traité VI, cet argument pourrait bien tourner contre lui-même; car enfin, pourquoi l'interprétation de Pierre de Nimègue (si interprétation il y a jamais eu) serait-elle *fausse*? Les vieilles tournures allemandes du moyen âge ne devaient-elles pas être plus familières aux auteurs du seizième siècle qu'elles ne le sont à nos savans modernes? — Nous avons peut-être tort de nous arrêter à ces objections. Pierre de Nimègue (V. plus loin son vrai nom) a été jusqu'à présent un personnage inconnu. Qu'il soit venu à Strasbourg, que là il se soit rendu au couvent de Saint-Jean, que parmi les nombreux manuscrits de la bibliothèque de ce couvent il ait parcouru précisément celui qui se rapportait à Eckhart, ce sont là des renseignemens fort intéressans, qui n'ont qu'un seul défaut, c'est d'être introduits par un double «peut-être». L'on trouvera donc que ce n'est pas nous départir de la rigueur scientifique qui convient en pareille matière que de nous en tenir au témoignage si catégorique de Pierre de Nimègue.

Il est d'ailleurs instructif de consulter sur ce point le livre même de Pierre de

chapitre d'Erfurt à administrer la province de Saxe nouvellement créée. Il conserva cette charge pendant huit années, le double de la durée or-

Nimègue. Voici ce que nous lisons dans l'introduction : « Comme j'ai rencontré dans les exemplaires précédemment imprimés des sermons de Tauler des passages où le sens me paraît obscurci, gâté ou exprimé d'une manière peu précise, j'ai cherché à me procurer les vrais exemplaires écrits, et j'ai fini par trouver à Cologne, au couvent de Sainte-Gertrude, où ledit docteur avait coutume de demeurer et de prêcher la parole de Dieu, et en d'autres lieux encore des manuscrits si vieux que l'écriture en était illisible en maints endroits. Là j'ai trouvé beaucoup de bons sermons, oui, les meilleurs sermons de Tauler, ses enseignemens, ses lettres, et ses cantilènes qui n'ont jamais encore été publiées. Je me suis appliqué à corriger d'après ces vieux exemplaires les sermons déjà imprimés, et je leur ai adjoint les sermons encore inédits. Dans le plus vieil exemplaire, écrit encore du vivant de Tauler, ces sermons ne sont pas classés suivant les jours de fête, mais portent communément ce titre : Jean Tauler a prononcé ce sermon au couvent de Sainte-Gertrude. En outre, tous les sermons et enseignemens de Tauler sont écrits dans le véritable dialecte de Cologne, et ont été transcrits postérieurement en haut-allemand. » Les seuls vieux manuscrits que Pierre de Nimègue ait eus à sa disposition étant écrits en bas-allemand de Cologne (si bien qu'il se figure même que les textes haut-allemands n'en sont que des transcriptions postérieures), il est évident qu'il n'a pas connu les trois magnifiques manuscrits (rédigés en haut-allemand) des sermons de Tauler, dont deux du quatorzième siècle, qui se trouvaient précisément à la bibliothèque de Saint-Jean, et certes, en sa qualité d'admirateur et d'éditeur de Tauler, c'est sur eux qu'il aurait porté tout d'abord la main, avant de s'occuper des sermons d'Eckhart, s'il était jamais entré dans cette bibliothèque. De plus, nous sommes en mesure d'affirmer que dans l'édition de Pierre de Nimègue le texte et la disposition des sermons sont tout autres qu'ils n'étaient dans ces trois manuscrits, aujourd'hui brûlés. — Une autre preuve réside dans le fait que le sermon d'Eckhart, *In principio erat verbum* (n° 17 chez Pfeiffer), tiré du manuscrit de Strasbourg, se retrouve chez Pierre de Nimègue sous le nom de Tauler (f° 27ª), sans doute sur la foi de l'édition de Bâle des sermons de Tauler (1521, f° 168), où il figure également sous le nom de Tauler et exactement avec les mêmes interpolations. Pareillement un fragement, assez court il est vrai, mais très caractéristique du traité d'Eckhart « Daz ist swester Katrei »... (Pfeiffer, *Deut. Myst.*, II, 467, 30-468, 25) se retrouve chez Pierre de Nimègue (f° 306ᵇ), sous le nom de Tauler, avec ce titre : « Eyn gelerter man fraget eynn junckfrawen, die eyns hilgens lebens was, mit was übunge sy da zuo komen were ». Pierre de Nimègue, qui savait qu'il circulait sous le nom de Tauler certaines pièces appartenant aux autres docteurs mystiques de Cologne, et qui travaillait à rétablir autant que possible le vrai texte des sermons de ce docteur, n'aurait pas continué à imprimer sous le nom de Tauler ce qu'il aurait su appartenir à Eckhart s'il avait eu connaissance et des sermons susdits et du traité VI d'Eckhart. — Notre conclusion est que le témoignage de Pierre de Nimègue n'est pas, comme M. Preger l'a présenté, le résultat purement personnel des lectures mal comprises de cet auteur; de même que pour les autres docteurs mystiques cités plus haut, l'éditeur de Tauler n'a fait que conserver occasionnellement au sujet d'Eckhart ce que la tradition savait encore sur son compte à Cologne. Pour n'être pas individuel, son témoignage n'en a que plus de valeur.

Nous croyons pouvoir établir aujourd'hui l'identité de Pierre de Nimègue. D'après une communication que nous devons à l'obligeance d'un savant très-versé dans l'histoire de l'Université de Cologne, Pierre de Nimègue ne serait autre que le célèbre jésuite *Pierre Canisius*. Canisius (son vrai nom était *de Hondt*) était né à Nimègue en 1524; il

dinaire du priorat. Sa réputation d'administrateur était alors si grande, qu'en 1307 le chapitre général de Strasbourg ajouta à ses fonctions de

fit ses études à Cologne; dans la matricule universitaire il est inscrit sous le nom de *Petrus Noviomagus;* une main postérieure a ajouté *Canisius.* En 1540 il devint maître ès arts, partit ensuite pour Louvain, revint en 1542 à Cologne, commença l'année suivante sa carrière de professeur et entra en même temps dans la Compagnie de Jésus. Il avait été commensal de *Laurent Surius* et de *George de Schotborch* (Schotbruch), archevêque de Lund en Suède, réfugié à Cologne. Or en 1543 *Petrus Noviomagus* publia les œuvres de Tauler, principalement d'après un manuscrit qu'il avait trouvé, l'année précédente, au couvent de Sainte-Gertrude, et c'est précisément à l'archevêque Schotborch qu'il dédia l'édition. Le même Surius, devenu chartreux en 1542 et connu par ses *Vitæ Sanctorum,* fit paraître en 1553 une traduction latine de Tauler. Il est donc plus que probable que Pierre Canisius, l'ami de Schotborch et de Surius, tous deux admirateurs de Tauler, est Pierre de Nimègue, l'éditeur de Tauler, et l'on peut affirmer qu'avant 1543 il n'a pas été à Strasbourg.

2° La langue de maître Eckhart a été le haut-allemand, usité dans les pays du Rhin supérieur, et non le bas-allemand de la Saxe. C'est du moins dans cette langue que sont rédigés la plupart des sermons et des traités qui nous restent de lui. C'est la langue des Closener, des Tauler, des Rulman Merswin, des Kœnigshoven. Si Eckhart, comme nous l'avons vu, faisait à quelques-uns de ses contemporains dans l'Allemagne orientale l'impression d'être étranger à l'Allemagne même, c'est qu'assurément il ne parlait pas leur langue. Dans les pays du Rhin supérieur il n'aurait pas été compris du peuple s'il avait parlé la langue de la Saxe; nous n'en voulons d'autre preuve que ce passage de la lettre de Henri de Nordlingen à Marguerite Ebner, écrite en 1345, et qui montre clairement l'impression que produisait ce dialecte sur un habitant de la Haute-Allemagne à peu près à l'époque d'Eckhart: «Je vous envoie un livre intitulé la «Lumière de la Divinité» (composé dans la seconde moitié du treizième siècle par Mathilde de Magdebourg, du couvent de Helfta en Thuringe); il nous a été prêté dans un allemand *bien étrange* (in gar fremdem Deutsch), en sorte que nous eûmes bien deux années de travail et de peine avant de l'avoir transcrit dans un allemand tant soit peu semblable au nôtre (ehe wir's ein wenig in unser Deutsch brachten)» (V. Preger, *Mechtild v. Magdeb.*, Lecture faite à l'Acad. hist. de Munich, 1869, p. 153). L'activité d'Eckhart en Saxe a surtout été celle d'un administrateur; or l'on sait que la langue usuelle des fonctionnaires de l'ordre était le latin. Dans l'Allemagne occidentale, au contraire, nous le rencontrons avant tout comme prédicateur populaire, et il paraît qu'il exerça en cette qualité une puissante influence, car la principale accusation portée plus tard contre lui est d'avoir enseigné au peuple des doctrines dangereuses en la langue vulgaire. Comment l'aurait-il pu, s'il avait parlé un dialecte aussi étranger que nous venons de le voir à l'esprit de ses auditeurs?

D'après Mone (*Quellensammlung zur bad. Landesgesch.*, III, 439), «les écrits d'Eckhart sont à la vérité rédigés en haut-allemand, mais contiennent cependant certains termes bas-allemands qui s'y rencontrent constamment.» Mone s'abstient de tirer une conclusion quelconque de ce fait, quant à la patrie d'Eckhart: rien ne paraît d'ailleurs plus facile à expliquer si l'on songe au long séjour d'Eckhart en Saxe. Wackernagel signale le même fait d'une manière plus générale. Il retrouve dans la langue d'Eckhart «le dialecte composé de haut et de bas-allemand, qui se répandit à cette époque de la Thuringe et de la Silésie vers le sud de l'Allemagne, et qui, diversement nuancé suivant les localités, devint la langue officielle des chancelleries et des conseils des villes»; et il ajoute: «ce qui en favorisa la diffusion, ce fut le fait que le premier des mystiques du temps, celui dont la langue si riche et si appropriée aux descrip-

prieur provincial de Saxe celles de vicaire général de Bohême, avec la mission de rétablir l'ordre dans cette province mal gouvernée depuis sa

tions du monde suprasensible fut répandue de tous côtés par la prédication, par l'écriture et par un cercle nombreux de disciples, que maître Eckhart était originaire de Saxe, sans doute de la Saxe supérieure (Es beförderte die Ausbreitung, dass... M. E. auch aus Sachsen... stammte ». *Literaturgesch.*, 130). M. Preger, on le comprend, triomphe de ce passage : « Wackernagel, dit-il après avoir cité le jugement de Mone, ne peut également trouver dans la langue d'Eckhart qu'un mélange de haut et de bas-allemand, et ce n'est qu'en considération de la langue qu'il peut avoir déclaré avec une pleine assurance qu'Eckhart est né en Saxe » (*Vorarb.*, 62; *Gesch. der deut. Myst.*, II, 326). Malheureusement M. Preger s'est enlevé lui-même le droit de s'appuyer sur ce jugement de Wackernagel. « Si même, dit-il immédiatement auparavant, nous possédions les écrits d'Eckhart dans la pure langue de la Haute-Allemagne, cela ne prouverait pas encore qu'Eckhart y soit né. La plupart de ses écrits datent des vingt dernières années de sa vie, passées en majeure partie dans les pays du Rhin supérieur et inférieur; et là *les copistes se seront déjà appliqués à rendre sa langue intelligible, si Eckhart ne s'est chargé lui-même de ce soin.* » La question littéraire elle-même se trouve ainsi bannie du débat. En effet, nous ne possédons plus, d'après M. Preger, la langue primitive de maître Eckhart, la seule qui puisse servir à déterminer son origine, mais seulement celle qu'il a adoptée postérieurement (à cinquante ans passés!) ou que les copistes lui ont attribuée. Cette vraie langue d'Eckhart est évidemment le dialecte saxon, puisque, selon M. Preger, Eckhart est originaire de Saxe. Seulement, dans ce cas, M. Preger aurait dû taxer d'erreur et Wackernagel et Mone, qui ont eu le tort de prendre la langue altérée d'Eckhart pour sa langue primitive : ce n'est, en effet, que sur la langue des copistes, ou sur celle d'une province étrangère à Eckhart qu'a pu s'exercer leur critique, d'après cette hypothèse. Quelle valeur a dès lors encore leur jugement? Voilà deux preuves qui s'excluent et se détruisent réciproquement, et entre lesquelles il aurait fallu choisir. — De plus, M. Preger a été mal inspiré en attribuant à des motifs de critique littéraire le jugement de Wackernagel sur l'origine d'Eckhart. Il résulte, en effet, du passage cité plus haut que Wackernagel fonde la rapide diffusion du dialecte en question sur le fait que maître Eckhart était Saxon (opinion dont Wackernagel ne donne pas les raisons). Si à son tour le fait qu'Eckhart était Saxon se fondait pour lui sur l'argument littéraire que la langue répandue par Eckhart était le dialecte en question, il se rendrait coupable de ce qu'on appelle en logique un cercle vicieux. — C'est d'ailleurs à tort que M. Preger considère Wackernagel comme un témoin en sa faveur dans ce débat. Que Wackernagel ait, à l'endroit cité, et à propos du développement général de la langue allemande au quatorzième siècle, glissé incidemment l'opinion de l'origine saxonne d'Eckhart, nous ne le nions pas; seulement M. Preger oublie d'ajouter qu'à la page 332 du même ouvrage, dans le passage consacré spécialement à la biographie et à la critique de l'activité intellectuelle de maître Eckhart, Wackernagel a modifié du tout au tout et manifestement rétracté sa première manière de voir. «Maître Eckhart, dit-il, a vécu et prêché d'abord à Strasbourg, peut-être son lieu de naissance, puis à Cologne jusqu'à sa mort;» et en note: «L'assertion de Quétif et Echard, d'après laquelle il serait originaire de Saxe, me paraît dénuée de tout fondement.» Peut-on être plus explicite? Cette seconde manière de voir, Wackernagel l'a publiée deux ans après la première (son livre a paru en plusieurs livraisons, la 1re allant jusqu'à la page 224 en 1851, la 2e et la 3e en 1853). L'autorité de Wackernagel s'ajoute donc, en faveur de l'opinion que nous défendons ici, à celle d'un autre littérateur éminent, François Pfeiffer, au témoignage duquel nous allons bientôt arriver.

On a découvert en 1872 à Oxford, dans un manuscrit de la bibliothèque Bod-

création en 1301. Trois ans plus tard, le chapitre de la province d'Allemagne le choisit comme prieur, élection qui ne fut pas confirmée, car

léienne (fonds Laud, *Misc.*, 479, in-8º) une série de soixante-quatre sermons mystiques, dont trente et un paraissent appartenir à Eckhart; et à Cassel, à la bibliothèque royale (ms. theol. 94, 4º), dix sermons vraisemblablement du même auteur. Le manuscrit d'Oxford est en parchemin et remonte aux dernières années du quatorzième siècle; celui de Cassel est en papier et porte la date 1470. Ces sermons sont écrits dans le dialecte de l'Allemagne moyenne, contrairement aux sermons et traités d'Eckhart, connus jusqu'à présent, qui sont rédigés dans la langue de la Haute-Allemagne; la plupart d'entre eux viennent d'être publiés par M. E. Sievers (Haupt, *Zeitschr. f. deut. Alterthum*, XV, 373, s. 1872). Pfeiffer n'avait rencontré les formes de l'allemand moyen, mêlées au texte haut-allemand, que dans des manuscrits d'une époque relativement récente et peu nombreux (*Deutsche Mystiker des XIV. Jahrh.*, II, introd., p. 13). La découverte d'un recueil assez considérable de sermons entièrement rédigés dans ce dialecte, dans un manuscrit de la fin du quatorzième siècle (le seul des deux qui ait de l'importance ici), ne suscite-t-elle pas de graves difficultés à l'hypothèse que nous défendons ici, de la naissance d'Eckhart à Strasbourg, et ne donne-t-elle pas des chances nouvelles à l'hypothèse contraire? Parmi les trente et un sermons d'Oxford, dix figurent déjà dans le recueil des sermons et traités de maître Eckhart publié par Pfeiffer (*Deutsche Mystiker des XIV. Jahrh.*, II, Leipzig 1857; ce sont chez Pfeiffer les sermons 31, 32, 35, 41, 52, 45, 62, 72, 79, 84, 97); tout revient à savoir laquelle des deux versions a droit à la priorité. Malheureusement les moyens d'établir cette comparaison nous font défaut, M. Sievers ayant jugé inutile de nous donner une seconde fois le texte des sermons déjà publiés par Pfeiffer. Nous sommes donc réduit à reproduire le jugement de M. Sievers sur cette question de critique littéraire. «Le manuscrit d'Oxford, dit-il, ne mérite pas grand éloge pour le texte qu'il présente. Dès le premier coup d'œil on s'aperçoit qu'il donne plutôt des extraits que de véritables développemens. La comparaison de son texte avec celui de Pfeiffer démontre qu'il n'a conservé que les pensées fondamentales les plus importantes, en omettant les pensées intermédiaires, et que parfois même il se borne à dessiner les contours extérieurs, la disposition générale du discours.» Si donc le texte de ces sermons n'est pas un texte original, nous trouvons-nous au moins en présence d'une tradition littéraire particulière, d'un ensemble de sermons prêchés en Saxe, et pour cette raison demeurés inconnus en grande partie aux copistes de l'Allemagne supérieure? M. Sievers semble le croire: «Ce recueil, dit-il en parlant des soixante-quatre sermons mystiques d'Oxford, paraît avoir été composé à Erfurt, et nous le devons à l'influence durable que laissa dans ces contrées l'activité de maître Eckhart.» Les trente et un sermons d'Eckhart, qui figurent dans ce recueil, ne se rattacheraient-ils pas également dans sa pensée au séjour d'Eckhart en Saxe? Cette hypothèse se heurte à un fait qui nous paraît décisif. Parmi ces trente et un sermons, neuf figurent déjà dans des manuscrits du quatorzième siècle écrits dans le dialecte de l'Allemagne supérieure, et parmi ces neuf il s'en trouve cinq (les cinq premiers énumérés plus haut) qui font partie de la précieuse collection de sermons d'Eckhart, jadis conservée à la Bibliothèque de notre ville, et qui, de l'avis de tous les critiques, entre autres de M. Preger (*Vorarbeiten*, p. 71), se rattache étroitement au séjour d'Eckhart à Strasbourg. Les pièces dont se compose cette collection se distinguent par la fraîcheur du style, par la similitude de leur contenu, parfois même par le rapport historique qui les relie, si bien que l'une présuppose l'autre. Au sermon XVII le rédacteur du recueil se donne lui-même à connaître pour un disciple d'Eckhart («Daz sprichet unser meister,» Pfeiffer, ibid., p. 77, l. 22). On peut donc affirmer que le manuscrit de Strasbourg donne la version primitive des sermons qu'il contient;

d'après la décision du chapitre général de 1303 les provinces de Saxe et d'Allemagne devaient avoir une administration distincte. En 1311 le

dès lors l'auteur du recueil d'Oxford devient non-seulement un compilateur, mais encore, ce qui est capital, un traducteur, et par conséquent son œuvre ne présente plus au point de vue littéraire aucune base certaine pour la solution du problème historique en question.

3º En 1310 maître Eckhart a été nommé prieur provincial de la province d'Allemagne (V. les catalogues des prieurs provinciaux d'Allemagne dans l'Appendice). Nous avions déjà signalé ce fait en 1871, mais sans en tirer aucune conclusion. M. Preger l'a répété après nous (*Gesch. der deut. Myst.*, I, 340), sur la foi du même texte que nous avions déjà publié, sans s'y arrêter davantage. Et cependant comment comprendre cette nomination, si Eckhart est de Saxe ? Eckhart étant resté jusqu'en 1310 absolument étranger à la province d'Allemagne, puisqu'il n'aurait quitté la Saxe que pour aller étudier à Paris et pour y revenir aussitôt exercer les fonctions de provincial, c'eût été, de la part de la province d'Allemagne, contrevenir, en faveur d'un inconnu, et sans la moindre nécessité (la province d'Allemagne ne manquait pas d'hommes distingués : Henri de Groningue, qui eut l'honneur d'être réélu plus tard, remplaça immédiatement Eckhart dont l'élection ne fut pas validée), à la décision du chapitre général de Besançon. On comprend mieux cette infraction au décret de 1303, si Eckhart est de Strasbourg, car il est jusqu'à un certain point naturel que les frères de la province d'Allemagne aient tenu à rappeler auprès d'eux un compatriote bien connu, pour faire jouir sa propre patrie des bienfaits de son administration. — Ce n'est là qu'un simple indice, nous l'accordons ; mais il importe de ne rien négliger qui peut donner quelque éclaircissement dans ce débat.

4º Le traité d'Eckhart nº VI dans l'édition de Pfeiffer porte la suscription : « Daz ist swester Katrei meister Ekehartes tohter von Strâzburc », qu'il convient de traduire : « Histoire de la sœur Catherine, fille (spirituelle) de maître Eckhart de Strasbourg », et non : « Histoire de la sœur Catherine de Strasbourg, fille de maître Eckhart ». M. Preger, qui traduit ce texte autrement que nous, dit à ce sujet : « Cette suscription n'est pas une preuve de la naissance d'Eckhart à Strasbourg, car si l'on considère la place du mot « Strasbourg » et le fait qu'on aura voulu donner au mot le plus important de la phrase un complément qui le détermine de plus près, l'on reconnaîtra que les mots « de Strasbourg » se rapportent, non à « maître Eckhart », mais à « sœur Catherine » (*Vorarb.*, 63). Nous ne nions pas qu'on puisse à la rigueur traduire ainsi ce texte, en ponctuant : « Daz is swester Katrei, meister Ekehartes tohter, von Strâzburc » — mais non parce qu'il serait nécessaire de donner aux mots « sœur Catherine » les mots « de Strasbourg » comme complément, puisqu'ils sont déjà suffisamment déterminés par les mots : « fille de maître Eckhart ». Cependant ce n'est pas à l'interprétation purement possible de ce texte, mais à celle que nous imposent en quelque sorte de nombreux exemples d'une construction grammaticale identique, que nous devons nous arrêter ici. Voici quelques-uns de ces exemples : Sant Elsabet was des künigs dohter von Ungern und des lantgrofen wittewe von Hessen. — ... von sinre muoter die do was herzoge Lüpoldes dohter von Oesterich (Kœnigshoven, *Chron.*, éd. Hegel, II, 742, 818) — Cuonrat, grove Cuonrates sün von Hessen, der erste tutsche keiser (Closener, *Chron.*; éd. Hegel, I, 34). — Wie die geschnebleten leut kamen und brachten des Kœnigs tochter von Indian (Haupt's *Zeitschr.*, VIII, 486). — Chartes des années 1249 : Frowe Bernheid, hern Heinrichs dohter von Husen ; — 1257 : Berhte, grave Sigebrehtes vrowe von Werde ; — 1283 : Wir Heinrich und Johannes, hern Heinriches süne von Wangen ; — 1288 : Elsa, hern Niclawes frowe von Mülnecke ; — 1311 : Katherine Johanneses, würtin hern Eberlins seligen sünes von Schœnecke (*Archives municip. et départ. de Strasbourg*), etc., etc.

chapitre général de Naples releva Eckhart de ses fonctions de prieur provincial de Saxe, et l'envoya à Paris comme lecteur. Dans l'intervalle entre son vicariat de Thuringe et son priorat de Saxe, Eckhart s'était rendu à Paris et y avait obtenu en 1302 le grade de licencié, grâce à la faveur dont il paraît avoir joui auprès du pape Boniface VIII, alors en lutte ouverte contre Philippe le Bel et l'Université de Paris. Il était sans doute déjà devenu docteur quand le choix du chapitre général d'Erfurt l'appela en Saxe[1]. Or, l'usage voulait que tout docteur

D'autres exemples se trouvent encore dans l'article de J. Grimm, *Zur Syntax der Eigennamen* (Haupt's *Zeitschr.*, III, 134). L'interprétation que nous proposons se fonde donc sur un usage constant dans la syntaxe des noms propres au moyen âge. Ce fait est tellement hors de doute que la lecture du titre en question a décidé avant tout autre motif l'éminent critique de Vienne, François Pfeiffer, à se prononcer en faveur de l'origine strasbourgeoise de maître Eckhart, comme il ressort d'une lettre qu'il adressa à M. Ch. Schmidt, le 10 juillet 1862, et que M. Schmidt a bien voulu mettre à notre disposition. Pfeiffer y exprime son jugement relativement à la patrie d'Eckhart, jugement que la mort ne lui laissa pas le loisir de publier dans le volume qui devait faire suite à son édition des œuvres d'Eckhart. Sans même juger nécessaire de donner un mot d'explication, tant la question lui paraît au-dessus de toute controverse, il écrit: «A la page 448 de mon édition, Eckhart est appelé expressément *maître Eckhart de Strasbourg*», désignation provenant d'un «manuscrit probablement contemporain à Eckhart lui-même». Voici un fragment de cette lettre: «...Dass meister Eckhart aus Strassburg gebürtig ist, kann ich zwar nicht streng beweisen; doch ist es mir aus manchen gründen wahrscheinlich, und in der aufschrift des tractates p. 448 meiner ausg. wird er ausdrücklich *M. E. von Strâzburc* genannt. Die hs. ist alt, leicht gleichzeitig, und ich bin geneigter, *ihr* glauben zu schenken, als den angaben Quétifs und Echards (*Script. ord. præd.*, I, 507), die ihn wohl nur deshalb einen «Saxo» nennen, weil seine erste erwähnung im J. 1302-4 zum provinzial der neu gegründeten ordensprovinz Sachsen betrifft.... Sie dürfen, wie ich glaube, E. getrost als ein Strassburger kind betrachten.»

Telles sont les raisons qui nous ont décidé à conserver notre ancienne manière de voir relativement à l'origine de maître Eckhart. Nous examinerons successivement les autres points sur lesquels M. Preger a jugé nécessaire de se séparer de l'opinion de ses devanciers.

[1] Le premier séjour d'Eckhart à Paris tombe dans la période si agitée de la lutte entre Boniface VIII et Philippe le Bel. L'Université avait pris parti pour le premier; l'ordre des dominicains, en majeure partie, pour le second. L'on comprend que dans ces circonstances la question politique n'ait pas été sans influence sur les nominations faites par l'Université, et que le pape ait songé à dédommager ses partisans des injustes préférences auxquelles ce corps savant avait pu se laisser entraîner à leur détriment. Voici, d'après le catalogue dressé au commencement du quatorzième siècle par Bernard Guidonis et tel que Quétif l'a connu (v. plus haut p. 58), la liste des licenciés de l'année 1302:

«Fr. Remigius Florentinus, licenciatus auctoritate papæ, a. d. 1302.

«Fr. Echardus Teutonicus, licenciatus per papam Bonifacium VIII, a. d. 1302....

«Fr. R. Romani de Maro-Logio, licenciatus a. d. 1302.....»

Dans un ms. de la Bibliothèque de Francfort, datant du milieu du quatorzième siècle, probablement de l'an 1341, les mots «per papam Bonifacium VIII» manquent à côté du nom d'Eckhart. M. Preger, qui tient ce ms. pour la copie de l'original

nouvellement créé fît, pendant une année, un cours sur les sentences; il restait à Eckhart à s'acquitter de cette dette envers l'Uni-

même de Bernard Guidonis, tire de ce fait, ainsi que d'un passage du traité *Meister Eckehartes wirtschaft*: « ir seid ein meister zu Paris bewëret drei stund » qui se trouve, non dans l'édition de Pfeiffer, mais dans un ms. de la bibliothèque de Munich, qu'Eckhart n'a pas été nommé licencié par le pape, mais par l'Université; qu'il a donc été, avec Romani de Maro-Logio, l'objet des préférences de celle-ci au détriment de Remy de Florence; que par conséquent il n'a pas pris parti pour le pape, comme l'avait fait la presque totalité de son ordre. « Il n'en résulte assurément pas, continue M. Preger (*Gesch. der deut. Myst.*, I, 334), qu'il se soit opposé aux prétentions du Saint-Siége; car, en sa qualité d'étranger il aurait facilement pu cacher ses préférences pour la cause papale: mais il n'est pas probable qu'il ait eu de pareilles préférences, si l'on songe que plus tard il encouragea la sœur Catherine à résister à l'excommunication ecclésiastique, et que les agissemens de la curie romaine dans le but de conquérir la puissance temporelle durent en général lui inspirer de la répugnance (anwidern), vu la tendance de sa vie religieuse vers l'essence éternelle des choses terrestres. » Si Eckhart, dirons-nous, a éprouvé des répugnances vis-à-vis de la politique du pape, sans les manifester, comment l'Université, ne jugeant évidemment les hommes que d'après les opinions qu'ils exprimaient, aurait-elle pu préférer à Remy de Florence un membre aussi distingué d'un ordre qu'elle savait dévoué au pape? M. Preger semble oublier ici qu'en sa qualité de dominicain, Eckhart ne pouvait rester neutre: le silence l'eût déjà fait ranger parmi les partisans du Saint-Siége. La question qui se pose est donc double : 1º est-il plus probable qu'Eckhart se soit rangé du côté du pape dans cette querelle ou du côté du roi? 2º est-il plus facile d'expliquer la présence des mots « per papam Bonifacium VIII » dans le catalogue qu'a connu Quétif, comme l'addition postérieure d'un copiste, ou leur absence dans le catalogue de 1341 comme une omission volontaire?

1º L'exemple de la sœur Catherine est complétement étranger à la question qu'il s'agit d'éclaircir, car il pourrait tout au plus servir à déterminer les rapports qu'Eckhart a eus vers l'an 1317 avec l'évêque de Strasbourg Jean d'Ochsenstein, et nullement ses rapports avec le pape, puisque c'est au décret de cet évêque que se rapporte le passage du traité VI (Pfeiffer, o. c., 462, 7—11, 25) auquel M. Preger fait allusion, comme d'ailleurs M. Preger le reconnaît lui-même (*Gesch. der deut. Myst.*, I, 301). Or l'on sait qu'au moyen âge les rapports du clergé régulier et surtout des dominicains avec le pape, leur chef et protecteur, ont été loin de ressembler à leurs rapports avec les évêques, chefs et protecteurs du clergé séculier. Quant aux rapports d'Eckhart avec le pape, les événemens de l'an 1327 jettent une vive lumière sur ce point. Une lutte politique analogue à celle de l'an 1302 avait éclaté entre Louis de Bavière et Jean XXII; or nous voyons l'archevêque de Cologne Henri de Virnebourg, le persécuteur des hérétiques de son diocèse et le partisan décidé de l'empereur, attaquer, dans la personne de maître Eckhart, l'ordre des dominicains entier, demeuré fidèle au pape; et cela sans doute à l'instigation des franciscains, qui tenaient pour Louis de Bavière. Ce n'était plus le roi de France, mais l'empereur d'Allemagne, dont le pouvoir était mis en cause; Eckhart, tout Allemand qu'il était, non-seulement resta complétement indifférent à cette spoliation des droits de l'État opérée par l'Église, mais encore chercha et trouva auprès du pape une protection efficace contre l'archevêque. — Ensuite, si le mysticisme de maître Eckhart lui a fait trouver digne d'aversion la tendance du Saint-Siége à s'arroger la puissance temporelle, si fragile et si passagère à son point de vue, combien plus l'opposition de l'État, personnification de cette puissance elle-même,

versité : depuis 1303, il est appelé « maître. » En quittant Paris, Eckhart revint dans sa province natale que désormais il ne quitta plus. Nous le rencontrons, en 1316, à Strasbourg, revêtu des fonctions de vicaire du général de l'ordre[1]. Il prêcha à Strasbourg dans les béguinages placés sous la direction des dominicains, au couvent de Sainte-Marguerite[2], et sans doute aussi à l'église de son couvent, et fit, en compagnie d'un autre docteur mystique, Théodore (sans doute Théodore de Saint-Martin), des tournées de prédications dans les contrées avoisinantes[3]. En 1317 il se rendit à Francfort[4], où il devint prieur en 1320, après avoir été lecteur pendant

à la suprématie de la société spirituelle, de l'Eglise de Dieu destinée à révéler au monde, sous le voile de ses dogmes, la connaissance des vérités célestes, devait-elle lui paraître condamnable au point de vue de son pur idéalisme! Ne va-t-il pas d'ailleurs jusqu'à appeler quelque part le pape « un dieu terrestre, à côté duquel il ne doit point y en avoir d'autre ici-bas? » (Append. II, 2).

2° Dans ses *Vorarbeiten* (p. 56), c'est à Quétif lui-même que M. Preger attribue l'interpolation « per papam Bonifacium VIII » dans le catalogue des docteurs de Paris; et ce qui a amené, selon lui, Quétif à ajouter ces mots au texte primitif, c'est la présence d'une désignation analogue (auctoritate papæ) à côté du nom du prédécesseur d'Eckhart sur la liste. Dans sa *Gesch. der deut. Myst.* (page 334), M. Preger accuse de cette interpolation le copiste qui a écrit l'exemplaire du catalogue consulté par Quétif. En vérité, c'est se rendre la tâche bien facile que d'opposer à la manière de voir que l'on combat le bon plaisir d'un écrivain ou d'un copiste. D'ailleurs, comment se figure-t-on même qu'après la condamnation d'Eckhart comme hérétique par la bulle de Jean XXII, une plume quelconque ait osé inscrire aussi arbitrairement le nom d'un pape vénéré à côté de celui d'un docteur qui s'était rendu coupable de si graves erreurs, et inventer l'existence d'un rapport si direct entre le chef de l'Église et cet hérétique? — Par contre, la disparition du nom de Boniface VIII à côté du nom d'Eckhart, dans le catalogue de 1341, s'explique fort simplement au moyen de cette dernière considération.

Les licenciés nommés par le pape figurant, comme on l'a vu, sur le catalogue des maîtres de Paris, Eckhart a pu dire à Cologne qu'il a obtenu ses trois grades à Paris, sans qu'il soit nécessaire pour cela ni d'attribuer à l'Université sa nomination au grade de licencié, ni d'admettre avec Quétif qu'il se soit rendu à Rome pour obtenir ce grade; l'idée d'un voyage d'Eckhart à Rome ne repose que sur l'interprétation erronée faite par Quétif du passage « per papam Bonifacium VIII » du catalogue en question (« Sic enim »..... V. plus haut p. 58).

[1] Le séjour d'Eckhart à Strasbourg après 1312 ne reposait jusqu'à présent que sur des suppositions; nous pouvons aujourd'hui prouver ce fait. Le 13 novembre 1316, Agnès, veuve du chevalier Frédéric de Schaftolzheim, fit don à sa fille Ellina et à Agnès Ritter, religieuses du couvent de Saint-Marc (dépendant du couvent des dominicains), d'une *curia* avec toutes ses dépendances. La donation est faite « de licentia priorissæ (de Saint-Marc) et *fratris Eckehardi vicarii magistri generalis ordinis antedicti.* — Actum Id. Nov. a. d. MCCC sexto decimo. » (Archives de l'hôpital civil de Strasbourg, *Protocole des Domin.*, vol. 107, f° 45ᵃ.)

[2] Schmidt, *Études sur le mysticisme allem. au quatorzième siècle*, p. 14.

[3] V. Append. III, 1.

[4] D'après M. Preger, c'est le prieur provincial d'Allemagne Egno de Stoffen qui

les trois années réglementaires. Dès maintenant, les soupçons d'hérésie commencent à peser sur lui. Le général de l'ordre, Hervé, écrivit, en 1320, aux prieurs de Worms et de Mayence, pour les charger d'ouvrir une enquête sur les « graves accusations qui se sont élevées contre Eckhart et contre le frère Théodore de Saint-Martin, » auxquels on reproche des « relations mauvaises et suspectes [1]. » On ignore ce qui advint de cette enquête. Quoi qu'il en soit, Eckhart paraît avoir eu à cette époque des rapports avec les Frères du libre esprit, supposition que confirme encore la date de son arrivée à Francfort, qui est précisément celle à laquelle parut la lettre de Jean d'Ochsenstein. Dans la suite, cette accusation ne reparaît plus. En 1325, nous trouvons Eckhart à Cologne, à la fois comme professeur à l'école de son ordre et comme prédicateur populaire : dernière période de la vie du maître, dans laquelle l'attachement enthousiaste de ses nombreux disciples dut compenser pour lui, en quelque mesure, l'amertume que lui causèrent les persécutions dont il fut l'objet. Déjà pendant son séjour à Strasbourg, Eckhart n'avait pas craint d'exposer au peuple ignorant l'ensemble de ses conceptions métaphysiques; il circulait à ce sujet dans cette ville le récit imaginaire ou authentique, nous ne savons, d'une discussion qu'il aurait eue avec un autre docteur, fidèlement attaché aux vérités évangéliques, récit que Rulman Merswin nous a conservé [2]. Au chapitre général de Venise de 1325, des plaintes s'élevèrent contre « plusieurs frères des couvens d'Allemagne qui prêchaient en langue vulgaire des doctrines dangereuses aux classes inférieures du peuple [3]. » Gervais, prieur d'Angers, fut chargé de faire une enquête; mais il paraît que Jean XXII voulut porter cette affaire devant son propre tribunal : le dominicain Nicolas de Strasbourg fut chargé par le pape de cette mission inquisitoriale avec le titre de *nuntius et minister* [4]. Aucun choix ne pouvait être plus favorable pour maître Eckhart; Nicolas de Strasbourg, comme le prouvent quelques sermons qui nous sont restés de lui, partageait les tendances mystiques de son

---

a placé Eckhart à Francfort en qualité de prieur, après l'année 1317 (*Gesch. der deut. Myst.*, I, 352). En effet, la liste des prieurs provinciaux d'Allemagne insérée par M. Preger dans ses *Vorarbeiten* (p. 34), et basée sur un texte dépourvu de toute date, porte qu'Egno serait resté en fonctions jusqu'en 1321 : or d'après les deux catalogues que nous avons déjà publiés en 1871, et que nous reproduisons dans l'Append. IV, Egno de Stoffen était déjà mort en 1316.

[1] Schmidt, o. c., p. 14. — Preger, *Vorarb.*, p. 72.
[2] V. Append. 1, 2.
[3] Schmidt, o. c., p. 15.
[4] Pfeiffer, *Deutsche Mystiker*, I, introd., p. XXV.

temps; il ne trouva rien à reprocher aux prédications d'Eckhart. Il paraît cependant qu'on défendit à Eckhart d'exposer devant le peuple ses doctrines particulières, défense qu'il mentionne lui-même et qu'il paraît avoir observée; du moins le voyons-nous dorénavant prendre de grandes précautions pour soustraire aux masses ignorantes soit les écrits qu'il compose, soit les discours qu'il adresse aux moines de son couvent[1]. Mais l'archevêque de Cologne, Henri de Virnebourg, l'adversaire déclaré du pape dans la grande lutte qui venait de s'ouvrir entre l'empire et le saint-siége, et le persécuteur acharné des Béghards hérétiques de son diocèse, ne pouvait laisser échapper une si belle occasion de frapper l'ordre des dominicains demeuré fidèle au pape, dans un de ses représentans les plus distingués que la rumeur publique accusait d'hérésie. Pour enlever à Eckhart son ami et soutien Nicolas de Strasbourg, il fit connaître à Avignon les propositions reprochées à Eckhart, et l'appui que le « nonce et serviteur apostolique » devait lui avoir prêté. Cette démarche n'eut aucun succès. Alors il résolut d'envelopper dans une même accusation d'hérésie Eckhart et son protecteur, s'attaquant ainsi à un homme dont les fonctions relevaient directement du saint-siége, et rouvrant, devant son propre tribunal, un procès qu'une instance supérieure, la juridiction papale, venait à peine de vider. Ce qui prouve le rôle important que la politique a joué dans ce procès, purement religieux en apparence, c'est la présence du lecteur des franciscains, Albert de Milan, dans la commission inquisitoriale nommée par l'archevêque de Cologne, et plus tard la protestation de Henri de Talheim, de Guillaume Occam, etc., tous deux franciscains, contre la faveur que le pape avait accordée dans ce procès à Eckhart et à son défenseur Nicolas de Strasbourg. Les franciscains en effet tenaient pour l'empereur contre le pape. Ce n'est assurément pas l'aversion contre la spéculation religieuse qui a pu ranger Henri de Talheim parmi les adversaires de maître Eckhart; il était lui-même un docteur mystique très-estimé[2]. Pour réunir des preuves contre Eckhart, la

[1] V. Haupt, *Zeitsch.*, VIII, 244, la fin du traité « von den zwei Wegen » que M. Preger attribue avec raison à Eckhart. — Append. II, 2.

[2] Dans une pièce intitulée « Daz ist von den zwelf maistern gar schœn sprich, » se trouvant dans le même manuscrit auquel nous avons emprunté les pièces inédites de maître Eckhart publiées dans l'appendice, nous lisons :
Der von Talhain sprichet maisterlich :
Der vater gebirt sein ewig wort sunder mitelich.
Ain ieclich creatur die sich verainiget hat
In der gebirt der vater sin ewig wort in einer inwendichait.
Was ist das, das der vater gebirt und geborn hat?

commission inquisitoriale l'entoura d'un système complet d'espionnage ; toutes ses paroles, tant publiques que privées, étaient soumises au plus rigoureux examen. Enfin, quand l'acte d'accusation fut prêt, les inquisiteurs citèrent les deux hommes à comparaître devant eux ; mais ni Eckhart ni son ami n'attendirent le jour fixé pour se rendre devant la commission et pour relever dans une énergique protestation ce qu'il y avait d'inique et d'odieux dans le procédé des inquisiteurs. Tous deux en appelèrent au pape, et citèrent les commissaires épiscopaux devant le tribunal d'Avignon[1]. La sentence des inquisiteurs ne se fit pas attendre : ce fut une condamnation. L'archevêque fit annoncer cette décision au pape, afin de se préparer le terrain à la cour d'Avignon en vue du procès futur; mais Jean XXII, irrité du mépris de sa décision souveraine et décidé à ne pas laisser infliger à l'ordre des dominicains une pareille humiliation de la part de ses ennemis, fit jeter en prison l'émissaire de Cologne, et maintint ses faveurs à Nicolas de Strasbourg[2].

Peu de jours après son appel au pape, Eckhart se rendit dans l'église de son couvent, et là, en présence d'une dizaine de frères, de plusieurs bourgeois, d'un notaire et de la foule assemblée, il déclara qu'il avait toujours évité toute erreur en matière de foi, que l'on avait souvent mal compris sa doctrine, mais que, si l'on découvrait quelque erreur dans ses écrits, il la rétractait publiquement. De deux propositions qu'on lui reprochait, il expliqua l'une comme orthodoxe et maintint l'autre comme vraie ; puis il fit dresser un acte de cette déclaration, destinée à le précéder à Avignon et à montrer à ses juges, aussi bien qu'aux populations de Cologne, que sa conscience ne lui faisait aucun reproche. Ce fait est le dernier de sa vie qui nous soit connu. Deux années après, le 27 mars 1329, parut une bulle de Jean XXII[3], condamnant 28 propositions d'Eckhart, dont 17

Ain offenbarung sein selbes in seiner selbeshait.
Der gaist der steht entblœsset von aller anderhait,
Da sicht der vater sich selben an, das ist sein aigen art.

En 1329, Henri de Talheim était provincial des franciscains dans la province d'Allemagne ; il devint chancelier de l'empereur, puis se retira à Augsbourg comblé de présens par son souverain, et finit par rentrer dans son ordre (*Thesaurus hist. helvet.*, Vitodurani *Chronicon*, Tig. 1735, p. 30).

[1] V. les pièces de ce procès dans la publication de M. Preger, *Meister Eckhart u. die Inquisition*.

[2] V. la pièce IV, à la fin de notre *Essai sur le myst. spéc. de M. E.*, réimprimée par M. Preger dans l'Append. de son dernier ouvrage.

[3] Cette bulle sous sa vraie forme commence par ces mots : *In Cœna Domini*.

comme hérétiques et 11 comme suspectes. « Eckhart, y est-il dit, a rétracté, vers la fin de sa vie, ces 26 articles pour autant qu'ils ont un sens hérétique et erroné. » Le pape, comme on le voit, traita avec ménagement la mémoire du grand docteur : au lieu de le condamner comme un hérétique ordinaire, il préféra transmettre son nom à la postérité comme celui d'un homme réconcilié avec l'Église avant sa mort, et il donne même à entendre, par la réserve qu'il exprime sur le sens des passages incriminés, qu'Eckhart peut-être n'a pas été réellement hérétique comme ses ennemis de Cologne l'avaient affirmé. La substitution du chiffre 26, comme par une erreur de plume, au nombre des propositions énumérées dans la bulle, paraît destinée à faire croire à une adhésion complète de la part d'Eckhart à la doctrine de l'Église, tout en exceptant facilement de la rétractation les deux dernières propositions, qui sont précisément celles qui figurent dans la déclaration publique de Cologne.

Maître Eckhart est un esprit absolu. Depuis le commencement de sa carrière de prédicateur et d'écrivain, jusqu'à la fin, sa pensée s'est mue dans la même sphère de conceptions panthéistes, sans qu'on puisse découvrir une trace d'une modification appréciable qu'elle aurait subie dans le cours des années. Nous ne possédons, d'ailleurs, aucun principe pour classer historiquement ses écrits : l'on ne peut, en effet, assigner une date certaine qu'à un très-petit nombre de ses sermons et traités, par suite des indications historiques qu'ils portent dans la suscription. Chercher dans la doctrine même un pareil principe de classification, c'est se condamner à se perdre dans des distinctions dont la subtilité répugne à l'esprit de la spéculation mystique. Pfeiffer a déjà reconnu cette impossibilité dans l'introduction à son édition des œuvres d'Eckhart [1].

Mosheim n'en a connu qu'une rédaction incomplète, dans laquelle les premières phrases ont disparu, et commençant par ces mots: *Dolenter referimus*. Ce double début d'un seul et même document a fait croire pendant quelque temps à l'existence de deux bulles, l'une dirigée contre Eckhart, l'autre contre les Béghards panthéistes. (Cœrner, *Chronicon*, chez Eccard, *Corpus script. medii œvi*, 2, 1036. Voir le texte complet de la bulle, Preger, *Gesch. der deut. Myst.*, 478.)

[1] M. Preger n'a pas été de cet avis. Il a essayé, dans son dernier ouvrage, de déterminer différentes périodes dans le développement intellectuel de maître Eckhart, et d'établir de la sorte un principe de classification pour ses écrits. « Si l'on ne rend compte, dit-il, du développement par lequel a passé sa pensée, l'on ne peut comprendre Eckhart d'une manière suffisante » (*Gesch. der deut. Myst.*, II, 309). Il distingue trois périodes dans ce développement: la période de Saxe, celle de Strasbourg et celle de Cologne représentées par trois types doctrinaux, contenus le premier dans le traité XVII et les sermons de Melk, le second dans le traité VI et les sermons

Les sermons et traités de maître Eckhart que nous possédons encore nous permettent de reconstruire entièrement son système. Nous y

prononcés à Strasbourg, le troisième dans la déclaration de Cologne; ces types doivent servir à classer les autres écrits. Dans la première période, M. Preger range le sermon 55 et les traités XI et XII ; dans la seconde, les traités II, III, XII et XVIII; dans la troisième, les traités IV, V, et le traité publié par lui dans l'Appendice: « Von dem Schauen Gottes durch die wirkende Vernunft. » Voici comment il caractérise (o. c., 309-317) le développement doctrinal qui se révèle dans ces écrits:
1re période: Dans le traité XVII les questions éthiques n'ont pas encore la spéculation mystique pour fondement. Il n'y a dans cet écrit, comparativement assez long, pas un seul trait qui rappelle les théosophèmes particuliers à Eckhart (kein einziger Zug überhaupt in der verhältnissmässig langen Schrift, der uns an die dem Eckhart eigenthümlichen Theosopheme erinnerte). Les commencemens de sa spéculation paraissent se rattacher à son premier séjour à Paris (o. c., 336); or cet écrit date de l'époque où il était encore prieur d'Erfurt et vicaire de Thuringe, comme le démontre le titre qu'il porte: « Daz sint die rede der underscheidunge die der vicarius von Düringen, der prior von Erfurt, bruoder Eckehart predier ordens mit solichen kinden hete »..... Eckhart y appuie bien plus sur la volonté que sur la raison spéculative. « La raison, dit Eckhart, n'a pas d'objet qui lui convienne mieux que Dieu; mais elle est faussée (verbildet); il faut lui rendre l'habitude de s'élever à Dieu. C'est la volonté, excitée par l'amour, qui la porte vers les choses d'en haut. Cette volonté s'élève encore au-dessus de la raison (der von der Minne entzündete Wille ist's der sie aufwärts wägt; dieser Wille ist es der noch über die Vernunft hinaus dringt), et, s'anéantissant en elle-même et transformée en la volonté de Dieu, peut toutes choses (552, ff). » — 2e période: Les sermons prononcés à Strasbourg dénotent, quant à la doctrine, un progrès important sur la période précédente. Ici apparaît dans la question de l'union de l'homme avec Dieu la doctrine de l'image divine. Les trois forces (facultés) supérieures de l'âme, la mémoire, l'intellect, la volonté sont les images des personnes divines; l'essence ou l'étincelle de l'âme, dans laquelle les forces viennent perdre leur caractère particulier est l'instrument (das Medium) de notre union avec Dieu. L'âme, rentrée tout entière dans l'étincelle, est une avec l'essence de Dieu. Cette étincelle est pour Eckhart quelque chose de créé. Identifiant l'essence de l'âme avec la raison active (wirkende Vernunft) d'Aristote, Eckhart abandonne sa précédente manière de voir sur la priorité de la volonté, et assigne la première place à l'intellect. — 3e période : Dans la déclaration de Cologne, Eckhart appelle l'étincelle de l'âme ou l'intellect quelque chose d'incréé, en tant qu'elle est intellect d'une manière essentielle, l'image essentielle de Dieu (das wesentliche Bild), la nature même de la divinité. Eckhart applique également à cette image essentielle de Dieu le terme aristotélicien de « raison active ». — Ces catégories établies, M. Preger y fait entrer les autres écrits énumérés plus haut. 1o « A côté du traité XVII se place le sermon 53; la spéculation n'y joue pas encore de rôle. Les traités XI et XIII forment la transition de la première à la deuxième période ; postérieurs, il est vrai, au traité XVII parce qu'ils contiennent une spéculation métaphysique développée et que l'accent y est déjà davantage placé sur l'intellect, car il y est dit: « j'ai aimé ce que mon intelligence m'a transmis; ce que je ne connaissais pas, je n'ai pu l'aimer »; mais se rattachant au traité XVII et au sermon 53 parce qu'il y est dit: « la volonté est plus noble que la connaissance; elle veut saisir Dieu au-dessus de toute connaissance. » Ce point de vue est encore dépassé dans les sermons du ms. de Melk: « Est-ce dans la connaissance ou dans l'amour, comme le veulent certains maîtres, que réside la moelle de la vie éternelle? je vous le dis: dans les deux. » — 2o Le traité XII nous introduit dans la deuxième période. Eckhart n'est

voyons qu'Eckhart, se basant sur Origène, saint Augustin, Thomas d'Aquin et principalement sur Denys de l'Aréopage, opposa au nomi-

plus satisfait de sa première manière de voir, suivant laquelle c'est la volonté qui unit l'homme à Dieu; il est à la recherche d'une solution nouvelle. Ce n'est pas au moyen de telle force isolée, mais de la substance même de l'âme, où se trouve imprimée l'image de Dieu ou l'étincelle, que nous nous unissons à Dieu. Même doctrine dans les traités II et III: aucune des trois forces ne réalise l'union de l'âme avec Dieu; elles se prêtent, dans leur unité, un concours mutuel en vue de cet acte. Cette unité des forces réside bien, selon Eckhart, dans la nature de l'âme; cependant l'accent n'est pas encore mis sur cette nature, qui unit l'âme avec la nature de la divinité, mais sur les forces; ce n'est que dans un sens assez général qu'il est question ici de la nature de l'âme. Par contre, dans la plupart des Sermons du ms. de Strasbourg et dans les traités VI et XVIII, l'étincelle de l'âme est clairement définie comme supérieure aux forces et comme l'instrument de l'union avec Dieu. — 3º Les traités IV et V appartiennent à la dernière période, car l'instrument de notre union avec Dieu est appelé quelque chose d'incréé. « L'esprit de l'homme, est-il dit au traité IV, renferme en lui une image de Dieu infinie et une image de Dieu éternelle. D'après la première, il est un en lui-même; d'après la deuxième, sorti de son identité avec lui-même, il éprouve (en tant que créature) une éternelle aspiration à rentrer dans la substance divine. » C'est ce qu'exprime également le traité: « Von dem Schauen Gottes »..... par ces mots: « L'esprit cherche à se frayer un passage à travers l'image éternelle de Dieu qu'il porte en lui, pour pénétrer dans l'image essentielle de Dieu. » Nous lisons pareillement au traité V: L'âme hait sa propre image; elle ne s'aime que pour l'amour de celui qui est caché en elle et qui est un vrai Père. » Et plus loin: « Il faut donc qu'il y ait dans l'âme quelque chose de plus intime et de plus élevé (que sa propre image ou image éternelle), quelque chose d'incréé, sans mesure et sans mode (c'est-à-dire l'image infinie de Dieu), où le Père peut se communiquer lui-même entièrement à l'âme. »

Nous ferons au sujet de cette tentative de M. Preger les observations suivantes:

1º Le point de départ de cette division nous paraît fort sujet à caution. Tout d'abord les textes sont contraires à l'hypothèse que ce n'est qu'à Paris qu'Eckhart aurait commencé à s'occuper de spéculation métaphysique. « Si je prêchais à Paris, dit-il, je dirais, et je puis bien le dire ici: « *Tous* les maîtres de Paris ne peuvent comprendre avec leurs subtilités ce que Dieu est dans la moindre créature, oui, ce qu'il est dans une mouche » (Pfeiffer, *o. c.*, 169, 30). Et ailleurs: « Un docteur discourait à Paris, élevait la voix et faisait grand tapage pour démontrer que l'essence de l'idée première et de la félicité éternelle ne réside pas dans la connaissance. Alors un autre docteur, meilleur assurément que le meilleur de *tous* les maîtres de Paris, lui dit: « Maître, vous criez bien fort; Dieu n'a-t-il pas dit dans l'évangile: c'est là la vie éternelle, qu'ils te connaissent toi seul vrai Dieu! » (138, 15). Voilà comment Eckhart s'exprime sur le compte de tous les docteurs de Paris, et l'impression qu'il a conservée de leur enseignement: assurément il n'a pas conscience d'une influence quelconque exercée par eux sur son développement spirituel. — De plus, le traité XVII est loin de mériter qu'on dise qu'il ne s'y rencontre pas un seul trait des théosophèmes particuliers à Eckhart. » Il s'y trouve une citation de Denys de l'Aréopage — « sur un point assez secondaire », dit M. Preger. Cela serait-il même exact, qu'il n'en serait pas moins démontré qu'Eckhart alors déjà connaissait Pseudo-Denys. Voici ce passage: « Quand l'œuvre extérieure fait obstacle à l'œuvre intérieure, c'est l'œuvre intérieure qu'il faut accomplir; bien plus, si toutes deux pouvaient ne former qu'une seule œuvre, ce serait ce qu'il y aurait de mieux; l'on serait alors le collaborateur de Dieu même (man hête ein mitwürken mit gote).

nalisme que Duns Scot avait introduit dans la théologie, un réalisme plus grandiose et plus conséquent que celui des docteurs antérieurs,

Comment arriver à ce résultat? L'homme doit renoncer à lui-même et à toutes ses œuvres, comme l'a dit saint Denys: « Celui-là tient sur le compte de Dieu le plus beau des langages qui peut absolument se taire sur Dieu, par suite de la plénitude de la richesse spirituelle qui remplit son âme. » Alors s'évanouissent images (idées) et œuvres, la louange comme la reconnaissance et tout ce que l'on pourrait produire. Une seule œuvre reste à faire à l'homme: s'anéantir lui-même, et encore est-ce Dieu et non l'homme qui doit l'accomplir » (574, 2). Le silence est donc déjà présenté ici comme la meilleure manière de définir Dieu, l'anéantissement de soi-même comme l'unique but à atteindre. D'autres citations confirmeront encore notre assertion. « L'homme, est-il dit, ne doit pas se contenter d'un Dieu que sa pensée conçoit; car, si la pensée s'en va, Dieu s'en va avec elle; il doit avoir un Dieu substantiel (einen gewesenden got), élevé bien au-dessus des pensées de l'homme et de toute créature (548, 31). Tout notre être ne réside en rien d'autre que dans l'acte de devenir néant (574, 33). Soyons libres de tout ce qui nous est extérieur, et Dieu veut nous donner en toute propriété ce qui est dans le ciel et le ciel lui-même avec toute sa puissance, oui tout ce qui est jamais émané de lui (jâ allez daz uz im ie geflôz, 575, 23). La jouissance du corps de Christ introduit l'âme si profondément dans la manière d'être de Dieu (diu sêle wirt also nahe in got gefüeget), que les anges ne peuvent plus connaître ni trouver aucune différence entre Dieu et l'âme. S'ils touchent Dieu, ils touchent l'âme; où ils touchent l'âme, ils touchent Dieu. Jamais il n'y eut d'union aussi intime. L'âme est plus intimement unie à Dieu que ne le sont le corps et l'âme qui composent la nature humaine; qui verserait une goutte d'eau dans une tonne de vin, produirait une union moins intime, car l'eau et le vin resteraient ce qu'ils sont. Non, Dieu et l'âme sont tellement unifiés (in ein gewandelt) qu'aucune créature ne peut trouver de différence entre eux. Veux-tu donc être ramené d'une manière bienheureuse au lieu de ton origine première (in den ursprunc)? reçois avec dévotion le corps du Seigneur » (566, 26). L'homme parfait « manifeste Dieu par toutes ses œuvres et en tous lieux; ce n'est plus lui qui produit ses œuvres; Dieu les produit immédiatement, car l'œuvre appartient à celui qui en est la cause intérieure et non à celui qui la réalise au dehors (547, 25). L'activité de l'âme, devenue la collaboratrice de Dieu, consiste à briser l'unité pour en faire sortir la réalité, et à ramener la réalité dans l'unité (573, 36). La multiplicité des créatures nous est alors tout aussi peu un obstacle qu'à Dieu même, car nous sommes un dans l'unité, où toute multiplicité est unité et n'est pas encore devenue la multiplicité (einz in dem einen, dâ alliu manicvaltekeit einz ist und ein unvermanicvaltekeit ist », 547, 35). Il n'est pas jusqu'à la doctrine si originale d'Eckhart sur l'incarnation qui ne se trouve dans ce traité: « Toutes les actions, toutes les paroles de notre Dame n'auraient jamais fait d'elle la mère de Dieu; mais dès qu'elle abandonna toute volonté propre, elle devint la vraie mère de la Parole éternelle de Dieu, et reçut aussitôt Dieu en elle » (555, 9). N'est-ce là que de la morale? — Il est tout aussi peu exact de dire que dans ce traité XVII l'union de l'âme se réalise plutôt par la volonté que par l'intelligence. M. Preger donne au sujet de ce traité un résumé de ce qu'il regarde comme la pensée de maître Eckhart; nous en avons reproduit plus haut les principaux points. L'importance de la question eût peut-être demandé une citation textuelle: le seul passage en effet qui renferme clairement la doctrine que M. Preger attribue à Eckhart dans la première période de son développement, « c'est la volonté, excitée par l'amour, qui la porte (la raison spéculative) vers les choses d'en haut. *Cette volonté s'élève encore au-dessus de la raison* »... (552 ss.), nous l'avons vainement cherché dans ce traité XVII. Le passage qui a pu donner lieu à cette méprise se trouve en réalité

sans excepter Scot Érigène. Il enseigna, avec l'accent d'une profonde conviction et dans un langage d'une beauté remarquable, que Dieu seul existe, et que le monde n'a pas de réalité en lui-même.

à la page 569. Nous citons textuellement: « Die üzerkeit der bilde sint dem geuobten menschen niht ûzerlich, wan elliu dinc sint dem inwendigen menschen ein inwendigiu götlichiu wîse. Diz ist vor allen dingen niht, wan daz der mensche sîne vernunft wol unt zemâle (ze ?) got gewene und üebe, sô wirt im alle zît innen götlich. Der vernunft enist niht als eigen noch als gegenwertic noch als nâhe als got Niemer enkêret si sich anderswar nâch. Zuo den crêatûren enkêret si sich niht, ir geschehe denne gewalt und unreht, si wirt dâ rehte gebrochen unde verkêret. Dâ si danne ist verdorben..., dâ muoz si mit ganzem flîze gezogen werden unde muoz man dar zuo tuon allez daz man vermac, daz man die vernunft her wider wenc unde ziche. Wan wie eigen oder natiurlich ir got sî, sô si doch mit dem êrsten wirt verkêret unde wirt begründet mit den crêatûren und mit in verbildet unde dar zuo gewenet, sô wirt si an dem teil also verkrenket und ungewaltig ir selbes und ir edeliu meinunge alsô sêre verhindert, daz aller flîz, den der mensche vermac, der ist im iemer kleine genuoc, daz er sich alsô zemâle wider wene. Sô er daz allez getuot, dennoch bedarf er stêter huote. » Ce passage signifie : « Rien n'appartient à la raison spéculative aussi intimément, rien ne lui est aussi réellement présent que Dieu. Jamais elle ne s'en détourne pour se porter sur un autre objet. Si elle se tourne vers les créatures, c'est qu'on lui a fait violence et injustice. Dans sa chute vers les créatures, sa force s'est brisée, sa tendance s'est faussée. Aussi faut-il s'efforcer de la retirer du domaine des choses visibles où sa pureté s'est corrompue, et toute l'application dont l'homme est capable n'est pas de trop pour lui rendre son habitude primitive » de monter vers le ciel. Il est clairement enseigné ici que c'est l'intelligence qui est la vraie médiatrice de l'union de l'homme avec Dieu, et il est si peu question d'une théorie spéciale sur le rôle prépondérant qui appartiendrait à la volonté dans cette union, que le mot « volonté » ne paraît même pas dans ce passage et qu'Eckhart se contente du terme vague d'« application » (flîz) pour énoncer sous une forme nullement scientifique sa manière de voir habituelle (v. surtout le passage classique 384, 28) que c'est l'énergie morale qui retire l'intelligence du domaine de l'accident et de la modalité, sans que pour cela l'intelligence cesse d'avoir le privilége de pénétrer la première dans l'essence divine. Les autres passages sur l'activité de la volonté qui composent le résumé de M. Preger ne dépassent pas la sphère purement morale. « La vertu et le vice, est-il dit en effet (552, 8), sont du domaine de la volonté. Transformée en la volonté de Dieu, la volonté humaine peut toutes choses. Par elle, je puis porter toutes les infirmités des hommes, nourrir tous les indigens, accomplir les œuvres de tous les hommes; si la volonté ne fait pas défaut, mais uniquement la puissance, en vérité tout est accompli aux yeux de Dieu, car vouloir agir et avoir agi sont pour lui la même chose, » etc., etc. (552, 32), idées qui se retrouvent dans un grand nombre d'autres écrits d'Eckhart, notamment au traité V (v. p. ex: 425, 39 : « Ein reht volkomen mensche sol sich selben sô tôt gewenet sîn unt sich selben entbildet in gote unt in gotes willen sô überbildet, daz..... (er) niht wellen noch ouch willen wizze denne gotes wellen unde willen wizze »..... et au traité « Von den zwei Wegen » (Haupt, Zeitsch., VIII, 244: « Allez daz diu sêle geleisten mac daz solde gesament sîn in die einveldigste einveldikeit des willen, unde der willen solde sich werfen in daz hœhste guot unde daran haften »), qui appartiennent tous deux à la troisième période. Voici encore quelques passages du traité XVII sur le rôle de l'intelligence dans notre union avec Dieu: « La foi donne plus qu'une simple supposition (ein wênen); elle donne une

Le principe suprême, selon lui, est l'être absolu, inconscient de Dieu, l'unité infinie et sans nom. Cette essence infinie, qu'il appelle

véritable connaissance (ein wâr wizzen, 567, 2). Les forces supérieures doivent s'élever en Dieu et posséder pleinement la félicité éternelle; toute souffrance doit être reléguée dans le corps, dans les forces inférieures et dans les sens, l'esprit (der geist) doit s'élever vers Dieu dans la plénitude de sa puissance et s'abîmer absolument en lui. (567, 12). L'homme qui voit Dieu en toutes choses, et dans l'intelligence duquel Dieu accomplit sa plus haute œuvre (sîner vernunft an dem obersten gewaltig ist), connaît seul la véritable paix » (550, 32). D'ailleurs au sermon 38, de la période de Strasbourg, Eckhart s'exprime sur le compte de ceux qui assignent le premier rôle à la volonté, avec une sévérité qui montre qu'il n'a pas conscience d'avoir lui-même enseigné peu auparavant pareille doctrine: «La volonté est plus libre que l'intelligence, car elle n'est pas en rapport avec les objets matériels : à quoi se heurtent quelques gens insensés (etliche tôrehte liute) et veulent qu'elle soit supérieure à l'intelligence » (130, 37). — Ces réserves faites, nous reconnaissons volontiers que la spéculation métaphysique n'occupe que l'arrière-plan dans ce long traité, et qu'elle y a cédé la première place à la morale pratique. Et la raison en est bien simple: Eckhart s'adresse à des « commençans » («mit solichen kinden»)... dans le titre; « der anhebende mensch, » 551, 2; cf. 549, 24—37). « Si j'avais atteint un tel degré de perfection qu'il faudrait me ranger parmi les saints, y est-il dit à la fin, les gens se demanderaient si j'y suis parvenu par un effet de la grâce divine ou bien en vertu de ma propre nature. Ils auraient tort de se préoccuper de cela. Laisse Dieu agir en toi, remets-lui le soin d'accomplir tes œuvres et repose-toi; laisse-le agir en toi au moyen de ta nature, ou par sa grâce qui est au-dessus de ta nature! Que t'importe quelle œuvre il accomplit en toi et comment il lui plaît de l'accomplir! Un homme voulait irriguer son jardin: que m'importe, dit-il, la nature du conduit, qu'il soit en fer ou en bois, pourvu qu'il y ait de l'eau sur mes terres! » (577, 34). Tel est le ton général du traité. Eckhart, en effet, devait se contenter d'initier un pareil cercle de lecteurs, ou plutôt d'auditeurs, aux formes élémentaires de la vie mystique. La métaphysique était hors de saison; aussi n'y occupe-t-elle pas le premier rang; mais elle s'y montre par échappées, car il est impossible à un homme de faire absolument abstraction dans son discours des conceptions supérieures qui remplissent son esprit. Ses apparitions sont même assez nombreuses et assez significatives pour nous empêcher de céder au désir de trop systématiser et d'attribuer à la vie spirituelle d'Eckhart une apparente pauvreté spéculative qui n'a été que le résultat des circonstances extérieures.

Si même il était juste de dire qu'avant son séjour à Paris maître Eckhart ne s'est pas occupé de questions transcendantes, le manque de spéculation métaphysique ne serait pas une raison suffisante pour ranger un écrit dans cette première période. Nous possédons en effet un curieux renseignement sur le genre de son activité spirituelle à Cologne. Eckhart raconte lui-même, à la fin du traité « Von den zwei Wegen » (Haupt, *Zeitsch.*, VIII, 244), qu'il lui a été défendu de répandre ses doctrines parmi les masses ignorantes, défense que M. Preger place avec raison après l'enquête de Nicolas de Strasbourg en 1325. « Ce livre, dit Eckhart, est difficile à comprendre pour bien des gens. C'est pourquoi l'on ne doit pas le répandre, je vous en prie au nom de Dieu, car on m'a défendu de le faire (wand ez wart ouch mir verboten). Mais si quelqu'un voulait le taxer d'erreur, ce serait le signe d'un grand aveuglement, car ce livre est la pure vérité.» Eckhart, tout en gardant intact, pour lui-même et pour un cercle d'initiés, le trésor de sa spéculation métaphysique, a donc obéi à la défense qui lui a été faite; il a prié les lecteurs auxquels il destinait son livre, de ne pas le faire parvenir à des personnes trop ignorantes pour

le néant divin, la divinité, possède en elle la virtualité de se connaître, la tendance à se manifester à elle-même. La divinité incons-

le comprendre. La pièce II, 2, dans l'Appendice, finit par une semblable recommandation, exprimée sous la forme touchante que voici: « Si vous aimez vivre en paix, gardez-vous de laisser mes enseignemens franchir le seuil de ce cloître. Si l'une de vos sœurs se trouvait hors de nos murs, exposée à tous les maux, votre cœur en serait attristé: craignez de même de voir ma doctrine sortir de ce lieu. » Nous dirons que si Eckhart a pris tant de précautions à propos d'un traité et à propos d'entretiens de table qu'il a eus avec les moines de son couvent, il a dû en agir de même dans les prédications qu'il a faites au peuple à la même époque. On pourrait donc, à vrai dire, retourner complétement l'ordre admis par M. Preger dans sa classification, et puisque nous avons retrouvé dans le traité XVII le cercle à peu près complet de ses notions métaphysiques et que nous savons qu'avant 1325 Eckhart a prêché librement ses doctrines au peuple, mettre dans la dernière période, et non dans la première, tous ceux de ses écrits où la métaphysique fait défaut. Et, en effet, dans le seul écrit d'Eckhart où la ville de Cologne soit nommée, dans le petit traité intitulé «Meister Eckehartes wirtschaft», la seule idée appartenant au domaine de la spéculation est celle de la naissance du Fils dans l'âme, idée trop universellement répandue dans le monde religieux d'alors et trop voisine de certaines conceptions scripturaires pour qu'elle ait pu paraître dangereuse. Nous y lisons : «La jeune fille dit : Apprends-moi, mon père, à quel signe l'homme reconnaîtra qu'il est un enfant de Dieu. Il (Eckhart) répondit : A trois signes : le premier, c'est qu'il produise toutes ses œuvres par l'amour; le second, qu'il reçoive avec une âme égale tout ce qu'il plaira à Dieu de lui envoyer; le troisième, qu'il place son espérance en Dieu seul. Le pauvre (un second interlocuteur d'Eckhart) dit : Apprends-moi, mon père, à quoi l'homme reconnaîtra que la vertu agit en lui dans toute sa pureté. Il dit : A trois signes : s'il aime Dieu pour Dieu, le bien pour le bien, la vérité pour la vérité. Le maître dit : Chers enfans, comment vivra l'homme qui enseigne aux autres la vérité? La jeune fille dit : Il doit vivre de façon à réaliser par ses œuvres ce qu'il enseigne en paroles. Le pauvre dit: C'est bien parlé; la vie intérieure d'un pareil homme doit être telle qu'il possède au fond de son être des trésors plus grands que ses paroles ne le peuvent exprimer.» Voilà comment Eckhart savait parler au peuple à Cologne, et comment à l'occasion il cherchait, par une méthode toute socratique, à éveiller dans ses interlocuteurs l'amour de Dieu, principe des bonnes œuvres.

Le vice originel de la division proposée par M. Preger est de séparer la notion de l'amour et de la volonté de celle de la connaissance, la morale de la métaphysique, au point de faire de chacune d'elles le principe d'une période distincte; dans le mysticisme, orthodoxe ou hérétique, ces deux notions sont inséparables. Chez Eckhart, en effet, le but dernier de l'âme n'est pas seulement d'être «sans connaissance à force de connaissance », mais encore d'être «sans amour à force d'amour, sans volonté à force de volonté» (von vil wizzen wizzenlôs, von vil willen willelôz; von erkennen kennelôz, von minne minnelôz, Tr. XVIII, 591, 13; cf. 509, 14; 491, 8, etc.). De même, au traité V, l'œuvre intérieure de la volonté identifiée avec la volonté divine (et non, comme l'écrit M. Preger, l'image éternelle de Dieu, c'est-à-dire l'intellect essentiel de l'âme) est appelée un élément incréé dans l'âme (484, 6), tout comme au sermon 96 (311, 7), et dans la déclaration de Cologne c'est l'intellect qui porte ce nom. «L'homme, est-il dit au traité XVII, doit s'élever vers Dieu au moyen de deux forces, l'intelligence et la volonté» (551, 11); dans les sermons du couvent de Melk se trouve même l'heureuse expression d'«amour de la connaissance» (minne der erkanntnisse, rehter erkanntnisse, 345, 7; 354, 15), qui

ciente donne ainsi naissance à la Trinité, à la nature consciente de Dieu. Eckhart, désireux de se maintenir dans les limites de la vérité

qualifie si bien la tendance générale de la piété mystique. « Dans la raison, y est-il encore dit, l'homme possède et aime toutes choses » (352, 19). L'union de l'élément spéculatif et de l'élément moral se rencontre donc chez Eckhart dans des écrits appartenant aux trois périodes; et il est nécessaire qu'il en soit ainsi, car c'est cette fusion des deux principes qui forme l'essence du mysticisme et qui le distingue de la philosophie pure. Non content de définir Dieu au moyen des catégories de l'intelligence, le mystique veut posséder Dieu (daz wâre haben gotes, daz man in wêrlîchen habe, 548, 25) et se l'assimiler par une transformation de l'âme entière. Chez certains mystiques, c'est l'amour ou la volonté qui précède l'intelligence et qui lui fournit la matière de son activité; on a donné à leur doctrine le nom de mysticisme pratique ou de théologie affective. Chez Eckhart, au contraire, c'est l'intelligence qui prend les devants; elle seule peut pénétrer dans le domaine mystérieux de l'être infini; mais l'amour et la volonté la suivent, s'attachant successivement à tous les objets que l'intelligence leur découvre; ce n'est qu'au terme de leur ascension que les trois forces se retrouvent sur la même ligne, confondues dans une même essence, et également pleines, jusqu'à en déborder, de la substance divine dans laquelle elles ont pénétré pour s'y perdre.

2° Le point d'arrivée de cette classification présente-t-il du moins plus de garantie que le point de départ? En d'autres termes, est-il vrai de dire que chez Eckhart la doctrine de l'intellect incréé ait été un progrès sur son enseignement dans les périodes précédentes? Nous ne le pensons pas, et de même que nous avons retrouvé les idées de la première période dans des documens postérieurs, de même nous allons retrouver celle de la troisième dans des écrits de la première et de la deuxième. Avant tout, il importe d'examiner de plus près les termes de la déclaration de Cologne : « Ego magister Ekardus... protestor ante omnia.... quod omnem errorem in fide et omnem deformitatem in moribus semper... sum detestatus... Quapropter si quid errorum repertum fuerit in præmissis (sc. in fide et in moribus), scriptum per me, dictum vel prædicatum,..... ubicunque locorum vel temporum,..... expresse hic revoco,... specialiter etiam quia male intellectum me audio quod ego prædicaverim minimum meum digitum creasse omnia, quia illud non intellexi, nec dixi prout verba sonant, sed dixi de digitis illius parvi pueri Ihesu. Et quod aliquid sit in anima, si ipsa tota esset talis, ipsa esset increata, intellexi verum esse et intelligo etiam secundum doctores meos collegas, si anima esset intellectus essentialiter. Nec etiam unquam dixi, quod sciam, nec sensi, quod aliquid sit in anima, quod sit aliquid anime, quod sit increatum et increabile, quia tunc anima esset pronata ex creato et in creato, cujus oppositum scripsi et docui, nisi quis vellet dicere: increatum vel non creatum id est non per se creatum, sed concreatum »..... L'erreur contre laquelle Eckhart proteste de toutes ses forces, c'est d'avoir jamais enseigné que l'âme est composée de deux élémens hétérogènes, l'un créé, l'autre incréé. Ce qu'il a donc enseigné *dans le passé* (nec unquam dixi,... cujus oppositum scripsi et docui), et ce qu'il enseigne dans le présent, c'est que l'âme est une, et qu'elle serait totalement incréée, si elle était intellect d'une manière essentielle. Eckhart ajoute qu'il a considéré et qu'il considère cette idée comme vraie, c'est-à-dire orthodoxe, qu'elle est partagée par les docteurs ses collègues; qu'en matière de foi il a toujours évité tout écart de la doctrine de l'Église et que, si jamais on trouvait qu'en n'importe quel temps et quel lieu il eût écrit ou enseigné le contraire de la foi chrétienne (c'est-à-dire dans le cas présent, le contraire de l'idée de la substance incréée de l'âme), il le rétractait expressément. Eckhart n'a donc jamais enseigné, qu'il sache (quod sciam), une doctrine contraire à celle qu'il présente ici. En effet, du

ecclésiastique, répète en mainte occasion les formules du dogme de la Trinité; son but, en effet, n'a pas été de substituer une autre doc-

moment qu'il avait établi la possibilité d'une union métaphysique de l'âme avec Dieu, il ne pouvait plus considérer l'âme comme une simple créature; il devait admettre en elle une essence incréée, car l'absolu seul peut s'unir substantiellement à l'absolu. Reconnaître à côté de cette essence incréée une autre également réelle mais créée, eût été contraire à toute logique, car c'eût été juxtaposer dans une même unité deux élémens qui se repoussent. Si donc la métaphysique exigeait que l'âme possédât une essence incréée, la logique demandait que l'âme dans sa totalité, et dans la vraie forme de son existence, ne fût qu'essence incréée. Les textes pourront, il est vrai, donner un démenti apparent à cette conclusion; il est parfois question d'une nature créée de l'âme tout comme il est question d'une nature créée de Dieu; au fond la pensée reste la même; l'expression seule a changé. Rien, en effet, ne répondrait moins à l'esprit général de ce genre de spéculation que de faire usage dans l'appréciation des termes théologiques, employés par Eckhart, de l'exactitude minutieuse qui se trouverait à sa place s'il s'agissait d'un philosophe de profession. Comment, entraîné par le courant de son inspiration, au moment où les mots se pressent en abondance sur ses lèvres pour exprimer ce qui est et restera inexprimable, le mystique donnerait-il toujours à ses conceptions la forme précise qui leur convient, comment lui demanderait-on d'énoncer toujours une même pensée en termes rigoureusement semblables? Nous ne nous étonnerons donc pas des quelques variations que nous pourrons rencontrer sur ce point dans les discours d'Eckhart, et nous retiendrons l'aveu, contenu dans la déclaration de Cologne, que la seule manière d'envisager l'âme humaine, qu'il ait jamais reconnue et qu'il reconnaisse comme vraie, est que dans son essence intime l'âme est l'intellect incréé. Comment considérer dès lors cette doctrine comme particulière à la période de Cologne? N'y a-t-il pas jusqu'à l'idée d'un développement intérieur chez Eckhart qui ne se trouve exclue par ce texte?

En effet nous retrouvons cette doctrine de la substance incréée de l'âme dans les documens des deux premières periodes. Au traité XII (deuxième période) nous lisons: «L'être créé de l'âme s'appelle «mens» ou la petite étincelle, la vie de l'esprit: c'est l'esprit selon sa propriété particulière. L'image éternelle de Dieu, contenue dans l'âme, est autre chose; elle est Dieu d'une manière substantielle. Quand l'esprit se détourne de tout ce qui est créé pour entrer dans l'être incréé de cette image éternelle (diu ungewordenheit sîns êwigen bildes), renfermée dans les personnes divines, il est revenu à sa propre image. Alors le néant est en présence du néant, l'essence créée de l'esprit, dépouillée de son caractère propre, pénètre dans l'essence pure et incréée de son image éternelle» (diu enplœzete gewordenheit des geistes kêret sich in die blôze ungewordenheit sîns êwigen bildes, 528, 8). Ce n'est donc pas seulement l'image infinie ou essentielle de Dieu comme au traité IV, mais son image éternelle, c'est-à-dire sa nature consciente, contenue dans les personnes divines, qui est appelée une essence incréée. M. Preger place ce traité tout au commencement de la période de Strasbourg (*Gesch. der deut. Myst.*, I, 315); quelques pages plus loin (page 324), il reconnaît lui-même la présence, dans ce traité, de la doctrine de l'image essentielle de Dieu (das wesentliche Bild) dans l'idée de l'image éternelle incréée. Comment dès lors M. Preger peut-il encore parler de progrès de la deuxième période à la troisième, à moins de le réduire à une simple question de terminologie? — Pareillement nous lisons au traité III (deuxième période): «Si Dieu donnait à l'âme tout ce qui est créé, elle n'en serait pas remplie; lui seul peut la remplir, car il est le plus élevé des cieux, le ciel incréé (der aller hœhste unbeschaffene himel, 400, 10); au traité VI: «Je n'ai plus à faire, dit la sœur Catherine, ni

trine à l'enseignement de l'Église, mais seulement de lui donner une base métaphysique. Aussi rencontre-t-on chez lui toute la dogmatique

aux anges, ni aux Saints, ni à tout ce qui est créé; je suis libre non-seulement de tout ce qui est créé, mais même de tout ce qui porte un nom. Je vis au sein de la pure divinité. » La seule possession de l'être incréé peut donc satisfaire l'âme humaine. Cet être incréé est clairement désigné au traité XVIII (deuxième période) comme l'intellect : « La vie qui est la lumière des hommes, c'est l'homme lui-même qui se sait vivre au sein des merveilles de la puissance éternelle du Père, dans l'effluve de son néant incompréhensible, dans la lumière ineffable de la Parole immanente, essence incréée d'une substance sans nom (ungeschaffen wesen nâmloser istikeit), quoiqu'émanée hors de l'unité première en un cercle éternel de créatures. Son essence et le fondement de son être est qu'il comprenne l'être incompréhensible comme étant son propre être au moyen d'une raison affranchie de toute contingence ; les merveilles du néant, qui anéantit toutes choses, se dévoilent devant lui, et la nuit de sa raison s'illumine des splendeurs du jour dans la connaissance de la noblesse et de la pureté de son essence première» (583, 10). L'homme dont l'intellect est ainsi incréé, est capable de révéler aux autres des vérités incréées, c'est-à-dire absolues et divines : «O vous, mes disciples bien heureux, s'écrie Eckhart, inclinez votre raison vers la compréhension des choses de la raison, afin de recevoir cette vérité qui est incréée» (582, 13).

Même doctrine dans les écrits de la première période. Ici l'âme dans sa totalité est désignée comme quelque chose de supérieur à la sphère des êtres créés. Nous lisons au traité XIII : « Lorsque l'essence pure de l'âme est absorbée par l'unité divine, l'âme y descend et s'y perd de plus en plus, et ne trouve aucun point où s'arrêter. Les images des choses passagères, c'est-à-dire l'être créé qui réside dans les forces de l'âme (ir geschaffenheit an den kreften), s'arrêtent à la hauteur des personnes divines; l'essence pure de l'âme est absorbée sans retour par la pure unité divine » (525, 26). Cette essence, différente de l'être créé de l'âme, est évidemment l'être incréé. De même au traité XI : « Lorsque l'âme, dit Eckhart, est entièrement dépouillée de sa nature créée (entplœzet aller geschaffenheit), elle n'a plus aucun point d'appui et s'abîme dans le pur néant» (508, 31). Elle y est nommée explicitement « une essence incréée (diu sêle ist ein ungeschaffen iht, 506, 16), qui doit devenir plus immobile que le néant. » Et c'est dans ce traité, plein de la métaphysique la plus vertigineuse, que se rencontre également un passage sur la supériorité de la volonté sur la connaissance (V. plus haut la classification de M. Preger). Dans quelle période convient-il décidément de le placer?

Nous n'ajouterons qu'un mot: la pensée panthéiste en elle-même n'est pas susceptible de développement. En effet, la conception de l'unité de l'essence universelle, de la réalité de l'infini dans le fini, de l'identité de l'aspiration subjective vers l'infini et du procès objectif de l'être infini rentrant en lui-même, n'est pas une pure idée de l'intelligence, sujette à variation, et basée sur des raisonnemens qui vieillissent avec le temps; elle repose sur une disposition spéciale de la nature même de l'âme, qui la force à ramener à cette pensée centrale, comme à un cadre déterminé d'avance, toutes les notions ultérieurement acquises, si bien qu'on peut dire qu'on naît panthéiste, tout comme on a dit qu'on naît poète. Tauler, Suso et d'autres, vu la tendance plutôt éthique que spéculative de leur esprit, ont subi impunément le contact de cette métaphysique; par contre, l'histoire montre que chez tout homme en qui cette tendance panthéiste s'est manifestée, le système a existé dès le commencement, et pour ainsi dire tout d'une pièce. Ce n'est assurément pas dans la théorie de l'union avec Dieu par l'amour, qu'une pareille âme, incertaine du chemin à prendre, aura commencé par s'égarer. Ce système, les études et les circonstances extérieures ont pu

orthodoxe à côté des résultats de sa propre spéculation, contradiction dont il n'a pas eu conscience. La notion des personnes trinitaires ne trouve point sa place dans son système, car la Trinité y est réduite à la simple manifestation de Dieu à lui-même au moyen de la connaissance. Le Père est le sujet de cet acte de connaissance ; le Fils est l'idée que le Père a de lui-même, l'image du Père objectivée par l'intelligence divine et renfermant dans son unité la multiplicité des idées éternelles. De la sorte la divinité devient personne consciente dans le Père ; mais à cette personne divine il n'est pas besoin, d'après la logique du système, d'en adjoindre d'autres : désormais Dieu se pense, et s'il convient, d'après la méthode réaliste, d'accorder une réalité concrète à l'idée au moyen de laquelle il se pense, cette idée ou le Fils ne peut être qu'un milieu métaphysique renfermant les types universels du monde à l'état de pensées réelles de Dieu, et non, comme le veut le dogme, une seconde personne consciente, distincte du Père. « Le devenir éternel est une œuvre de la nature éternelle de Dieu. Le Fils est l'image de toute la sphère du devenir. Dieu exprima dans le Fils toutes les créatures, sans commencement ni fin. Dieu dit : un, et nous comprenons : deux. Dieu ne prononça jamais qu'une seule Parole, et dans cette Parole il exprima son Fils et toutes les créatures. Pour Dieu, cette effluve est une en elle-même, elle est Dieu : pour moi, elle se présente comme composée de deux termes différens : Dieu et les créatures [1]. » La dualité du Père et du Fils a rompu l'unité primitive de l'être divin ; cette unité doit être recomposée, car l'essence infinie ne saurait demeurer dans ce domaine de la forme et de la relation. La nature divine, en vertu d'une nécessité métaphysique, tend à rentrer dans l'être absolu dont elle est issue : cette force inhérente à la

---

l'étendre et l'enrichir ; elles n'ont rien ajouté à sa profondeur, qui est originelle. — L'unité de l'enseignement d'Eckhart s'est d'ailleurs imposée à M. Preger lui-même. Après avoir commencé par dire que « si l'on ne se rend compte du développement par lequel a passé son esprit, l'on ne saurait suffisamment comprendre maître Eckhart, » et avoir choisi, à titre d'exemple de ce développement, la doctrine de l'âme et de ses forces «comme la mieux appropriée au but qu'il poursuit, qui est d'établir certaines divergences caractéristiques sur un point de doctrine pour arriver à classer les écrits d'Eckhart». (*Gesch der deut. Myst.*, I, 312), l'auteur, qui le croirait? en reste là, et expose plus loin, comme tout le monde, le système d'Eckhart, non d'après les différentes périodes, mais comme un tout homogène, commençant par le chapitre de l'essence divine et finissant par celui de l'union de l'homme avec Dieu. La vue d'ensemble de ce développement, avec tous les points de doctrine sur lesquels il a porté, nous l'attendons encore. Que M. Preger se hâte : sans quoi nous restons condamnés à ne jamais «suffisamment comprendre maître Eckhart. »

[1] Pfeiffer, *Deut. Myst.*, II, p. 437, l. 25, 30 ; 207, 27.

nature divine est le Saint-Esprit. « Le Père est la tendance (*gefuog*) de l'être incréé vers l'être créé; le Fils, la tendance de l'être créé vers l'être créé; le Saint-Esprit, la tendance de l'être créé vers l'être incréé [1]. » L'unité divine ne sera rétablie que lorsque le principe de division, qui y est entré sous la forme de la conscience personnelle, s'y sera anéanti, c'est-à-dire lorsqu'il s'y sera épuisé en multipliant ses effets jusqu'à l'infini, lorsque la nature divine sera descendue jusqu'au dernier degré de la modalité et de la division, jusqu'aux formes infiniment variées et périssables des créatures terrestres. Le Saint-Esprit est donc à la fois le principe du retour de la nature divine dans l'être inconscient de Dieu et le principe de la création du monde visible [2]. L'éternité du monde est la conséquence inévitable d'une pareille manière de voir; Eckhart l'enseigne ouvertement, tout en parlant en d'autres passages des sept jours de la création.

Le monde se divise pour Eckhart en deux parties, les créatures visibles et les âmes. Les créatures sont la réalisation lointaine et absolument imparfaite des idées divines. Par elles-mêmes, elles ne possèdent aucune réalité : l'être infini de Dieu qui se trouve en elles leur donne seul l'existence. En elles-mêmes, elles ne sont que limitation et que contingence. Il est donc également vrai de dire qu'elles sont néant et qu'elles perdent les âmes, et, d'un autre côté, qu'il réside en elles une certaine somme de bien grâce à la présence de l'être infini de Dieu, et qu'elles sont un chemin vers Dieu. Les créatures aspirent à rentrer dans la divinité; c'est par l'âme humaine que ce retour s'accomplit. L'âme humaine n'est que l'être conscient de Dieu descendu dans le monde de la contingence absolue. Primitivement renfermée dans l'essence inconsciente de la divinité, elle en est sortie quand Dieu s'est connu lui-même; elle a engendré le Fils avec le Père; elle est à elle-même sa propre cause et la cause de l'origine de toutes choses [3]. Elle a revêtu les formes de l'existence terrestre, afin de pouvoir rentrer dans l'unité primitive après avoir vaincu, en la réalisant, cette puissance mauvaise qui est en elle, et qui la porte à se perdre dans la sphère de l'espace et du temps. Son activité, primitivement une, s'est fractionnée en se répandant dans le monde des créatures par le moyen des facultés particulières. Mais, quoique tombée au dernier degré de

---

[1] V. d. l'Appendice, II, 3 vers la fin.
[2] Pfeiffer, ibid., 78, 21; 497, 26; 117, 13; cf. 124, 33.
[3] Pfeiffer, ibid., 536, 26; 281, 20; 581, 2; 286, 27; 283, 40; 284, 7, 12. — Haupt, *Zeitsch.*, XV, 410.

l'imperfection et du fini, elle n'en demeure pas moins unie à la divinité dont elle est descendue. « Il y a dans l'âme un endroit où Dieu vit dans l'âme et où l'âme vit en Dieu : le fondement de l'âme et le fondement de Dieu sont un seul et même être. Le Dieu infini qui est dans l'âme comprend le Dieu qui est infini en lui-même; alors Dieu comprend Dieu[1]. » L'âme renferme aussi en elle la nature consciente de Dieu. « Il est une force dans l'âme qui ne touche ni au temps ni à la matière : le Père y engendre son Fils sans interruption, et l'âme à ces hauteurs engendre le Fils avec le Père et s'engendre elle-même le Fils dans la puissance une du Père[2]. » Dans cet acte éternel de la conscience divine, l'âme connaît les types universels des choses comme Dieu les connaît. Mais l'âme, pas plus que les créatures visibles, ne peut demeurer dans cette antithèse du fini et de l'infini. « Le cours naturel de l'âme est une tendance à se détourner des créatures et à rentrer dans l'unité primitive[3]. » Elle y rentre au moyen de l'intelligence et de la volonté. — L'intelligence établit des distinctions et des catégories entre les objets extérieurs; mais, pour arriver à la connaissance de Dieu, elle est obligée de s'anéantir comme faculté déterminée de l'âme, de renoncer à la multiplicité des notions qui la remplissent; alors elle reçoit la lumière divine, et la génération du Fils a lieu dans l'âme. L'âme rentre ainsi dans l'unité de la connaissance divine; « Le Fils de Dieu est le Fils de l'âme; le Père ne connaît plus de différence entre l'âme humaine et lui[4]. » L'âme, à ces hauteurs divines, n'est plus liée aux formes terrestres de l'espace et du temps; elle possède en elle les créatures dans leur beauté idéale, son activité et l'activité de Dieu sont un. Quant à la volonté, Eckhart l'ignore en maints passages, alors qu'il attribue à Dieu seul la responsabilité de nos mouvemens moraux. « Dieu est, dans notre âme, le moteur de notre volonté, comme il est le moteur du ciel étoilé; il la décide à se tourner vers lui[5]. » Ailleurs au contraire, par une louable inconséquence, il affirme son existence : la notion du libre arbitre, exclue par les prémisses du système, y rentre au nom de la conscience morale, dont il est impossible de faire complétement abstraction. C'est la volonté qui détache l'âme de plus en plus du monde des créa-

---

[1] Pfeiffer, ibid., 256, 26; 65, 37. — Haupt, *Zeitschr.*, XV, 411.
[2] Pfeiffer, ibid., 44, 23.
[3] Pfeiffer, ibid., 399, 20.
[4] Pfeiffer, ibid., 533, 16.
[5] Pfeiffer, ibid., 397, 10.

tures, et qui l'élève vers son but suprême. Rien de ce qui est créé, même l'idée de la félicité éternelle, ne doit désormais plus déterminer notre volonté : aimer Dieu pour lui seul, tel doit être le principe de notre vie spirituelle. Cette œuvre unique, basée sur une tendance constante de notre être vers Dieu, est seule sainte : les bonnes œuvres qui naissent et qui passent ne le sont pas. Cette œuvre est invisible ; elle consiste non en de laborieux efforts vers un bien quelconque, mais dans la cessation volontaire de toute activité extérieure, dans l'oubli du monde, dans l'attente passive de Dieu. « Fuis le tumulte des œuvres extérieures et des pensées intérieures ; que ton âme soit semblable à un désert, afin que la voix de Dieu puisse s'y faire entendre[1]. » Notre volonté s'étant entièrement conformée à la volonté de Dieu, s'identifie avec elle, de même que notre intelligence se confond avec l'intelligence divine. « Notre personnalité tout entière doit devenir avec la personnalité de Dieu une personnalité : alors, tout en vivant au sein de la volonté de Dieu, nous sommes délivrés de cette volonté[2]. » Désormais, la puissance de Dieu se manifeste en nous par la pratique des vertus : l'homme spirituel ne peut plus être séparé de Dieu et ne peut plus tomber dans aucun péché mortel : l'accomplissement de la loi du bien nous est devenu une propriété naturelle, comme l'est pour la pierre la tendance à tomber. Vis-à-vis des prescriptions de la loi morale et des institutions ecclésiastiques, nous jouissons alors d'une grande liberté spirituelle. Les préceptes de la religion, les vœux, les sacremens (même celui du mariage), n'ont point pouvoir de nous lier quand nous sommes unis à Dieu ; s'ils nous sont un obstacle vers la réalisation de notre destinée, affranchissons-nous-en hardiment, car « Dieu élève l'âme au-dessus de ses devoirs intérieurs et extérieurs[3]. » Détachés des créatures terrestres par un rigoureux ascétisme, nous vivons dans une indifférence complète vis-à-vis du monde : souffrances et joies ne nous émeuvent plus ; toutes choses nous sont également douces, le bien comme le mal ; les liens de la famille n'existent plus, le sentiment de la propriété personnelle a également disparu.

Quelque élevée que soit cette existence de l'âme au sein de la nature consciente de Dieu, elle n'est cependant pas le dernier terme de son évolution. « La retraite obscure de l'éternelle divinité, dans laquelle Dieu demeure inconnu à lui-même, voilà le but suprême de tout ce

---

[1] Pfeiffer, ibid., 7, 26.
[2] Pfeiffer, ibid., 319, 18 ; 284, 14.
[3] Pfeiffer, ibid., 376, 3.

qui est. L'âme ne se contente ni du Père, ni du Fils, ni du Saint-Esprit; elle veut s'élever plus haut encore, dans le désert silencieux où les trois personnes de la Trinité n'ont jamais pénétré sous la forme de leur existence particulière[1]. » Pour y arriver, il faut anéantir en nous jusqu'au désir d'y parvenir, abolir la notion concrète du Dieu trinitaire, cesser de prier Dieu, « nous détourner de Dieu pour posséder Dieu; alors Dieu nous demeurera en tant qu'il est Dieu au-dessus de Dieu[2]. » L'âme doit mourir « en elle-même, » c'est-à-dire en tant qu'existence personnelle, devenir néant au sein du néant; alors elle est redevenue ce qu'elle était avant d'avoir été créée. Il n'existe pas de peines éternelles : l'enfer n'est que le néant de la relation dans lequel nous vivons en ce monde et auquel nous appartiendrons après la mort si nous ne nous élevons à Dieu. Les créatures rentrent en Dieu avec nous. Reçues dans notre intelligence, elles deviennent esprit dans notre esprit. Toutes choses existent alors en nous; nous sommes toutes choses; et quand nous nous élevons à Dieu, nous nous déifions avec toutes les créatures. « L'âme s'anéantit en Dieu comme les lueurs de l'aurore s'anéantissent dans la lumière du soleil quand le soleil paraît[3]. » Embrassant d'un regard l'évolution entière de l'âme humaine, Eckhart peut dire que « l'âme a été créée avant le temps, dans le temps et après le temps, et que sa marche est semblable à un cercle qui passerait à travers toutes les œuvres de la Trinité. » Enfin, résumant tout son système : « Dieu s'engendre hors de lui-même en lui-même, » et dans la pensée de l'identité absolue de l'âme humaine et de l'être infini de Dieu : « l'âme s'engendre hors d'elle-même en elle-même; elle engendre Dieu hors d'elle-même; elle l'engendre hors de Dieu en Dieu[4], » c'est-à-dire elle engendre Dieu des profondeurs de son être qui est l'être de Dieu, et la fin de cette génération de Dieu par l'âme est le retour de Dieu en lui-même. De la sorte, « ô merveille des merveilles, le Créateur est la créature, et la créature est le Créateur[5]. »

Eckhart appuie très-souvent sa doctrine sur les saintes Écritures allégoriquement interprétées. Selon lui, c'est Jésus qui nous a enseigné dans ses discours et montré par sa vie le chemin vers l'unité divine.

---

[1] Pfeiffer, ibid., 288, 26; 193, 33; cf. 332, 34; 387, 13.
[2] Pfeiffer, ibid., 464, 19; 519, 39; 310, 38; 8, 5.
[3] Pfeiffer, ibid., 399, 20.
[4] Pfeiffer, ibid., 503, 20; 255, 38; 256, 3. — Cf. Haupt, *Zeitsch.*, XV, 389.
[5] V. Append. II, 5. — Cf. Pfeiffer, ibid., 638, 28.

En maints passages la réalité historique de la vie et de l'œuvre du Seigneur s'efface de la sorte devant la théorie métaphysique. « Tout ce que Jésus, Marie et les Saints ont possédé ici-bas, je puis également l'acquérir. Veux-tu devenir Christ lui-même? renonce au péché, c'est-à-dire à tout ce qui est accident dans la nature, redeviens la nature humaine sous sa forme absolue et tu seras en vérité le Fils unique et Christ. A ces hauteurs divines, « tous les hommes sont un homme et cet homme est Christ[1]. » Le Fils a été engendré spirituellement dans l'âme de Marie avant de l'être corporellement dans son corps, et Dieu trouva plus de plaisir à cette naissance spirituelle qu'à la naissance matérielle. L'intensité de cette génération spirituelle fut si grande que la lumière divine déborda de l'âme de Marie dans son corps et que la génération matérielle eut lieu[2]. » Ailleurs il oppose directement à l'autorité de la Bible l'autorité de son inspiration personnelle : « Le Dieu de la Bible est plus différent du vrai Dieu qu'il ne lui est semblable. La Bible donne à Dieu une foule de noms; mais moi je vous dis : un Dieu que l'on peut penser et auquel on peut donner un nom n'est pas le vrai Dieu[3]. »

Telles sont les grandes lignes de ce système si imposant dans son ensemble, d'une construction si rigoureusement logique, et cependant impuissant à définir le rapport de l'être infini et de l'être fini, à cause de la contradiction fondamentale inhérente à ce genre de philosophie, et qui porte sur la conception du principe de toutes choses, de l'être absolu, représenté à la fois comme étranger à toute détermination et comme doué de la virtualité de se connaître. De plus, édifié indépendamment des données de la conscience morale, ce système ne saurait aboutir à la vraie notion du bien et du mal. Séparées dès le principe, la sphère métaphysique et la sphère morale ne se rejoignent plus : ici la morale est absorbée par la métaphysique[4].

---

[1] V. Append. II, 15.
[2] Pfeiffer, ibid., 158, 24; 307, 15; 100, 20; 103, 15.
[3] Pfeiffer, ibid., 513, 40; 92, 23.
[4] M. Preger ne croit pas que le système d'Eckhart mérite le nom de panthéisme. Ni le principe de la personnalité de Dieu, ni la permanence de la personnalité humaine dans l'union avec Dieu, ni le dogme de la création du monde, tant invisible que visible par la libre volonté du Dieu trinitaire (*Gesch. der deut. Myst.*, I, 368, 441, 397), ne lui paraissent ébranlés par cette spéculation. Nous ne nous arrêterons pas à réfuter ces assertions; nous estimons que l'exposition du système, que nous venons de donner, en a déjà fait justice, et ne laisse subsister aucun doute quant à la parenté de cet enseignement avec d'autres systèmes plus anciens, et en dernière analyse avec le néoplatonisme. (Voir du reste les observations excellentes

La doctrine d'Eckhart trouva de zélés admirateurs tant avant qu'après la mort du maître. Tauler et Suso, ses disciples, conservèrent une

de Mone, *Quellensamml. zur bad. Landesgesch.*, III, 440, sur le caractère hétérodoxe et panthéiste de la spéculation d'Eckhart.) Sans doute Eckhart en maints endroits a essayé de mettre une sourdine à ses principes métaphysiques et d'en émousser les arêtes trop vives moyennant certaines interprétations plus voisines du dogme orthodoxe, auquel il emprunte sa terminologie: ne l'avons-nous pas vu, pénétré qu'il était de l'identité fondamentale de sa doctrine et de la théologie de l'Église, maintenir ce passage remarquable «mon petit doigt a créé toutes choses», qui cadre si bien avec l'ensemble de son enseignement, au moyen de cette interprétation bizarre: «j'ai entendu par là le doigt de l'enfant Jésus», accommodation aux idées vulgaires que nous trouverions sans excuse, si pour toute cette famille de penseurs, tant anciens que modernes, le système métaphysique n'était autre chose qu'un fondement spéculatif donné à la doctrine de l'Église; conception singulière, dans laquelle le dogme traditionnel se trouve remplacé virtuellement sans être réellement aboli. Il va même jusqu'à s'écrier en parlant de son enseignement: «en vérité, ma cuisine ne répandrait pas toujours une odeur aussi bonne et aussi agréable, si je disais toujours toute la vérité!» (Append. II, 2). Ces atténuations, et elles sont nombreuses, il importe sans doute de les mentionner; mais convient-il de chercher en elles le fond de la pensée de maître Eckhart, plutôt que dans ces passages où la spéculation a revêtu des formes plus décidées, souvent même audacieuses, où les principes qui constituent l'originalité de ce système se montrent sans voiles, comme la vraie trame, invisible parfois, mais permanente, sur laquelle repose cette pensée? Nous ne le pensons pas. Hegel n'a-t-il pas également parlé de Trinité, d'Église, de Rédemption? et qui voudrait encore souscrire au jugement qu'il a porté sur sa propre doctrine lorsqu'il repousse pour elle la dénomination de panthéisme pour se contenter de lui appliquer celle de substantialisme (*Vorstellung der Substantialität*), réservant le nom de panthéisme à la conception d'après laquelle les objets individuels en tant qu'êtres finis, une feuille de papier, par exemple, sont directement appelés Dieu (Hegel, *Vorles. üb. die Philos. der Rel.*, I, 93, 94. Berlin 1840), conception, s'empresse-t-il d'ajouter (et vraiment nous ne pouvons ici admirer sa logique!), qui n'a jamais existé, pas même dans le panthéisme oriental et dans le spinozisme, où le caractère universel et spécifique des objets, la substance des êtres finis seule mérite le nom de Dieu. Non, le système d'Eckhart, comme celui de Hegel, est du panthéisme, ou le panthéisme lui-même est une chimère. Toute doctrine qui part de la notion abstraite de l'être divin égal au non-être, et non de la notion concrète de la personnalité de Dieu; qui explique l'origine du monde non par un acte créateur de la volonté de Dieu, mais par le procès intérieur de l'être divin s'objectivant à lui-même pour arriver à se connaître; qui place l'union de l'homme et de Dieu dans l'abstraction intellectuelle, manifestée au dehors par l'ascétisme, et poussée jusqu'à l'anéantissement du moi personnel et de ses facultés; toute doctrine en un mot dans laquelle la métaphysique absorbe la morale, et où l'intelligence usurpe les droits de la volonté, mérite le nom de panthéisme tout aussi bien que telle autre forme, moins raffinée peut-être, de cette même conception des rapports de Dieu et du monde. Ce rapprochement entre Eckhart et Hegel, ce n'est pas nous qui le faisons, mais Hegel lui-même, et certes il devait être bon juge en cette matière. «Les mystiques du quatorzième siècle, dit-il (*Gesch. der Philos.*, III, 174. Berlin 1844), ont été en grande partie des hommes pieux, doués d'une riche intelligence, qui ont continué en matière philosophique les traditions du néoplatonisme, comme Scot Érigène l'avait fait prédemment. On trouve chez eux la vraie forme de la philosophie (*ächtes Philosophiren*), à laquelle on a aussi donné le nom de mysticisme; elle s'élève jus-

haute vénération pour sa mémoire[1]. Encore en 1440, et malgré la condamnation nouvellement prononcée contre lui en 1430 par l'Université de Heidelberg, le cardinal Nicolas de Cuse le nomme parmi les philosophes auxquels il se rattache de préférence[2]. On sentait toutefois que ses écrits n'étaient pas une nourriture appropriée aux intelligences ordinaires, et souvent les copistes recommandaient à leurs lecteurs de procéder avec prudence et de ne pas s'arrêter à ce qui leur paraîtrait incompréhensible. « Paroles ordinaires et simples, sens mystérieux et étrange ! » s'écrie, avant de transcrire le sermon sur sainte Élisabeth (n° 52, chez Pfeiffer, *ibid.*, 170), le copiste du manuscrit auquel nous avons emprunté la plupart des pièces inédites d'Eckhart publiées dans l'appendice. Au quinzième siècle, le frère Oswald, bénédictin bavarois, traduisit en latin plusieurs des ouvrages d'Eckhart, parce que la lecture de ces livres lui paraissait dangereuse pour les laïques ou, comme il s'exprime, « parce qu'il ne faut pas jeter les perles devant les pourceaux[3]. »

Eckhart est le véritable représentant des tendances spirituelles de son époque. Les vagues aspirations mystiques du peuple, les vérités fragmentaires répandues dans la secte, prennent vie dans son âme et s'y organisent en une doctrine homogène et complète. Toute la métaphysique des Frères du libre esprit se retrouve chez lui, non qu'il ait puisé directement dans la secte le principe de sa spéculation : sa pensée est éminemment originale et n'a subi d'autre influence que celle de la direction générale des esprits de son temps, à laquelle elle a su donner une formule précise et définitive. La prédication de maître Eckhart a

---

qu'à l'union de l'âme avec Dieu (es geht bis zur Innigkeit fort), et présente la plus grande ressemblance avec le spinozisme. » Voici comment il s'exprime sur le compte d'Eckhart lui-même (*Vorles. über die Philos. der Relig.*, I, 212, Berlin 1840) : « La substance de la vraie religion a été saisie jusqu'en ses profondeurs intimes par quelques théologiens anciens, tandis que les protestans de nos jours, ne connaissant que la critique et l'histoire, ont complétement laissé de côté la philosophie et la science. Maître Eckhart, un dominicain, s'exprime ainsi dans un de ses sermons sur l'union de l'homme et de Dieu (das Innerste) : L'œil par lequel Dieu me voit, est l'œil par lequel je le vois ; mon œil et son œil sont un. Dans l'état de justice, je suis jugé en Dieu et Dieu est jugé en moi. Si Dieu n'était pas, je ne serais pas ; si je n'étais pas, Dieu ne serait pas. Savoir ces choses n'est pas nécessaire : ce sont des vérités qu'il est facile de mal comprendre, et qui ne peuvent être saisies que dans l'idée pure (im Begriff). » Nous nous en tenons à ce jugement.

[1] Tauler's *Predigten*, Bâle 1522, f°, f° 104ᵃ. — Suso's *Werke*, Augsbourg 1512, f°, f° 10ᵃ, 25ᵃ.
[2] *Apologia doctæ ignorantiæ*, in Opp., Bâle 1565, f°, p. 70.
[3] Wackernagel, *Geschichte der deutschen Literatur*, p. 334.

dû exercer une grande influence sur la vie religieuse du peuple. Nous possédons de lui un traité intitulé *Histoire de la sœur Catherine, la fille (spirituelle) de maître Eckhart de Strasbourg*[1], qui nous retrace la vie d'une Béguine strasbourgeoise en qui la doctrine du maître a trouvé une admiratrice enthousiaste. Altérée des principes du mysticisme, la sœur Catherine se soumet d'abord aux prescriptions de son confesseur; puis, reconnaissant la vanité des formes de la discipline ecclésiastique, elle déclare à son confesseur qu'il lui a été un obstacle sur le chemin du salut, et qu'elle regrette d'avoir pris les préceptes des prêtres pour paroles d'Évangile. Désormais elle s'avance de ses propres forces dans l'imitation de la vie pauvre de Jésus-Christ; elle quitte la vie régulière et assurée de son béguinage et mène pendant plusieurs années une existence errante et misérable en des contrées étrangères. A son retour, le confesseur ne la reconnaît plus; elle lui déclare que son âme demeure au sein de la Trinité dans la jouissance de la félicité céleste. Cependant elle n'est pas encore satisfaite. L'accès de la lumière divine lui est ouvert, il est vrai; mais elle ne possède pas le pouvoir d'y séjourner autant qu'elle le voudrait et de s'y anéantir. Le confesseur, qui connaît par ses lectures le moyen d'atteindre ce but suprême, sans toutefois avoir mis lui-même en pratique les théories du mysticisme, lui apprend qu'elle n'a pas encore fait abstraction de tout sentiment personnel, et qu'il lui faut anéantir dans son âme jusqu'au désir de parvenir en Dieu. Alors la pénitente est transportée au sein de la divinité; longtemps elle demeure sans proférer une parole; enfin elle s'écrie: « Réjouissez-vous avec moi, je suis devenue Dieu! » Assise dans le coin le plus obscur de l'église, elle passe des journées entières à jouir de l'anéantissement de son âme en Dieu; elle ne donne plus signe de vie, si bien qu'on la croit morte et qu'on s'apprête à l'ensevelir, quand survient le confesseur qui connaît son état, et qui la fait transporter dans sa demeure. La sœur Catherine a entièrement oublié tout ce qui est terrestre et humain; elle trouve son bonheur à être pour le monde extérieur un objet d'aversion et de mépris; elle se laisse accuser et calomnier sans se défendre; elle ne sait plus le nom ni de son père ni de sa mère; elle ne se soucie pas de l'excommunication et appelle le bûcher de ses vœux: voilà le tableau d'une âme qui a fidèlement mis en pratique l'enseignement de maître Eckhart.

---

[1] Pfeiffer, ibid.; 448 ss.

Les Frères du libre esprit s'emparèrent avec avidité d'une doctrine qui leur paraissait confirmer leurs tendances pratiques par la spéculation philosophique, et qui reliait en un système continu les quelques propositions métaphysiques que leur avaient léguées les sectes antérieures. Eckhart, de son côté, a dû tout naturellement se sentir attiré vers les hérétiques par leur tendance à la même union substantielle avec Dieu qu'il recherchait lui-même; et sans doute les sectaires se seront gardés de lui faire part dès le commencement de leurs principes moraux. C'est d'eux certainement qu'il veut parler, lorsque, dans deux de ses sermons, remontant à son séjour à Strasbourg[1], il exalte les mérites des « amis que Dieu s'est élus, et qui vivent dans le secret de son intimité. L'homme, dit-il, qui a renoncé à toutes les créatures visibles et en qui Dieu accomplit toute œuvre, est à la fois Dieu et homme. Son corps est si complétement pénétré de la lumière céleste et de la noble substance de son âme, qu'il tient de Dieu, qu'on peut l'appeler un homme divin. C'est pourquoi, chers enfans, soyez miséricordieux envers ces hommes, car ils sont étrangers et inconnus à tout le monde. Tous ceux qui désirent venir à Dieu n'ont qu'à régler leur vie sur la leur; nul ne saurait les connaître, si ce n'est celui en qui la même lumière a lui, la lumière de la vérité. Si j'avais une cathédrale pleine d'or et de pierres précieuses, j'abandonnerais toutes ces richesses pour procurer à l'un de ces hommes la nourriture dont il a besoin. Je dis plus : si tout ce que Dieu a jamais créé était à moi, je le donnerais sur l'heure à cet homme; et ce ne serait que justice, car tout ce qui existe est à lui; Dieu même lui appartient avec toute sa puissance. Plus tard, lorsqu'il eut connaissance des désordres moraux auxquels les doctrines spéculatives servaient d'excuse chez la plupart des membres de la secte, il cessa toute relation avec eux. Après 1320, le reproche de « relations mauvaises et suspectes » ne reparaît plus contre lui. Nous trouvons, au sujet de cette attitude d'Eckhart vis-à-vis des théories pratiques des Frères du libre esprit, un passage significatif dans l'un de ses sermons[2] : « Les maîtres disent que la volonté est tellement libre que personne ne saurait la contraindre, excepté Dieu. Mais Dieu ne contraint pas la volonté; il l'affranchit, de telle sorte qu'elle ne veut plus que ce qui est Dieu et ce qui est la liberté. L'esprit ne peut vouloir que ce que Dieu veut; et ce n'est pas là une servitude, mais c'est la vraie liberté.

---

[1] Pfeiffer, ibid., 77, 37; 127, 39. Les sermons XVII et XXXVII faisaient partie de la collection manuscrite de l'ancienne Bibliothèque de Strasbourg.
[2] Pfeiffer, ibid., 232, 22.

Il y a des gens qui disent : si j'ai Dieu et son amour, je puis faire ce que je veux. C'est mal comprendre la liberté. Quand tu veux une chose contraire à Dieu et à sa loi, tu n'as pas l'amour de Dieu, quand même tu ferais accroire au monde que tu l'as. L'homme qui s'est affermi en la volonté et en l'amour de Dieu, fait ce que Dieu aime et laisse ce qu'il défend ; il lui est aussi impossible de faire ce que Dieu ne veut pas que de ne pas faire ce qu'il veut. L'homme dont les pieds sont liés ne peut marcher : ainsi l'homme qui vit au sein de la volonté de Dieu ne peut plus pécher. » Et ailleurs, après avoir énuméré sept formes différentes que revêt l'esprit de mensonge pour tromper les hommes, il ajoute : » Le huitième esprit de mensonge est celui qui dirige ceux qu'on appelle des hérétiques ; ce sont tous ceux qui ne considèrent pas le péché comme péché, qui ne pratiquent pas les vertus chrétiennes, qui ne veulent point connaître Christ dans la vraie noblesse de sa nature, et qui parlent de vie intime au sein de Dieu, quoique cette vie leur soit en vérité demeurée étrangère [1]. » On peut donc dire qu'Eckhart, comme autrefois Amaury de Bène, a voulu élever les âmes à une telle hauteur spirituelle que le péché leur deviendrait impossible, et que, bien loin de justifier le mal en l'identifiant avec le bien, il a voulu anéantir le mal et ne laisser subsister que le bien. La conséquence morale de son principe métaphysique, comme le montre l'exemple de la sœur Catherine, a été l'ascétisme poussé jusqu'en ses dernières limites, c'est-à-dire l'opposé de toute tendance matérialiste. Eckhart affirme, il est vrai, que, pour rentrer au sein de la divinité il faut renoncer à nos vertus et à nos vices, renoncer à la volonté de Dieu et à Dieu même [2] ; mais ces termes ne désignent dans sa pensée que l'immanence de la loi divine et de l'être de Dieu dans l'âme du chrétien parfait. En d'autres passages, non moins remarquables que le précédent, il enseigne « qu'un des caractères essentiels auxquels on reconnaît les hommes accomplis et justes, c'est qu'ils sont armés de toutes les vertus pour triompher dans la lutte contre les vices [3]. » L'homme, en qui la vertu habite d'une manière substantielle a seul, selon lui, le droit de s'élever au-dessus de la distinction du bien et du mal en perdant la connaissance du péché. « Il faut prendre garde de ne point tomber en une fausse sagesse, suivant laquelle on peut pécher sans avoir à craindre de châtiment. Jamais on ne devient libre du châtiment avant de l'être du péché ;

---

[1] V. Append., II, 6.
[2] Pfeiffer, ibid., 182, 31 ; 284, 14.
[3] Pfeiffer, ibid., 477, 30.

quand on est libre du péché, alors seulement le châtiment divin disparaît. Aussi longtemps que l'on est capable de pécher, la distinction du bien et du mal doit être rigoureusement maintenue. Et ce n'est pas au moyen de l'intelligence que nous devons nous élever au-dessus de cette différence, mais au moyen de notre substance. Quand la vertu est devenue notre substance, cette différence disparaît pour la substance de notre être; mais elle subsiste toujours pour notre intelligence[1]. »

Les Frères du libre esprit se sont assimilé un certain nombre des propositions métaphysiques du maître sans le suivre sur les hauteurs de l'idéalisme moral auxquelles il avait voulu élever la vie spirituelle du peuple. Les passages que Mosheim a conservés du traité *Des neuf rochers spirituels* et des autres livres de la secte qui existaient encore à son époque, ne sont très-visiblement que des emprunts faits aux écrits d'Eckhart; ils se retrouvent textuellement dans la série des propositions attribuées à Eckhart par la bulle de Jean XXII, et nous en rencontrons la plupart, sous une forme identique, dans les sermons et les traités d'Eckhart qui ont été publiés[2].

Après la mort d'Eckhart, nous remarquons plusieurs directions différentes parmi les Frères du libre esprit, suivant la manière dont ils se sont approprié sa doctrine. Les ouvrages des docteurs mystiques du milieu du quatorzième siècle renferment à ce sujet de précieux renseignemens. Henri Suso, dans son livre de la *Vérité*, composé en 1335, nous présente, sous la forme d'un dialogue entre le disciple de la vérité et la personnification fantastique de la fausse liberté spirituelle, un curieux tableau des hérétiques qu'il a pu rencontrer alors dans le diocèse de Constance[3]. A l'appui de leur argumentation, les deux interlocuteurs se servent tour à tour de propositions de maître Eckhart, introduites par ses mots: « Un maître sublime a enseigné... » L'autorité d'Eckhart n'avait donc pas faibli dans les cercles mystiques par suite de sa condamnation réitérée, puisque les Frères du libre esprit pouvaient se servir de ses formules dans les discussions qu'ils avaient à soutenir. « Je suis le néant, répond la vision au disciple qui

---

[1] Pfeiffer, ibid., 664, 6.
[2] Mosheim, *Instit. histor. eccles.*, Helmstadt 1755, p. 552 s. Comparer entre eux la proposition 1 de Mosheim, l'article XX de la bulle de Jean XXII, et le passage de Pfeiffer 621, 16; prop. 2, art. XXVI, et 136, 23; prop. 3, art. XXVII, et 193, 16 ainsi que 311, 7; prop. 4, art. XXII, et 269, 18; prop. 5, art. XXVIII, et 205, 8; prop. 6, art. XII, et 306, 39; prop. 7 et 8, art. XIII et XIV, et 291, 19; 286, 32; 284, 9; 426, 17; 10, 15.
[3] Suso's *Werke*, Augsb. 1512, f° 129ᵃ. — Diepenbrock, *H. Suso's Leben u. Schriften*, Regensburg 1829, l. 3, c. 7, p. 422.

l'interroge, mon origine est un mystère; je n'ai aucune volonté, aucun désir; je m'appelle la Sauvagerie sans nom; je vis dans une absolue liberté, sans autre loi que mes instincts naturels, sans me préoccuper ni du passé, ni de l'avenir. » Le disciple de la vérité connaît, lui aussi, un genre de liberté spirituelle, la liberté que maître Eckhart lui a appris à pratiquer, et qui consiste à s'élever par l'abstraction au-dessus des différences que renferme ce monde, et par l'ascétisme au-dessus de la jouissance des créatures dans l'unité inaltérable de la substance divine; mais son adversaire, auquel répugne cette morale sévère, préfère ne prendre au panthéisme que ce qui peut justifier l'autonomie morale de la nature humaine et laisser de côté ce qui pourrait imposer les dures obligations de l'ascétisme. Tout en admettant que toutes choses sont issues du néant, il ne reconnaît pas au monde la nécessité et la possibilité de redevenir « néant au sein du néant, » car « le néant éternel qui est commun à tout ce qui est, n'est pas la négation de l'existence concrète, mais une essence infiniment élevée et infiniment productive, une puissance créatrice et conservatrice de toutes les différences dont le monde est rempli. L'existence particulière des créatures peut subsister au sein de l'unité divine, aussi bien que la différence de l'âme et du corps dans l'unité de l'être humain. » Une pareille manière de voir qui anéantit toute notion d'idéal au profit de l'état actuel du monde ne peut avoir d'autre conséquence pratique que la jouissance sans limites des créatures terrestres. — Rulmann Merswin, dans son traité: *De la bannière du Christ*[1], s'élève aussi contre les « faux hommes libres », et leur reproche d'enseigner, dans un langage subtil et obscur, et en se jouant du texte de l'Écriture, « qu'il n'ont plus ni à souffrir ni à mourir, car ils sont déjà morts; qu'ils ont traversé le Fils depuis longtemps, qu'il ne faut attacher d'importance ni aux souffrances du Christ ni aux Écritures qui ne sont qu'encre et que parchemin, et qu'il est permis de donner à la nature physique tout ce qu'elle demande, quoi que ce soit, afin que l'esprit puisse monter vers le ciel en toute liberté. »

Jean Ruysbrœk parle également, à différentes reprises, d'hérétiques de son temps[2]. Aux doctrines qu'il leur reproche, il est aisé de

---

[1] V. Append., I, 1.
[2] *De vera contemplatione*, Coloniæ 1609, 4°, c. 18 et s., p. 609. — Comp. aussi: *Speculum æternæ salutis*, p. 50; *De septem custodiis*, p. 378; *De ornatu spirit. nuptiarum*, p. 541; *Samuel*, p. 741. Gerson, *Quomodo chute legendi sunt quorundam libri*, 1425, in Opp., I, 1, 114.

reconnaître les Frères du libre esprit. Il les divise en quatre classes suivant leurs tendances particulières :

Les premiers prétendaient qu'ils sont l'essence même de Dieu, supérieure aux personnes de la Trinité. Ils n'agissent plus, disaient-ils, ils sont comme s'ils n'étaient pas, l'essence pure étant inactive; ils n'ont besoin ni de la grâce divine ni du secours du Saint-Esprit : aucune créature, Dieu même, ne saurait rien leur donner ni rien leur enlever. Si quelqu'un pouvait traverser le ciel, enseignaient-ils, il n'y verrait ni anges, ni âmes, ni aucune hiérarchie céleste ; il n'y trouverait qu'une essence simple et inactive. Cependant il se trouvait quelques-uns parmi eux qui croyaient que l'âme, aussi longtemps qu'elle vit dans le corps, n'est pas l'essence divine elle-même, mais qu'elle en est formée seulement, et que ce n'est qu'après la mort qu'elle redevient un avec l'être de Dieu, de même que l'eau puisée dans une source se confond avec celle-ci quand elle y est versée de nouveau. Après le jugement dernier, tous, les bons comme les méchans, formeront, suivant eux, une essence qui durera en toute éternité dans la béatitude d'une immobilité absolue. Dans l'attente de ce bonheur étrange, ils ne voulaient ni savoir, ni penser, ni faire, ni désirer quoi que ce fût : être sans Dieu, ne le chercher en rien, se sentir dégagé de toute relation et de toute forme, voilà ce qu'ils appelaient la vraie pauvreté spirituelle.

Il semblerait qu'il ne fût pas possible de pousser plus loin ce panthéisme quiétiste, qui réduit tout à une essence sans conscience et sans activité. Il y avait cependant un second parti d'hérétiques qui avaient trouvé le secret d'aller encore au-delà. Ils méprisaient à la fois ce qui peut se mesurer et ce qui se soustrait à la mesure, l'action et la contemplation, les désirs et la connaissance, les institutions et les pratiques de l'Église, les Évangiles, les personnes divines, la vie éternelle, en général tout ce que Dieu a fait ou pourra faire. Ils prétendaient s'élever au-dessus d'eux-mêmes, des créatures, de Dieu, de la divinité ; la notion d'essence infinie leur paraissait encore imparfaite, et ils s'élevaient au-dessus d'elle par un dernier effort de l'abstraction. La vraie perfection, disaient-ils, consiste à croire que Dieu est le néant, et que, pour s'identifier avec lui, l'homme n'a que le moyen de s'annihiler.

Un troisième parti développait principalement l'idée que l'homme juste devient un avec Christ. « En toutes choses, sans exception, disaient-ils, nous sommes identiques à Jésus. Nous sommes avec lui la sagesse et la vie éternelle, nous sommes les Fils du Père quant à la divinité, et les Fils de l'homme quant à l'humanité : tout ce qui lui a été donné nous a été donné également. Le fait exceptionnel qu'il est né d'une vierge ne nous inquiète pas ; c'est un accident dont la béatitude et la sainteté sont indépendantes. Jésus-Christ a été envoyé dans le monde pour vivre et mourir pour nous ; nous y sommes envoyés pour mener la vie contemplative, bien supérieure à la vie active du Christ. En nous retirant en nous-mêmes, en nous séparant de toute forme, image ou qualité particulière, nous sentons en nous la sagesse éternelle de Dieu. Si le Seigneur avait vécu plus longtemps, il serait arrivé au même degré de vie contemplative que nous. L'honneur qui lui est rendu, nous est également rendu : quand on adore le sacrement, on nous adore nous-mêmes, car nous formons avec le Seigneur une seule et même personne indivisible. »

Enfin, les hérétiques de la quatrième classe paraissent s'être occupés de préférence de l'identité primitive de l'âme humaine avec la divinité absolue, et avoir ajouté les propositions d'Eckhart sur ce point aux principes ordinaires de leur secte. Ruysbrœk résume ainsi leur doctrine : « Nous sommes Dieu par nature ; dans notre être éternel nous étions sans Dieu (sans un Dieu hors de nous) ; par l'effet de notre libre arbitre, nous sommes sortis de l'être absolu pour paraître dans le monde. Dieu ne sait, ne veut, ne peut rien sans nous ; nous avons créé avec lui l'univers. Nous ne croyons pas en Dieu, nous ne l'aimons pas, nous ne le prions pas, nous ne l'adorons pas, nous n'espérons pas en lui, car ce serait avouer qu'il est autre chose que nous. Toute différence personnelle est abolie au sein de l'unité divine. Pour arriver à la conscience de cette unité, il faut supprimer par la pensée toutes les formes, toutes les relations, tous les modes, ne se préoccuper ni de connaissance ni d'amour, n'attacher aucune importance aux exercices de piété extérieurs, aux vertus, aux préceptes de l'Église et s'affranchir au contraire de toute espèce de loi. »

Parmi les hérétiques avec lesquels Ruysbrœk a été en contact, les uns ont donc aspiré à l'unité de l'essence divine, soit au nom de leur origine céleste, soit au nom de leur inhabitation présente dans la divinité ; les autres sont allés au delà et ont conclu à l'anéantissement de leur être, ou bien sont restés en deçà et n'ont pas dépassé la limite de l'union spirituelle de la nature humaine et de la sagesse divine par l'identification de l'âme avec le Fils de Dieu. Ces différences, perceptibles au point de vue métaphysique, s'effacent au point de vue des conséquences pratiques : l'abolition de la personnalité humaine a dû entraîner pour les uns comme pour les autres l'abolition de la conscience morale et justifier au nom de l'excellence de la nature humaine toutes les aspirations coupables qui pouvaient naître dans leur âme.

Les Frères du libre esprit usaient de différens moyens pour gagner des membres à leur secte. Alvarus Pélagius raconte qu'ils trouvaient un facile accès dans les dernières classes du peuple, auprès des laboureurs, des charbonniers, des forgerons, des porchers, par la perspective qu'ils leur entr'ouvraient d'une vie plus agréable. Ils persuadaient à ces gens de quitter leurs pénibles ouvrages pour se livrer avec eux au vagabondage et à la mendicité. Dans les classes plus élevées, ils se présentaient sous le manteau de la religion. Ils s'introduisaient en qualité de directeurs de conscience auprès des bourgeois aisés et des veuves, acceptaient l'hospitalité qu'on leur offrait au nom de la charité, et profitaient de toutes les occasions pour répandre leurs doctrines. Chez les femmes vouées à la vie religieuse, ils se montraient sous les dehors d'une piété simple et naïve, tenaient des discours édifians et cherchaient à se glisser peu à peu dans leur familiarité[1]. Le chanoine de Ratisbonne, Conrad de Megdeberg, nous dépeint ainsi les manières d'agir des sectaires : « Ce sont pour la plupart des hommes grossiers et vigoureux, entièrement illettrés. Ils parcourent le pays, couverts de leurs tuniques, la tête cachée sous leur capuchon. Pour s'abriter, ils cherchent des retraites ignorées, mais de préférence ils s'adressent aux maisons des Béguines. Celles des Béguines auxquelles ils ont demandé l'hospitalité en leur révélant en termes figurés quelques-unes de leurs doctrines, courent de porte en porte avertir leurs compagnes, sous le voile du mystère, de la présence d'un ange de la Parole divine. Les Béguines s'assemblent dans le plus profond secret ; alors les étrangers commencent un discours sur les attributs de Dieu et sur les propriétés de la bonté divine, et, descendant peu à peu de ces hauteurs intellectuelles, ils enseignent que l'homme est créé à la ressemblance de Dieu, et qu'au moyen d'exercices pieux il peut atteindre un degré de perfection égal à celui que le Seigneur a possédé ici-bas. Les plus honteux excès suivent souvent de pareilles réunions[2]. » Ils s'ingéniaient donc à commencer leur œuvre de propagande en présentant leur doctrine par le côté qui convenait le mieux aux dispositions des personnes qu'ils voulaient gagner. Bien loin de découvrir, dès le début, les conséquences extrêmes de leur doctrine, ils s'efforçaient d'attirer les âmes par la pente insensible du langage mystique et de l'interprétation allégorique des Écritures. Des livres en langue

---

[1] *De planctu Ecclesiæ*, l. c.
[2] Mosheim, *De begh. et beguin.*, 318.

vulgaire[1] continuaient l'initiation des laïques plus éclairés, et des cantiques servaient à mieux graver leurs principes dans la mémoire du peuple. L'anarchie avec ses guerres continuelles, les épidémies et les tremblemens de terre survenus vers le milieu du quatorzième siècle, en surexcitant les esprits, ont singulièrement favorisé les progrès de l'hérésie. Le peuple était naturellement disposé à accepter toute théorie qui promettait soit le calme de l'âme unie avec Dieu, soit une réforme de la société opprimée et divisée. Il n'est pas improbable, en effet, que, pour s'attacher les gens de basse condition, les Frères du libre esprit aient aussi fait luire devant leurs yeux l'idée d'un renouvellement social, eux, qui condamnaient le mariage et la propriété comme des institutions imparfaites, incompatibles avec l'unité divine, et qui excusaient le vol et les péchés les plus grossiers au nom de l'excellence des mouvemens de la nature humaine. Quoi qu'il en soit, une des causes principales des rapides progrès de l'hérésie a été le goût naturel de l'homme pour l'erreur quand elle flatte son orgueil et caresse ses désirs. Aussi, le libre esprit a-t-il eu des partisans dans toutes les classes de la société. Les prêtres et les moines étaient attirés par la hardiesse de la spéculation théologique, les femmes et surtout les Béguines par le mysticisme quiétiste, les gens du peuple par l'espoir d'un affranchissement de la loi civile et religieuse. Ces derniers étaient les plus nombreux. Les hérétiques se donnaient à eux-mêmes le nom de Frères du libre esprit, çà et là ils s'appelaient aussi Frères du haut esprit ou de l'esprit nouveau[2].

Les docteurs mystiques, comprenant le danger que la secte faisait courir à la société religieuse de leur temps, se prononcèrent énergiquement contre ces tendances subversives. Ils avaient tout intérêt à séparer leur cause de celle des hérétiques, car les Frères du libre esprit

[1] La littérature de ces hérétiques paraît avoir été assez riche. Outre le livre *Des neuf roches spirituelles*, et les écrits du Hollandais Walther, il est fait mention d'un traité de Marguerite Porrette et de plusieurs traités de Marie Blomard de Valenciennes, dont il sera question tantôt. Mosheim parle de « livres secrets » de la secte qu'il aurait eus entre les mains (*Instit. hist. eccl.*, l. c.). Un certain Gérard publia un traité sur les exercices spirituels nécessaires pour relever l'homme de sa chute (*De spirituali exercitatione reparationis lapsus*, Mosheim, *De begh.*, 376). En France, la secte avait plusieurs ouvrages, dont quelques-uns furent brûlés en 1372, mais dont Gerson put encore voir des exemplaires (*Collectorium super Magnificat*, 1427, in Opp. 4, 1, 622). D'autres étaient lus en Souabe et en Suisse, encore dans la première moitié du quinzième siècle (Nider, *Formicarius*, f°, 45ᵃ).

[2] *De alto spiritu*, à Magdebourg: *Chron. Magdeb.*, chez Meibomius, *Script. rerum germ.* 2, 340; — *Die hohen geiste*, à Strasbourg, Tauler, *Predigten* f° 77ᵃ; — *Die nuwen geiste*, Tauler, ibid. f° 77ᵇ et 95ᵇ; — *Secta novi spiritus*, Cod. B, 174, in-12, anc. Bibl. de Strasb. (manuscrit brûlé).

s'appuyaient de leurs écrits, et la confusion qui existait dans le peuple entre les Béghards orthodoxes et les partisans de l'hérésie, appelés du même nom [1], devait singulièrement favoriser la croyance en la solidarité des doctrines mystiques et des doctrines particulières de la secte, et faire considérer les principes moraux de celle-ci comme des conséquences, exagérées peut-être, mais naturelles de ces doctrines mystiques. Nous avons vu Eckhart se prononcer contre les théories pratiques de la secte, et Suso opposer à la fausse liberté spirituelle la vraie liberté telle qu'il la conçoit. Tauler, à son tour, attaque ce spiritualisme extravagant; il parle de gens qui méprisent la vie active sous prétexte qu'ils sont montés assez haut pour n'avoir plus besoin de s'exercer à la vertu. C'est une hérésie, dit-il, que de s'imaginer que l'on est transformé en la nature divine et affranchi désormais de la loi morale. Les désirs vagues, l'exaltation du sentiment, les écarts de l'intelligence qui veut tout scruter sans connaître de règle sont, selon lui, les causes de cette erreur funeste [2]. À la doctrine de l'anéantissement de la personnalité humaine au sein de la divinité, il oppose une conception plus évangélique et plus en harmonie avec les véritables rapports de l'être fini et de l'être infini, la doctrine de l'amour de Dieu, ayant comme conséquence la sanctification progressive de notre vie intérieure, et celle de la jouissance immédiate des réalités célestes par la voie de la contemplation. Rulman Merswin, de son côté, adjure avec force supplications les « hommes au cœur droit et bon » de fuir loin du contact des « faux hommes libres, » et de se ranger sous la bannière de Christ pour combattre ces adversaires de la foi, enrôlés sous la bannière de Bélial [3]. Ruysbrœk, nous le savons, s'est également occupé des Frères du libre esprit; il caractérise avec soin les différentes nuances qu'il croit trouver parmi eux et ne laisse échapper aucune occasion de réfuter leurs théories. L'énergie avec laquelle il se prononce contre « l'impiété de ces faux contemplateurs » peut surprendre si l'on songe combien son idéalisme extrême est voisin de leur panthéisme. Lui aussi reconnaît à l'âme la destinée de rentrer au sein de la divinité; mais il croit sauver la distinction entre le créateur et la créature en enseignant que l'âme ne peut pas franchir par ses propres forces le dernier degré de ce retour. De même il admet l'existence éternelle des choses en Dieu, et il espère maintenir une limite entre le fini et l'infini en affirmant qu'il faut distinguer entre l'être réel des choses ici-bas et leur être idéal en Dieu:

---

[1] Tauler, *Predigten*, f° 15 [b], 46 [a], 48 [a], 67 [a], etc.
[2] Tauler, *Predigten*, f° 77 [a].
[3] V. Append., I, 1.

tendance d'esprit analogue à celle d'Eckhart, que la conviction d'être orthodoxe n'a jamais abandonné, alors même qu'il était entraîné sans retour par le courant de la pensée panthéiste. Aussi Gerson a-t-il fort justement soupçonné Ruysbrœk d'être hérétique, ce qui ne l'a pas empêché de proclamer ailleurs que Ruysbrœk avait été spécialement doué par le ciel pour extirper la « secte des esprits libres, » fort répandue dans le Brabant et dans les contrées voisines. Parmi ces hérétiques se trouvait, au dire du biographe anonyme de Ruysbrœk, une femme dont la subtilité dialectique trompait les savans, à plus forte raison les gens simples et illettrés. Aussi jouissait-elle auprès de ses adhérens d'une grande considération, si bien que l'on croyait qu'elle ne se rendait à la sainte-cène qu'en compagnie de deux anges. Elle avait écrit de nombreux traités sur « l'esprit de liberté » et sur « l'horreur que doit inspirer l'amour matériel. » Ailleurs cependant elle n'avait pas hésité à qualifier cet amour de séraphique[1]. D'après Miræus[2], elle s'appelait Marie Blomard, nom qui n'est peut-être que le nom de famille de Marie de Valenciennes, dont il est question dans le passage de Gerson, et qui doit avoir composé « avec une incroyable subtilité un livre sur l'amour de Dieu. » Le nom entier de cette femme est donc probablement Marie Blomard de Valenciennes. Ruysbrœk attaqua sa doctrine, et, suivant son biographe, il la réfuta victorieusement, grâce au secours du Saint-Esprit.

Pendant que les représentans du mysticisme combattaient la secte panthéiste par les seules armes de la discussion théologique, le pouvoir ecclésiastique sévissait contre elle. Les persécutions inaugurées par Jean d'Ochsenstein et par Henri de Virnebourg se prolongèrent jusque vers le milieu du siècle suivant, et eurent pour résultat l'entier anéantissement de l'hérésie. En 1328, l'année présumée de la mort d'Eckhart, près de cinquante Frères du libre esprit furent brûlés à Cologne[3]. Walram, le successeur de Henri de Virnebourg, chargea un commissaire spécialement nommé à cet effet d'empêcher les Béghards hérétiques de s'établir dans son diocèse, et de réconcilier avec l'Église ceux qu'il rencontrerait. En 1335 il renouvela les décrets de son prédécesseur[4]. Son successeur, Guillaume de Gennep, en fit de même en

---

[1] *Vita Ruysbrochii* in Opp., p. 3. — Gerson, *De distinctione verarum visionum a falsis*, in Opp., I, 1, 155.

[2] *Auctarium script. eccles.*, cap. 446, chez Fabricius, *Biblioth. eccles.*, p. 82.

[3] Joh. Vitoduranus, *Chronicon*; *Thesaurus hist. helvet.*, p. 36.

[4] Mosheim, *De begh. et beguin.*, 274.

1357, et dans la lettre qu'il envoya à ce sujet à son clergé il menaça les ecclésiastiques de peines sévères s'ils exécutaient avec tiédeur ses ordres contre les Béghards[1]. Ce fut le dernier archevêque de Cologne qui persécuta les Frères du libre esprit; depuis ce moment ils disparurent de cette ville. A Magdebourg, l'archevêque Othon fit emprisonner en 1336 quelques « Béguines du haut esprit »; elles rétractèrent leurs doctrines et subirent des pénitences[2]. La même année, on brûla à Erfurt un certain Constantin, qui avait enseigné, entre autres hérésies, qu'il était le Fils de Dieu, comme Christ l'avait été, sans aucune différence; — que les Évangiles de Marc et de Luc n'étaient que des fables, tandis que ceux de Matthieu et de Jean renfermaient la vérité; — que saint Augustin et tous les docteurs de l'Église n'ont été que des imposteurs; — que le pape et les prêtres trompaient les hommes, et que la vertu des sacremens n'était qu'une fiction entretenue par les prêtres pour satisfaire leur cupidité[3], opinions généralement admises dans la secte, sauf la préférence accordée sans motif apparent à deux Évangiles, au détriment des deux autres, ce qui n'est qu'une manière de voir entièrement individuelle, sans valeur scientifique appréciable. En 1339 on saisit à Constance trois Béghards, que l'on convainquit de plus de trente erreurs[4]. Dans ces contrées du Rhin supérieur, le matérialisme le plus grossier, revêtu de formes de langage blasphématoires, paraît avoir régné dans la secte du libre esprit. Parmi ces trente erreurs, les quatre suivantes seules nous ont été conservées : « Il y a tout autant de divinité dans l'insecte le plus vil que dans l'homme. — Le pain de la sainte-cène et le pain ordinaire, placés dans deux corbeilles, peuvent également bien servir à nourrir des porcs. — Si sur deux autels séparés ou bien aux deux extrémités d'un même autel ont lieu simultanément la consécration de l'hostie par le prêtre et l'union sexuelle de l'homme et de la femme, ces deux actes ont identiquement la même valeur et aucun ne doit être préféré à l'autre. — Interrogé par trois femmes sur l'essence de la Trinité, l'un des hérétiques leur déclara qu'elles seraient elles-mêmes la sainte Trinité, si, se dépouillant de leurs vêtemens, et s'attachant l'une à l'autre par le pied, elles devenaient ses épouses. » Au moment d'être livrés au bras séculier, les condamnés abjurèrent leurs erreurs et leur peine fut commuée en un emprison-

---

[1] *Chron. Magdeb.*, chez Meibomius, *Script. rer. germ.*, 2, 340.
[2] *Chron. Magdeb.*, ibid.
[3] Mosheim, o. c. 299.
[4] Mosheim, o. c. 301.

nement perpétuel. D'autres furent découverts en 1340 à Nuremberg et à Ratisbonne, où le chanoine Conrad de Magdeberg discuta avec eux sans parvenir à les convertir[1].

Malgré toutes ces persécutions, la secte ne disparaissait pas. Vers le milieu de ce siècle, alors que les ravages de la mort noire (1349) ramenèrent tant d'âmes à Dieu et provoquèrent des manifestations religieuses si extraordinaires, elle fit même des progrès si inquiétans, qu'on jugea nécessaire d'établir en Allemagne une inquisition spécialement dirigée contre elle[2]. Louis de Bavière était mort en 1347; Charles IV, le partisan du pape, reconnu peu à peu dans toute l'Allemagne, prêta à l'Église une aide efficace contre l'hérésie. En 1353, Innocent VI envoya au delà des Alpes Jean de Schandeland comme inquisiteur spécialement chargé de poursuivre les Béghards et les Béguines suspects d'erreur. Une seule victime de cette persécution nous est connue, Berthold de Rorbach, qui, saisi à Würtzbourg, s'était rétracté et avait réussi à s'échapper de sa prison; mais pris une seconde fois à Worms, où il avait recommencé à prêcher ses doctrines, il subit le supplice du bûcher en refusant de consentir à une nouvelle rétractation. « Je tiens ma foi de Dieu, dit-il, et cette grâce divine, je ne veux, je ne puis la renier. » On ne lui reproche aucune erreur pratique; il n'a été condamné, comme Constantin d'Erfurt et tant d'autres, que pour avoir professé des théories erronées. Nous rencontrons également chez lui les doctrines ordinaires des Frères du libre esprit mêlées à certaines conceptions subjectives, produits d'une intelligence peu cultivée qui s'égare à l'aventure. Voici les hérésies qu'on lui attribue : Christ s'est tellement senti abandonné de Dieu pendant sa Passion qu'il n'a su si son âme serait sauvée ou damnée. Alors il a maudit sa mère, la vierge Marie, et il a maudit la terre qui avait reçu son sang répandu. — L'homme peut arriver dès ce monde à un tel degré de perfection qu'il ne lui est désormais plus nécessaire de prier ni de jeûner et que rien n'est plus un péché pour lui. La prière à haute voix n'est pas nécessaire et ne confère point le salut; il suffit de prier intérieurement sans remuer les lèvres. — Un laïque illettré, mais illuminé par son instinct divin, est plus capable de progresser et de faire progresser les autres par son enseignement que le prêtre le plus savant, le plus versé dans les Écritures. — Il faut ajouter plus foi aux prédications et aux doctrines d'un tel laïque que l'esprit illu-

---

[1] Joh. Vitoduranus, ibid., 76, 81. — Conradus de Monte puellarum, *Fragmentum contra Beghardos*, Biblioth. PP., Colon., 13, 342.

[2] Mosheim, o. c. 324. — Raynaldi *Annales*, ad ann. 1353, n° 26.

mine et plus lui obéir, qu'aux prescriptions du saint Évangile et aux paroles de tous les docteurs. — Tout homme qui s'est donné à Dieu peut trouver dans la nourriture et la boisson ordinaires une grâce équivalente à celle que confère la jouissance du corps et du sang de Christ. »

Vers la même époque, les persécutions recommencèrent à Strasbourg. Depuis 1317, l'hérésie avait continué de se propager sourdement dans cette contrée. En 1359, le conseil de la ville bannit à tout jamais un certain Claushorn, surnommé Engelbrecht, l'écolâtre Selden et Cüntzelin d'Atzenheim, parce qu'ils avaient frappé sur un siège de bois et sur un trépied, en disant : « Voilà Dieu ; nous voulons lui briser un pied, » et parce qu'ils avaient effacé les points noirs dont leurs dés étaient marqués, en disant : « voilà Dieu ; nous voulons lui crever les yeux. » L'un d'eux avait même lancé son couteau vers le ciel en s'écriant : « je veux frapper Dieu de mon couteau[1]. » L'inquisiteur Henri de Agro et Tristram, le vicaire de l'évêque Jean de Luxembourg, sévirent en 1365 contre les Béghards et les Béguines. L'année suivante ils brûlèrent comme hérétique Marguerite de Westhoven, que l'abjuration avait sauvée une première fois du bûcher[2]. Depuis ce moment, il n'est plus question de Frères du libre esprit en Alsace.

En 1367, Urbain V jugea nécessaire d'envoyer deux inquisiteurs en Allemagne contre la secte du libre esprit, les dominicains Walther Kerling et Louis de Caliga, avec l'autorisation de s'adjoindre autant de frères de leur ordre qu'ils le jugeraient nécessaire, et avec des lettres de recommandation pour les princes et les magistrats[3]. Kerling avait vécu à la cour de Charles IV; il lui fut facile d'obtenir de l'empereur les édits les plus favorables à l'œuvre de répression qu'il poursuivait. A Northausen, en Thuringe, sept Béghards furent brûlés, trente-trois autres subirent des pénitences ; la même année, deux hérétiques, entres autres un nommé Walther, périrent à Erfurt[4]. En 1369, Charles IV accorda à Kerling les plus grands priviléges; il publia deux lettres, dans lesquelles il donna à l'inquisiteur les plus puissans comtes et ducs d'Allemagne comme tuteurs, et requérait les princes et les magistrats de toutes les villes de seconder de leur mieux les employés du pape dans l'anéantissement de la « secte des Béghards et des

---

[1] V. les extraits du *Livre secret* du magistrat de Strasb. chez Hegel, *Chroniken von Closener und Kœnigshofen*, Leipzig 1871, II, Append. VII, p. 1021.
[2] Mosheim, o. c. 332.
[3] Mosheim, o. c. 335 ss.
[4] Cœrner, *Chronicon*; Eccard, *Corpus script. medii œvi*, 2, 1113.

Béguines ou Sœurs conventuelles qui s'appelaient vulgairement les Sœurs de la pauvreté volontaire. » Comme l'inquisition ne possédait pas de prisons particulières en Allemagne, Charles IV décida à la même occasion que les maisons des Béghards seraient données à l'inquisition pour servir de prison, et que celles des Béguines seraient vendues dans un délai de trois mois après l'expulsion des Sœurs, par les soins du magistrat, au profit du trésor de la ville, de l'inquisition et des pauvres. Dans le premier de ces édits, il félicita Walther Kerling d'avoir réussi à extirper l'hérésie des provinces de Magdebourg, de Brême, de Thuringe, de Hesse et de plusieurs autres contrées de l'Allemagne [1]. Grégoire XI prit des mesures encore plus rigoureuses que son prédécesseur [2]. Chassés du nord et du centre de l'Allemagne, les sectaires s'étaient réfugiés en grand nombre dans les pays du Rhin inférieur. Jean de Boland y fut envoyé en 1373 comme inquisiteur général ; en même temps le nombre des inquisiteurs locaux, ordinairement de deux par province, fut porté à cinq, et une lettre du pape enjoignit aux évêques et aux magistrats d'Allemagne de redoubler de zèle contre les hérétiques. Non contents de sévir contre les Béghards et les Béguines gagnés aux doctrines du libre esprit, les représentans de l'autorité ecclésiastique s'en prirent aussi à ceux des membres de cette institution qui étaient restés orthodoxes. Aux nombreuses plaintes qui s'élevèrent à ce sujet en Allemagne, le pape répondit en publiant plusieurs décrets, dans lesquels il recommanda aux inquisiteurs d'user de circonspection et de ne pas confondre les innocens avec les coupables. En 1374, on brûla à Berne un homme de Bremgarten qui avait prêché le libre esprit [3]; en 1392, quelques-uns de ces hérétiques périrent à Erfurt [4]. La secte cependant, ne disparut pas encore. La protection que Grégoire XI avait accordée aux Béghards et aux Béguines restés fidèles à l'Église avait eu pour effet non-seulement de perpétuer des associations au sein desquelles l'erreur trouvait sans cesse de nouveaux partisans, mais encore d'ouvrir un refuge assuré aux hérétiques eux-mêmes, qui ne demandaient pas mieux, au moment du danger, que de cacher leurs doctrines sous le voile des pratiques religieuses. Aussi les inquisiteurs, fatigués de cette lutte incessante, demandèrent-ils au successeur

---

[1] Mosheim, o. c., 338. — *Supplem. Chronici Magdeb.*; Menken, *Script. rer. germ.*, 3, 370.
[2] Mosheim, o. c., 386 et s.
[3] Justinger, *Berner Chronik*, herausgeg. von Stierlin und Wyss. Berne 1819, p. 194.
[4] Mosheim, ibid., 407.

de Grégoire XI des mesures plus radicales. En 1394, Boniface IX publia contre les Béghards une loi qui décida du sort de la secte[1]. Les décrets d'Urbain V, de Charles IV, de Grégoire XI étaient remis en vigueur, et toutes les exceptions et concessions faites par Grégoire XI étaient annullées. Rien désormais n'entravait plus l'action des inquisiteurs. En 1402, deux partisans du libre esprit, Guillaume et Bernard, périrent sur le bûcher; le premier à Lübeck, le second à Wismar[2]. A Mayence, l'on saisit vers la même époque plusieurs hérétiques qui préférèrent abjurer leurs doctrines plutôt que de subir le supplice[3]. Les dernières victimes que l'inquisition ait faites parmi les partisans du libre esprit, nous font descendre jusque vers le milieu du quinzième siècle. Vers 1430, un nommé Burkard fut brûlé avec ses compagnons à Zurich; dans le canton d'Uri, on infligea la même peine à un certain frère Charles qui avait su se créer de nombreuses relations parmi les populations de ces contrées. Constance, Ulm et quelques villes du Wurtemberg virent également de pareils supplices; en d'autres localités les hérétiques abjurèrent et subirent des pénitences[4].

Pendant le reste du quinzième siècle les documens connus ne mentionnent plus en Allemagne l'hérésie du libre esprit. Même les contrées du Rhin où la secte s'était propagée avec une intensité toute particulière, paraissent en avoir été complétement délivrées depuis cette époque. En 1452, l'archevêque de Cologne, Dietrich, convoqua, dans cette ville un concile provincial auquel assista le cardinal Nicolas de Cuse; mais parmi les mesures de discipline intérieure prises par cette assemblée, aucune ne concerne les Béghards[5]. L'année suivante, il est vrai, on brûla un Lollard à Mayence[6], et le chroniqueur qui relate cette condamnation, la justifie en rappelant la réputation d'hérésie qui entourait le nom des différentes confréries religieuses d'alors : « Gardez-vous, dit-il à ce propos, des ermites qui vivent dans les bois, des Béghards et des Lollards, car ils sont remplis d'hérésies; gardez-vous des articles qu'ils professent, et qui sont tels que les gens simples ne pourraient pas les entendre sans danger; » mais ce rapprochement,

---

[1] Mosheim, o. c., 408.
[2] Rufus, *Chronik*; Grautolff, *Lübeckische Chroniken*, 2, 463; Cœrner, *Chron.*, 1185.
[3] Mosheim, o. c., 455.
[4] Félix Hemmerlin (Malleolus, chanoine à Zurich, mort vers 1460), *Lollhardorum descriptio*, dans ses *Opuscula*, Bâle 1497, f°, sans pagination.
[5] Mosheim, o. c., 330.
[6] Mathias von Kemnat, *Chronik Friedrich I*; dans les *Quellen zur bayr. u. deut. Gesch.*, Munich 1862, II, 109.

dicté sans doute par le souvenir des condamnations antérieures, n'est pas suffisant pour nous faire croire que l'hérésie du libre esprit ait encore eu des représentans à cette époque dans cette partie de l'Allemagne. De même le poëte satyrique Sébastien Brant énumère vers la fin de ce siècle, dans sa *Nef des fous*, les doctrines immorales de la secte à propos des Béguines dont il censure les déportemens scandaleux[1], et son contemporain Geiler de Kaysersberg, le prédicateur strasbourgeois, parle encore de «gens du libre esprit[2].» Mais la manière dont s'expriment ces auteurs ne prouve également pas que l'hérésie elle-même ait encore eu des partisans de leur temps; ils supposaient sans doute qu'une vie déréglée, telle que la menaient la plupart des Béghards et des Béguines, n'était possible, à l'exemple des sectaires d'autrefois, que si l'on professait des opinions religieuses erronées. D'après Geiler lui-même, on croyait à son époque qu'il n'y avait plus de Frères du libre esprit sinon dans les forêts et dans les vallées inconnues au reste des hommes.

A côté de ce foyer principal de l'hérésie panthéiste au quatorzième et au quinzième siècle, nous en rencontrons d'autres, moins considérables, il est vrai, mais non moins dignes d'intérêt, dans les contrées qui entourent l'Allemagne.

En France, les traditions des Amalriciens paraissent s'être propagées en secret jusqu'à l'époque où l'immigration des hérétiques persécutés dans les pays voisins, les raviva pour quelque temps. Le continuateur de la chronique de Guillaume de Nangis raconte qu'en 1311 on brûla, à Paris en place de Grève une femme du nom de Marguerite Porrette, originaire du Hainaut, et avec elle un frère convers qui partageait ses doctrines[3]. Marguerite avait écrit l'année précédente un livre qui contenait, entre autres erreurs, la proposition suivante: «l'âme qui s'est anéantie dans l'amour de son créateur, peut accorder à la nature tout ce qu'elle désire, sans éprouver aucun remords. Suivant un autre témoignage, ce livre contenait également des attaques contre le clergé. Il paraît néanmoins que, tout en professant de pareilles théories, Marguerite Porrette ne les a point mises en pratique, quoi-

---

[1] *Stultifera navis*, Bâle 1497, 4°, f° 140 et s.
[2] *Die Emeis*, Strasb. 1516, f°, f° 35ᵃ; *Postill.*, Strasb. 1522, f°, f° 8ᵇ.
[3] *Contin. chron. Guill. de Nangis*, chez D'Achéry, *Spicil.*, ed. nova, 3, 63; — Joh. Baconthorp, *Comment. in Sent. Lombardi*, chez Baleus, *De scriptor. britann.*, Bâle 1557, f°, p. 367.

qu'il y eût à la même époque dans sa patrie des sectes dont les membres se livraient aux plus honteux excès.

Énergiquement réprimée dès sa première manifestation, l'hérésie populaire rentra dans l'ombre pendant deux générations environ, jusqu'à l'époque où la persécution, activement organisée en Allemagne par les inquisiteurs venus de Rome, envoya au delà de la frontière un grand nombre de fugitifs. Paris et l'Ile-de-France furent encore le principal siége de la secte panthéiste en France, comme ils l'avaient été au commencement du treizième siecle. En 1365 Urbain V écrivit d'Avignon à l'évêque de Paris Étienne IV pour lui dénoncer la présence dans son diocèse « d'enfans de Bélial des deux sexes, appelés par le peuple Béghards ou Béguines, » et pour l'informer du genre de vie et des erreurs de ces hérétiques, ainsi que des localités qu'ils habitent[1]. La lettre même du pape ne nous a malheureusement pas été conservée. Ces sectaires, auxquels le peuple donnait encore le nom de Turlupins, avaient alors pour chefs une femme appelée Jeanne Dabenton et un frère dont le nom ne nous est pas connu. La persécution fut dirigée par l'inquisiteur de l'Ile-de-France, Jacques de More. En 1372 elle eut pour résultat le supplice d'un grand nombre de ces hérétiques, entre autres de Jeanne Dabenton, dont le bûcher consuma également le corps du second chef de la secte, mort peu auparavant en prison. L'année suivante, Charles V fit don à Jacques de More de dix livres parisis pour le zèle qu'il avait déployé contre l'hérésie[2]. Le roi lui-même reçut du pape Grégoire XI les plus grands éloges pour la fermeté avec laquelle il avait extirpé « la secte des Béghards, appelés aussi Turlupins[3]. »

L'hérésie cependant n'avait pas encore complétement disparu; la lettre même de Grégoire XI le prouve, alors que le pape recommande au roi, aux officiers royaux et aux magistrats de continuer à prêter aux dominicains leur assistance efficace; mais la persécution de 1372 lui avait porté un coup dont elle ne se releva pas. Quelques-uns des Turlupins émigrèrent en Savoie, où le comte Amédée fut invité par le pape

---

[1] Mosheim, o. c., 412.
[2] Rob. Gaguin, *Compend. super Francorum gestis*, f° 89. — Ducange (*Glossar.*, éd. Henschel, 6, 702) cite les vers suivans tirés d'une chronique:
      « L'an MCCCLXXII je vous dis tout pour voir
      Furent les Turelupins condamnez à ardoir
      Pour ce qu'ils desvoient le peuple à decepvoir
      Par faultes heresies, l'Evesque en soult le voir. »
[3] Raynaldi *Annales*, ad ann. 1373, n° 19.

à sévir contre eux[1]. Les autres restèrent en France et continuèrent à répandre en secret leur doctrine. Grâce aux désordres causés par le schisme et la guerre contre les Anglais, ils échappèrent à l'attention de leurs ennemis et ne furent plus inquiétés, à de rares exceptions près. Vers 1423 on condamna à Lyon une femme qui se disait une des cinq femmes envoyées par Dieu pour racheter les âmes de l'enfer; elle fut enfermée à Bourg en Bresse[2]. C'était probablement une hérétique panthéiste annonçant l'avénement du règne de l'Esprit. Suivant Gerson, la secte possédait encore des représentans à son époque; mais ils fuyaient les localités populeuses et se cachaient dans des endroits ignorés et déserts.

Gerson nous a conservé les points fondamentaux de leur doctrine[3]. Ils enseignaient que l'homme, lorsqu'il est arrivé à la paix et à la tranquillité de l'esprit, est dispensé de l'observation des lois divines; qu'il ne faut rougir de rien de ce qui nous est donné par la nature, et que c'est par la nudité que nous remontons à l'état d'innocence des premiers hommes et que nous atteignons dès ici-bas le suprême degré de la félicité. «Ces épicuriens, revêtus de la tunique de Christ, s'introduisent auprès des femmes en simulant une profonde dévotion; ils gagnent peu à peu leur confiance et ne tardent pas à faire d'elles le jouet de leurs passions.» Abolissant toute pudeur, non-seulement dans leur langage, mais encore dans leurs rapports entre eux, ils tenaient des réunions secrètes, où ils essayaient de représenter l'innocence du paradis à la façon des hérétiques de Cologne. Dans quelques passages Gerson les met en rapport avec Joachim de Flore[4]. Il est dès lors probable qu'ils ont appuyé leur principe de la liberté spirituelle sur la théorie des trois âges, et c'est sans doute l'une des cinq prophétesses chargées d'annoncer le commencement de l'ère du Saint-Esprit qui a été saisie à Lyon en 1423.

Dans les dernières années du quatorzième siècle nous rencontrons à Bruxelles un parti de Frères du libre esprit qui se donnaient à eux-mêmes le nom d'Hommes de l'intelligence, et qui tenaient leurs réu-

---

[1] Bzovius, *Contin. annal. Baronii*, ad ann. 1372, n° 7.
[2] Gerson, *De examinat. doctrin.*, 1423; 1, 1, 19.
[3] *Considerat. sur S. Joseph.*, 3, 2, 866; — Sermons 37 et 35; 3, 3, 1243, 1435; — *De myst. theol. specul.*, 3, 2, 369. — *De examinat. doctrin.*, 1, 1, 19.
[4] *Quomodo caute legendi sunt quorundam libri*, 1, 1, 114; *De susceptione humanitatis Christi*, 1, 1, 455.

nions dans une tour appartenant à l'un des échevins de la ville[1]. Leurs chefs étaient un laïque, Gilles, surnommé le Chantre, et un carme, Guillaume de Hildenissem. Ces deux hommes, sans différer quant à la doctrine, représentaient dans la secte des tendances pratiques distinctes. Le premier ne reculait devant aucune souillure morale; il avait même découvert une manière particulière, plus raffinée sans doute, d'accomplir les plus grossiers péchés, celle dont il prétendait qu'Adam avait fait usage dans le paradis. Le second, au contraire, ne pratiquait pas le genre de vie de son compagnon. Ces deux chefs avaient chacun leur parti. «Gilles le Chantre, est-il dit, se considérait comme bien plus avancé dans la perfection que le frère Guillaume, et quelques membres de la secte étaient du même avis; d'autres lui préféraient le frère Guillaume.» Les femmes étaient nombreuses dans la secte. L'une d'elles, déjà âgée et que Gilles appelait un séraphin, disait ouvertement que l'union sexuelle est permise en dehors du mariage et ne constitue pas un péché, étant un acte tout aussi naturel que le fait de manger et de boire. Une autre, qui était mariée, ne faisait aucune différence entre son mari et les autres hommes de la secte, de sorte qu'une entière communauté de femmes régnait parmi les hérétiques. Il y en avait une cependant qui préférait les rigueurs de l'ascétisme à la vie licencieuse de ses compagnes, et que les railleries les plus outrageantes ne firent pas changer de résolution.

Le système des sectaires de Bruxelles ne diffère guère de celui des Frères du libre esprit. «Le temps de la loi mosaïque, disaient-ils, a été celui du Père, le temps de la nouvelle celui du Fils, maintenant commence la période du Saint-Esprit, ou, comme ils s'exprimaient encore, le temps d'Élie, sans doute par suite d'une interprétation allégorique du récit de la transfiguration du Seigneur. Moïse, Jésus et Élie sont les représentans des trois grandes époques de l'histoire de la révélation divine. De même que la venue du Seigneur a aboli ce qui avant lui passait pour vrai, de même l'enseignement de l'Église catholique sera aboli dans la nouvelle ère qui s'ouvre. Les doctrines des saints et des docteurs feront place à des doctrines nouvelles. Les vérités de l'Écriture seront révélées plus clairement qu'elles ne l'ont été jusqu'à présent, le Saint-Esprit illuminera l'intelligence humaine d'une manière plus vive qu'il ne l'a fait jusqu'ici; même les apôtres n'ont possédé que l'écorce de la vérité. Une nouvelle loi va être révélée, la loi du Saint-Esprit ou de l'Esprit de liberté, et la loi présente sera abolie; la

---

[1] V. les documens chez Baluze, *Miscellanea*, 2, 277 et s.

doctrine des trois vertus ecclésiastiques, la pauvreté, la chasteté, l'obéissance, tombera également : c'est le contraire de cette doctrine qu'il faut prêcher désormais.

« L'homme dès maintenant vit dans une union immédiate avec Dieu. La jouissance directe des splendeurs divines remplit l'âme de joie et de sécurité en lui donnant le sentiment de son éternité. De plus, elle lui ouvre l'intelligence de la Bible, si bien que les vérités qu'elle trouve en elle-même lui paraissent de beaucoup préférables aux vérités écrites. Nul ne peut interpréter l'Écriture sans être illuminé du Saint-Esprit. La prédication d'un homme en qui Dieu habite dépasse l'entendement humain. Celui qui entend ses paroles, entend la pure vérité; celui qui suit les prédications des docteurs de l'Église, tombe de plus en plus dans l'erreur. Les prêtres prêchent la mort éternelle; l'homme éclairé par l'Esprit prêche la vie. »

En quoi consiste cette révélation nouvelle? « Dieu, enseignaient-ils, est partout, dans la pierre, dans les membres de l'homme, dans l'enfer comme dans le sacrement de la sainte-cène. Tout homme possède Dieu parfaitement en lui avant de communier. Nous pouvons si bien nous identifier avec l'être divin par la conscience de son existence en nous, que nous ne péchons plus par nos actes extérieurs, quels qu'ils puissent être. Dieu, en effet, est désormais l'auteur direct de toutes nos actions; il ne permet pas seulement à notre volonté de produire telles œuvres qu'il lui plaît; il est lui-même en nous la volonté efficace qui produit ces œuvres, qu'elles soient bonnes ou mauvaises. » Désormais nous n'avons plus ni mérite ni responsabilité; nos actions ne nous procurent point le salut et ne nous attirent point la damnation, car « Christ s'est acquis tout mérite sur la croix, et par sa Passion il a satisfait pour tous. » L'on voit par ces derniers mots comment les sectaires de Bruxelles savaient au besoin parler le langage de l'Écriture pour cacher leurs principes métaphysiques sous une apparence chrétienne. Plusieurs sans doute ont été de bonne foi quand ils ont appuyé de la sorte leurs doctrines sur la Bible; n'affirmaient-ils pas que leur enseignement n'était qu'une forme plus élevée de l'enseignement ecclésiastique, et que la source en était une intelligence plus approfondie des Écritures, grâce au secours du Saint-Esprit? Chez d'autres, au contraire, un pareil usage du texte biblique n'a été dicté que par la crainte de l'inquisition. Gilles le Chantre, poussant jusqu'en ses dernières limites cette identification de la nature humaine et de la nature divine, a enseigné qu'il était lui-même le Sauveur des hommes.

Égarés par ces principes, les sectaires se sont affranchis de toute discipline ecclésiastique. Un jour que Gilles cheminait sur la route, l'Esprit lui révéla qu'il était sorti de l'état d'enfance spirituelle et qu'il ne devait désormais plus jeûner pendant le carême. Les autres membres de la secte suivirent son exemple ; ils ne s'inquiétèrent plus des statuts de l'Église, abolirent la prière, prétendant qu'elle n'empêchait pas Dieu d'accomplir ce qu'il avait résolu de faire, et nièrent l'utilité de la confession faite à un prêtre pécheur. Cependant, pour ne pas éveiller de soupçons, ils se présentaient quelquefois dans les églises, mais n'avouaient que des péchés véniels, en taisant soigneusement leurs péchés mortels, qui auraient pu faire découvrir leurs hérésies. Leur principe du néant de toute loi extérieure devant l'autorité unique de l'esprit intérieur les a naturellement amenés à considérer comme des inspirations du Saint-Esprit tous les mouvemens de leur nature. Dans leurs prédications ils parlaient avec dédain de la chasteté et de la virginité, disant qu'il n'existait qu'une seule vierge, la Sagesse éternelle. Ils entendaient sans doute par là représenter leur doctrine et leur genre de vie comme la conception la plus parfaite et la vraie réalisation du principe de la chasteté. Pour justifier leurs excès, ils invoquaient tantôt le principe de l'indifférence des actes extérieurs : « L'homme extérieur, disaient-ils, ne souille pas l'homme intérieur, » tantôt celui de la liberté spirituelle extravagante : « Celui qui reprend ou qui condamne un pécheur pèche plus que lui. » Le vrai péché, suivant eux, consiste donc à ne pas reconnaître l'activité divine dans les actions humaines et à vouloir entraver les manifestations de la nature humaine, qui est la nature de Dieu. Comme conséquence de cette manière de voir, ils enseignaient que l'union sexuelle, accomplie sous l'impulsion de la nature, a autant de mérite qu'une prière adressée à Dieu, et qu'il est utile à beaucoup de gens de pécher, parce que le péché fournit à l'homme l'occasion de satisfaire son bon plaisir. Non-seulement ils déclaraient que les mortifications et les pénitences sont inutiles pour atteindre le salut, mais encore ils plaçaient dans l'absence de tout remords le signe de la perfection. L'on comprend que, rejetant de la sorte les institutions de l'Église, ils aient nourri une vive animosité contre ceux qui étaient chargés de les défendre. L'une des révélations que le carme Guillaume avait eues en partage, traitait spécialement du châtiment divin qui attendait les prêtres dans la nouvelle ère qui commençait.

La conséquence directe de leurs principes moraux était la négation des peines éternelles. Aussi rejetaient-ils la doctrine du purgatoire et de l'enfer; ce qui ne les empêchait pas de parler d'enfer et de purgatoire à la manière des Frères du libre esprit. « L'homme intérieur, disaient-ils, ne sera pas damné, car il vit dans l'union avec Dieu. Tous les hommes seront sauvés; chrétiens, juifs, païens, démons, tous viendront à Dieu et ne formeront plus qu'un seul troupeau sous un seul berger. Le diable lui-même sera sauvé; la personnification de l'orgueil deviendra celle de l'humilité et alors il n'y aura plus de diable. Le mal sera anéanti et disparaîtra. Pilate, Caïphe, Caïn n'ont pas été condamnés, mais le péché. » Dans l'idée de ce retour de toutes les créatures en Dieu opéré par Dieu lui-même, ils considéraient comme superflue l'intervention de l'homme dans sa propre sanctification et dans celle de ses frères. « Si l'on ne prêchait pas, les hommes n'en seraient pas moins sauvés. » La garantie de leur félicité dans la vie future, ils la trouvaient dans leur union avec Dieu dès ici-bas; arriver à cette union était pour eux ressusciter d'entre les morts. « Il n'y aura point de résurrection finale, disaient-ils; notre résurrection est déjà accomplie: elle s'est accomplie en Christ, dont nous sommes les membres; la tête ne saurait ressusciter sans les membres. »

Les sectaires ne parlaient de leur doctrine qu'avec la plus grande prudence. Ils s'étaient composé un langage à part, emprunté en grande partie au style de la Bible, pour mieux tromper les gens ignorans. Guillaume disait que tout dans leur enseignement pouvait être caché sous des termes tirés de l'Écriture, excepté l'union sexuelle illicite; et il engageait les membres de la secte à n'en parler qu'avec la plus grande réserve. Ils donnaient à ce genre de péché le nom de « délices du paradis, » ou tout autre nom semblable, qu'ils pouvaient prononcer sans éveiller de soupçons. Cette timidité des hérétiques dans la profession de leurs doctrines n'est pas un favorable augure pour leur constance au moment de la persécution. Chez les sectes antérieures, la plupart des membres tombés entre les mains des inquisiteurs souffraient le martyre plutôt que de se rétracter. Le relâchement qui se manifeste à cet égard dans la secte du libre esprit depuis le milieu du quatorzième siècle, s'accentue encore davantage chez les hérétiques de Bruxelles. Ils disaient ouvertement que s'ils étaient menacés de la torture, ils renieraient leurs principes. Le frère Guillaume, pris un jour, se rétracta, mais entoura son abjuration de distinctions tellement subtiles, que, de retour au milieu des siens, il put prétendre avoir plutôt affirmé que rétracté sa doctrine, sans toutefois réussir à convaincre tous ses compagnons.

En 1411, l'inquisition, plus amplement informée des menées des Hommes de l'intelligence, sévit contre eux. L'évêque de Cambrai, Pierre d'Ailly, fit instruire leur procès. Le frère Guillaume, saisi une seconde fois, abjura publiquement sa doctrine à Bruxelles, et fut condamné à faire pénitence pendant trois ans dans un château fort, et à être enfermé le reste de sa vie dans un couvent de son ordre. Nous ignorons le sort des autres membres de la secte.

Depuis ce moment nous perdons en Belgique les traces du libre esprit. L'hérésie ne s'y réveilla que cent ans plus tard, reproduisant non-seulement les principes généraux communs à toutes ces sectes, mais jusqu'à des particularités propres aux Hommes de l'intelligence. Il est donc permis de croire que cette doctrine s'y est conservée en secret, sans doute dans les ateliers des tisserands flamands, où toutes les hérésies trouvaient alors si bon accueil.

Au commencement du quinzième siècle, quelques Béghards hérétiques de l'Allemagne et des Pays-Bas, « chassés de leur pays à cause de l'Évangile », se retirèrent en Bohême pour se soustraire aux rigueurs de l'inquisition. La Bohême, agitée par les troubles des Hussites, semblait leur offrir un asile assuré. Ils reçurent du peuple le surnom de Picards, dans lequel il convient peut-être moins de voir, comme l'ont cru quelques-uns, le nom de leur patrie, qu'une forme corrompue du mot Béghards [1]. Quand le peuple eut connaissance de leurs principes moraux, il les appela également Adamites. La secte avait un chef qui se faisait appeler Adam, Fils de Dieu et Père. D'après un manuscrit de Kœniggrætz [2], elle avait encore à sa tête une femme que l'on appelait la mère de Dieu. La communauté des femmes la plus entière régnait parmi les hérétiques. L'homme présentait la femme de son choix au patriarche de la secte en disant : « Mon esprit m'a poussé vers celle-ci ; »

---

[1] Énée Sylvius (*Historia bohemica*, cap. 41), se trompant sur le sens du mot *Picard*, croit que le chef de la secte, venu de la Belgique, s'est appelé Pichardus. — V. sur les Adamites de Bohême la *Dissertation sur les Adamites* de Beausobre, chez Lenfant, *Hist. de la guerre des Hussites et du concile de Bâle*, Utrecht 1781 ; 2, 110. — Jos. Dobrowsky, *Gesch. der bœhm. Pikarden und Adamiten*, dans les *Abhandl. der bœhm. Gesellsch. der Wissenschaften*, 1788, p. 300 et s., en partie d'après le rapport du hussite contemporain Brzezyna.
Quant aux Adamites et aux Lucifériens qui se sont montrés en Autriche au douzième et au treizième siècle, et qu'on a confondus quelquefois avec les Frères du libre esprit, il est plus vraisemblable qu'ils ont été une branche des Cathares. V. Schmidt, *Hist. des Cathares*, 1, 138.

[2] Cité par Balbinus, *Miscell. histor.*, 1. 4, c. 80.

à quoi le patriarche répondait : « Allez, croissez, multipliez ! » Telle était la cérémonie qui précédait ces unions passagères. De plus, ils considéraient la nudité, surtout pendant les cérémonies du culte, comme le signe extérieur de la perfection morale. « Nous n'avons point, comme Adam et Ève, transgressé la loi de Dieu, disaient-ils; nous vivons dans l'état d'innocence des premiers hommes avant la chute. » Ulrich de Rosenberg, un gentilhomme bohême qui persécuta ces hérétiques sous les ordres de Ziska, raconta en 1451 à Énée Sylvius, qu'il avait tenu en prison des hommes et des femmes de la secte, et qu'il avait entendu les femmes déclarer hautement que les vêtemens ne sont que le signe de la servitude spirituelle. « Quiconque, affirmaient-elles, fait usage d'habits, ne possède point la liberté. » Une des vérités répandues parmi les sectaires était que tout le genre humain est esclave, et qu'eux seuls et leurs enfants sont de race libre. A ces extravagances morales les Adamites ajoutaient quelques propositions contre certaines institutions ecclésiastiques. Ils rejetaient le sacrement de l'eucharistie, disan que le pain de la sainte-cène n'est pas le vrai corps de Jésus, mais simplement du pain consacré; de même ils ne reconnaissaient pas au prêtre un caractère de sainteté particulier, ni un pouvoir supérieur à celui des laïques.

Pour dérober le spectacle de leurs excès aux yeux des populations, ils s'étaient établis dans une île de la Luschnitz, rivière qui passe à Tabor. Un jour, pris du désir de s'enrichir par le pillage, ils quittèrent leur retraite, et portèrent la désolation dans les villages environnans. Ziska, informé de ce fait, marcha contre eux avec son armée en décembre 1421; il les força dans leur île, et passa au fil de l'épée tous ceux d'entre eux qu'il prit en ce jour. Dispersés à travers les campagnes, les Adamites périrent misérablement. Les uns furent saisis peu de temps après la catastrophe et subirent le supplice avec un grand courage. « Ils montaient avec joie sur le bûcher, en disant qu'ils ne tarderaient pas à vivre au sein de la félicité divine. Les femmes même supportèrent en riant et en chantant l'aspect des flammes qui devaient les consumer[1]. » Les autres réussirent à échapper aux Taborites et à quitter la Bohême; mais, pour beaucoup d'entre eux ce ne fut que pour tomber entre les mains des inquisiteurs allemands et pour partager le sort des Frères du libre esprit avec lesquels ils se confondirent en Allemagne et en Suisse.

---

[1] Énée Sylvius, o. c., cap. 41.

Les persécutions avaient extirpé l'hérésie en France, en Allemagne, en Bohême; dans les Pays-Bas, elles l'avaient réprimée sans l'anéantir. Ce mysticisme matérialiste qui durait déjà depuis près de trois siècles, ne disparut pas encore; il subsista secrètement au sein des populations de la Belgique, et nous le verrons surgir une dernière fois, et avec une intensité inattendue, à l'époque des réformateurs.

CHAPITRE TROISIÈME.

SEIZIÈME SIÈCLE.

Les Libertins spirituels. — *Les Anabaptistes; David Joris, Nicolas Frey.* — *Henri Nicolas et les Familistes.* — *Les Libertins spirituels* (fin).

Le grand mouvement des esprits au commencement du seizième siècle amena le retour des doctrines panthéistes, que l'inquisition avait condamnées au silence depuis plus d'un siècle sans réussir à les extirper. Les réformateurs, en opposant à la religion de leur temps le spiritualisme de l'Évangile et en jetant dans les masses l'idée de l'émancipation de la conscience religieuse, ranimèrent, sans le vouloir, les vieux germes qui sommeillaient dans les populations. Aussi leur œuvre rencontra-t-elle, dès son début, deux adversaires de genre opposé : d'un côté le matérialisme romain, de l'autre le faux spiritualisme ou le principe de la liberté spirituelle avec toutes les conséquences pratiques qu'un mysticisme aventureux abrite sous ce nom. De ces tendances panthéistes, héritage des âges antérieurs, il importe de distinguer d'autres tendances nouvelles, écloses sous la parole même des réformateurs, au milieu de la confusion des idées qui régnait à cette époque avide avant tout de liberté. Dans le fonds commun des notions nouvelles répandues parmi le peuple, chacun puisait ce qui répondait le mieux à la direction particulière de son esprit : les paysans d'Alsace et de Franconie croyaient voir dans les appels de Luther à la liberté religieuse une invitation à s'affranchir de l'oppression féodale ; les Anabaptistes de Suisse et de Westphalie, poussant jusqu'en ses dernières conséquences le principe fondamental de la réformation, la sanctification des croyans, préparaient la réalisation d'un chimérique royaume des saints, dont leur imagination enthousiaste leur dépeignait d'avance les félicités. En face de ces révolutionnaires et de ces illuminés, suscités par l'esprit mal compris de la réformation, apparurent les descendans des Frères du libre esprit et des Hommes de l'intelligence, se donnant à eux-mêmes le nom de Libertins spirituels, et renouvelant dans les Pays-Bas, en Suisse et en France des hérésies cent fois condamnées.

Calvin raconte que les Libertins ne sont qu'une branche de la secte des Anabaptistes[1]. L'origine de ce jugement, auquel nous ne pouvons souscrire quelle que soit l'autorité de son auteur, paraît être la ressemblance qui existe entre certaines des conséquences morales que l'une et l'autre secte ont tirées de principes foncièrement différens. Des deux côtés, nous rencontrons l'idée de la pureté absolue de l'homme spirituel, le principe de la communauté des biens et des femmes; seulement ce qui chez les uns est dérivé d'une fausse idée métaphysique, n'est chez les autres qu'une application erronée de la liberté chrétienne. Telle est, en général, la distinction qu'il convient d'établir entre les Libertins et les Anabaptistes. Cependant, si l'on songe à l'immense variété des opinions religieuses qui ont surgi à cette époque, au subjectivisme effréné auquel l'idée de l'inspiration prophétique individuelle ouvrait pleine carrière chez les Anabaptistes, et à l'influence, difficile à constater parfois, que ces différentes doctrines ne devaient pas manquer d'exercer l'une sur l'autre, on ne sera pas étonné d'apprendre que la secte des Anabaptistes a compté quelques individualités marquantes, qui se sont laissé gagner aux idées panthéistes du milieu dans lequel elles ont vécu, et qui ont mélangé leurs rêveries apocalyptiques de principes empruntés à la secte des Libertins. Bien loin donc de rattacher l'origine des Libertins au mouvement anabaptiste, comme le font Calvin et quelques auteurs modernes, nous serons amené à attribuer à l'influence des mêmes doctrines qui ont produit les Libertins la formation d'un parti panthéiste très-remarquable parmi les Anabaptistes. Ce qui nous décide à attribuer aux Libertins une origine indépendante et à les considérer comme les héritiers directs des sectes antérieures, c'est, d'abord, l'absence complète chez eux de l'idée fondamentale des Anabaptistes, de la nécessité du baptême des adultes; ensuite, la contrée où leur hérésie prit naissance, la Flandre, c'est-à-dire le pays où nous avons vu la secte du libre esprit se maintenir le plus longtemps dans

---

[1] *Brieve instruction contre les erreurs de la secte des Anabaptistes;* Calvini Opp. edid. G. Baum, Ed. Cunitz, Ed. Reuss, Brunswigæ, 1868, VII, 53.

cette partie de l'Europe; enfin, et surtout leur doctrine, qui n'est que la reproduction un peu affaiblie de celle du libre esprit. On retrouve chez eux la même confusion de l'esprit humain et de l'esprit de Dieu, la même tendance à prendre les conceptions et les désirs individuels pour des inspirations divines, la même indifférence pour les notions du bien et du mal. On est même tenté de croire, en lisant certaines de leurs propositions, que la connaissance de la littérature mystique du moyen âge n'était pas étrangère à plusieurs d'entre eux, témoin cette maxime qu'énonce l'auteur de l'*Instruction ou salutaire admonition pour parfaictement vivre en ce monde:* « L'homme fidele est aussi aise d'estre en enfer qu'en paradis [1], » et de nombreux passages des traités inédits dont il sera question plus loin. Farel déjà n'a pas suivi l'opinion de Calvin sur ce point. Il croit que « Satan a soufflé aux oreilles de tels personnages ceste opinion et maniere de parler par quelque Italien: qui mettent en avant ce que Virgile a escrit de l'entendement qui meut et pousse toute ceste œuvre du monde, tellement que les ames des hommes ne sont que l'Esprit universel de Dieu qui besongne en tous. Et de ceste resverie sont sortiz les Libertins [2]. » Il a vu avec raison dans les Libertins une apparition d'un genre particulier, et il ne s'est pas trompé en rattachant leur enseignement aux principes de la philosophie antique; seulement il a fait fausse route quand il a attribué leur origine au mouvement littéraire de la renaissance, qui n'a pas exercé d'influence sur les classes populaires. Si Calvin avait eu connaissance du rapport intellectuel qui unit les hérétiques de son temps à ceux des siècles passés, si, au lieu de considérer leurs idées comme « un labyrinthe non pareil de resveries tant absurdes, que c'est merveille comment creatures qui portent figure humaine peuvent estre tant depourveues de sens et de raison que de se laisser ainsi decevoir jusqu'a tomber en des phantasies plus que brutales, » il avait entrevu, au fond de ces lambeaux de doctrine, transmis par une tradition populaire vieille de plusieurs siècles, un ensemble homogène de conceptions philosophiques, issues successivement de l'esprit de plusieurs grands docteurs du moyen âge et s'appuyant, en dernière analyse, sur la métaphysique grecque, il n'aurait pas été amené par quelques ressemblances accidentelles à rattacher la secte des Libertins à celle des Anabaptistes.

Ce qui caractérise jusqu'à un certain point ces nouveaux panthéis-

---

[1] Calvin, *Contre la secte des Libertins*, in Opp. VII, 242.
[2] Farel, *Le Glaive de la Parolle*, Genève 1550; 223.

tes, c'est la prétention plus apparente encore que chez leurs prédécesseurs de fonder leurs doctrines sur la Bible. Déjà les Frères du libre esprit faisaient usage des Écritures pour soutenir leurs hérésies ; mais au moins chez eux les principes métaphysiques occupent encore une place importante. Ici, les citations se multiplient, le langage affecte tous les dehors du discours chrétien, tandis que les grandes idées métaphysiques sont de plus en plus reléguées à l'arrière-plan. Quelques doctrines fondamentales à peine subsistent encore de cequi fut autrefois le système de l'évolution de l'être absolu hors de lui-même en lui-même, et ce minimum de spéculation philosophique ne serait pas même suffisant pour expliquer l'ensemble des principes moraux répandus dans la secte, si nous ne voyions apparaître derrière ces quelques débris l'organisme complet de la pensée panthéiste, telle qu'un autre âge l'avait énoncée. La Bible n'avait été qu'imparfaitement connue des laïques au moyen âge ; maintenant elle était rendue au peuple dans sa langue, on la lisait partout avec enthousiasme, et ceux qui ne la parcouraient pas avec la sérieuse intention d'y chercher la vérité, y trouvaient naturellement tout ce que leur suggérait leur imagination aventureuse.

Vers 1525 se montrent à Anvers les premiers symptômes du réveil de la doctrine du libre esprit. En cette année, l'un des sectaires de cette ville, espérant gagner Luther à sa cause après l'avoir convaincu d'erreur, se rendit à Wittemberg pour exposer ses idées au réformateur. Mais il paraît que l'accueil qu'il reçut fut tel qu'il ne jugea pas à propos de découvrir toute sa pensée, et qu'il dut employer toute sorte de subterfuges pour se tirer de la discussion qu'il venait de provoquer. Luther écrivit à ce sujet aux habitants d'Anvers une lettre dont voici les passages principaux : « J'ai appris combien s'agitent dans votre pays les esprits pleins d'erreurs qui s'efforcent d'entraver les progrès de la vérité chrétienne ; je sais qu'il est venu chez vous un démon incarné qui veut vous induire en erreur et vous détourner de la vraie intelligence de l'Évangile pour vous faire choir en ses ténèbres. Afin que vous évitiez plus facilement ses embûches, je vous ferai part de quelques-unes de ses propositions : "Chaque homme, selon lui, a le Saint-Esprit ; le Saint-Esprit n'est pas autre chose que notre raison. — Chaque homme a la foi ; la nature m'enseigne à faire à mon prochain ce que je voudrais qu'il me fît ; vouloir agir de la sorte, c'est avoir la foi. — Chacun aura la vie éternelle ; il n'y a ni enfer, ni damnation ; la chair seule sera damnée. — La loi n'est pas violée par les mauvais désirs aussi longtemps que ma volonté ne cède pas au désir. — Celui qui n'a pas le Saint-Esprit n'a pas non plus de péché, car il n'a pas de raison. » Il n'est personne qui ne veuille être plus savant que Luther ; c'est à mes dépens que tout le monde veut gagner ses éperons. Votre démon, lors de sa présence chez moi, nia tous ces articles quoiqu'il lui fût démontré qu'ils étaient à lui, et quoiqu'il se fût trahi lui-même en en défendant plusieurs. Pour vous dire la vérité, c'est un esprit inconstant et mensonger, plein d'audace et d'insolence, qui se permet tout à la fois d'affirmer une chose et de la nier, qui n'ose rien maintenir de ce qu'il a avancé, et qui n'est venu ici que pour pouvoir se vanter d'avoir discuté avec nous. Il soutenait avec énergie que les commandemens de Dieu sont bons, et que Dieu ne veut pas que le péché existe, ce que je lui concède volontiers ; seulement, ce qu'il refusait obstinément d'accorder, c'est que Dieu, tout en ne voulant pas le péché, permet cependant qu'il règne sur les hommes. Je ne doute pas qu'il ne me représente chez vous comme ayant dit que le péché est voulu de Dieu [1]. »

S'il est vrai de dire que la notion du mal manque en général au panthéisme, il faut cependant reconnaître que dans la plupart des cas les représentans de cette doctrine ont fait de nobles quoiqu'infructueux efforts pour l'introduire dans le cercle de leurs conceptions métaphysiques. Ici, rien de pareil : l'idée du péché n'existe pas pour l'interlocuteur de Luther. D'après lui, Dieu n'a point voulu le mal, il n'a jamais commandé que le bien ; tous les hommes ont le Saint-Esprit, personne ne pèche. Et si ailleurs nous lisons qu'il est des gens qui n'ont pas le Saint-Esprit, nous devons encore en conclure que le péché n'existe pas, car de pareilles gens n'agissent que d'une manière inintelligente, puisque l'Esprit, c'est-à-dire la raison leur manque. Tous les hommes ont la foi, la volonté d'obéir aux impulsions de notre nature qui ne nous commande que le bien et dont les désirs quels qu'ils soient ne constituent pas de péché. Si le mal n'existe pas, l'enfer devient inutile, la vie éternelle appartient à tous ; le corps seul est damné, c'est-à dire la forme extérieure de l'être humain s'évanouit après la mort en tant que phénomène passager de la vie universelle. Ce rejet de toute activité morale, cette affirmation de l'inertie de l'homme au sein de la nature divine qui est le bien, est la seule forme vraiment conséquente du panthéisme, parce qu'elle a fait sciemment le sacrifice de la notion du mal.

Vers la même époque [2] un certain Coppin, originaire de Lille, enseigna

---

[1] Luther, *An die Christen zu Antwerpen*, in Luther's *Briefen*, De Wette, 3, 60.
[2] Calvin, dans son traité *Contre la secte des Libertins*, composé en 1545, introduit

la doctrine de la liberté spirituelle dans sa ville natale. « Depuis est survenu un autre, nommé Quintin, lequel a acquis un tel bruit qu'il a esteinct la memoire de l'autre, tellement qu'on l'estime comme le chef et le premier inventeur. Il est du pays de Hainault ou de ces quartiers-la. » Vers 1534 Quintin se rendit en France, accompagné d'un certain Bertrand des Moulins. Ce qui l'avait déterminé ainsi que son compagnon à quitter les Pays-Bas, c'était moins la persécution religieuse que les difficultés qu'ils s'étaient attirées par leur mauvaise conduite. Partisans tous deux d'une existence oisive, ils avaient laissé là leur métier de tailleur pour « gaigner leur vie a iaser comme les prestres et moines font a chanter. » Mais il paraît que les circonstances ne leur furent pas toujours favorables, car il leur arriva d'être obligés, pour vivre, de remplir, l'un les fonctions d'huissier, l'autre celles de valet de chambre. En France, ils furent secondés dans leur œuvre par deux autres membres de leur secte, Claude Parceval et le prêtre Antoine Pocques, appelé aussi Pocquet, et originaire des Pays-Bas, où il avait commencé à répandre sa doctrine. Bertrand des Moulins mourut peu après, ce que Calvin raconte en disant qu'« il devint Dieu ou rien, selon leur opinion. » Quintin essaya surtout de répandre ses hérésies à Paris ; il s'adjoignit très-probablement à la communauté réformée de cette ville, pensant y trouver un terrain favorable pour la diffusion de ses idées. Malheureusement pour lui Calvin se trouvait en ce moment à Paris. Le réformateur assista à des réunions où Quintin prit la parole ; il apprit à connaître en plusieurs occasions les manières d'agir du sectaire, et ne tarda pas à commencer avec lui des discussions dans lesquelles il lui « rabattit vivement le caquet[1]. » L'intervention de Calvin empêcha sans doute l'hérésie de pénétrer dans la communauté protestante de Paris. Quintin eut plus de succès auprès des gens du peuple : il est encore fait mention quelques années après de partisans que la secte aurait comptés parmi les artisans de la capitale[2]. Pocques de son côté se rendit, vers 1540, à Strasbourg, où il répandit secrètement sa doctrine, tout en affectant en public les dehors d'un parfait chrétien. Il parvint de la sorte à gagner la confiance de Martin

---

les faits qui vont suivre par ces mots : « Il y a environ quinze ans ou plus.... » (p. 159), et Florimond de Ræmond (*Histoire de la naissance, progrès et décadence de l'hérésie de ce siècle*, Rouen 1623, 2, 236) raconte que « Quintin Couturier Picart commença de dogmatiser l'an 1525 en Brabant, au temps que tout le monde batoit sur l'enclume de l'heresie. »

[1] Calvin, *Contre la secte des Libertins*, 169.
[2] Calvin, o. c., 185.

Bucer, si bien qu'à son départ il obtint du réformateur strasbourgeois une lettre de recommandation pour les fidèles des autres contrées [1]. Bucer connaissait les Libertins. Nous avons de lui une lettre à la reine Marguerite de Navarre de l'année 1538, dans laquelle il est évidemment question d'eux, si aussi leur nom n'y paraît pas. Nous y lisons : « Je vous félicite avant tout de vos sentimens si fermement chrétiens, et de l'aversion que vous ressentez contre ces misérables corrupteurs de la simplicité évangélique, qui dressent des embûches à la foi de nombreux fidèles de France. Ils bavardent de je ne sais quel renouvellement de l'homme, après lequel l'on ne péchera plus, si même on ne reconnaît pas en Christ son Sauveur, si même on livre son corps à toutes les passions et à tous les vices. Qu'y a-t-il de plus abominable que d'obscurcir l'intelligence des hommes jusqu'à leur faire croire que grâce à Christ il leur est permis de vivre dans l'iniquité et dans le vice, et que les mêmes actions qui attirent sur d'autres la colère divine, ne sont point mauvaises chez eux. Sans doute vous ignorez combien ils sont nombreux ceux que cette contagion a atteints; mais il ne faut pas s'étonner de voir même les meilleurs esprits accepter ces monstruosités, car bien peu de gens aiment la vérité de Christ comme on doit l'aimer. Je vous écris tous ces détails, parce que je connais votre zèle pour la cause du Christ, et parce que je suis persuadé que vous mettrez tous vos soins à préserver les âmes de cette doctrine funeste, et à détourner de ces erreurs celles qu'il est possible d'en détourner [2]. » Nous verrons ce que la reine fera de ces conseils. Pour tromper un homme aussi bien informé que Bucer, il faut que Pocques ait poussé bien loin la dissimulation pendant son séjour à Strasbourg. En 1542 il se rendit à Genève.

L'autorité de Calvin n'était pas encore solidement assise dans cette ville. Un parti nombreux s'était formé contre lui dans les rangs de la bourgeoisie et du patriciat, et luttait contre le gouvernement théocratique qu'il tendait à établir. Ce parti, exclusivement politique, était également désigné sous le nom de Libertins, et il importe de le distinguer avec soin de la secte religieuse dont il est question ici. A cette époque, le terme de libertin n'avait pas encore le sens que nous lui connaissons; il ne signifiait que partisan de la liberté, et les libéraux politiques, tout comme les libéraux religieux tels que le seizième siècle les a connus, pouvaient fort bien s'appliquer ce nom. Mais tout en se gar-

---

[1] Calvin, o. c., 163.
[2] *Bucerus Reginæ Navarræ;* in Calvini Opp. VII, Prolegom, p. XXI.

dant de confondre ces deux tendances, il ne faudrait pas croire qu'elles se soient restées absolument étrangères : l'opposition faite au réformateur était moins fondée sur une notion bien entendue des droits des citoyens dans un État libre, que sur l'antipathie qu'inspirait l'austérité de la discipline calviniste à des hommes habitués à une vie relâchée. Aussi apprenons-nous que parmi les Libertins politiques il s'en est trouvé qui, sans admettre systématiquement la doctrine des sectaires panthéistes, n'en ont pas moins subi leur influence jusqu'à s'approprier quelques-unes de leurs conclusions morales dans l'idée d'y trouver la justification de leur conduite déréglée; d'autres, confondant en une même aversion le gouvernement de Calvin et la religion au nom de laquelle il l'établissait, n'ont pas reculé devant les plus violentes imprécations contre la divinité, en même temps qu'ils lançaient leurs grossiers outrages contre l'autorité croissante de Calvin. Il nous est raconté que Benoîte, femme du sénateur Pierre Ameux, voulut justifier sa vie débauchée en invoquant le principe de la communauté des saints[1], et qu'un des chefs des Libertins politiques, Jacques Gruet, puni de mort en 1547, pour avoir affiché dans la principale église de Genève un écrit contenant un appel à la révolte et des menaces de mort contre Calvin, avait composé un livre qui fut trouvé par hasard après son supplice dans un coin de sa maison, et qui renfermait les plus grossiers blasphèmes, tels que nous les rencontrons aussi parfois chez les Libertins spirituels[2]. Ce sont là quelques indices des rapports qu'un commun

---

[1] Picot, *Hist. de Genève*, 1, 399.

[2] « Il (Gruet) abolit toute religion et divinité, disant que Dieu n'est rien, faisant les hommes semblables aux betes brutes, niant la vie eternelle,... disant de la loy de Dieu qu'elle ne vaut rien ny ceux qui l'ont fait, de l'Evangile que ce n'est que monterie, que toute l'Ecriture est fausse et folles doctrines » (*Avis que Calvin donna sur la procédure que l'on devait tenir contre le livre de Gruet au Sénat de Genève*. Calvini, Opp. XIII, 568). A ces doctrines religieuses, identiques à celles que nous rencontrerons chez les Libertins spirituels, se joignent encore dans ce document les plus violentes injures contre les personnages de l'histoire sacrée : « Il se mocque de toute la Chretienété jusqu'à dire de notre S. Iesus Christ... qu'il a esté un belitre, un menteur, un fol, un seducteur, un mechant et miserable... qui a bon droit a esté crucifié,... ayant esté pendu comme il l'avoit mérité... des Prophetes que ce n'ont esté que fols resveurs phantastiques, des Apostres qu'ilz ont esté des marauds et coquins, apostats, lourdeaux, ecervelez,... etc. » Comp. Calvin, *Contre la secte des Libertins*, 173: « Ce pourceau Quintin avoit imposé quelque brocard à chacun des Apostres pour les rendre comtemptibles. Comme en appelant sainct Paul pot cassé: sainct Jehan, josne (jeusne) sottelet, en son picard: sainct Pierre, renieur de Dieu: sainct Matthieu, usurier; » — Farel, *Le Glaive de la Parolle*, 133: « L'homme qui a esté créé à l'image de la tres saincte trinité, a esté créé avec triple malice en triple outrecuidance et presomption. »

mépris de la religion et de la loi morale a dû établir entre ces deux partis si différens pour le reste.

Pocques demeura quelque temps à Genève; mais ici, pas plus qu'à Strasbourg, il ne dévoila en public le fond de son enseignement; il cacha si bien ses doctrines particulières sous un langage mystique, que Calvin, tout en éprouvant de vives défiances à son égard, ne put formuler contre lui aucun grief précis, et dut se contenter, en plusieurs occasions, de l'accuser devant ses collègues du consistoire d'être « un resveur et un phantastique[1]. » Lorsqu'il quitta la ville, Pocques essaya d'obtenir de Calvin ce que Bucer n'avait cru pouvoir lui refuser; mais sa demande fut rejetée. Plus tard seulement Calvin apprit à quel dangereux hérétique il venait d'avoir eu affaire, quand il connut les écrits de Pocques, et quand il eut été informé du mal que le sectaire avait fait dans les Pays-Bas avant de paraître en France et à Genève.

La cour de Navarre était dans ce temps-là le siége de tendances religieuses d'un genre particulier[2]. C'était une théologie contemplative, basée sur le principe de l'amour divin et indifférente aux formes extérieures de la religion, un mysticisme quiétiste, qui s'effarouchait des rudes coups portés au catholicisme par les héros de la Réforme et déplorait le déchirement survenu dans l'Église, qui se soumettait à toutes les cérémonies du culte établi de peur de scandaliser les faibles, tout en cherchant dans la jouissance immédiate de Dieu, réservée aux âmes plus avancées dans la « doctrine de l'esprit, » la satisfaction d'un besoin religieux qui n'osait s'afficher au grand jour. Ce mysticisme avait compté, depuis le commencement de la réformation, des représentans dans les différentes contrées de la France : à Paris Lefèvre d'Étaples, à Meaux l'évêque Briçonnet; plus tard, à Paris le curé de Saint-Eustache Lecoq, l'abbé de Saint-Martin à Autun, en Dauphiné l'évêque de Saint-Paul-Trois-Châteaux, Michel d'Arande; mais le centre du mouvement était la petite cour de Nérac, où Marguerite, reine depuis 1527, avait groupé autour d'elle un certain nombre de personnages distingués qui partageaient ses tendances religieuses. Au premier rang de ce cercle intime des « Nicodémites, » comme Calvin appelait ironiquement l'entourage de la reine, figuraient Gérard Roussel, évêque de Nérac, et Lefèvre d'Étaples, qui, effrayé des progrès de la réforme et du schisme auquel il avait indirectement contribué

---

[1] Calvin, o. c., 163. — [2] Schmidt, *Le mysticisme quiétiste en France au début de la Réform.*, Bulletin de la Soc. de l'hist. du prot. français, 1858.

par sa traduction du Nouveau Testament, s'était réfugié en Navarre pour passer le reste de sa vie dans une profonde retraite. La reine était une des femmes les plus instruites de son temps. Douée d'un esprit cultivé, d'un cœur généreux et d'une vive imagination, en rapport avec la plupart des hommes d'élite de son temps, elle eût pu occuper une place distinguée parmi les fondateurs de la religion nouvelle, si l'influence de François I, son frère, et surtout le mysticisme ne l'avaient pas constamment arrêtée dans sa voie. Et puis, tout n'était pas religion à la petite cour de Nérac : on y parlait, il est vrai, beaucoup de piété intérieure, mais on s'y livrait gaiement aux plaisirs de la vie. De même, on y blâmait le catholicisme, tout en se rendant à la messe et en faisant des retraites dans les monastères. La reine Marguerite aimait à soutenir la cause de la réforme, mais par des moyens indirects qui ne la contraignaient pas à se déclarer ouvertement en sa faveur. Elle faisait aux réformés des dons en argent, intervenait parfois en leur faveur auprès du roi de France, usait de son influence pour faire rendre la liberté à ceux d'entre eux que l'on avait jetés en prison, et ouvrait aux fugitifs les portes de son royaume et de son palais. Cette hospitalité attira dans son pays beaucoup d'âmes vraiment religieuses, désireuses de s'édifier en paix sous un gouvernement libéral; elle y attira aussi les Libertins.

En 1543, Pocques et Quintin vinrent en Navarre, et reçurent un accueil empressé à la cour de Marguerite[1]. Eux aussi enseignaient l'indifférence des cérémonies extérieures, trouvaient à redire à l'œuvre des réformateurs, et affectaient de se soumettre aux rites de l'Église, tout en parlant de l'union intérieure de l'âme et de Dieu, et en professant des maximes morales qui convenaient on ne peut mieux aux mœurs des cours de cette époque. Jamais encore ils n'avaient rencontré de milieu aussi favorable pour la diffusion de leur doctrine. Ils trouvèrent dans l'entourage de la reine et dans la reine elle-même non-seulement des admirateurs, mais encore des défenseurs contre Calvin, quand on connut à Nérac les accusations que le réformateur venait de lancer contre eux dans son traité : *Contre la secte phantastique et furieuse des Libertins qui se nomment spirituels*[2]. Cet écrit, où le panthéisme immoral de ces hérétiques est réfuté avec une grande vigueur,

---

[1] Théod. de Bèze, *Hist. eccles. des égl. réf.*, I, 22, 49.
[2] Genève 1545. Traduit en latin par Des Gallars sous le titre un peu modifié *Adversus fanaticam et furiosam sectam Libertinorum, qui se spirituales vocant*. Genève 1546.

mais dont le ton a toute l'âpreté de la polémique du seizième siècle, fut mal reçu à la cour de la reine. Il contenait une allusion indirecte au genre de vie que l'on menait à Nérac[1], accusait Pocques et Quintin des plus grossières erreurs en leur qualité de chefs de la secte, et publiait même, à l'appui de ce jugement, des extraits d'un ouvrage de Pocques et de deux autres écrits anonymes, conçus dans le même esprit et intitulés, l'un la *Lunette des Chrestiens*, l'autre l'*Instruction et salutaire admonition pour parfaictement vivre en ce monde, et comment en toute nostre adversité serons patiens*[2]. Évidemment, les deux étrangers, avec leur dissimulation habituelle, n'avaient voulu passer à Nérac que pour de pieux partisans de la vie mystique. Plusieurs personnages de la cour prirent fait et cause pour eux, et « tascherent d'esmouvoir la Royne de Navarre contre ceux de la religion, prenans occasion de ce que Jean Calvin, refutant les blasphemes et impieté des Libertins, avoit nommé Quintin et Pocques deux principaux docteurs de ceste maudite secte[3]. » Marguerite, dont les nouveaux venus avaient gagné la faveur, s'imaginant que Calvin leur avait fait tort en les traitant avec si peu de ménagemens, en exprima hautement son déplaisir au réformateur. Elle lui reprocha d'avoir écrit ce traité « contre elle-même et contre ses serviteurs, » d'avoir fait preuve d'inconstance envers ceux qui jouissaient autrefois de ses sympathies[4], et alla même jusqu'à lui déclarer qu'elle ne voudrait pas avoir pour serviteur un homme tel que lui[5]. Calvin adressa à la reine une réponse respectueuse et ferme, par laquelle il réussit à modifier ses sentimens, sans rien abandonner de l'attitude énergique qu'il venait de prendre vis-à-vis des représentans de l'hérésie. Entre autres, il écrivit : « Ie voy une secte, la plus pernicieuse et execrable qui fust oncques au monde. Ie voy qu'elle nuyct beaucoup, et est un feu allumé pour destruire et gaster tout, si l'on n'y remedie... Il y a plus, qu'avec de grandes obtestations et vehemences ie suis solicité des paoures fideles qui enverrent (?) le bas pays de l'empereur tout corrompu, que bientôt et sans dilayer, ie mette la main à l'œuvre. Neanmoins encore, après telles requestes, ay-ie differé un an entier, pour voir si

---

[1] Calvin, o. c., 165.
[2] Calvin, o. c., 242.
[3] Théod. de Bèze, o. c., I, 49.
[4] Sans doute les hérétiques, pour se donner de l'autorité, avaient parlé à Nérac de leurs rencontres avec Calvin, en se gardant bien de rapporter l'attitude que le réformateur avait prise vis-à-vis d'eux.
[5] Lettre de Calvin à la reine de Navarre; Bonnet, *Lettres françaises*, 1, 111.

le mal se pourroyt assoupir par silence. Si on m'allegue que ie pouvois bien escrire contre la meschante doctrine, laissant les personnes là, i'ay mon excuse plus que raisonnable. C'est que çachant quelle ruyne a faicte messire Antoine Pocquet au pays d'Artois et de Henault, selon la relation des freres qui sont expressement venus icy pour cela, l'ayant ouy mesme icy, sçachant que Quintin ne pretend à autre fin que d'attirer les pauvres simples ames a ceste secte plus que brutale, et non tant par rapport d'aultruy que pour l'avoir ouy de mes oreilles... iugez, Madame, s'il m'estoyt licite de dissimuler.... Quant a ce que vous dictes que ne voudriez avoir un tel serviteur que moy, ie confesse que ie ne suis pas pour vous faire grands services. Quant a la reproche d'inconstance, que vous me faictes, d'aultant que ie me suis desdict, ie vous advertis, Madame, qu'on vous a mal informée. » Suivant Théodore de Bèze, cette réponse satisfit la reine; peut-être même qu'elle l'engagea à renvoyer les deux sectaires. En 1546 ou au commencement de 1547 Quintin fut arrêté à Tournay et condamné à mort. Calvin raconte ce fait en ces termes :

« Que l'occasion de sa prise ne fust qu'il solicitoit à paillardise d'honnestes femmes..., toute la ville de Tournay en est tesmoing. Estant pris, il ne tint pas a luy qu'il n'echappast, selon ceste belle philosophie qu'ilz tiennent, qu'il est licite de se contrefaire et se transformer pour decevoir ceux qu'ilz appellent charnelz. Ainsi il renonça tout, allegant qu'il estoit bon catholique a la mode papale. En la fin, estant conveincu, tant par tesmoings que par mon livre, dont la justice, ainsi qu'elle est malheureuse par de là, se servit : il demanda, pour le moins, de n'estre point executé par torment cruel, s'offrant a dire tout ce qu'on voudroit, comme il s'en acquitta bien. Car, estant venu sur l'eschafaut, à l'instigation des caphardz, il exhorta deux fois le peuple de se bien garder de lire la saincte Escriture, qu'il n'y avoit rien de pire, de plus pernicieux pour les simples gens[1]. » Quintin ne fut pas la seule victime que comptât la secte des Libertins : avant 1545 deux des partisans de l'hérésie avaient été condamnés au feu à Valenciennes[2]; quant à Pocques, on ignore ses destinées ultérieures.

Théodore de Bèze affirme qu'après la publication du traité de Calvin, en 1545, les Libertins ne parurent plus en France[3]; il est plus juste de dire qu'ils disparurent peu à peu. Vers 1546 leur doctrine fut en-

---

[1] Calvin, *Contre un Cordelier de Rouen*, Opp. VII, 361.
[2] Calvin, *Contre la secte des Libertins*, 198.
[3] *Vita Calvini*, ad ann. 1544; en tête de *Calvini epistolæ et responsa*.

seignée à Rouen par un ancien cordelier, qui compta parmi ses prosélytes plusieurs dames de famille noble. Il fut mis en prison l'année suivante comme réformé. Calvin, auquel on communiqua ses écrits, les réfuta dans une épître adressée à la communauté réformée de Rouen[1]. Remis en liberté, le cordelier publia contre cette épître son *Bouclier de défense*, auquel Farel opposa en 1550 le *Glaive de la Parole*[2]. En France les derniers vestiges des Libertins spirituels se rencontrent dans le Nivernais, à Corbigny; Calvin écrivit en 1559 aux réformés de cette ville pour les mettre en garde contre les menées des hérétiques[3]. Quelques rares indices mentionnent encore la présence des hérétiques dans les villes du Rhin outre Strasbourg. Viret, dans une lettre à Rodolphe Walther, un des théologiens de Zurich, rapporte l'existence de la secte en 1544 dans l'Allemagne inférieure[4], et Calvin donne à entendre qu'en la même année l'hérésie comptait des partisans à Cologne[5]. En 1545 la communauté wallonne du Wesel déclara dans sa confession de foi qu'elle repoussait, entre autres erreurs, celles des Libertins[6].

La plupart des Libertins, Quintin et Pocques entre autres, sont représentés comme des gens ignorans et d'une moralité douteuse. Si Calvin raconte que l'auteur anonyme du traité la *Lunette des Chrestiens* « n'est pas un tel asnier comme Quintin ou messire Antoine Pocques, qui n'ont non plus d'apparence que d'effet, excepté leur ruse de guergonner a fin d'acquerir bruit par leur obscurité, mais est un homme de quelque esprit et de quelque sçavoir et use de quelque traditive[7];» c'est là une exception qui n'a pas dû être fréquente. Cependant, tout ignorans qu'ils étaient, ils ne manquaient ni d'éloquence ni de subtilité. Ils usaient de beaucoup de circonspection dans la propagation de leur doctrine; d'ordinaire ils commençaient par présenter à l'esprit de leurs auditeurs les idées vagues et séduisantes empruntées à leur faux spiritualisme. « Du commencement, dit Calvin, ils parlent un langage si estrange, que les simples gens sont ravis apres eux,

---

[1] Jehan Calvin, serviteur de Dieu, *à tous ceux qui craignent Dieu en la ville de Rouen* (contre un cordelier de Rouen). Genève 1547, à la suite de la seconde édition du traité *contre la secte des Libertins.* — Opp. VII, 345.

[2] *Le Glaive de la Parolle veritable, tiré contre le Bouclier de defense, duquel un cordelier Libertin s'est voulu servir pour approuver de fausses et damnables opinions.* Genève 1550.

[3] Calvin, *à l'Église de Corbigny*; Bonnet, *Lettres françaises*, 2, 320.

[4] Viretus *Gualtero*; Calvini Opp. XI, 746 et s.

[5] Calvin, *Contre la secte des Libertins*, 199.

[6] *Archief voor kerkelike geschidenisse*, 5, 425. — [7] Calvin, o. c., 242.

se confians qu'ilz les doivent eslever jusque au ciel avec les anges : et tiennent en cest estat leurs auditeurs long temps suspens, iusque à ce qu'ilz les ayent ensorcelez pour leur faire a croire que vessies sont lanternes... Ilz ne parlent que d'esprit, et que la parolle de Dieu n'est que esprit, et que Iesus Christ semblablement est esprit, et qu'il nous faut estre espritz avec luy, et que nostre vie doit estre esprit... En appliquant ainsi confusement le nom d'esprit a tout ce qui leur vient en la teste, non seulement ilz troublent le sens des auditeurs, en meslant les choses qui doivent estre distinctes : mais aussi ilz les embabouissent, en leur faisant à croire qu'ilz sont tous spirituelz et divins et qu'ilz sont à demy ravis avec les anges[1]. » Leur langage était obscur et à double entente, attrayant par son étrangeté et leur laissant toujours la ressource de dire qu'on ne les avait pas compris, si l'adversaire les serrait de trop près dans une discussion[2]. « Les Quintinistes ont une langue sauvaige, en laquelle ilz gasouillent tellement qu'on n'y entend quasi non plus qu'au chant des oiseaux. Non pas qu'ilz n'usent de motz communs qu'ont les autres : mais ilz en deguisent tellement la signification, que jamais on ne sait quelle est le subject de la matiere dont ilz parlent, ne que c'est qu'ilz veulent affermer ou nier... Ilz ne font nulle difficulté de dire maintenant d'un, maintenant d'autre, et se tranfigurer au plaisir des auditeurs. Qui plus est, ilz prennent une grande gloire en cela et s'en tiennent bien fiers. » Selon les personnes auxquelles ils s'adressaient, ils variaient leur manière de s'exprimer, étant plus francs envers les uns, plus dissimulés envers les autres. « Iamais ilz ne revelent les mysteres d'abominations qui sont cachez soubz leurs motz, sinon à ceux qui desia sont du serment. Ce pendant qu'ilz tiennent encor un homme comme novice, ilz le laissent bailler et transir la bouche ouverte sans intelligence aucune. Ainsi ilz se cachent par astuce soubz ces ambages comme brigans en leurs cavernes... C'est un des principaux articles de leur théologie, qu'il faut avoir l'art de se contrefaire pour tromper le monde[3]. » Ils justifiaient cette dissimulation en invoquant quelques passages de l'Écriture[4] et l'habitude de Jésus de parler en similitudes. Ils ne se faisaient aucun scrupule de se présenter en qualité de ministres de l'Évangile, ou bien encore de se faire passer pour Vaudois, « pour avoir meilleure entrée envers les

---

[1] Calvin, o. c., 166, 177.
[2] Calvin, o. c., 163.
[3] Calvin, o. c., 168 et s.
[4] Entre autres sur Ps. 2, 4: « Celui qui habite dans les cieux, se rira d'eux; le Seigneur s'en moquera ».

simples gens et craignans Dieu qui congnoissent la bonté de ce peuple-là[1]. »

Leurs livres étaient conçus dans le même esprit équivoque. Calvin nous a conservé quelques extraits d'un écrit de Pocques, dans lequel toutefois « il ne descouvre pas les grans mysteres qu'ilz n'ont accoustumé d'entamer sinon à ceux qui se sont ia rendus à eux pour estre instruitz en leur eschole[2]. » A première vue, on n'y trouve en effet que le langage emphatique d'un mystique exalté; cependant comme il insiste sur la promesse de Jésus que l'Esprit enseignera toutes choses à ses disciples, et comme nous connaissons l'habitude de Pocques et de ses compagnons de cacher sous de pieux discours les plus grossières hérésies, nous ne lui ferons pas tort en interprétant avec Calvin quelques assertions qui paraissent inoffensives dans le sens de la doctrine générale de la secte. Avant 1544 avaient paru deux autres traités dont il a déjà été question, la *Lunette des Chrestiens* et l'*Instruction ou salutaire admonition pour parfaictement vivre en ce monde*, etc. Les auteurs inconnus de ces ouvrages s'étaient exprimés plus explicitement que Pocques sur quelques-uns des principaux points de leur doctrine. Dans une série de traités encore inédits, écrits dans les années 1547 à 1549, ces doctrines se dissimulent mal sous les formes d'un mysticisme quiétiste[3]. Elles étaient exposées avec toute la clarté désirable dans les écrits du cordelier de Rouen, qui, après avoir publié un *Dialogue* et une *Exposition de l'Apocalypse*[4], aujourd'hui perdus, réfuta Calvin par son traité le *Bouclier de défense*, dont Farel a conservé de nombreux extraits dans son *Glaive de la Parole*. D'après ces sources, et en nous aidant des écrits dirigés par Calvin contre les Libertins,

---

[1] Calvin, o. c., 163, 241.

[2] Calvin, o. c., 226.

[3] Ces traités forment un volume in 8°, sans pagination, vrai chef-d'œuvre de calligraphie. Les titres sont les suivants: 1° *Un petit traicté du commencement pour parvenir de plaire a Dieu par le moyen de son fils Iesus-Christ;* — 2° *Une petite exposition des trois manieres de chastréz*, 1547; — 3° *La declaration de l'homme exterieur et de l'homme interieur, l'ung selon la chair, et l'aultre selon l'esperit*, 1548; — 4° *Briefve exposition du Dieu terrestre, et principalement du premier et seul seigneur le Dieu du ciel*, 1549; — 5° *Advertissement salutaire pour les detracteurs et transgresseurs de l'Evangile et verité de Christ*, 1549; — 6° *Quelque petite ordonnance de la maniere de soy gouverner en la maison des enfantz de Dieu*, 1549; — 7° *Oraison contemplative à Dieu*, 1547; — 8° *La maniere de prier aux petitz enfantz de Dieu*, 1549; — 9° *La maniere comment se doibvent gouverner les sœurs fideles en Christ*, 1549. — Nous publions dans l'Appendice (V) le premier de ces traités.

[4] Calvin, *Contre un Cordel. de R.*, 242; — Farel, *Le Glaive de la Parolle*, 15.

nous allons essayer de rétablir leur système. On nous permettra de les laisser parler autant que possible eux-mêmes.

Les Libertins « tiennent qu'il n'y a qu'un seul esprit de Dieu qui soit et vive en toutes créatures. Par ce moyen ilz aneantissent tant des âmes humaines que des natures angeliques : ilz feignent que les anges ne sont qu'inspirations ou mouvemens et non pas creatures ayant essence. Suivant eux il n'y a qu'un seul esprit qui est partout. Au lieu de nos ames ilz disent que c'est Dieu qui vit en nous : qui donne vigueur a nos corps : qui nous soustient et faict en nous toutes les actions appartenantes a la vie. Les ames des hommes ne sont que l'esprit universel de Dieu qui besongne en tous, lequel ilz appellent l'esprit de Dieu qui ne peut mal faire[1]. » La personnalité humaine « n'est qu'une fumée qui passe et non pas chose permanente[2]. » Cet esprit unique est le principe de toute activité et de tout mouvement. « C'est un seul esprit qui faict tout. Tout ce qui se faict au monde doit estre reputé directement son œuvre. En ce faisant ilz n'attribuent à l'homme nulle volonté non plus que s'il estoit une pierre : et ostant toute discretion du bien et du mal : pour ce que rien ne peut estre mal faict, à leur intention, en tant que Dieu en est autheur[3]. » Calvin raconte qu'ils ne craignaient pas de faire un indigne abus de ce principe dans les circonstances de la vie journalière : « Cette grosse touasse de Quintin se trouva une fois en une rue où on avoit tué un homme : il y avoit là d'aventure quelque fidele qui disoit : Helas, qui a faict ce meschant acte? Incontinent il respondit en son picard : Puy que tu le veu savoir, cha esté my. L'autre comme tout estonné luy dict : Comment seriez vous bien si lasche? A quoy il replica : Che ne suis ie mye : chet Dieu. Comment? dict l'autre : faut-il imputer a Dieu les crimes qu'il commande estre punis? Adonc ce pouacre degorge plus fort son venin, disant : Ouy, chet ty, chet my, chet Dieu. Car che que ty ou my foisons, chet Dieu qui le foit : et che que Dieu foit, nous le foisons, pourche qu'il est en nous[4]. » De la même façon ils se moquaient des malheurs d'autrui; mais toute leur sagesse les abandonnait quand le malheur les frappait eux-mêmes : « Si quelqu'un a enduré ou mal en

---

[1] Calvin, *Contre la secte des Libertins*, 178 et s.; Farel, o. c., 223.
[2] Calvin, o. c., 181.
[3] Calvin, o. c., 183.
[4] « Puis que tu le veux savoir, ça esté moy.... Ce n'est pas moy, c'est Dieu.... C'est toy, c'est moy, c'est Dieu. Car ce que toy ou moy nous faisons, c'est Dieu qui le fait, et ce que Dieu fait, nous le faisons, pour ce qu'il est en nous » (Calvin, o. c., 184).

sa personne ou dommage en ses biens, ilz s'en rient et disent que tout cela n'est que bon : et que nous plaindre de celuy qui l'a faict, ce seroit contester contre Dieu. Mais si on leur attouche seulement le petit doigt, ilz oublient toutes ces belles raisons et se desbordent plus en cholere que nulz autres. » La conclusion en est : « Puisque Dieu est l'auteur de toutes choses, il ne faut plus discerner entre le bien et le mal : mais dire que tout est bien faict, moyennant que nous ne facions scrupule de rien. En Dieu n'habite point de péché ; il faict toutes choses et ce qu'il fait tout est bon. » Croire à l'existence du mal est donc la plus grande erreur de l'esprit humain ; sur ce point « la science de l'homme est follie devant Dieu [1]. »

Cependant, à côté de ces propositions qui excluent absolument la notion du mal de ce système, nous en rencontrons d'autres qui établissent la réalité du mal comme fondée sur l'activité et la volonté mêmes de Dieu. « Dieu a creé l'homme avec une inclination mauvaise et une nature vicieuse. Quand Calvin dit que la malice qui est en nous et au diable n'est point une chose essentielle creée de Dieu, mais advenue par corruption : ie luy repon qu'il contredit à Dieu. Le peché qu'on appelle vulgairement originel, n'est point pris de nostre premier pere Adam : mais est en nous mesmes par le seul Dieu createur de l'esprit et qui nous a donné une naturelle inclination a mal. » Prétendre le contraire, serait « faire Adam nostre createur. Par ce moyen Dieu ne serait pas createur du tout. Dieu nous a donné ceste nature vicieuse pour apparoistre seul bon. Dire que l'homme n'a point esté creé mauvais et avec malice naturelle, ce serait impieté grande et blaspheme, en faisant la creature semblable au Createur et esgalle en justice avec luy [2]. » Le cordelier de Rouen excepte cependant de la règle commune Jésus-Christ « qui pour vray seul a esté conceu et nay sans peché, et qui ne seut jamais aucun vice, ny aucune inclination en mal [3]. » A la prédestination de Calvin ce dernier opposait une prédestination d'un genre tout particulier : « Soubz ombre de la prédestination il tasche d'aneantir tellement l'homme que les reprouvez ne font rien à leur perdition. C'est Dieu qui besongne en tous non seulement le bien mais aussi le peché et l'iniquité [4]. »

A l'appui de cette manière de voir, les Libertins invoquaient

---

[1] Calvin, o. c., 184, 235; — *Contre un Cordel. de R.*, 345.
[2] Calvin, *Contre un Cordel. de R.*, 347, 353, 355; — Farel, o. c., 57, 116 et s.
[3] Farel, o. c., 58.
[4] Calvin, *Contre un Cordel., de R.*, 347.

quelques passages bibliques[1], bizarrement interprétés, et avant tout le récit de la Genèse qui leur permettait d'attribuer à Dieu la création des ténèbres aussi bien que celle de la lumière : « Si la creature a esté naturellement bonne en sa creation, Moyse n'aurait pas bien escrit la creation des choses faites des le commencement : car il nous baille premierement la creation tant du ciel que de la terre, et dit que la terre a esté vaine et vuide et tenebreuse des le commencement : et apres Dieu a fait la lumiere qu'il a mise pour enluminer ciel et terre, nous monstrant mystiquement, s'il est une fois donné aux literaux d'entendre ce que l'esprit dit aux congregations, que toutes les creatures tant du ciel que de la terre, anges et hommes, ont esté et seront en leur premiere creation tenebreux et sans lumiere, par la vraye lumiere qui enlumine tout homme venant en ce monde, qui est Iesus Christ[2]. »

Il y a entre ces deux séries d'idées une opposition évidente. D'un côté nous lisons que tout ce que Dieu fait est bon, de l'autre que Dieu est l'auteur direct du mal. En maints passages les écrivains de la secte, pour sauver au moins les apparences sur un point aussi important que la sainteté de Dieu, avancent que si « Dieu a fait l'homme malicieux et le diable quant et quant, en ce faisant il n'a point fait mal[3] ; » mais il ne réussissent pas à prévenir le reproche de contradiction que Calvin leur adresse en termes énergiques. Devrons-nous en conclure qu'il n'a existé dans leur esprit aucun lien entre ces deux ordres de pensées, inconciliables à première vue? Ici Farel nous vient en aide en ajoutant à l'un des passages cités tantôt une proposition très-importante pour l'intelligence de la doctrine des Libertins : « Dieu est divers à soy en tant qu'il est autre en ce monde qu'au ciel. » Ici donc comme chez les sectes précédentes et chez les docteurs du moyen âge, dont nous avons retracé l'enseignement, c'est dans la sphère métaphysique qu'il convient de chercher la solution de l'antithèse entre le bien et le mal, en faisant des notions de substance et d'accident le contenu unique des principes opposés de la morale. « Dieu est divers à soy, » en d'autres termes l'esprit absolu s'est diversifié en lui-même en sortant de son unité au moment de la création du monde visible et invisible. Le premier degré de cette effluve de la divinité hors d'elle-même a été la nature consciente de Dieu, résidant dans les trois personnes de la Trinité, forme concrète, limitée et imparfaite de

---

[1] Entre autres Esaïe, 45, 7; Lament. 3, 38; Ephés. 2, 3.
[2] Farel, o. c., 54.
[3] Calvin, o. c., 351.

la vie divine : cet échelon manque ici dans l'harmonie du système ; mais nous rencontrons celui qui le suit immédiatement et qui le présuppose, à savoir que l'homme a été créé à l'image de la nature divine et possède en lui le caractère contingent inhérent à cette nature depuis qu'elle est sortie de l'unité primitive. « L'homme qui a esté creé à l'image de la tres saincte Trinité, a esté creé avec triple malice, triple outrecuidance et presomption, avec l'outrecuidance de la propre justice, de la puissance et de la folle sapience[1]. » Ces termes d'outrecuidance et de présomption ne désignent dans le langage des sectaires que la tendance de l'être individuel et fini à persister dans son caractère particulier, à s'attribuer une existence et une activité propres, au lieu de s'élever au-dessus de cet état de différence et de rentrer dans l'être infini par le sacrifice de la personnalité. Ici-bas Dieu se manifeste à lui-même sous la forme passagère des créatures visibles ; en lui-même il demeure dans une unité inaltérable : voilà ce que le cordelier de Rouen exprime par ces mots : « Dieu est divers à soy en tant qu'il est autre en ce monde qu'au ciel. » De cette manière l'unité est rétablie dans l'enseignement des Libertins.

La nature humaine et le monde visible ne sont en eux-mêmes que des phénomènes sans consistance ; mais l'homme s'attribue ainsi qu'au monde qui l'environne une existence réelle et autonome : illusion funeste, qui tient à l'imperfection de sa nature, et dont le siége est sa pensée défectueuse, ou, suivant l'expression favorite des Libertins, le *cuider*. Les Libertins « composent l'homme de son corps et d'un cuider, disant que l'homme naturel a son ame tenant du diable et du monde[2]. » Le péché, suivant leur manière de voir, n'est que l'erreur de l'esprit humain, naturellement limité et fini, qui s'arrête et se complait dans cet état d'imperfection originelle. S'imaginer être une personnalité réelle et active, au lieu de ne voir dans ses actes que l'action directe de Dieu, « penser faire quelque chose, c'est le peché de Sodome. Combien que les malins ne facent rien, si estiment ils operer et faire de soy-mesme tout ce qui est fait. Et ceste outrecuydance et presomption est proprement leur peché. C'est le peché de Sodome de faire ou estimer Dieu estre passif et endurant et la creature active. Dieu n'est blasphemé sinon quand nous presumons de nostre sagesse, de nostre merite, et de nostre franc-arbitre. Le peché a esté pardonné à Pierre, parcequ'il a cogneu et confessé que ce n'estoit il pas qui peut rien faire ne qui eut

[1] Farel, o. c., 117, 133, 134 ; — Comp. Calvin, o. c., 348.
[2] Calvin, *Contre la secte des Lib.*, 181.

rien faict. Au contraire le peché n'a point esté pardonné à Judas, d'autant qu'il s'est glorifié en sa puissance, disant : l'ay trahi le sang innocent[1]. » Quelque diverses que soient les formes sous lesquelles le peché se rencontre, c'est toujours dans cette prétention de l'homme à une activité particulière et à une existence individuelle au sein de l'Esprit universel qu'elles trouvent leur origine. Le mal ne réside que dans le sentiment de la personnalité : « Il n'est demeuré que l'ame vivante a l'homme apres le peché, » dit l'auteur de la *Lunette des Chrestiens*, et Pocques exprime cette idée sous une forme encore plus nette en engageant ses lecteurs à « laisser le viel Adam, c'est-a-dire nostre ame vivante[2]. » Adam et Ève n'avaient pas conscience avant la chute d'être différens de Dieu; ils ne se sentaient pas hommes, et ne possédaient aucune volonté propre. « Ilz ne veoyent point leur vouloir, et n'estoient point vergougneux de leur humanité. Ilz ne veoyent point leur peché : mais quand ilz veoyent peché, il leur fut imputé à peché, et l'homme a esté tourné en vanité[3]. » La chute n'a donc été que la conscience d'une existence propre et d'une volonté particulière s'éveillant en des êtres confondus jusqu'à ce moment avec Dieu en une essence infinie, ou, si l'on approfondit tant soit peu cette idée, la rupture primordiale de l'unité divine, lors de la révélation de Dieu à lui-même.

« Il n'y a en l'homme que le cuider : qui est autant à dire que tout n'est qu'un songe et resverie[4]. » Tous les objets auxquels l'âme s'arrête ici-bas, ou qui remplissent son intelligence, tous les sentimens qui l'agitent, ne sont que vanité et qu'illusion, car elle n'est elle-même qu'illusion. « Ilz prennent le diable, le monde, le peché pour une imagination qui n'est rien. Et disent que l'homme est tel jusqu'a ce qu'il soit refondu en leur secte. Pour ceste cause ilz comprennent toutes ces choses en un mot : assavoir cuider. Voulans signifier que ce ne sont que phantaisies frivoles qu'on conçoit quand on a quelque opinion du diable ou du peché. Et non seulement ilz parlent du diable comme des anges, les tenans comme inspirations sans essence : mais ilz veulent dire que ce sont vaines pensées lesquelles on doit oublier comme songes. Touchant du peché ilz ne disent pas seulement que ce soit une privation du bien : mais ce leur est un cuider qui s'esvanouist et est

---

[1] Farel, o. c., 4; — Calvin, *Contre un Cordel. de R.*, 348, 349, 353, 360.
[2] Calvin, *Contre la secte des Lib.*, 246, 238.
[3] Calvin, o. c., 237.
[4] Farel, o. c., 18.

aboly quand on n'en fait plus de cas. En ceste façon ceux cy pretendans à oster la discretion du bien et du mal, enseignent qu'on ne doit plus amuser à cuider, veu que le peché est aboly, et que c'est folie de s'en plus tourmenter comme si c'estoit quelque chose. Le peché, le monde, la chair, le vieil homme ne leur est autre chose que ce qu'ilz appellent cuider. Ainsi moyennant qu'on ne cuide plus, on ne peche plus à leur compte. Or en ce cuider ilz comprennent tout remords de conscience, tout scrupule : bref tout le sentiment qu'a un homme du jugement de Dieu[1]. » Le mal ne consiste donc pas dans l'acte extérieur, mais dans l'idée que l'on se fait de cet acte. Croit-on, en le commettant, que l'on agit personnellement, dans ce cas le péché existe; se dit-on au contraire que c'est à Dieu et non à soi-même qu'il faut l'attribuer, alors l'on ne pèche pas quoi qu'on fasse. « Penses-tu faire aucune chose? s'écrie le cordelier de Rouen : n'est-ce pas Dieu qui fait tout? s'il fait tout, donc il n'y a autre que lui qui face rien. Or Dieu ne peut mal faire, et puisqu'il est question qu'on dit qu'il y a des choses mal faites, il faut que c'est à cause du cuider et presumer[2]. » Le péché n'existe donc que dans notre imagination, et le sentiment qu'il éveille dans notre cœur, le remords, n'est qu'illusion. Ne plus faire aucun cas du péché, ne s'en plus tourmenter comme s'il était quelque chose, ne voir dans les révoltes de la conscience que la manifestation de notre être imparfait et limité à laquelle il ne faut pas s'arrêter, en un mot abolir la conscience morale individuelle comme un obstacle sur le chemin de la perfection, tel est le devoir de l'homme qui veut atteindre le but de l'existence. Pour s'affranchir du mal l'on n'a donc qu'à renoncer au cuider. Cet affranchissement se fait par Jésus-Christ : « Ilz composent Iesus de l'Esprit de Dieu qui est en nous tous, et de ce qu'ilz appellent le cuider ou le monde. Iesus Christ n'est pas mort en la croix, mais le cuider seulement[3]. » Si donc l'on dit que le Seigneur est mort sur la croix, cela signifie, selon leur opinion, que le cuider est mort en lui, que Jésus s'est délivré de l'illusion d'être une personne réelle pour ne plus se reconnaître que comme l'Esprit universel de Dieu. Il faut bien avouer que, d'après cette théorie, l'exception admise tantôt en faveur de Christ pour sauver les apparences relativement à sa sainteté, disparaît complétement : Christ a commencé par avoir le cuider, c'est-à-dire il a connu le péché comme tout autre membre de l'humanité. La mort sur la croix

---

[1] Calvin, o. c., 181, 201.
[2] Farel, o. c., 189.
[3] Calvin, o. c., 198.

n'est que la représentation symbolique de cette mort intérieure. Jésus détruisant le cuider dans son âme a sauvé l'humanité en ce sens qu'il a laissé aux hommes un modèle à suivre en leur offrant dans sa propre existence l'exemple de la sanctification. « Ilz constituent toute nostre redemption en cela, que Iesus Christ ait esté comme un patron seulement auquel nous contemplions les choses que l'Escriture requiert à nostre salut. Il est vray que pour colorer la villanie de leur doctrine, ilz useront bien de plusieurs belles sentences, comme voulans magnifier sa vertu. Mais le tout revient là, que ce qu'il a faict et souffert n'est qu'une farce ou une moralité jouée sur un echafaud. Exemple : Quand ilz disent que Iesus Christ a aboli le peché, leur sens est, que c'est d'autant que Iesus Christ a representé ceste abolition en sa personne. Quand ilz disent que la mort est vaincue, c'est parceque Iesus Christ a joué en la croix le personnage de celuy qui l'enduroit. Ilz font Iesus Christ comme une image ou un patron, où sont figurées les choses requises à nostre salut[1]. » Ce modeste rôle d'exemple n'épuise cependant pas la notion que les sectaires se faisaient de l'activité rédemptrice du Seigneur. A vrai dire, nous ne sommes pas libres, suivant eux, de suivre ou non cet exemple. Le salut des hommes, c'est-à-dire leur retour dans l'unité divine, est le résultat non de la liberté morale, mais d'une nécessité métaphysique. Christ, d'après cette manière de voir, n'est plus une individualité isolée qui laisse à ses frères un modèle à suivre par le fait qu'elle s'élève à la conscience de son identité avec Dieu ; il est le représentant du genre humain tout entier, la personnification de la nature humaine, la totalité des individus terrestres. Son retour dans l'unité divine implique celui de tous les hommes. « Puisque Christ a esté faict tout homme prenant nature humaine, et qu'il est mort : peut-il encore mourir cy bas ? Ce seroit grand erreur d'ainsi le croire. Car il est mort et ressuscité : et faut croire qu'il n'a laissé nulz de ses membres sans estre mortz avec lui et mesme ressucitéz. Et par ce est il escrit que nous sommes tous membres de Christ. L'Esprit de celuy qui a ressuscité Iesus Christ des mortz habite en vous puisqu'il est mort pour tous, et qu'il dict qu'il a esté tout homme et qu'il est mort pour tous, pour et a fin que ceux qui vivent ne vivent plus en eux-mesmes. Nous sommes tous Christz, et ce qui a esté faict en luy, il a esté faict en nous. Nostre seigneur Iesus est le seul homme auquel nous sommes tous : et puis qu'il est le dernier, il n'y a plus d'homme que luy[2]. » Christ, l'homme universel, se retrouve donc en tous les

---

[1] Calvin, o. c., 199. — [2] Calvin, o. c., 230, 199, 233, 246.

hommes. Une ère nouvelle a commencé pour l'humanité depuis le jour où a retenti du haut de la croix cette parole : tout est accompli. L'accomplissement de toutes choses se réalise dans la secte des Libertins. Auparavant les hommes vivaient sous le joug du péché, car ils avaient la notion du péché, suivant qu'il est écrit : « Celuy qui voit peché, peché luy demeure, et la verité n'est point en luy (Jean IX, 41). Maintenant nous sommes vivifiés avec le second Adam, qui est Christ, ne plus voyant le peché, pour veu qu'il est mort[1]. » Les Libertins poussaient fort loin dans la vie journalière l'application de ce principe de l'identité de l'homme et de Jésus-Christ : « Quintin se courrouce quand on luy demande comment il se porte. Comment, dit-il, Iesus Christ se peut il mal porter? Quand les autres sont en affliction, ilz font des robustes; disans, que c'est blasphemer de se plaindre ou de faire semblant de rien sentir. Comme une fois i'estois present quand Quintin dict à un homme fort malade, qui avoit seulement dict : Helas! mon Dieu, que je me sens mal, ayde moy : Vore dia? est che bien parlé chela? de dire que Christ se porte ma? tou le ma n'est y mye passé en ly? n'est y mye en la gloire de son pere? est che la tout che que vous avez apprin? Mais quand Dieu les essaye, ilz sont tout esbahis de se trouver hommes differentz du Filz de Dieu, ou pour le moins de ne trouver pas en eux cest idole qu'ilz avoyent forgé en l'air. Comme il y en avait un l'esté passé à Coulongne, qui disoit en plourant : Comment? faut-il que ie souffre encore, veu que tout est consommé?[2] »

Christ ayant aboli le cuider, réellement en lui-même et virtuellement dans tous les hommes, « il n'y a plus de diable ne de monde selon leur opinion[3]. » La fatale illusion qui retenait l'âme humaine dans le domaine de l'imperfection et du fini se dissipe; le néant de la distinction du bien et du mal et de l'existence des créatures visibles apparaît à tous les esprits disposés à s'élever à Dieu. Avant de parvenir à la conscience de son identité avec l'Esprit de Dieu, l'homme doit passer par la voie de la régénération et de la mortification. « La regeneration est de revenir en l'estat d'innocence auquel estoit Adam devant qu'avoir peché. Pour ce que le peché d'Adam a esté de manger du fruict de la science du bien et du mal; ainsi mortifier le vieil Adam, c'est de ne plus discerner comme si on avoit congnoissance du mal,

---

[1] Calvin, o. c., 234, 238.
[2] « Que dites-vous? Est-ce bien parlé cela? De dire que Christ se porte mal? Tout le mal n'est-il pas passé en luy? N'est-il pas en la gloire de son père? Est-ce là tout ce que vous avez appris? » (Calvin, o c., 199).
[3] Calvin, o. c., 201.

mais se laisser mener par son sens naturel, comme un petit enfant. Si un homme pensant à ses fautes en a desplaisance et en est contristé, ils disent que le peché regne en luy, et qu'il est detenu captif par le sens de la chair. Au lieu d'exhorter les povres pecheurs a doleance pour leurs mefaits, le cordelier les enseigne de se reiouir, puisqu'il plait a Dieu, et que tout ce qui lui plait est bon[1]. » Si pour les Libertins la régénération consiste à oublier la connaissance du bien et du mal acquise par les premiers hommes, la mortification est le renoncement à la volonté et à l'activité propres, pour se laisser mener par Dieu et reconnaître que tout est bien, puisque c'est Dieu qui fait tout : « La mortification est de se laisser mener, et puis dire que tout va bien, car Dieu l'a fait. Ceux qui sont mortifiés ne disent autre chose si non : Pere eternel, ta bonne volonté soit faicte en toutes choses! n'ayant aucun vouloir, mouvement ne rien, laissant Dieu besongner, sans regarder a rien qui soit, puisque Dieu ne peut mal faire, ains doit estre loué en tout ce qu'il faict. Oster donc le cuider et laisser besongner Dieu. Soyez comme instrumentz mortz et passifz, iamais ne pecherez; quelque apparence qu'il y ait, il n'y a point de mal. Ce que Dieu a ordonné eternellement sera faict : on n'y peut adiouster ne diminuer, changer, avancer ou retarder. Iesus n'a rien souffert, combien que les Iuifs pensent l'avoir mis a mort : et les Chrestiens sont bien folz de croire ainsi. Iesus estant instrument mort et passif, et laissant besongner Dieu comme il luy plait, il est ioyeux et content de tout, il ne se plaint de rien, et ne dit autre chose sinon : Pere eternel, que ta bonne volonté soit faicte en toutes choses! Et combien qu'il semble a ceux qui iugeant selon la chair et selon la face du dehors que Moyse, Iosué, Phinées et plusieurs autres soyent tombéz en homicide comme Cain et ayent peché : touteffoys devant Dieu, il est certain qu'ilz n'ont point peché, et qu'ilz ne sont point homicides : car ilz estoyent mortz, ie dy mortifiéz, et pourtant Dieu operait en eux comme par son instrument mort et passif qui n'eust peu contredire a l'ouvrier, faisant d'eux a son plaisir. Et si aucuns sont ainsi mortifiéz, ie ne veux point considerer de peché en eux, quelque œuvre qui puisse apparoistre devant mes yeux : mais le seul Dieu cognoit ceux qui sont de ceste sorte, et, puisque nous ne les cognoissons, n'en iugeons ny en bien ny en mal, et laissons faire le magistrat qui juge par dehors. Ceux qui sont en Christ, ayans la sapience de foy, recongnoissent bien par tout les œuvres de Dieu et ne s'emerveillent de rien, faisant leur

---

[1] Calvin, o. c., 200, 201; — *Contre un Cordel. de R.*, 349.

profit de tout, recongnoissant que tout est du vouloir et providence de Dieu[1]. » Sortis du « jardin de volupté » dans lequel ils trouvaient leur bonheur à vivre et à agir par eux-mêmes, les hommes sont désormais de « nouvelles creatures, parce qu'ilz sont delivréz de cuider et par ainsi n'ont plus de peché en eux. Les esleux mortifiéz ne font rien que tout bien, quoy qu'ilz facent, car ilz ne font rien et Dieu opere tout en eux. » De plus, incapable de tomber lui-même dans le péché, le chrétien parfait ne sait également plus reconnaître le péché dans les actions des autres hommes; la « charité » qui l'anime envers le prochain « couvre la multitude des pechéz et ne voit point de peché, car elle a tout destruit par ce commandement souverain : Aymez l'un l'autre[2]. » Il laisse « besongner » Dieu, ne s'étonne de rien, ne se plaint de rien, car ce serait « contester contre Dieu; » en cas de maladie, il n'a pas recours à la médecine, car ce serait « manquer de confiance en la volonté divine; » pareillement il condamne toute la politique : « ce luy est un blaspheme execrable, un grand outrage contre Dieu, une meschante infidelité de s'aider de loix humaines pour le gouvernement du monde, d'autant plus que Dieu est suffisant de le regir par sa presence[3]. » Quand il voit commettre un crime, il ne s'en émeut pas, persuadé que l'auteur en est l'Esprit universel, et que par conséquent il n'y a pas de crime. Coïncidence digne de remarque : le panthéisme, comme le déisme, aboutit en dernière analyse au fatalisme. Parties de conceptions de la divinité diamétralement opposées, les deux tendances spéculatives se rencontrent à la fin de leur carrière, et proclament le même principe du quiétisme ou de l'inertie morale de l'être individuel au sein du monde, l'une au nom de l'immanence de Dieu dans l'univers, l'autre au nom de sa transcendance absolue au-dessus des créatures. Que la personnalité humaine se sente écrasée par une loi extérieure à elle et infiniment élevée, ou qu'elle sente s'évanouir toute existence et toute activité propres dans son identification avec cette loi, la conséquence est la même. Aucune de ces deux tendances, prise isolément, ne saurait donc créer une vie spirituelle qui satisfît l'âme de l'homme, car il leur manque à la fois le principe de toute religion et de toute morale, la vraie notion de Dieu jointe à la vraie notion de la personnalité humaine.

[1] Calvin, *Contre un Cordel. de R.*, 356; — Farel, o. c., 177, 189, 5, 6; — Calvin, *Contre la secte des Lib.*, 231.
[2] Calvin, *Contre la secte des Lib.*, 201, 237, 240; — Farel, o. c., 4.
[3] Calvin, o. c., 243.

L'homme parfaitement mortifié ne mourra plus; dès ce monde, il vit au sein de Dieu : « Par cet esprit de renovation, dit Pocques, ie suis relevé de mort et vivifié avec Christ, et les œuvres de la loy me sont passées, et suis appellé avec les anges, et faict Filz de Dieu et héritier d'immortalité et membre de Christ, et noz corps temples du sainct Esprit et nos ames les images et les lieux secretz de la divinité[1]. »
Étant un avec Christ, il est déjà mort et ressuscité avec lui : « Ilz se mocquent de toute l'esperance que nous avons de ressusciter, disant que ce que nous attendons est desia advenu. Si on leur demande comment, c'est que l'homme sache que son ame n'est que l'Esprit immortel qui est toujours vivant au ciel : et que Iesus Christ par sa mort a aboly le cuider, et par ce moyen nous a restitué la vie qui est de congnoistre que nous ne mourrons pas. Ces miserables ne mettent rien en l'homme qui soit creé que le corps : l'ame et l'esprit selon iceux n'est point creé et n'est point creature. Ilz disent que l'homme selon son corps est venu de rien, car il a esté formé de la terre, et la terre est venue de rien. Par quoy il faut que le corps qui est venu de rien retourne à son rien, c'est à la terre, et l'esprit qui est tout, à son tout, c'est a Dieu de qui il est. Et telz personnages n'ont d'autre resurrection, fors que l'esprit retourne à Dieu, car il est Dieu, et sera congneu tel quand rien sera tourné en rien. Alorz nos corps seront comme cendre esteincte : mais l'esprit sera comme l'air clair et espars comme la nuée[2]. » Tous les hommes arriveront à la vie éternelle. Il est bien question quelquefois de diables et d'enfer dans ce qui nous reste des écrits des Libertins; mais il est hors de doute qu'ils n'ont pas admis sérieusement ces deux points de doctrine, qui ne rentrent pas dans l'ensemble de leur enseignement. « Quand bon luy semble, dit Calvin du cordelier de Rouen, il confesse qu'il y a des diables; et en tournant la main, il change de propos, et dit que le serpent dont parle Moyse n'estoit point le diable[3]. » Quand le corps se dissout et tombe dans le néant, « l'esprit est resioinct à l'essence de Dieu, tellement qu'il n'y demeure qu'un Esprit seul[4]. »

Cette doctrine de l'identification essentielle de l'homme et de l'esprit de Dieu leur paraissait fondée dans l'histoire des révélations divines; ils la considéraient comme le principe d'une nouvelle et dernière pé-

---

[1] Calvin, o. c., 228.
[2] Calvin, o. c., 221, 227; — Farel, o. c., 223.
[3] Calvin, *Contre un Cordel. de R.*, 354.
[4] Calvin, *Contre la secte des Lib.*, 221.

riode du développement de l'humanité. Partisans de la théorie des trois âges, ils interprétaient la transfiguration de la même façon que l'avaient fait les sectaires de Bruxelles au commencement du quinzième siècle : « Moyse estoit la loy ancienne, dure et importable, Iesus Christ la loy douce, gracieuse et traictable; Helie estoit le dernier, signifiant la fin du monde, comme il monstra en son partement en un chariot ardent plein de feu, appelé double esprit, et par lequel nous sommes consomméz hors de ce monde terrestre. Et pourtant disoit Iesus Christ par saint Iean : Ie voiz un nouveau ciel et une nouvelle terre. C'estoit le monde, lequel estoit desia finé: non pas en tous, comme il n'est à present. Le monde est finé pour ceux lesquelz sont en Christ, et ne vivent plus selon la chair[1]. » Les Libertins se croyaient appelés à inaugurer cette troisième période, celle du Saint-Esprit ou d'Élie; ils enseignaient que le « dernier temps » était venu[2]. Dépositaires d'une révélation supérieure aux révélations des âges précédens contenues dans les Écritures, ils s'attribuaient le privilége de l'inspiration immédiate de Dieu pour justifier leurs doctrines particulières et la liberté qu'ils s'arrogeaient dans l'explication des livres saints. C'est ainsi que le cordelier de Rouen déclare « qu'il a sa doctrine de Dieu et non des hommes, qu'en tout ce qu'il a escrit il n'y a rien que tout ne soit de Dieu, qu'il a escrit l'exposition de l'Apocalypse sans avoir aucun livre que sa Bible, sans se regler a aucun qui l'ait exposée par devant luy, et n'a demandé autre ayde que le seul Dieu[3]. » A côté de cet appel à l'inspiration directe, nous trouvons aussi chez les sectaires un appel au témoignage de la Bible. Ils usaient surtout de ce dernier argument en faveur des âmes ignorantes, gagnées aux doctrines des réformateurs, pour lesquelles un passage des Écritures, amené à propos, devait avoir le plus grand poids. Dans ce cas, ils se donnaient une très-grande peine pour cacher à leurs lecteurs leur parfaite ignorance en matière théologique. Le cordelier de Rouen, pour paraître plus savant aux lecteurs de son *Bouclier de défense*, entremêla son discours de citations latines; il poussa même l'audace dans son *Dialogue* jusqu'à faire semblant de savoir l'hébreu[4]. Malheureusement pour lui, Calvin était là pour faire justice en quelques mots de ses étymologies aventureuses et pour relever l'exiguïté de ses connaissances scripturaires. — Cependant, s'ils

---

[1] Calvin, o. c., 229.
[2] Calvin, o. c., 237.
[3] Farel, o. c., 15.
[4] Farel, o. c., 238; — *Contre un Cordel. de R.*, 35 et s.

invoquaient ainsi le témoignage des Écritures, ce n'était nullement pour se soumettre à leur autorité. Quelle valeur, en effet, pouvait avoir la parole écrite pour des gens qui considéraient leurs fantaisies subjectives comme le dernier mot de la révélation? Pour eux, la Bible ne renfermait qu'une partie de la vérité, en quelque sorte les assises rudimentaires de la révélation; ils affirmaient posséder en eux-mêmes la plénitude de la connaissance divine par leur union avec l'Esprit saint. Ils se trouvaient ainsi portés à la fois à ne parler qu'avec dédain des Écritures et à chercher dans la parole écrite l'image lointaine de la doctrine parfaite suggérée par la parole intérieure. Nous les voyons d'un côté rejeter les Écritures comme pleines d'erreurs, comme étant la lettre qui tue; de l'autre, interpréter ces mêmes Écritures par la méthode allégorique, afin d'y retrouver leur propre enseignement. « Ilz se moquoyent apertement, dit Calvin, quand on leur alleguoit l'Escriture, ne dissimulans point qu'ilz la tenoyent pour fable. Bien est vray que ce pendant ilz ne laissoient pas de s'en servir s'il y avoit quelque passage qu'ilz peussent destourner en leur sens. Mais ce n'estoit pas qu'ilz y adioustassent foy : ains seulement pour troubler les simples et les esbranler pour les gaigner plus aysement. Si on repliquoit en alleguant quelque passage, ils respondoyent que nous ne devons pas estre subiectz à la lettre qui occist, mais suyvre l'Esprit qui vivifie. L'Escriture, prinse en son sens naturel, n'est que lettre morte et qui occist: il la faut laisser pour venir à l'Esprit vivifiant[1]. » Ils se permettaient même de rejeter, suivant leur bon plaisir, certains passages des Écritures, par exemple la prière de Jésus à Gethsémané « comme delaissée de celuy qui escrit aux mortifiéz: c'est de sainct Jean, qui n'a point escrit la priere du jardin[2]. » L'aversion qu'ils éprouvaient pour les livres sacrés, ils l'étendaient à ceux qui restaient fidèles à la doctrine de la parole de Dieu. Ils disaient des partisans de la réforme, « qui en vertu de l'Esprit de Dieu parloyent comme contiennent les sainctes Escriptures, que le diable et le maling esprit parloit en iceux, » et ils poussaient leur haine jusqu'à témoigner contre eux quand la persécution les frappait : « Il y avoit à Paris un qui se portoit en vray serviteur de Dieu en ses predications; » quand cet homme eut été jeté en prison, « maistre Quintin ouvrit sa bouche puante disant : Il doit mourir, il a presché la Loy, la Loy tue, il doit donc estre tué[3]. » En d'autres occasions, au

---

[1] Calvin, *Contre la secte des Lib.*, 173 et s.
[2] Farel, o. c., 303.
[3] Farel, o. c., 446, 52.

contraire, ils cherchaient à interpréter le texte biblique dans le sens de leur propre doctrine, en vertu du privilége qu'ils s'attribuaient de la véritable intelligence des Écritures. Ils trouvaient à la parole divine un double sens, un sens littéral et un sens spirituel; ce dernier était, suivant eux, le seul vrai, car « Dieu qui est esprit ne parle rien qui n'ait un sens spirituel autre que ne contient le sens comprins en la lettre. Quand ilz ont veu, dit Calvin, que les bons cueurs avoyent en detestation un tel sacrilege que de fouler la sacrée parole de Dieu aux pieds: suyvant l'article de leur foy qu'il est expedient d'estre double de langue, ilz se sont vestus de cette fourrure, soubz laquelle ilz se cachent maintenant: ce est de ne point faire semblant de reiecter l'Escriture saincte, mais en l'acceptant la tourner et transformer en allegories. Ilz nous veulent introduire une façon de faire de l'Escriture un nez de cire ou de la demener comme une plotte: car il n'y a pas non plus de fermeté aux allegories qu'aux bouteilles que font les petis enfans avec un festu[1]. » La secte des Libertins parut à Farel plus dangereuse que celle des Papistes, « car le Papiste confessant qu'il y a un sens literal et historial, il ne condamne point ce sens là; mais le Libertin disant qu'en toute l'Escriture il y a double sens, un literal et l'autre spirituel: il condamne le literal et ne reçoit que celui qu'il appelle spirituel[2]. » Ce qui leur donnait, suivant leur opinion, le droit d'interpréter ainsi l'Écriture, c'est la possession de l'Esprit saint, seul capable d'inspirer aux hommes le sens figuré, caché sous le sens apparent et appelé pour ce motif « double Esprit. » Par ce double Esprit, dont la venue est préfigurée dans l'Ancienne Alliance par le « chariot ardent et plein de feu » d'Élie, « nous sommes consomméz hors de ce monde terrestre, » c'est-à-dire l'intelligence des vérités supérieures nous est ouverte, et nous sommes transportés dès maintenant au sein des mystères de la vie divine. « Regardez, s'écrie Pocques, voicy le temps que le disciple Helie demandoit double esprit: et estoit ce que disoit Jesus Christ a ses disciples: I'ay encore quelques choses à vous dire; mais maintenant ne le pourriez porter[3]. » En réalité, l'Écriture a été écrite sous l'influence de cet Esprit de la double interprétation; mais à eux seuls il est donné de l'y reconnaître. A ceux qu'enchaîne la lettre écrite, l'Écriture ne présente que l'ombre de la vérité; à ceux qu'éclaire l'Esprit, elle présente le trésor entier de la connaissance divine. L'autorité de la

---

[1] Calvin, o. c., 174 et s.
[2] Farel, o. c., 39.
[3] Calvin, o. c., 236.

Bible ne peut que gagner, suivant eux, à cette méthode d'interprétation, car il est possible ainsi d'écarter des livres saints tout reproche d'erreur, et d'effacer toutes les taches qui ternissent la mémoire de quelques-uns des personnages de l'histoire sacrée. « Le cordelier de Rouen, raconte Farel, se dit le plus cognoissant et plus parfait annonciateur de l'Evangile et de la parolle de Dieu qui onc feust ny a Geneve, ny en tout le pays. Les docteurs évangéliques, comme il dit, n'ont donné que le laict, et ne sont que literaux et faillans, ne sachant que le baptesme d'eaue et rien du feu ; » lui-même, au contraire, est « un homme tout spirituel; il donne la viande parfaite et ferme, et il n'a dit, ny escrit aucune chose que toute verité et sans faute aucune. Ce cordelier en son iargon dit que Abraham par une mesme parolle a menty devant les infideles entendans la seule lettre, et a dit verité devant les fideles entendans l'esprit de son dire, qui affermoit que Sara estoit sa sœur. Disant un peu apres : Abraham donc figurant Iesus Christ, disant de son espouse Sara figurante l'Eglise de Christ qui est son espouse et sa sœur.... Abraham par une mesme parolle a menty et a dit la verité : menty à Pharao, aux Egyptiens, et Abimelech roy de Gerar, qui estoyent infideles, et a qui Dieu a voulu qu'Abraham ait menty : et a dit la verité aux Libertins en l'année 1547 puisqu'ilz l'entendent spirituellement. On voit a quoy tend ce cordelier, c'est a l'Esprit double des Libertins : car il dit qu'Abraham en mentant a esté conduit de l'Esprit de verité, pour ce qu'il pouvoit mentir aux ignorans[1]. » On comprend maintenant pourquoi les Libertins faisaient de la dissimulation « un des principaux articles de leur theologie, » et pourquoi leur langage était toujours à double entente : ils ne faisaient que pratiquer dans la vie journalière cette doctrine du double Esprit, dont ils voyaient la réalisation manifeste dans l'Écriture.

Il est à peine besoin d'indiquer les conséquences morales d'un pareil système. Quand nous sommes arrivés à la conscience de notre identité avec Dieu, quand partout dans le monde nous ne voyons plus que l'activité directe de Dieu, les événemens extérieurs nous laissent indifférens, rien ne saurait troubler notre quiétude. Repliés sur nous-mêmes dans la jouissance de notre félicité intérieure, nous n'attachons plus aucune importance à ce qui se passe au dehors de nous : toutes les formes de notre activité nous paraissent également bonnes, c'est-à-dire également sans valeur, car la vie intérieure seule a du prix pour nous.

---

[1] Farel, o. c., 14, 70, 71; — Calvin, *Contre un Cordel. de R.*, 356.

« Noz consciences, disaient les Libertins, ne sont point astreinctes aux choses externes, mais plus tost elles sont toutes en nostre subiection, et ainsi qu'on ne nous y peut imposer necessité[1]. » Aussi ne faisaient-ils aucun cas des formes de la religion. « Toutes choses externes estant en la liberté du chrestien, » ils s'accommodaient suivant les temps et les lieux tantôt aux pratiques du catholicisme, tantôt à celles de la réforme. « Ils couvrent, dit Calvin, soubz le manteau de ceste liberté la simulation de consentir à toute impieté et idolatrie : c'est qu'ilz permettent à un homme de s'agenouiller devant un idole, porter chandelles, faire pelerinages, chanter messes, et faire semblant de s'accorder à toutes les abominations des Papistes, iasoit qu'il s'en mocque en son cueur, » liberté dont Pocques usait très-largement, « faisant selon l'ordonnance de l'Antechrist, charmant et enchantant le pain et le vin pour un sacrifice de redemption, le proposant comme Satan l'a ordonné, pour estre adoré[2]. » Désormais notre activité ne connaît plus aucune barrière extérieure; nos mouvemens intérieurs sont la seule règle de notre conduite. Nous ne nous faisons plus scrupule de rien; « les regenerés sont affranchis de la loy et remis en liberté, » et cette liberté consiste « a faire tout licite a l'homme sans exception. Que chacun suyve l'inclination de sa nature et qu'il face et vive selon qu'il luy viendra a poinct pour son profit ou que son cueur le portera[3]. » La voix de notre nature est appelée dans le langage des sectaires la « vocation » des fidèles. « Ilz veullent que chacun ait son appetit pour reigle, et que le cueur de l'homme soit le maistre de sa vocation, selon qu'il le pousse. Il n'y a nulle façon de vivre au monde qui ne leur soit bonne, non obstant que Dieu la condamne par sa parolle, car c'est raison que chacun poursuivre sa vocation[4]. » Il est vrai qu'en théorie aucune passion ne saurait plus agiter celui en qui règne l'Esprit de Dieu : « Ceux qui sont membres de Christ, ne vivent plus de vie corporelle[5]. » Malheureusement l'expérience n'a point justifié cet idéalisme extravagant que plusieurs membres de la secte, entre autres l'auteur anonyme de la *Lunette des Chrestiens* et celui de nos traités manuscrits, ont pu défendre de bonne foi : c'est l'anéantis-

---

[1] Calvin, *Contre la secte des Lib.*, 208.

[2] Calvin o. c., 209; — Farel, o. c., 242.

[3] Calvin, o. c., 206 et 210. Ils fondaient cette conception de la liberté chrétienne sur Rom. VI, 12; Gal. V, 1, 13; Col. II, 16; 1 Cor. VI, 12. De ce dernier passage ils concluaient que « celuy qui nomme tout, n'exclut rien. »

[4] Calvin, o. c., 211, 212.

[5] Calvin, o. c., 243.

sement de toute loi morale et le matérialisme pratique le plus grossier qui a été chez l'immense majorité des sectaires la conséquence du principe de l'identification de l'homme et de Dieu. « Ne plus etre touché en son cueur de rien qui soit : mais vivre à plaisir sans difficulté[1] » tel était le principe suprême de la morale pour les régénérés. Ils appliquaient dans leur vie journalière le précepte : « soyez comme instrumentz mortz et passifz, iamais ne pecherez; quelque apparence qu'il y ait, il n'y a point de mal, » et ils prétendaient que « si un homme entend que Dieu face tout, il sera puis après alloué en tout ce qu'il faict[2]. » Voyaient-ils un homme éprouver quelque scrupule à faire le mal par crainte du jugement de Dieu : « O Adam, disaient-ils, tu y voy encore! L'anchien homme n'est nyen cruchifié en ty! Tu sens encore le gou de la pumme. Vuarde bien que che morcheau ne l'estrangle le gosié![3] » Leur but principal était « d'endormir les consciences a fin que sans soucy chacun fasse ce qui luy viendra en avant et ce que son cueur appetera[4], » et à cet effet ils enseignaient que « tout est net aux nets » (Tite I, 15), que « celui qui est purifié par foy est tout aggreable a Dieu, » et que le vrai chrétien « se resiouyt à penser au peché, pour ce que c'est une œuvre de Dieu » et peut sans rougir satisfaire toutes ses passions, « car il n'y a pas honte de dire que nous sommes cooperateurs de Dieu a mal faire[5]. » Ils renversaient de la sorte toutes les institutions sociales au nom du principe de l'immanence d'un seul et même Esprit dans tous les hommes. « La fraternité spirituelle, » prétendaient-ils, exige qu'on aime également tous les hommes. « C'est un grand blaspheme contre la bonté de Dieu d'aimer plus noz parents que les autres. Que nul ne possede rien comme sien, mais que chascun en prenne ou il en pourra avoir, » en cela consiste la « communion des saintz[6]; » et ils entendaient par ce terme, non-seulement la communion des biens, mais encore celle des femmes : « Croissez et multipliez sur la terre, disaient-ils, voilà la première loy que Dieu ait ordonnée, laquelle estoit appelée loy de nature. Un mariage contracté et solennisé devant les hommes, est charnel, sinon qu'il ait bonne convenance

---

[1] Calvin, o. c., 201.
[2] Calvin, *Contre un Cordel. de R.*, 356.
[3] « O Adam, tu y vois encore? Le vieil homme n'est pas encore crucifié en toi? Tu sens encore le goût de la pomme? Garde-toi bien que ce morceau ne t'étrangle le gosier » (Calvin, *Contre la secte des Lib.*, 201).
[4] Calvin, o. c., 192.
[5] Calvin, *Contre un Cordel. de R.*, 353.
[6] Calvin, *Contre la secte des Lib.*, 247, 214.

d'espritz : et pourtant l'homme chrestien n'y est point obligé : mais quand l'un se trouve bien avec l'autre : lequel seul doit tenir entre les Chrestiens. Ilz appellent cela mariage spirituel, quand l'un se contente de l'autre [1]. »

Il ne sera pas sans intérêt de voir comment le faux spiritualisme des Libertins est exposé dans les traités manuscrits mentionnés plus haut. Les doctrines fondamentales et les conséquences extrêmes y sont jusqu'à un certain point dissimulées ; l'auteur, qui écrivait sans doute à des personnes auxquelles il n'osait pas tout dire, ne semble pas, au premier abord, avoir d'autre intention que de les élever au-dessus des misères du monde et de leur procurer la paix intérieure. Cependant en maints endroits, les principes panthéistes, le principe de la liberté de l'esprit, la doctrine particulière de Christ, patron ou type des hommes spirituels, apparaissent clairement à travers les voiles du langage mystique dont il s'efforce de les envelopper. Ces traités montrent comment les Libertins variaient leur langage suivant les besoins de leur cause, et sous ce rapport déjà ils méritent une attention particulière. L'auteur de ces uniques documens qui soient restés de la secte des Libertins, est complétement inconnu ; il a écrit ses traités entre les années 1547 et 1549, et les a signés au moyen d'un monogramme dont ses adhérens seuls ont dû posséder le secret. Très-probablement il a eu connaissance de la littérature mystique du quatorzième siècle, car nous rencontrons chez lui un certain nombre d'expressions et d'idées qui font défaut aux autres écrivains de la secte, et qui rappellent d'une manière frappante les idées et le langage des docteurs et des sectaires panthéistes du moyen âge.

Débutant sur un ton très-modeste, et cachant ses véritables intentions, il raconte qu'il a composé ses livres « selon la petite possibilité de nostre rural entendement, » afin d'amener les âmes fatiguées au Sauveur, auprès duquel il a trouvé lui-même la vérité et la paix, après avoir servi le monde. La négation du mal forme, comme chez les autres écrivains de la secte, le fond de son enseignement. A propos de la scène du démoniaque de Gadara (Matth. VIII, 28), il dit : « Le grand troppeau de pourceaux sont les enfans d'infidélité ou le diable demande d'avoir son habitation, par lesquelz il est quelquechose, et sans lesquelz il n'est riens, ouy moins que riens, non comparable a ombre

---

[1] Calvin, o. c., 236, 212.

ou fumée; » et ailleurs : « Le diable ou contre-esprit n'est riens sans Dieu : et ce qui le faict estre quelque chose, c'est le peché et contrarieté de Dieu, qui cause au Dieu des Dieux de le tenir pour quelque chose pour nostre correction et chastyement[1]. » Le principe du mal, selon lui, n'a donc point d'existence propre. Sa seule réalité, c'est Dieu qui la lui donne en le tenant pour quelque chose chez les « enfans d'infidelité. » Ici encore ce n'est pas dans la sphère morale, mais dans le domaine de la métaphysique qu'il faut chercher le contenu de la notion du mal. Ce qui rend l'homme mauvais, ce qui constitue le péché originel, ce n'est pas l'abus de la liberté morale, mais le sentiment de posséder une nature imparfaite et limitée, la présomption d'avoir une existence à soi : « Sa propre sapience fust la perdition et transgression de nostre premier pere Adam, luy qui pensoit estre homme la ou a grand peine il n'estoit qu'enfant, en sa perfection enfantifve et point en icelle qui est virille. Prendre et usurper quelque chose à soy, c'est le plus grand dangier de tout[2]. » Il convient donc de distinguer les hommes en deux catégories : d'un côté ceux qui s'attachent aux choses visibles et passagères, de l'autre ceux qui se détachent de tout ce qui est terrestre pour ne plus suivre que la voix intérieure de l'Esprit. Les premiers vivent dans le mensonge et dans l'illusion, aux seconds appartient la vérité parfaite. L'homme « exterieur selon la chair » ne possède point la véritable intelligence des Écritures, il ne connaît Christ que selon la chair, il demeure sous le joug des traditions humaines et du sens littéral des Écritures; à l'homme « intérieur selon l'Esprit » le Consolateur a révélé « le sens spirituel de Dieu, qui seul demeure eternellement et a toujours vivant et immuable. Il est grand besoing, dit l'auteur, de congnoistre l'eternel et vivifiant Seigneur Christ, la spirituelle generation de Dieu vivant, et point nous arrester destructiblement sur un sens litteral de l'Evangile ou de la cognoissance d'aucunes traditions humaines; lesquelles n'ont pas beaucoup advancé ceux qui s'y sont arrestez oultre mesure. Contemplez leur dire de ceulx qui se vantent de congnoistre Dieu par son filz Iesus Christ : qu'ilz viennent en lumiere. Combien qu'il leur semble qu'ilz veoyent, oyent et parlent, pourtant sont-ilz faictz aveugles, sourds et muets de la sapience et science de Dieu. Ne vous laissez point apaiser de mensonges et reserves: ne aussi vous reposez point avec les litteraux evangelistes, lesquels servent le Seigneur de la bouche et se font accroire

---
[1] Traités IV, VIII.
[2] Traités VI, IV.

qu'ilz ont la foy : disantz que tout est faict et qu'il ne reste plus que de croyre. Quel aveugle entendement ! C'est l'Evangile spirituelle qui conduira au royaume des cieulx. La saincte parolle de Christ fust eternellement et a toujours demeurée cachée et absconsée, si la copieuse misericorde de Dieu ne nous eust envoyé l'Esprit et consolateur. Si ce n'est que vous sortez de la premiere intelligence qui est Christ selon la chair, vous ne povez entendre ny comprendre le nouveau spirituel et vivant Christ. Vray est qu'il fault commencer par l'un comme exemplaire : mais saichez qu'il fault finir et parachever par l'aultre, qui est l'Esprit promis par Christ de nous envoyer. Il fault qu'il soit traicté du visible et audible avant que Iesus Christ, la divine substance spirituelle de Dieu, se puisse donner à sentir, gouster et savourer en une silencieuse et coye vertu de sa puissante loy de l'Esprit, la charité de sa vivante loy liberale et franche. Iesus Christ est l'envoyé et oinct de Dieu d'une sapience, entendement et onction, laquelle ne fust iamais sceue et cogneue iusqu'au iour present. Non pas que je dye que Pierre l'Apostre et esleu du Seigneur fust pervenu a telle cognoissance comme elle est de present. O non; car le temps n'y estoit point pervenu. Et aussi le commencement n'est pas la fin ne l'enfant l'homme. L'homme interieur est demeuré absconsé et couvert depuis le temps des Apostres et disciples de Iesus Christ, ou il avoit commencé figuralement, comme il est demonstré par leurs escriptz et conversation fidele[1]. » La connaissance extérieure de Christ a donc précédé dans l'histoire et précède encore pour chacun de nous sa connaissance intérieure. Les Apôtres et après eux l'Église n'ont connu le Seigneur que « figuralement » et comme « exemplaire : » maintenant les temps sont venus ou la connaissance du « nouveau, spirituel et vivant Christ, « mystiquement » cachée depuis les temps de Jésus, est révélée par le moyen de l'inspiration directe du chrétien, capable désormais de trouver le sens spirituel de Dieu sous la lettre écrite. « Si aucun veult pervenir a Christ, et obtenir salut, il faut qu'il croye que Iesus Christ, la parolle du Pere, nous est envoyé non seulement a l'exterieur pour signe ou figure, mais principalement pour un interieur, spirituel et parfaict entendement de la cognoissance et vie de l'Esprit en l'immortelle regeneration de la puissance de sa force. Qui cognoist Christ selon la chair et ne veult point passer oultre iusques à l'Esprit, et se laisser renaitre en iceluy, il cognoistra cy apres la perdition eter-

---

[1] Traités III, IV, VI, I.

nelle, veu que c'est le seul Esprit qui vivifie et nourrist eternellement[1]. »

Il s'agit donc de renaître à la vie de l'Esprit, de recevoir Christ en tant qu'il est « la divine substance spirituelle de Dieu; » en d'autres termes, il faut nous élever à la conscience de notre identité avec Christ, devenir le Fils de Dieu « par la generation spirituelle de Dieu en l'Esprit de sa puissance, » ou par la naissance du Verbe dans notre âme, comme les mystiques du quatorzième siècle appelaient de préférence le retour de l'homme en Dieu. Désormais nous vivons au-dessus de toute contingence au sein de la nature divine, éternellement engendrés par le Père, car nous nous sommes identifiés avec le Fils de Dieu : « Combien que Dieu se donne a cognoistre par similitudes en diverses sortes et manieres, pourtant n'est il cogneu que de ceulx qui ont receu ou desirent recepvoir de sa spirituelle et celeste nature. Le Seigneur est le Dieu des vivantz lesquelz il ha engendré d'eternelle et perpetuelle generation en son Esprit d'icelle mesme spirituelle creation. Ceux qui se sont chastrez eulx-mesmes pour le royaume des cieux sont maintenant tenuz et entenduz pour les engendréz au dernier de ces temps; toutefois estoient les premiers en l'eternité, devant l'eternité d'eternité, à sçavoir avant toutes eages des eages. Qui immortellement seront vivantz en Dieu et avec Dieu, comme la parfaicte generation filiale de sa charité, tous les hommes gris et charnuz d'entendement, pervenuz en la parfaicte et florissante ancienneté et vieillesse des temps. Par lesquelz Dieu tout puissant produira les enfans de l'Esprit dedans et dehors, naissantz en sa propre nature, par la vertu de sa saincte parolle, procedante de leur bouche. Qui sont entenduz les vrais hommes virils, les libres enfans de la femme franche, le trosne, le temple et l'habitacle de Dieu, les enfans legitimes de la vivante charité et verité de Dieu, purement conceuptz sans tache, esprit et spirituellement engendréz de Dieu en l'esprit de sa puissance : chair de sa chair et os de ses os : toufois n'ayant chair ny os, mais parlé en telle maniere pour l'intelligence. Estant son corps, ame et esprit mesme, forméz, esleuz et appeléz avant que jamais nulle chose visible ou invisible fust creée, ayantz esté et sont sans commencement ou fin avec Dieu, creés d'eternité, ayantz quelque soing ou doublance qu'ilz se peussent eslonger ou separer de luy, en tant qu'ilz sont luy-mesme, lequel n'est departy ne divisé, ains seulement un[2]. »

[1] Traités I, III. — [2] Traité II.

Quelqu'élevée que soit cette forme de l'existence humaine au sein de la nature consciente de Dieu, elle ne constitue cependant pas le terme de notre évolution. Il faut nous « delaisser et adnihiller [1], » renoncer à toute connaissance et à tout désir, nous détourner d'un Dieu que l'on peut encore penser pour trouver Dieu sous sa vraie forme, et abolir en nous le sentiment même de notre existence pour nous plonger dans « l'abysmense fosse » de la divinité : « Ce neanmoins, combien qu'il soit pervenu a une telle virilité et puissance de la sapience de Dieu, si est ce qu'il fault qu'il procede et chemine plus oultre : assavoir en l'ancienneté, d'eternité en eternité, en la grysesse et parfaicte eternité de l'ancienne et derniere plenitude de l'Esprit. A laquelle pervenir le Seigneur mesme se vient a tourner a l'encontre de luy, et luy vient du tout a retourner sa sapience en insipience, sa lumiere en tenebres, ses amis en ennemis, son exaltation en abaissement, sa force en faiblesse, sa verité en mensonge, sa richesse en pauvreté, et luy oste toute foy, esprit et vie, s'abscondant dedans luy au lieu le plus secret de son temple. Lors apres qu'il l'a bien tenté et esprouvé iusqu'au bout, il le radmaine de degré en degré de l'abysmense fosse en laquelle il l'avoit mené, pas a pas, et le commence derechef a revestir de toutes les choses lesquelles il luy avoit depouillé, et luy rend plus abondantes possessions qu'il n'eubt jamais [2]. »

Cette union absolue de l'âme humaine et de Dieu se réalise dès maintenant : elle marque le commencement d'une nouvelle ère dans l'histoire de l'humanité. Avant les temps présens il n'était pas possible d'atteindre ce but idéal, car « l'ouverture ou cognoissance de comprendre ou entendre la profundité ou eternelle ancienneté de l'Esprit n'estoit pas donnée a cause que son iour et manifestation en Israel en la plenitude et perfection des temps n'estoit point encore venu. Ce qui est maintenant clairement venu et apparu. » L'ignorance et l'erreur ont régné pendant les périodes du Père et du Fils; dans la période qui s'entrouvre et qui est celle du Saint-Esprit, toutes les ténèbres doivent être dissipées : « Le Seigneur endure les ignorantz iusqu'au Pere et au Fils; mais du jour present, qui est le Saint-Esprit, point, ny en ce siecle ny en celuy a venir [3]. »

L'homme en qui s'est réalisée cette union de la nature humaine et de l'être divin, ne saurait plus être contraint par rien d'extérieur, car c'est Dieu qui désormais détermine lui-même ses actes et dirige sa

---

[1] Traité IV. — [2] Traité I. — [3] Traités I, VI.

pensée. Affranchi de toute loi et de toute révélation écrite, il est à lui-même sa propre loi et sa propre révélation ; les actions, devant lesquelles il reculait autrefois, il les accomplit sans plus hésiter ; il ne pèche plus, car il attribue tous ses actes, en toute humilité, non plus à lui-même, mais à Dieu : « Il est a noter et entendre qu'aprez que le iouvenceau est perveneu et parcreu en son eage par moult d'assaults, batailles et tribulations, il commence a entrer au principe de l'eage en laquelle le Seigneur mesme apprehende la cause et la conduite et ne s'attendt plus a l'homme vivant quelque celeste et angelique qu'il soit, non pas a son filz Iesus Christ, sa sapience et gloire. La cause est qu'icelle eage touche et atteinct l'Esprit et pour tant excede l'ame comme le royaume de Dieu est par dessus le royaume de Christ. Et aussy en tant que l'homme vient a estre puissant en paroles, asseuré en pensées, ne se laissant dimouvoir pour vent qui vente, ne s'emouvoir de quelque chose qui reptile en ciel ny en terre, sinon de son Dieu seul en l'esprit de sa force. Celuy qui a prins le vray chemin de Christ en toute privation et delaissance de soy-mesme, il repute et donne en tout et par tout la seule gloire et louenge a son Dieu benict, par la nature celeste qui le mayne et conduict a cela. Tellement qu'il ne luy est chose plus grevable que de recevoir quelque louenge en faveur de Christ : de paour qu'il n'y ait quelque pensée qui s'escoule a prendre et usurper en un iect ou mouvement d'œil quelque chose a soy. Ce qui n'est de merveille : car c'est le plus grand dangier de tout. Il n'y a plus ne loy ny Evangile qui ayt pouvoir sur lui ny puissance de l'epouvanter : il accroist et commence d'approcher de l'ancienneté grise. Car les choses qui auparavant le faisoient reculler et craindre, il les approche franchement : pour tant qu'il est l'affranchy de Dieu en icelles, il scait prendre le feu sans se brusler, et scait entrer en l'eau sans se noyer. Il ne craint deffence ne commandement, sinon ce qui conforme a celuy de Dieu. Car il est le filz de Dieu mesme, ayant son Pere habitant et demourant en luy, lequel le rendt fort, puissant et immuable : ne pouvant produire ne donner de son cœur et tresor que ce qui est de Dieu : car Dieu mesme parle par luy. Ceux qui se sont chastrez eux mesmes pour le royaume des cieux, librement ilz ont faict telle chose, que nulle loy, commandement ou crainte ne les ha mené ou contrainct a cela : et eulx mesmes estoient la loy franche et libre qui est dicte de l'esprit. Estant l'aigneau ou l'innocence mesme avec Iesus Christ en une propre essence comme freres semblables, descenduz, venuz et produitz du ciel en une celestielle nature, ayantz leur Pere en eulx et eulx au Pere.

De quoy les Apostres s'emerveilloyent : voiantz qu'ilz estoient appeléz, contraintz et pousséz a suivre Iesus, et qu'il leur estoit tant chairgeable de laisser et habandonner toutes les choses qu'ilz possedent, et renoncer a soy-mesme, et se laisser mener, reprendre et chastier comme un petit enfant[1]. » La loi extérieure, que personne n'était capable d'observer (Rom. III, 20), est abolie; la loi extérieure ou la « loy franche et libre de l'esprit » est accomplie en son entier par les « enfans de la femme franche ; » la première était imparfaite et passagère en son essence et en ses effets, la seconde est éternelle. « Sur quoy vous pouvez cognoistre et voir la difference en ceulx qui contredisoyent et contredisent de present a Christ : l'ayant crucifié et crucifiant iournellement en leurs cœurs, le voulant reprendre en sa vie et conversation par leur loy, laquelle ilz n'avoient puissance d'observer. Et aussy ilz n'avoient cause de le reprendre en tant qu'il estoit observateur d'icelle : ayant en soy une loy plus penetrante et plus parfaite et spirituelle cognoissance, sans laquelle nul vivant ne peult venir a salut : consideré que l'une qui est spirituelle vivifie, et l'autre qui est charnelle occist. Touchant la loy exterieure de laquelle vient la premiere intelligence litterale, elle ne peult atteindre que selon son povoir, ne condamner que jouxte sa puissance : et n'est son office ou creation que pour monstrer vers la loy de l'Esprit de Dieu. Combien que plusieurs, ouy innumerables, sont mortz et meurent iournellement par icelle : mais la mort n'est que temporelle, et sa malediction point eternelle. Car comme elle ha nulle puissance de mener a salut, encore moins a condamnation devant Dieu et ses anges. Ains par Christ ie vous en annonce une qui peult l'une et l'autre[2]. »

Sachant que Dieu est l'auteur de tous les évènemens terrestres, nous nous réjouissons de tout ce qui nous arrive, même du mépris des hommes et de la persécution. « Les vrays enfants de Dieu font toutes choses a la gloire de leur Dieu par Christ, sans demander ou attendre loyer de riens, ains ilz se delectent en estans vilipendéz, affligéz et despriséz[3]. » Le sentiment de notre vie physique s'est effacé : nous ne prions plus Dieu de nous donner le pain du corps, mais uniquement le pain de l'âme : « nostre pain supersubstantiel donne nous auiourd'hui[4]. » Nous vivons en « toute silence et coyeté[5] » ne con-

---

[1] Traités I, III, IV.
[2] Traités I, IV.
[3] Traité V.
[4] Version conforme à la vulgate, et qui s'accordait parfaitement avec le spiritualisme mystique de notre auteur. Traité VIII.
[5] Traité VIII.

naissant plus le mal ni en nous-mêmes ni dans les autres hommes, ne jugeant plus personne, car ce qui est péché à nos yeux peut être justice aux yeux de Dieu. Et s'il nous arrive encore de tomber involontairement dans le péché, il en résulte pour nous un plus grand bien, car nous nous relevons de notre chute, animés d'une horreur plus vive du mal. « Les pervenuz et accruz ne peuvent plus pecher voluntairement : a cause que la bonne nature ou generation de l'obedience de la parolle de Christ les garde, laquelle ilz ont continuellement devant leurs yeux comme un fronton ou signet. Et s'il advient qu'ilz tumbent, chancellent ou trebuchent par meprison ou oblivion d'enfantise, ilz en sont repris et misericordieusement chastiés a un plus grand bien et advancement. Ne perdant par cela le nom ou bon vouloir a iustice : ains au contraire ils perviennent en une plus perfecte hayne du mal. Acquerez humilité et point exaltation, et que simplicité soit vostre lumiere et les pas de vos piedz providence. Ce faisant ne pecherez a iamais. Entendez donc quels il nous fault estre en bonne conversation et petition pour estre trouvés et faictz les enfantz de Dieu : pour en tout temps lui rendre parfaite louenge, par cheminer en lumiere comme enfantz de lumiere : ne nous arrestant point à iuger, reprendre et condemner un aultre : en tant qu'on n'ha point d'intelligence pour discerner le bien du mal et le mal du bien. Car vous scavez que ce qui est hault aux hommes terrestres, c'est abomination devant Dieu : sy comme la sapience de Dieu leur est folye[1]. » Tous les hommes arriveront à la possession de la félicité éternelle, car Dieu n'est que bonté et ne saurait punir personne : « Il benict, ne pourroit aultrement, a cause de sa bonté et pitoyable nature, corriger aucun, quelque maulvais qu'il fust[2]. » Cette vie en Dieu ne se traduit au dehors par aucune forme religieuse particulière ; elle demeure un mystère pour ceux à qui elle n'est pas révélée, car les élus de Dieu vivent en « toute silence et coyeté, » regardant toutes les cérémonies comme également incapables d'exprimer ce qui se passe en eux, et par conséquent comme également imparfaites et comme indifférentes. Ni l'Église romaine, ni l'Église des réformateurs ne possède la vérité ; bien plus, elles se sont faites l'une et l'autre les persécutrices de la doctrine de Dieu : « Regardez tous ou est la charité, ou est l'œuvre de l'Evangile ? Il n'y en a point. Par quoy tout va de pirs en pirs, de tenebres en malheurs et de vie a mort. Pourtant aussi nos ennemis triomphent par dessus nous : tellement que si aucun fidele

---

[1] Traités VI, IV, V.
[2] Traité VIII.

cœur s'advance de dire le droict, il ne fault point qu'il attende les gentils pour vitupere et scandale, car leurs propres freres sont les premiers au temoignage. Leurs enseigneurs pareillement, estant fugitifs de paour des tyrans, envoyent et sement force livres, lettres et breborions pour exciter les gentils a occir et lapider ceulx qui suivent et veulent faire l'œuvre du Seigneur[1]. » En face de ces dangers, il convient d'user de prudence ; il faut se soumettre en apparence aux prescriptions ecclésiastiques, en se consolant par la pensée que l'Église de Dieu n'est pas dans tel temple plutôt que dans tel autre, mais « la ou sont les cœurs fideles » : « Oyez maintenant sur ce point et voiez comment il fault estre prudentz sur la terre, faisant toute son œuvre du cœur et interieurement : usant du proverbe teuthonique qui dict de fermer la bouche et la bourse a ceux qui sont du dehors. Aussy d'aller a leur Eglise leur ferez contentement : car l'Eglise de Dieu est la ou sont les cœurs fideles. Ne parlez point de leurs ordonnances ou edictz : mais bien plus tot faictes ce que Dieu vous commande. Et s'ilz lisent ou sont assis sur l'Evangile ou la chayre de Moyse, faictes ce qu'ilz vous commandent, mais n'ensuivez point les maulvais. Et sy peu qu'il y en a de bons selon l'exterieur, ensuivez ce qui est bon. Adorez et servez partout Dieu en esprit et verité, sans fainctise ou hypocrisie comme plaisantz aux hommes : mais a Dieu le seul remunerateur et loyer de toutes choses. Quant au loyer sacerdotal, ecclesiastique et romanique, vous aurez a le stypendier et payer leur ordinaire sans murmuration : scachant qu'en cela gist et est entretenue leur vie. Si vous me dictes qu'il y peult avoir abus, monstrez-moi, ie vous prie, quelque estat sy petit qu'il soit au monde ou il n'y en ha point d'avantaige[2]. » Ailleurs, il est vrai, l'auteur s'exprime plus librement au sujet du catholicisme. Il se permet non-seulement de tourner ses représentans en ridicule, comme lorsqu'il compare « un moyne en son estable, quand il est esleu le principal de sa couvée » à un « oyson apprivoisé en une caige[3] ; » il ose encore en blâmer ouvertement quelques abus. Il accuse les prêtres d'être « les enfans du Dieu de la terre, ne mettant point de difference entre le nom du Dieu du ciel et de leur Dieu terrestre ; » d'être « les plus enflammez au peché, » et de ne « jamais parler de Dieu ni de son

---

[1] Témoin le cas de Quintin «conveincu, tant par tesmoings que par mon livre, (*Contre la secte des Lib.*) dont la justice, ainsi qu'elle est malheureuse par de là, se servit» (Calvin, *Contre un Cordel. de R.*, 361). Traité VI.
[2] Traité VII.
[3] Traité VII.

Evangile[1]; » mais il n'en conseille pas moins de s'accommoder aux rites extérieurs du catholicisme, « puisque la chose ne nous touche. » A cette occasion, il retrouve même par une singulière coïncidence d'idées l'ancienne distinction usitée dans les derniers temps de la philosophie grecque entre la notion de divinités terrestres, appropriée à l'intelligence grossière des masses, et celle du Dieu céleste, de l'être infini qu'entrevoit le sage au-dessus des divinités multiples de ce monde, auxquelles cependant il voue en apparence un culte, afin de ne pas se séparer de la religion vulgaire.

Le lien qui unit tous les hommes parvenus aux hauteurs sereines de la vie en Dieu, est la charité. Le principe de la fraternité, que réformés et catholiques avaient méconnu à son égard, l'auteur le présente à ses partisans comme la conséquence naturelle de leur unité dans l'être de Dieu. Il pousse même ce principe jusqu'à condamner les établissemens de bienfaisance, sur lesquels la charité privée ne se décharge que trop souvent de ses devoirs, pour recommander la communion absolue des membres de Christ dans l'adversité. « Il me semble que c'est mal cogneu son Dieu en ses membres de leur faire des hopitaux et lieux segregez: ains plustot, attendu la fraternelle nature, qu'un chacun prinst selon sa puissance ses freres et sœurs avec soy en sa maison et les appliquer selon leur sens et vertu a quelque chose[2]. » Cette conclusion l'élève bien au-dessus de la grande majorité des membres de la secte.

Les Libertins, de même que les Frères du libre esprit, n'ont pas formé de secte proprement dite. Ils prêchaient leur doctrine dans les villes où ils s'arrêtaient, gagnaient des partisans plus ou moins nombreux à leur manière de voir; plus tard, quand ils avaient quitté la localité, ils tâchaient de soutenir la foi et de compléter l'instruction des nouveaux convertis en leur envoyant des livres: ils ont pu ainsi faire naitre en diverses contrées quelques groupes d'adhérens; mais nulle part ils n'ont réussi à constituer une communauté de quelque importance. Nous rencontrons cependant quelques associations d'hommes et de femmes où leurs idées mystiques étaient reçues avec faveur, sans doute des béguinages, car il est probable qu'ils auront pénétré dans ces maisons pieuses, tout comme les Frères du libre esprit l'ont fait avant eux. L'auteur de nos traités manuscrits a été le directeur spi-

[1] Traité V.
[2] Traité V.

rituel de congrégations de ce genre ; c'est à leur intention qu'il a composé les écrits que nous avons de lui. Entre autres l'*Oraison contemplative a Dieu* est adressée aux « tres aymés freres et sœurs selon la reigle et sens de notre saincte et immaculée congregation et assemblée en Christ a laquelle Dieu vous a donné l'huys ouvert ; » la *Petite ordonnance de la maniere de soy gouverner en la maison des enfants de Dieu* est destinée aux frères « congregéz en une maison ensemble » et aux sœurs qui suivent le même genre de vie ; la *Maniere comment se doibvent gouverner les sœurs fideles en Christ* est écrite pour les « tres-honorées sœurs, assemblées en une chasteté de cœur au Seigneur en moy. » Au commencement de ce dernier traité nous lisons : « Voyant qu'il ha plu a mon Dieu de m'eslire par vous pour un conducteur et pasteur pour une defension et sauvegarde de vos corps et ame, ie ne cesserai de vous admonester qu'il faut delaisser le mal. » Voici les exhortations que l'auteur adresse à ses frères et sœurs « au nom de Christ selon l'Esprit : » « Quand vous estes congregéz en une maison ensemble, il fault qu'ayez l'œil asprement les uns sur les aultres : de paour que par quelque parolle, faict ou œuvre vous ne troubliez l'un l'aultre. Semblablement les sœurs, faisantes ainsi en leur endroit. Oultre convient tenir ensemble coyté et silence, parler l'un a l'aultre bas et de bonne froidesse, manger toutes choses en bonne tempérance, estant cordiaux de cœur. S'il y a aucun ydoine et provident pour scavoir achapter vesture, mesnaige ou viande, il fault qu'il soit constitué avec providence et science de Dieu, comme estoit l'ordre des Apotres. Consequemment, esleuz de Dieu, ne prenez point votre delectation en viande ou breuvage, sceu que le royaume de Dieu ne consiste en l'un ny en l'aultre : mais quand vous venez a prendre la viande, ne donnez a vostre concupiscence et satieté son plein desir. Vous ferez aussy le mesme en habitz, bagues, miroirs, dorelotz et vestures : car tout ce en quoy la creature prend sa gloire et son delict vient du diable. Car ce qui par cy devant vous a semblé beau, il fault maintenant qu'il vous soit deplaisant, veu qu'en ce avez plu au monde et a vous mesmes, sachant que ce qui est delectable au monde est abominable a Dieu. Si aucun frere ou sœur ha des enfantz de chair et sang, il fault qu'il reiecte a dextre et a senestre cette amour terrienne et charnelle : les chastiant en leur perverse et malicieuse malice. Semblablement il les fault proporcionner avec discretion et sapience, leur donnant viande par mesure sans soy pleyer au vouloir de l'affection terrestre et enfantine de leur nature, afin qu'ilz ne soient grevéz corporellement par icelle. Ainsy se maintiennent les nobles, riches et sages de ce siecle en leurs enfantz et famille. » Quant aux serviteurs et aux servantes qui se trouvent dans ces maisons, il recommande qu'on leur paie exactement leurs gages, s'ils servent pour de l'argent; s'ils servent « pour le seul loyer de Dieu, » qu'on les considère comme frères et sœurs et qu'on leur enseigne les sentiers de Dieu, « les pourvoyantz en telle ordre de droict qu'iceluy ou icelle voudra eslire, comme frere ou sœur participantz de la misericorde ou grace de Dieu avecques luy. » Ces détails s'accordent parfaitement avec ce que nous savons de l'organisation intérieure des maisons des Béghards et des Béguines. La congrégation de sœurs dont il est question ici paraît avoir été un béguinage de dames nobles, se livrant aux jouissances de la vie mystique sans appartenir à aucun ordre religieux.

A ces témoignages de l'influence exercée par les Libertins, il convient d'ajouter la part indirecte qui leur revient dans les progrès que fit en France, au début de la réformation, le mysticisme quiétiste. Bien des hommes haut placés par leur fortune et par leur rang, des gens de lettres, des prélats même souhaitaient une réforme; mais, ne voulant pas se séparer de l'Église établie, ils justifiaient leur participation aux cérémonies du catholicisme par la doctrine de l'indifférence des formes extérieures. C'est parmi ces personnes que le principe si commode des Libertins « d'aller à leur eglise leur ferez contentement, car l'Eglise de Dieu est la ou sont les cœurs fideles, » a dû trouver de nombreux partisans, et nous pouvons supposer que leurs livres n'ont pas peu contribué à propager cette tendance religieuse dont les vagues aspirations vers la liberté trouvaient un aliment suffisant dans la contemplation mystique. Naturellement les doctrines morales des Libertins demeuraient cachées à ces hommes qu'attirait avant tout le côté religieux de leur enseignement; ou bien, s'ils les rencontraient dans les écrits des sectaires, elles ne devaient leur apparaître que comme des définitions hyperboliques de la liberté de l'homme spirituel. Les Libertins réservaient ces points comme moyens d'action sur les classes ignorantes du peuple, sur les esprits « phantastiques qui ne demandent qu'a remuer questions extravagantes et prennent tout leur plaisir à s'amuser en choses inutiles » et sur « les gens profanes qui se sont lassez de porter le ioug de Iesus Christ, et sur cela ont cherché d'endormir leurs consciences a fin de servir a Sathan sans aucun remords ne scrupule[1]. »

---

[1] Calvin, *Contre la secte des Lib.*, 165.

Vers la même époque, l'histoire des Anabaptistes présente dans les Pays-Bas et dans le nord de l'Allemagne des phénomènes analogues à ceux que nous venons de décrire. Il est difficile de se représenter la confusion qui régnait alors dans ces pays par suite de la multiplicité des tendances religieuses qui divisaient les esprits. Chaque contrée avait son prophète qui s'attribuait des révélations particulières, et qui refusait de reconnaître la mission divine des autres prophètes. Tous ces envoyés de Dieu lançaient l'anathème contre l'Église romaine et contre l'œuvre des réformateurs, qui commençait à prendre racine dans ce sol si agité. Il n'est pas étonnant qu'au milieu de ce pêle-mêle des opinions individuelles le spiritualisme des Libertins ait pénétré chez les Anabaptistes et donné naissance parmi eux à des fractions particulières. Ces représentans du panthéisme, au milieu d'une secte historiquement différente de celle des Libertins, ont créé une doctrine intéressante au plus haut degré, car elle montre le principe de la liberté de l'esprit, tel que nous le connaissons, uni aux rêveries apocalyptiques et aux théories politiques de ces nouveaux illuminés.

L'on distingue ordinairement parmi les Anabaptistes deux tendances principales : l'une, radicale et révolutionnaire, demandant l'établissement immédiat d'une théocratie universelle, d'un gouvernement des saints, que précèderait l'anéantissement des méchans par la force des armes; l'autre, plus modérée et plus évangélique, ne rêvant pas la constitution d'un royaume visible de Dieu sur la terre, et n'attendant pas à cet effet une effusion nouvelle du Saint-Esprit, mais cherchant à fonder des communautés de chrétiens régénérés par le second baptême et sanctifiés par la méditation de la parole de Dieu. L'avenir appartint à cette dernière tendance, grâce au principe positif et vraiment religieux qu'elle avait mis à sa base; l'autre, au contraire, vit après un premier succès ses espérances ruinées à jamais par la chute de Munster et la mort des chefs de l'insurrection. Entre ces deux partis opposés se placent plusieurs groupes aux aspirations moins nettement déterminées et se rapprochant plus de l'un ou de l'autre parti, suivant l'idée qu'ils se faisaient du royaume de Dieu et des moyens à employer pour le réaliser. Au nombre de ces fractions intermédiaires, il convient de ranger les Anabaptistes panthéistes, à la fois animés de sentimens moins violens que leurs frères de Westphalie et professant une indépendance spirituelle que ne connaissaient pas les adhérens de Menno Simons.

A voir les principes professés par les fanatiques de Munster et les conséquences morales qu'ils en ont déduites, on serait d'abord tenté d'attribuer également l'origine de ce mouvement à une influence panthéiste. Cependant on ne tarde pas à reconnaître que ce n'est pas dans l'idée métaphysique de l'identité du monde et de Dieu que ces révolutionnaires ont puisé leur doctrine de l'immanence de Dieu dans l'âme des élus, et de l'autorité absolue des saints en matière religieuse et morale, mais dans une fausse interprétation des notions scripturaires de l'union mystique de l'âme avec Dieu et de la liberté du croyant vis-à-vis de la loi extérieure. S'ils ont considéré comme des oracles divins les paroles de leurs prophètes, pratiqué la communauté des biens et des femmes, et puni de mort toute désobéissance à leur volonté, c'est parce qu'ils se regardaient comme des croyans accomplis, parvenus au dernier terme de la sanctification, en qui le péché est aboli, et à qui toutes choses sont soumises, parce que le Dieu de vérité et de justice habite en eux.

Les Anabaptistes panthéistes apparaissent peu avant les événemens de Munster; leur origine se rattache principalement à l'influence d'un homme à l'imagination enthousiaste, probablement originaire de Bruges, Jean-David Joris, communément appelé David Joris de Delft, parce qu'il séjourna fréquemment dans cette ville pendant la première partie de sa vie et qu'il y fonda sa première communauté [1].

David Joris exerçait à Delft la profession de peintre sur verre quand les principes de la réformation se répandirent dans cette ville. Doué d'un esprit original et avide de nouveautés, il ne tarda pas à devenir un des plus ardens défenseurs de cette doctrine. Il fit si bien qu'en 1528 il fut exilé pour trois ans pour crime d'hérésie. Dès lors il mena une vie fort agitée, errant d'une ville à l'autre, en relation avec tous les sectaires que ses pérégrinations lui faisaient rencontrer, et revenant souvent à Delft, malgré le danger qu'il y courait, pour revoir sa famille et ses amis. Il entra ainsi en rapport avec les Anabaptistes, dont la doctrine l'attira tout particulièrement, par suite de son goût pour les rêveries fantastiques. A La Haye il assista au supplice de quelques Anabaptistes qu'il connaissait, et le spectacle de leur foi inébranlable lui fit une si profonde impression qu'il se décida peu de temps après à entrer dans leur secte. Il reçut le baptême en 1535. Sans doute son existence

---

[1] V. sur David Joris l'ouvrage d'Arnold, *Unparth. Kirchen- u. Ketzergesch.*, tom. 1, 2e part., 883 et s.; — et les deux articles de Nippold, *David Joris*, dans la *Zeitschr. f. histor. Theol.*, 1863 et 1864. Ces deux articles sont surtout importans à cause des documens et des citations qu'ils renferment; nous leur empruntons la majeure partie des faits qui vont suivre.

errante l'avait également mis en contact avec les partisans de la liberté
de l'esprit, ou bien il avait appris à connaître cette doctrine par les
traités populaires qui pouvaient être tombés entre ses mains, car dès
maintenant nous rencontrons des symptômes significatifs du travail intense qui agite sa pensée. A Delft il avait réussi à grouper quelques disciples autour de lui; c'est là qu'il conçut le projet grandiose de se mettre
à la tête du mouvement anabaptiste et d'étendre sur toutes les nations
un royaume spirituel dont il serait le chef. Son imagination lui représenta cette idée sous forme de visions. « A cette époque, raconte l'un
de ses anciens biographes, il passait souvent de longues heures en
prières, sans savoir ni comment il priait ni ce qu'il demandait; il ne
demandait rien dans sa prière, sachant qu'il ne devait se laisser détourner par l'idée d'aucun bien des hauteurs spirituelles auxquelles il était
parvenu, mais qu'il devait s'absorber dans l'Esprit et se laisser déifier.
Il arriva ainsi qu'il reçut une révélation particulière sur le sens du mot
Dieu, et sur l'abus que les hommes en font dans la légèreté de leur
esprit. Un autre jour, pendant qu'il se tenait debout dans son atelier,
il fut transporté hors de lui-même, et il entendit un grand tumulte:
tous les rois de la terre tombaient à genoux devant quelques enfans qui
battaient des mains, remettaient à ces enfans les insignes du pouvoir et
imploraient leur protection. Puis il vit le long du mur une foule de
femmes dépourvues de tout vêtement, et il s'écria : « Seigneur, maintenant il m'est permis de tout voir [1] » Après cette double vision, il
écrivit tout d'un trait, sous le feu de l'inspiration, une longue exhortation, dont voici quelques passages : « La mort doit être engloutie dans
la victoire de l'homme Jésus-Christ, du saint d'Israël, et cela doit arriver présentement, ainsi que l'Esprit me le révèle, par un jeune serviteur et enfant du nom de David, que Dieu révèlera en son temps et
sur lequel l'Esprit du Seigneur reposera en puissance. Chaque chose
trouve sa perfection dans le nombre trois. Le premier David nous
présente une image évidente du Dieu tout-puissant qui est un en trois.
C'est pourquoi l'on doit également parler de trois David et en attendre
trois qui au fond n'en sont qu'un : le premier David, en qui Dieu avait
mis sa force; le second, Christ, en qui s'est manifestée la plénitude de
la divinité; le troisième, sur lequel l'Esprit de Christ reposera et qui
accomplira l'œuvre la moins importante, quoique la plus grande en apparence. Celui des trois qui est apparu entre les deux autres, reste le

---

[1] Nippold, o. c., I, 64 et s.

plus grand; il est le Seigneur, les autres ne sont que des serviteurs. — Écoutez la voix du serviteur que le Seigneur a établi sur sa maison : Dieu le connaît et il sera manifesté en Israël à la fin des temps. Écoutez le jeune David, l'Esprit du Seigneur en la plénitude de sa force, qui anéantira toute chair et qui punira le monde à cause de son incrédulité. Hommes de l'esprit, réjouissez-vous! recevez en vous l'effluve de l'Esprit originel et apprenez ce que l'Esprit dit aux saintes assemblées de Dieu. Écoutez le maître, l'Esprit de la sagesse; mes paroles ont coulé de ma plume sous l'impulsion de l'Esprit saint qui a parlé en moi : ce qui est écrit doit demeurer écrit.... » C'est sur ce ton que continue ce discours, qui n'est d'un bout à l'autre qu'un chant de louanges par lequel l'auteur glorifie la dignité messianique dont il se croit revêtu. « Quand il eut fini cette exhortation, continue son biographe, il eut une troisième vision, fort semblable à la seconde, et qu'il raconta aussitôt sous forme d'un cantique composé sur la mélodie de Luther : un fort rempart est notre Dieu. Mes oreilles, y est-il dit, ont entendu la voix d'en haut, mes yeux ont aperçu d'un regard rapide au loin dans la forêt l'innocence (entendez bien ce mot!) dont les brebis de Christ sont revêtues; elles se tiennent debout et s'avancent en sautillant vers moi dans la simplicité de leur cœur; elles sont pleines de candeur et sans fraude, comme des colombes sans tache; elles sont pures, sans honte et sans esprit de dissimulation, comme Adam et Ève le furent au commencement[1]. » Ces visions le déterminèrent à se livrer à un rigoureux ascétisme. « Un mépris total de lui-même et une indifférence complète vis-à-vis de tout ce qui existe envahit son âme; son unique désir fut de se soustraire à l'influence des sens, et d'anéantir en lui toute volonté personnelle. Mais il eut des moments où il ne réussit qu'avec peine à élever son âme vers Dieu, car des pensées humaines et viles traversaient sans cesse son imagination. Le Seigneur lui révéla par son Esprit qu'il voulait renouveler en ce temps toutes choses à son image et en lui[2]. »

Pénétré de la conscience de sa mission divine, il renonça désormais à tout travail manuel, pour se consacrer uniquement au service de l'Esprit. L'idée de sa haute vocation inspira également à sa mère et à l'un de ses partisans des visions bizarres. Sa mère le vit, monté sur un cheval, s'engager dans un sentier inconnu, que bientôt après tous les hommes reconnurent pour être le sentier de la vie. L'autre vision est encore plus frappante. «Le disciple de Joris vit debout devant

[1] Nippold, o. c., 1, 67 et s.
[2] Nippold, o. c., I, 70 et s.

lui le corps d'un homme bien fait et qui lui tournait le dos. L'Esprit lui dit : regarde! et il vit l'homme descendre sous la terre et demeurer suspendu sur un profond abîme sans que rien ne le soutint. L'Esprit lui dit : regarde! et il vit l'homme remonter vers la surface de la terre et s'élever au-dessus du sol. Il étendit la main pour le toucher, mais l'Esprit lui défendit de le faire, en lui apprenant que l'homme était encore mort. Peu à peu la vie pénétra dans cet être mystérieux, qui se retourna au bout d'un instant et présenta ses traits aux regards du disciple. C'était un homme d'une belle taille, d'un teint très-blanc, et dont le visage était orné d'une barbe rousse. Après quelques instans l'apparition se mit en marche et le disciple crut sentir qu'elle passait à travers sa personne. Quand elle se fut évanouie, l'Esprit dit au disciple: C'est là Dieu, le Messie, la nouvelle créature, le véritable et premier homme, venu du ciel». Joris écrivit lui-même le récit de cette vision, à laquelle il attachait ainsi que ses adhérens une importance capitale : tous y voyaient la représentation vivante de l'idée des apparitions successives de David, et la confirmation de leur foi en Joris, auquel la description de l'homme idéal s'appliquait parfaitement[1].

En 1538 la secte fut découverte et le magistrat sévit contre elle. La tête de Joris fut mise à prix, et vingt-sept de ses partisans, parmi lesquels sa mère, subirent le supplice à Delft. Ces mesures de rigueur ne produisirent pas l'effet désiré; l'enthousiasme des sectaires n'en fut qu'exalté, et l'année suivante trente et un d'entre eux moururent encore martyrs de leur foi. Les aveux de ces malheureux qui ont été conservés en partie dans les registres de la cour de justice, permettent d'entrevoir jusqu'à un certain point quelle fut la doctrine de la secte persécutée. Ils rejetaient le baptême des enfans, et administraient aux adultes un second baptême, seul valable d'après leur opinion; ils considéraient le pain et le vin de la sainte-cène uniquement comme des symboles du corps et du sang de Christ, et ils tenaient David Joris pour un prophète inspiré de Dieu. Mais à côté de ces principes généraux, communs aux Anabaptistes de toute nuance, nous trouvons dans les déclarations de plusieurs des condamnés des doctrines morales qui donnent à la secte de Delft un caractère particulier. Ceux-ci prétendaient que l'homme ne peut pas être contraint de n'épouser qu'une seule femme, et ils avaient introduit parmi eux la communauté la plus absolue, se livrant même pendant les repas aux plus grossiers excès, et enseignant qu'il ne faut

[1] Nippold, o. c., I, 78.

pas avoir honte de la nudité, mais s'efforcer de remonter à l'état d'innocence d'Adam et d'Ève avant la chute. Mises en rapport avec les visions de Joris et ce que nous savons jusqu'à présent de sa doctrine sur la divinité, ces déclarations montrent quelle influence ce dernier a exercée sur son entourage, et par quel lien intime les Anabaptistes de Delft se rattachent aux partisans de la liberté de l'esprit[1].

La persécution n'arrêta point Joris dans l'exécution du plan qu'il s'était tracé. Il se tourna vers les Anabaptistes des contrées voisines et essaya de s'attacher celles des fractions qu'il savait momentanément sans direction. Après le désastre de Munster, le parti radical s'était groupé en grande partie autour de Théodore de Batenbourg, l'un des représentans les plus fanatiques de la tendance extrême : ce chef venait de trouver la mort en essayant de s'emparer d'une petite ville du district d'Oldenbourg. Joris, qui désapprouvait l'emploi du glaive au service de la cause de Dieu, avait vainement essayé deux ans auparavant, immédiatement après les événemens de Westphalie, de cimenter l'union entre les différentes fractions des Anabaptistes au moyen de concessions réciproques; l'assemblée générale de Bocholt n'avait pas eu de résultat. Il pensa qu'après son second échec, le parti radical, dépourvu de chef, se rallierait plus facilement à lui. Il se rendit donc en 1538 à Oldenbourg, et réussit à faire accepter momentanément son autorité des frères de cette contrée. De même, il entreprit de se mettre à la tête des Anabaptistes de Strasbourg. Melchior Hoffmann, après avoir prêché l'avènement du règne de Dieu à Emden dans la Frise occidentale, était venu à Strasbourg quelque temps avant l'insurrection de Jean de Leyde pour fonder le royaume messianique dans cette ville, que l'Esprit lui avait désignée comme la nouvelle Jérusalem de l'Apocalypse. A Strasbourg il avait réussi à créer une communauté assez importante; mais ses projets avaient été découverts, et il avait été jeté en prison. Après son départ, ses adhérens, déçus dans leurs espérances apocalyptiques, étaient entrés dans une voie plus modérée, et s'étaient rapprochés de la communauté évangélique avec laquelle ils devaient plus tard se confondre. Arrivé à Strasbourg, David Joris se mit en relation avec les membres de la secte, et eut avec eux plusieurs discussions dont les détails jettent une vive lumière sur l'ensemble de ses conceptions religieuses. « Je veux, dit-il, accomplir en vous ce que j'ai accompli en d'autres hommes, l'œuvre du rétablissement de toutes choses dont Dieu m'a

[1] Nippold, o. c., I, 77 et s.

chargé. Ma doctrine me vient du ciel : elle ne peut être comprise que de ceux dont les dispositions sont vraiment spirituelles. Ces dispositions ne se rencontrent que chez celui qui s'exerce sérieusement et assidûment dans la pénitence et dans la prière pour le pardon des péchés, et qui ne cesse de prier jusqu'à ce qu'il sente que tout désir coupable est complètement banni de son âme ». Aux objections de ses auditeurs, il répondit : « Je vois que vous n'êtes pas capables de comprendre mes mystères. Il faut que vous passiez par une pénitence qui plonge l'esprit dans la tristesse et qui consume le corps, avant que vous puissiez entendre mes vérités divines. N'avez-vous pas encore fait cette expérience? Dans ce cas, défiez-vous de votre jugement personnel, et laissez-vous instruire comme des enfans par ceux qui l'ont faite, et qui sont appelés, éclairés, et envoyés par Dieu comme moi. Celui qui n'est pas régénéré ne peut comprendre l'Écriture, encore moins juger d'après elle une doctrine nouvellement révélée ». Sur quoi il ouvrit un de ses traités qu'il avait apporté, et fit lecture d'un chapitre sur la confession publique des péchés, doctrine qu'il prétendait fondée sur un grand nombre de passages bibliques. Comme les Strasbourgeois lui contestaient l'interprétation de ces passages, il s'emporta : « Vous n'êtes que des hommes charnels, s'écria-t-il, des incrédules, qui désobéissez à l'Esprit de Dieu qui parle par moi ; je romps tout entretien avec vous. Mes partisans dans l'Allemagne inférieure n'exigent pas de moi des preuves aussi précises tirées de l'Écriture, puisqu'ils ont déjà ressenti en réalité l'influence et la puissance du Saint-Esprit. Par le fait que vous doutez de ma mission particulière, vous rejetez toute ma doctrine. Ne dites pas que je me fais passer pour le prophète Élie : je suis ce que je suis. Je suis la voix qui doit auparavant exhorter chaque homme à sortir de lui-même et à entrer en Christ. Annoncer à tous ceux qui veulent l'entendre que nous devons nous unir à Dieu et nous abreuver de son Esprit : tel est mon ministère. » Les sectaires de Strasbourg, qui avaient sans doute connaissance de quelques-unes des doctrines eschatologiques et morales de David Joris, lui demandèrent le jour suivant si le monde à venir commençait dès maintenant dans sa secte, si dans ce monde il y aurait une nombreuse génération d'enfans, et si Christ engendrerait aussi des enfans. Il répondit que sur ce point il ne pouvait rien dire de précis, mais qu'il ne lui paraissait pas impossible que l'on dût engendrer des enfans dans le monde futur, parce que les livres des prophètes en contiennent la promesse ; mais qu'il était absurde de prétendre que Christ y engendrerait nécessairement des enfans. Les Strasbourgeois, au contraire, maintinrent ce dernier point comme une conséquence inévitable de sa doctrine, suivant laquelle Christ est pour nous un initiateur et un exemple en toutes choses. Interrogé pareillement sur la Trinité, il répondit avec humeur : « Cette question est oiseuse ; elle n'est à sa place que dans la bouche de ceux qui sont exercés dans la contemplation du monde supérieur et qui sont délivrés de tout ce qui est terrestre. Mon habitude n'est pas de vouloir pénétrer les mystères ; j'attends sur ces matières la révélation de l'Esprit saint. C'est le sort de tous les prophètes, apôtres et envoyés de Dieu d'être rejetés au commencement par une génération pharisaïque, esclave de la lettre et dépourvue de l'Esprit de Dieu. » Les Strasbourgeois formulèrent ainsi que suit la conclusion de ces entretiens : « Nous ne pouvons en bonne conscience accepter les nouvelles doctrines qui nous ont été proposées : sur la confession publique des péchés — la nécessité d'abolir tout sentiment de honte — la polygamie — la légitimité du divorce pour cause de divergence religieuse ou de mœurs peu convenables[1]. »

L'échec de David Joris à Strasbourg amena la défection d'un certain nombre de ses partisans dans la province d'Oldenbourg. Les Anabaptistes de cette contrée, ayant eu connaissance de ce qui s'était passé à Strasbourg, députèrent quelques-uns des leurs à Joris pour l'interroger sur certains points de sa doctrine qui leur paraissaient obscurs. Les explications de ce dernier ne satisfirent pas les envoyés, car ils déclarèrent se séparer de lui pour cause de dissentiment sur les propositions suivantes : « L'état de nudité complète et l'anéantissement de tout sentiment de honte sont des moyens utiles pour atteindre la perfection. — Tous les péchés doivent être publiquement confessés dans l'assemblée des fidèles. — Le lien du mariage ne contraint plus les parfaits. — Les démons ne sont que les tentations de l'esprit par la chair. — Outre la personne du juge à venir, Jésus-Christ, il apparaîtra un autre Seigneur et dominateur universel, auquel le peuple actuel de Dieu doit s'attendre et se soumettre. — Cette nouvelle doctrine de Dieu, il n'est pas besoin de l'éprouver en la comparant à l'enseignement des prophètes et des apôtres ; il est inutile de chercher dans cet enseignement des preuves de sa vérité, et d'en établir l'origine surnaturelle au moyen de miracles[2].

Ce double insuccès aurait découragé tout autre que Joris. Rejeté par les différens partis dont l'adhésion eût été un premier pas vers la réali-

---

[1] Nippold, o. c., I, 90 et s.
[2] Nippold, o. c., I, 103 et s.

sation de ses desseins, il résolut d'employer les grands moyens au risque de tout compromettre. Adversaire de toute violence dans le domaine religieux, il ne songea pas à entraîner ses partisans, demeurés fidèles, à une guerre sainte contre les ennemis de Dieu; il préféra recourir à la persuasion, en se présentant devant les magistrats et les princes avec le ton d'autorité qui convient à un envoyé d'en haut. Pendant l'été de 1539 il écrivit à la haute cour de justice de Hollande une lettre assez hardie, dans laquelle il menaçait, en sa qualité de juge divin, ses adversaires des châtimens célestes : « Le temps est proche, dit-il, où la Jérusalem nouvelle apparaîtra sur la terre, et où le temple sera rétabli spirituellement. Aucun prince, pas même le plus puissant ne saurait empêcher ce qui doit arriver. Bientôt l'Agneau se montrera dans sa colère et les princes se cacheront dans les cavernes. » Et présentement, pourquoi le persécute-t-on ? Il n'est pas un révolutionnaire ; il mène l'existence la plus paisible, aussi inoffensif qu'un agneau. Mais il est convaincu de la justice de sa cause et il espère obtenir de l'empereur la convocation d'un concile universel où il pourra s'élever « non-seulement contre les prêtres romains, mais aussi contre les soi disans évangéliques.[1] » Quelques mois plus tard, il envoya au landgrave Philippe de Hesse une lettre conçue en termes beaucoup plus modérés, et contenant le récit des persécutions auxquelles il était en butte et l'affirmation de sa haute dignité spirituelle. « Un nouveau soleil de vérité s'est levé pour moi et pour les miens; la vie éternelle m'est révélée; je l'entrevois et j'en jouis dans sa plénitude. Mon témoignage est plus grand que tout témoignage sur la terre, car c'est la vie de Dieu que j'ai reçue qui parle par ma bouche ; pour le reste, je ne suis qu'un serviteur indigne[2] ». A cette lettre en était jointe une autre, adressée à tous les États de l'empire, et il priait Philippe de Hesse de la faire parvenir à Charles-Quint. Il y défiait tous les sages et tous les puissans de la terre de lui donner une interprétation satisfaisante du passage : Personne ne connaît le Père que le Fils et celui à qui le Fils l'aura voulu révéler (Matth. XI, 27). « Alors, dit-il, l'on verra qui est envoyé de Dieu, et qui a mission de parler au nom de Dieu, car celui-là seul possède la parole de Dieu. Personne ne connaît le Fils que celui en qui il est engendré de nouveau et en qui il est devenu chair. Ce que j'ai vu, entendu et savouré en esprit, sera révélé à la génération présente quand l'enfant aura grandi en sagesse,

---

[1] Nippold, o. c., I, 101 et s.
[2] Nippold, o. c., I, 115.

en âge et en grâce. » Philippe de Hesse, s'imaginant avoir affaire à quelque partisan de la réforme tant soit peu extravagant, que l'on persécutait à cause de l'Évangile, fit adresser à Joris l'invitation de venir en ses États, avec l'assurance qu'il y pourrait vivre en toute sécurité[1]. Joris, qui s'attendait à mieux, ne vit dans cette réponse qu'un nouvel échec pour ses ardentes espérances.

A cette époque les théories de David Joris avaient déjà rencontré des contradicteurs décidés. Un recueil de vingt-cinq propositions extraites de ses livres avait été publié dans le nord de l'Allemagne pour appeler sur son enseignement l'attention des autorités et des théologiens. Joris, craignant que cet écrit n'exerçât une fâcheuse influence sur l'esprit de la comtesse d'Oldenbourg et d'Emden sur les terres de laquelle il vivait, composa pour elle une apologie de sa doctrine dirigée «contre les articles mensongers qu'on lui attribue partout dans un esprit d'inimitié. » Cet écrit présente un double intérêt. Il montre que Joris savait au besoin dissimuler sa pensée et même abandonner momentanément ses principes quand son intérêt l'exigeait, et sans doute qu'en agissant ainsi il ne pensait faire autre chose qu'user de la liberté d'action qu'il s'était implicitement réservée en enseignant que les vérités divines qu'il avait mission d'annoncer ne seraient révélées aux hommes que lorsque les temps seraient accomplis, c'est-à-dire quand il jugerait à propos de le faire : s'il en était autrement, que subsisterait-il de sa bonne foi quand nous le voyons renier comme pure invention les propositions suivantes : « Je suis le troisième David, l'égal du Christ. — Tous ceux qui se retranchent derrière l'Écriture ne sont qu'esclaves de la lettre. — L'institution du mariage doit disparaître; les hommes doivent posséder les femmes en toute communauté. » Entré dans cette voie, il ne craignit pas même de détourner les soupçons par des déclarations d'une ambiguïté évidente : « On prétend que je persuade à mes adhérens que je serai roi dans le royaume de Christ : plût à Dieu qu'il en fût un jour ainsi ! — On m'attribue l'idée que les anges ne sont que des hommes qui vivent dans la joie; j'admets sur ce point ce que l'Esprit enseigne dans les Écritures. — Je n'ai jamais dit qu'il n'y a pas de diables visibles et réels, car je sais que le Seigneur lui-même a appelé Pierre un démon et Judas un diable. » Bientôt nous le verrons déclarer que l'explication littérale du récit de la chute d'Adam est absurde, et que Christ a lui-même parlé allégoriquement de Satan en appliquant ce nom à Pierre!

---

[1] Nippold, o. c., I, 117.

A part ce procédé de justification de toute manière peu honorable, il est intéressant de noter celles des propositions incriminées que Joris se contente de maintenir, ou qu'il rectifie au moyen d'explications subtiles : « On me reproche d'avoir dit que le jugement dernier sera accompli au milieu des régénérés par David Joris ou quelqu'un de semblable à lui. Voici ma réponse sur ce point : Les régénérés et les saints ne jugeront pas seulement le monde, mais encore les anges, et j'espère me trouver un jour au nombre de ces élus. — Je dois avoir enseigné qu'il faut dès maintenant reconnaître sur la terre la présence du troisième David, qui se nomme David Joris. Ce n'est pas là ce que j'ai voulu dire. Le troisième David dont on doit reconnaître la présence, est l'Esprit de la vérité éternelle. — Que l'on ait le droit de renvoyer une femme dont les mœurs ne sont pas convenables, cela ne me paraît ni extraordinaire en soi, ni contraire aux Écritures. — Que le royaume de Dieu doive se réaliser ici-bas d'une manière extérieure et visible, c'est ce que promet l'Apocalypse en parlant d'un nouveau ciel et d'une nouvelle terre. — Et qu'on ne prétende pas que j'enseigne que la félicité des saints ne se réalisera pas au ciel mais sur la terre, et que je veuille amoindrir par là cette félicité. Si nous, créatures humaines, nous étions déifiés, et si nous avions le royaume de Dieu en nous, en quelqu'endroit du monde que se trouvât notre corps, nous vivrions au ciel, grâce à notre substance céleste. — Pareillement on me fait un crime d'avoir dit que mes partisans et moi nous pouvons librement entrer dans toutes les églises, et nous livrer sans péché à toutes les idolâtries. Si vous croyez que c'est le lieu où l'on se trouve qui sanctifie ou qui souille l'homme, comment Adam a-t-il pu pécher en paradis, et Christ remonter des enfers? Toutes choses sont pures pour ceux qui sont purs. — Je n'ai jamais dit que la doctrine de Paul fût une œuvre honteusement mauvaise en comparaison de la doctrine de David. Saint Paul déclare lui-même que son savoir est imparfait et destiné à s'effacer devant une connaissance parfaite de Dieu : voilà ce que je soutiens également. Et si j'exalte en mes discours la parole de la connaissance suprême de Dieu, et si j'affirme qu'elle n'est pas imperfection, je veux soutenir cette opinion à la face du ciel, contre tous les docteurs et tous les sages de ce monde[1]. »

Rejeté des Anabaptistes, sans succès auprès des princes, Joris conçut le projet plus audacieux encore de se soumettre le mouvement de la

---

[1] Nippold, o. c., I, 120.

réformation elle-même. En 1541, ayant appris qu'un colloque devait avoir lieu à Ratisbonne dans le but de préparer la réconciliation de l'Église romaine et de l'Église luthérienne, il envoya dans cette ville deux de ses partisans les plus dévoués, chargés d'une lettre pour les membres du colloque, mais avec la recommandation de sonder le terrain avant de présenter la lettre. Dans cet écrit il soutenait que « pour trancher les questions controversées on ne saurait trouver dans les seules Écritures aucune base certaine en l'absence du Fils et en l'absence de celui auquel le Fils a révélé le Père. C'est ce dernier qu'il faut rechercher avec soin. Suivant la parole d'Osée : j'ai fait venir mon fils d'Égypte, le Fils de Dieu doit nécessairement venir des Pays-Bas, contrée dont l'Égypte est le type, car ces deux pays sont bas l'un comme l'autre, et remplis tous deux de gens au cœur simple. Les prophéties des psaumes XLVI et XLVII ne se sont pas encore accomplies : elles doivent se réaliser dans la période présente. C'est maintenant que la vie éternelle est révélée, et que le royaume des cieux est ouvert. » Les envoyés de Joris essayèrent à Ratisbonne de se rapprocher de Bucer, mais ils n'osèrent lui dévoiler leur doctrine, et ne remirent point la lettre. Les négociations en restèrent là. Mécontent de ce résultat, Joris tenta quelque temps après un nouvel effort pour faire accepter son autorité des réformateurs allemands. En 1544, il écrivit à Luther, tandis qu'un de ses amis se rendait à Wittemberg, chez Mélanchton. On devine aisément quel accueil fit Luther aux propositions du sectaire hollandais. Quant à Mélanchton, il reçut l'émissaire de Joris en lui disant : « Votre doctrine est fantastique ; si vous êtes vraiment venu à Wittemberg pour y propager vos folies, je m'adresserai au magistrat pour vous faire immédiatement jeter en prison[1]. »

Depuis plusieurs années, Joris soutenait contre différens adversaires une polémique du plus haut intérêt. Le parti modéré des Anabaptistes, après la mort de son premier chef Ubbo Philipps, s'était groupé autour de Menno Simons, résidant à Oldenlo, près de Hambourg. Vers 1540, Menno Simons publia la première édition de son *Fondamentbœck*, dans l'introduction duquel Joris crut trouver une allusion directe à ses propres tendances, et une attaque contre son autorité. Il envoya donc à Simons une lettre très-vive pour le provoquer à une discussion sur la valeur de leurs doctrines particulières. « Dis-moi, lui écrivit-il, quel Esprit t'autorise à parler ? qui t'a envoyé ? Examine-toi pour voir com-

---

[1] Nippold, o. c., I, 124. — Arnold, o. c., 888.

ment tu es ressuscité dans le premier homme : cet examen tournera à ta confusion, car tu n'es qu'un scribe versé dans l'Écriture, et tu ne trouves en toi aucune certitude de ta résurrection. Si tu ne crois pas en mes paroles, et si tu ne te laisses pas instruire en toute vérité comme un petit enfant, tu le regretteras. Fuis ta propre intelligence, laisse là ta confiance en toi-même et crois en la vérité éternelle qui réside dans l'Esprit et qui seule sait juger de toutes choses. Tes pensées ne sont que vanité, parce que tu n'es pas mort à toi-même et que tu ne t'es pas abîmé dans le néant. Je sais pourquoi je souffre à cette heure, et pourquoi l'on me considère comme l'homme le plus méprisable et le plus digne d'opprobre, pourquoi l'on me range parmi les gens de mauvaise vie : que nous font ces outrages, pourvu que Dieu soit notre asile, lui qui veut nous juger avec équité, lui qui voit dans tout ce qui est réputé saint, bon et juste parmi les hommes précisément tout le contraire, pourvu que nous ayons l'Esprit de Christ! » Menno Simons vit clairement quel était le fond de cette doctrine qu'il était invité à combattre. Il répondit à Joris qu'il se refusait à toute discussion avec un adversaire » qui avait depuis longtemps rejeté l'armure de la doctrine invincible de l'Évangile, pour s'armer de doctrines nouvelles, de sentences philosophiques et d'artifices oratoires. » Il ne pouvait rien arriver de plus favorable à Joris. Il s'adressa aussitôt directement aux partisans de Simons, leur représenta le silence de leur chef comme dicté par la conscience de son infériorité, et leur exposa quelques points de sa doctrine. « Il faut, dit-il entre autres, que toute intelligence soit déclarée captive sous l'obéissance à Christ, non sous l'obéissance à la lettre de l'Écriture, mais sous l'obéissance à la vérité éternelle. Il n'est pas vrai que je rejette l'Écriture, et que je ne veuille pas me laisser guider par elle; seulement l'Écriture est esprit et non chair. » Cette lettre eut pour résultat de détacher de Menno Simons un certain nombre de ses partisans qui se joignirent à Joris [1]. Plus tard, le gendre de ce dernier, Blesdik, continua cette discussion avec les Mennonites demeurés fidèles à leur chef. Il leur adressa, de 1544 à 1547, trois lettres, dont voici les passages les plus intéressans : « Si nous éprouvons de la honte à confesser ouvertement ce qui se passe au dedans de nous, c'est un signe certain que nous n'avons pas encore fait vraiment pénitence pour être délivrés du péché dont nous rougissons. La confession publique ne purifie pas du péché, mais elle est le signe d'un cœur pu-

[1] Nippold, o. c., I, 130 et s.

rifié. — Christ a institué le sacrement de la sainte-cène pour inspirer à ses disciples la reconnaissance envers Dieu et l'amour du prochain. Mais un vrai chrétien ne doit pas seulement se souvenir des bienfaits de Dieu en des occasions déterminées; il doit être reconnaissant envers Dieu à tous les momens de son activité terrestre. Cela ne nous est possible que si l'Esprit de Dieu est en nous. Quiconque comprend cette vérité n'a plus besoin ni de pain ni de vin pour se souvenir de Dieu. La célébration de la sainte-cène fut continuée par les apôtres à cause de l'incrédulité du peuple et de son peu d'intelligence : à nous il appartient de conserver ces choses extérieures ou de les mettre de côté. Maintenant que l'âge de la virilité est arrivé, le temps où la perfection doit apparaître sur la terre, il faut écouter la parole de la perfection et laisser là tout ce qui est enfantin. Les vrais disciples du Seigneur aiment Dieu de tout cœur, sans aucune espèce de cérémonie, parce que la puissance de Dieu se manifeste en eux en toutes choses. — Mais le nombre de ces cœurs élus, devenus Esprit et déifiés, a toujours été petit. — Joris est venu prêcher la repentance et la pénitence : que chacun se dépouille donc de sa fausse confiance en lui-même et revienne à la justice parfaite qui réside au fond de son cœur, afin d'être admis à revêtir Jésus-Christ, c'est-à-dire à revêtir l'être et la nature de Dieu. — Partout où l'Esprit de Christ est reçu, il anéantit tous les mauvais instincts, de sorte que l'on possède la liberté de jouir de toutes les créatures, parce que l'on n'agit plus sans penser à Dieu. Ce n'est pas dans la possession de plusieurs femmes, dans le fait extérieur de la jouissance matérielle que réside le mal, mais dans l'impureté du cœur. Cette vérité, personne ne saurait la trouver dans la lettre de l'Écriture; celui-là seul la possède qui est parvenu à l'âge parfait de Christ [1]. »

Joris eut une discussion analogue avec le surintendant de l'Église de la Frise orientale, Jean Lasky (a Lasco). Ce dernier, dès son arrivée dans cette province en 1543, avait invité les partisans de Joris à des entretiens privés, et il avait réussi à s'entendre avec eux sur tous les points, excepté sur celui du ministère particulier de leur chef. Il commença sur cette question avec Joris un échange de lettres des plus instructives. Malheureusement le point de vue auquel il se plaça dans cette discussion ne pouvait être admis par Joris. A son affirmation réitérée de l'autorité des Écritures saintes et à ses argumens basés sur l'enseignement du Seigneur et des apôtres, son adversaire répondait invaria-

---

[1] Nippold, o. c., I, 141 et s.

blement en invoquant l'autorité suprême de la « Sagesse éternelle et de la Vérité de Dieu, de laquelle il savait qu'elle était en lui et lui en elle, » et en établissant que, pour arriver à la connaissance des choses célestes, « il faut sortir de soi-même et entrer en Dieu et en Christ. » Relativement à sa mission divine, Joris refusa d'abord de s'expliquer. « C'est une vérité trop élevée et trop excellente pour que je puisse la révéler à qui n'a pas été préparé à la bien comprendre. » Plus tard, pressé par les raisonnemens de son contradicteur, il essaya de justifier l'idée de sa vocation particulière par le récit de ses visions et l'affirmation de son inspiration incessante. « Je me suis complètement abandonné, dit-il, à la lumière et à la direction de l'Esprit au sein duquel je vis. Invoquer le témoignage des Écritures pour combattre mes doctrines, c'est méconnaître la différence des temps. Certes la doctrine des apôtres a eu son éclat, un éclat supérieur à celui de la loi mosaïque; mais une splendeur plus grande encore que celle des deux âges qui précèdent, doit nous être révélée, non par la soumission à la lettre de l'enseignement apostolique, mais par la soumission à l'Esprit. Cet Esprit se manifestera bientôt au monde en la personne d'un seul homme, non par le moyen de nombreux apôtres. Alors sera réalisée la prophétie : quand cet Esprit viendra il vous conduira en toute vérité (Jean XVI, 13). Ils se trompent fort ceux qui croient que cette prédiction s'est accomplie entièrement du temps des apôtres. Le monde ressentira dans peu de temps tout autrement que par le passé la venue de cet Esprit. Cette triple manifestation de Dieu, de Christ, ou de l'Esprit, est représentée symboliquement dans la construction de l'arche de l'alliance. L'arche aussi se composait de trois parties, du parvis, du sanctuaire et du saint des saints. Le sanctuaire était plus noble que le parvis et moins noble que le saint des saints : de même la doctrine des apôtres a surpassé la doctrine de Moïse et doit être surpassée à son tour par une doctrine qui est encore à révéler, et qui en sera l'accomplissement, de même que chez l'homme l'âge viril est l'accomplissement des périodes précédentes. Par la venue du Saint-Esprit le monde entier sera transformé, une nouvelle terre sera créée, et tous les croyans seront instruits directement du ciel par des précepteurs spirituels que l'Esprit a suscités depuis longtemps et qui apparaîtront sous peu. Leur enseignement n'abolira pas la connaissance de Christ, telle que les apôtres l'ont prêchée, et ne renversera pas les fondemens de la doctrine apostolique; il ne fera qu'accomplir et confirmer cette doctrine des apôtres, de même que la loi a été accomplie et non abolie par l'Évangile. Christ est celui qui a été hier, qui est aujourd'hui et qui sera demain; c'est-à-dire il est un et immuable, quoiqu'il se manifeste à différens degrés, d'abord symboliquement sous forme [de loi, puis corporellement dans l'Évangile, maintenant enfin spirituellement, selon sa véritable essence, par une union immédiate avec l'âme humaine. » Jean Lasky avait blâmé en outre plusieurs propositions morales de Joris; celui-ci n'hésita pas à les maintenir dans la dernière lettre qu'il écrivit au théologien réformé. « Ceux-là seuls, y est-il dit, peuvent se glorifier d'être délivrés de toute erreur, qui se sont assimilés par la régénération cette nouvelle et éternelle vérité, et qui possèdent l'Esprit de Christ et la connaissance de Dieu en abondance. Quant à moi, j'ai si bien livré mon âme à l'empire de la vérité, que je ne puis plus tomber dans l'erreur. Avant moi personne ne pouvait s'attribuer une semblable perfection, car jusqu'à ma venue les dons du Saint-Esprit n'étaient accordés aux saints que d'une manière fragmentaire et dans une certaine mesure, non dans la plénitude absolue. Maintenant le temps de l'accomplissement est présent, le moment est venu de poser un fondement qui ne doit plus être ébranlé. — La régénération par la foi ne consiste pas seulement dans la conviction que le mérite de Christ nous est imputé, mais encore dans la mortification de la chair et dans la soumission à la direction suprême de l'Esprit. Dès la vie présente nous pouvons arriver à un tel degré de sainteté, que nous sommes complétement affranchis de la loi du péché, et que nous n'obéissons plus qu'à l'Esprit. — Ce n'est pas dans notre nature physique, mais uniquement dans notre âme intelligente que réside la souillure du péché. Bien des gens se trompent, parce qu'ils ne savent pas distinguer les affections naturelles des péchés, et considèrent par conséquent comme péché ce qui ne l'est pas. Pendant l'âge de la virilité, où règne la vérité et la justice, l'usage des choses indifférentes ne souille plus, car tout est pur à ceux qui sont purs. C'est là une distinction qu'on n'a pas su faire jusqu'au temps présent. — Que l'homme inexpérimenté se taise donc et cède le pas à l'homme expérimenté, de même qu'on éteint une lampe aux approches du jour, et que l'aveugle choisit pour guide celui qui voit. Mes paroles m'ont été révélées en Esprit et en Vérité, et je n'ai pas besoin de les appuyer sur des paroles de saint Paul. La volonté de Dieu n'est plus que l'on arrive à la foi sur l'autorité de la parole écrite. Puisque l'homme est présent, tout ce qui est enfantin doit être aboli; l'on doit croire désormais au seul vrai Dieu et en son Christ uniquement avec le cœur, sans paroles extérieures [1]. »

Depuis de longues années Joris ne vivait plus que des offrandes de ses adhérens. Souvent ces ressources ne lui arrivaient pas comme il l'eût désiré; alors il publiait des « lettres à ses amis, » pour se plaindre de l'abandon dans lequel on le laissait. C'est ainsi qu'il fit en 1540. Les sommes qui lui parvinrent après ce nouvel appel à la générosité de ses partisans furent si considérables, paraît-il, qu'elles lui permirent de quitter la vie forcément austère qu'il avait menée jusqu'à ce jour, pour se livrer à une existence plus facile, et de publier son *Wonderboeck*, livre des merveilles, dont l'apparition devait lui amener la soumission de toutes les âmes encore rebelles. Cet écrit, tout pénétré du mysticisme malsain que nous connaissons chez Joris, contenait dans sa première édition des gravures obscènes, qui ont disparu dans les éditions suivantes, et qui représentaient « le dernier Adam, le nouvel homme céleste, » et « la fiancée de Christ, le renouvellement de toutes choses. » L'inscription qui se trouvait au bas de cette dernière figure caractérise la tendance du livre; elle nous apprend que les attraits de la femme qui représente l'Église, sont des symboles « de la félicité, de la vie et de la volupté de l'esprit [2]. »

Le succès de ce livre ne répondit pas à l'attente de Joris; le monde ne se convertit pas à sa parole. Cette nouvelle déception, s'ajoutant à tant d'autres, le décida, paraît-il, à exécuter un projet que sans doute il méditait déjà depuis quelque temps. Toutes ses tentatives pour amener les hommes à reconnaître son autorité avaient échoué. Après les violences infructueuses de Jean de Leyde et de Batenburg, la voie de la persuasion qu'il avait suivie ne l'avait pas conduit au but. Ses espérances relatives à son prochain triomphe et au renouvellement immédiat de l'humanité le quittèrent à ce moment; les tentations de la richesse s'ajoutant aux fatigues de la vie agitée qu'il avait menée jusqu'alors, il s'attacha de plus en plus à l'idée d'une existence tranquille et retirée, consacrée à l'attente passive de l'avénement du règne de Dieu et à la jouissance des biens dont ses partisans l'avaient comblé. Au printemps de l'année 1544 il disparut des pays qui avaient été jusqu'à ce jour le théâtre de son activité : vers la même époque, un riche étranger, se disant originaire des Pays-Bas et assurant avoir été chassé de sa patrie pour cause de religion, se présenta devant le magistrat de Bâle

[1] Nippold, o. c., II, 584 et s.
[2] Nippold, o. c., I, 150 et s.

et obtint d'être inscrit sur la liste des bourgeois de cette ville sous le nom de Jean de Bruges. L'étranger acheta une maison à Bâle et une campagne dans les environs de la ville, fit venir sa famille auprès de lui, et mena jusqu'à la fin de ses jours l'existence luxueuse d'un patricien. De temps en temps des émissaires fidèles lui apportaient des nouvelles des Pays-Bas et parfois aussi de fortes sommes d'argent; Jean de Bruges répondait à ces libéralités en écrivant à ses lointains amis de s'abstenir désormais de toute profession publique de leur foi, et d'attendre en silence la manifestation du jour du Seigneur. Il vécut à Bâle dans un quiétisme absolu, s'abstenant de toute propagande religieuse, affable avec ceux que les circonstances mettaient en rapport avec lui, et plein de charité envers les pauvres. Il affectait les dehors d'un chrétien zélé, témoignait aux ministres évangéliques les plus grands égards, assistait fréquemment au culte public; mais sitôt qu'il était rentré dans sa demeure, il s'appliquait à effacer de l'esprit des siens l'impression que le sermon avait pu y produire et ne laissait échapper aucune occasion d'exprimer dans l'intimité du foyer domestique l'aversion que lui inspiraient les prédicateurs protestans. Il publia même contre eux des traités intitulés : *Contre les vrais et les faux prédicateurs*, la *Véritable Sion et Jérusalem*[1], tout en continuant à s'accomoder aux rites évangéliques avec une dissimulation parfaite. S'il s'efforça de la sorte à donner à sa vie extérieure une apparence irréprochable, sa vie intime, au dire de ses biographes, ne fut pas exempte de fautes. Il conserva, paraît-il, dans sa maison, en qualité de seconde épouse, Anne de Bergheim, appartenant à une famille noble qui l'avait suivi des Pays-Bas. Ce fait de bigamie est établi par des documens juridiques relatifs au partage des biens qui suivit sa mort[2].

Le temps que lui laissait la gestion de ses affaires, il l'employait à écrire des livres et à entretenir une correspondance active avec ses nombreux amis des Pays-Bas, de l'Allemagne inférieure et de la France; dans ce dernier pays, c'est surtout à Paris, à Noyon, à Orléans et en Picardie qu'il comptait des partisans. Il était en rapport avec Schwenkfeld et Castellion, et lors du procès de Servet il publia en faveur de celui-ci une supplique adressée aux États suisses et écrite avec une grande noblesse d'idées[3].

Jean de Bruges mourut le 25 août 1556 et fut enseveli dans l'église de

---

[1] Nippold, o. c., I, 135.
[2] Nippold, o. c., II, 490.
[3] Nippold, o. c., II, 496.

Saint-Léonard. Deux ans plus tard, l'indiscrétion d'un serviteur découvrit au magistrat le véritable nom du réfugié hollandais. L'on arrêta immédiatement sa famille; une perquisition domiciliaire amena la découverte de nombreux écrits[1] que l'on soumit à l'examen de l'Université. Dans l'interrogatoire qui suivit leur arrestation, les membres de la famille inculpée déclarèrent d'abord ne pas connaître d'autre nom du défunt que « celui qu'il avait emprunté à sa ville natale[2] ; » ils affirmèrent aussi ne pas former de secte religieuse particulière; peu à peu cependant ils entrèrent dans la voie des aveux. Voici une liste de onze articles qui furent extraits par les docteurs de l'Université des ouvrages saisis : «Toutes les vérités divines révélées par Moïse et les prophètes, par Jésus-Christ et les apôtres, sont passagères et imparfaites, inutiles même pour atteindre la véritable et parfaite félicité. Elles n'ont été données aux hommes que pour les contenir comme des enfans dans la soumission et pour faire leur éducation en tout ce qui est honnête. La doctrine de Joris au contraire est parfaite et capable d'amener tous les hommes à la vie éternelle. — David Joris est le véritable Christ, le Messie, le Fils bien-aimé du Père, issu du Père non selon la chair mais selon l'Esprit saint, qui est l'Esprit de Christ. Cet Esprit, anéanti aux yeux des hommes charnels après le supplice de la croix, a été conservé par le Père en un endroit secret, ignoré de tous les saints, jusqu'à la venue de Joris, et a été répandu dans son âme dans toute sa plénitude. — C'est pourquoi c'est lui qui doit rétablir spirituellement la maison de David, la tribu de Lévy et le vrai tabernacle de Dieu, non au moyen de la croix et des souffrances, comme Christ l'a fait, mais par la douceur ineffable, par l'amour et la grâce de l'Esprit de Christ, qui lui a été donné par le Père. — Il possède le pouvoir de sauver et de damner, de pardonner ou de maintenir les péchés; il est celui qui doit juger le monde au dernier jour. — Jésus-Christ a été envoyé par le Père et s'est incarné dans le but unique de maintenir les hommes dans l'obéissance comme des enfans, au moyen de sa doctrine et des cérémonies des sacremens jusqu'à l'arrivée de David Joris. C'est Joris qui produira au grand jour la doctrine parfaite et puissante, et qui rendra les hommes parfaits en les remplissant de la connaissance de Dieu et de lui-même. — Mais cette transformation ne doit pas s'accomplir d'une manière humaine et grossière comme du temps de Jésus-Christ : elle se réalisera

---

[1] Nippold, o. c., II, 557, 584. — V. la liste des ouvrages de Joris chez Arnold, o. c., II, 286 et s.
[2] Nippold, o. c., III, 611.

par l'Esprit, et d'une manière mystérieuse. Ceux-là seuls entendent cette vérité, qui croient en David Joris et suivent ses commandemens. — Si la doctrine de Christ et des apôtres était la doctrine véritable et parfaite de Dieu, l'Église, fondée sur cet enseignement, n'aurait pas été brisée de nouveau et anéantie, car les portes de l'enfer sont impuissantes contre la vraie Église. Or l'Antéchrist a renversé jusque dans ses fondemens l'édifice de la doctrine apostolique, comme l'existence de la papauté le montre clairement. Il en résulte que l'enseignement des apôtres est imparfait en comparaison de celui que Joris est chargé d'annoncer aux hommes. — Joris prétend être plus grand que Jean-Baptiste et que tous les saints. C'est lui qui est le plus petit du royaume des cieux, dont le Seigneur a dit qu'il est plus grand que Jean-Baptiste. Pareillement il se place au-dessus de Jésus-Christ, lequel est né de femme et devenu chair; lui-même au contraire est né du ciel, engendré par le Saint-Esprit, et devenu Christ par l'onction divine. — Tous les péchés contre le Père et le Fils seront effacés; mais le péché contre le Saint-Esprit, c'est-à-dire contre David Joris, ne sera pardonné ni dans ce monde ni dans l'autre. — Le mariage doit être libre; personne ne peut être contraint de n'avoir qu'une seule femme. La plus entière communauté doit régner sur ce point parmi ceux qui sont régénérés par l'Esprit de David Joris». — Enfin les docteurs de Bâle lui reprochaient «d'avoir essayé de fonder sa doctrine sur plusieurs passages de l'Écriture qu'il détourne de leur vraie signification, comme si Christ et les apôtres n'avaient eu en vue dans leurs prédictions que la venue de Joris et non l'établissement de l'Église[1].»

L'Université condamna la mémoire de Joris. Le 13 mai 1559 son corps fut exhumé et brûlé hors de la ville ainsi que ses livres et son portrait qui se trouvait suspendu dans l'église au-dessus de son tombeau. Sa famille subit des pénitences ecclésiastiques; elle dût faire amende honorable dans l'église en présence d'un grand concours de peuple. Curioni et Sébastien Castellion, qui s'étaient abstenus de paraître à la séance où l'Université condamna la doctrine de Joris, furent obligés peu après de donner par écrit leur adhésion à cette sentence[2].

---

[1] Arnold, o. c., 893; — Nippold, o. c., III, 609.
[2] Voici leurs lettres:
« Ego Cœlius Secundus Curio, publicus inclytæ Academiæ Basiliensis professor, auditis quibusdam articulis, ex nefandis cujusdam satanici hominis, qui se Georgium Davidem appellabat, scriptis collectis, ita totus cohorrui, ut propter Domini nostri Jesu Christi veri Dei et Mariæ virginis filii gloriam mori millies maluissem, quam tam horrendam in Dominum nostrum contumeliam audire. Eos enim articulos magni-

Les divers événemens de cette existence si agitée nous ont fait connaître incidemment les principales des conceptions religieuses de Joris; nous resterions cependant au-dessous de notre tâche si nous n'exposions ici l'ensemble de sa doctrine avec les développemens que l'auteur lui a donnés dans le plus important et le plus volumineux de ses écrits, dans son *Livre des merveilles*. Nous laisserons autant que possible la parole à Joris lui-même.

« Dieu est absolu, sans commencement, une lumière au-dessus de toute lumière, un abîme sans fond, une origine éternelle de tout ce qui est, une fin sans fin. Il demeure en lui-même immuable et impassible, incompréhensible et silencieux, reposant sur le fondement de son propre être, comme un rocher ou une montagne d'or. Essence sans essence, il ne se manifeste pas dans son absoluité, il ne se pense pas; nul ne saurait exprimer ce qu'il est, tant sa grandeur, sa longueur, sa largeur, sa profondeur dépassent toute conception humaine; tout est néant à côté de lui. Et cependant il est la suprême activité, il est l'essence éternelle et vivante de tous les objets. Ce n'est pas hors de nous qu'il faut le chercher, mais en nous, car il est Esprit; il est la lumière infinie de l'éternelle justice, sagesse, vérité et raison, il est le Seigneur de cette même lumière, substance, vie et intelligence qui éclaire les pensées intimes du cœur des croyans, et grâce à laquelle nous distinguons les uns des autres les objets du monde visible : essence sainte et pure, d'une beauté et d'une innocence parfaites [1].

« Ce Dieu éternel et caché est obligé de manifester son inintelligible essence par sa Parole de justice, dans la puissance de son éternelle

---

ficus D. Rector una cum prudentissimo atque optimo viro Domino Henricho Petri scholarcha legebat, et eis lectis, meam de eis sententiam requirebat. Itaque hoc scripto mea manu testor, me eos articulos condemnare, detestari et ex animo excerari, tanquam doctrinæ nostri unius servatoris contrarios, et ex inferis ad totam religionem evertendam exitatos. Id testor coram Jesu Christo teste fideli, et angelis eius. Amen. Basileæ, 27 Aprilis 1559. — Ego idem C. S.»

«Anno 1559 die 27 Aprilis, recitati fuerunt mihi Sebastiano Castalioni, nec non Cœlio Secundo, a Magnifico Rectore universitatis Basiliensis D. Phyracte, et D. Henricho Petri gymnasiarcha, aliquot articuli qui dicuntur excerpti ex libris Davidis Georgii, qui etiam Jori, una cum aliis, recitati fuerant in collegio, absentibus nobis (neque enim fuerat nobis indicatum), ac de iis articulis jussi sumus dicere, deinde scribere quod sentiremus. Igitur ego pro mea parte de eis scribo meam sententiam, eandem quam verbis dixi. Ego illos articulos esse credo hæreticos, impios, nefandos, eos que detestor, abominor, odi, et quantum in me est prorsus damno, eamque doctrinam plane Antichristianam esse judico. — Sebastianus Castalio mea manu scripsi.»

Nous devons la communication de ces pièces à la complaisance de M. le Dr Sieber, bibliothécaire de l'Université de Bâle.

[1] *T' Wonderboeck*, waer in dat van der Werldt aen versloten gheopenbaert is. —

sagesse et vérité ; il réalise en elle la virtualité qu'il a de se connaître. Dans cette Parole, il laisse échapper hors de lui et crée sous une forme visible ses Fils et ses Filles, conformes à sa propre manière d'être, et destinés à posséder en toute vérité son Esprit et son essence, en tant que lumières éternelles des cieux nouveaux. Dieu se connaît dans le Verbe, qui est l'image de sa divine splendeur, son Esprit et sa substance en tant qu'inclinée vers le monde des créatures ; il exprime en lui tout ce qui existe, ses saintes créatures égales à lui, qui sont ses Fils et ses Filles. Dieu commence de la sorte à exister (sous une forme concrète) dans ses créatures ; sa création a son origine éternelle en lui et se poursuit indéfiniment au moyen du Fils, c'est-à-dire de l'intelligence divine et des distinctions que cette intelligence établit dans l'essence absolue [1]. Tout ce qui émane de Dieu, est et reste Dieu ; Dieu y demeure tout en tout, lui seul et personne d'autre. Dans cette émanation vers nous, Dieu a reçu en Christ les dénominations multiples, au moyen desquelles nous essayons en bégayant d'exprimer son essence. Cette émanation continue n'épuise pas l'essence divine : semblable à une fontaine qui coule sans interruption, l'Esprit de Dieu déborde de toutes parts et laisse échapper hors de lui la plénitude de son être, sa force, sa vie, son intelligence [2].

« Bien des docteurs savent bavarder fort savamment sur la Trinité, sur le symbole de Nicée, prenant plaisir à discourir en termes emphatiques et incompréhensibles. Ce qui est simple et intelligible à tous ne leur plaît pas : comment donc connaîtraient-ils le Fils? or qui ne connaît le Fils, ne connaît pas le Père. Leur verbiage n'est que sottise auprès des anges; plus ils ont de science, moins ils ont de bon sens. L'on dit qu'il y a trois personnes divines dans un seul Dieu, et chacun interprète cette proposition comme il lui convient : pourquoi n'exposerais-je pas également ma façon de la comprendre? si quelqu'un a mieux, qu'il le dise. Voyez, les trois personnes ne sont autres que trois hommes, choisis spécialement par Dieu, et qui ont servi successivement de chefs et d'initiateurs dans la cité divine, Moïse, Élie et Christ ; ce der-

---

Hoochgelovet moet hy sijn, die als een Ambassatoer ghesonden komt, in den Name des Heeren ; — anonyme, sans lieu d'impr., 1551, l. I, § 1, f° 2; II, 1, 2; II, 2, 2; II, 1, 1; II. 4, 10; I, 13, 8; I, 28, 16; I, 38, 18; II, 3, 7 et 8; II, 8, 18.

[1] Ibid., II, 11, 23; II, 1, 1; III, 23, 30; li, 3, 8: siet, daer vangt hy an in sijn gescheps, und sijn gescheps vanght hy in hem eewelijcker wyse an, unde dat bestaet ordineerlijck, ondercheydelijck, in warer begrypelijkeyt unde gesicht des verstants door den Soon.

[2] Ibid., II, 3, 7; II, 11, 23; II, 3, 8; III, 33, 30; II, 2, 2; II. 4, 11; II, 7, 16; II, 4, 10.

nier a commencé et doit accomplir toutes choses en les ramenant à leur vraie substance. En effet, si le Fils seul s'était incarné, comment pourrait-on dire que Dieu dans sa totalité est devenu homme ? Il faut donc que le Père et le Saint-Esprit se soient aussi incarnés ; or, si l'on dit qu'ils se sont incarnés avec le Fils en Christ, on détruit la diversité des personnes. Il faut donc admettre trois incarnations successives : les personnes trinitaires ne désignent de la sorte que trois époques, marquées spécialement par des révélations divines. En effet, tout se fait en Dieu avec mesure et proportion : d'abord vient l'enfant, puis le jeune homme, puis l'homme. Aussi les trois personnes n'existent-elles que pour nous, et non pour Dieu même; Dieu reste ce qu'il était de tout temps, un seul vrai Dieu, absolu dans son essence et impersonnel. Peu m'importe donc comment on nomme Dieu ; qu'on l'appelle Père, Verbe, Fils, Esprit, Dieu, tous ces noms sont également bons ; ce ne sont que des images imparfaites, nécessaires à la faiblesse de notre entendement, et non des définitions de Dieu. Le royaume ne réside pas dans des paroles, mais dans la puissance de l'Esprit. Renonçons donc à ce qui est extérieur, que ce soit enseignement, volonté (loi divine) ou parole, et laissons l'Esprit de Vérité nous guider et nous instruire [1] ! »

L'histoire de la chute d'Adam et de son expulsion du paradis n'est qu'un symbole de cette sortie de l'être absolu hors de lui-même. « Avant que la terre ne fût créée, l'homme se trouvait en Eden, au sein de la vie et de la lumière divine, possédant l'essence de Dieu dans sa simplicité primitive et vivant librement dans une joie et une paix éternelles, revêtu de la magnificence divine comme des lueurs de l'aurore. Déchu de ces hauteurs, il perdit sa liberté et sa joie ; il tomba par sa faute du domaine de l'Esprit dans celui de la chair, de la vie dans la mort, de la lumière dans les ténèbres, de l'essence céleste et impérissable dans l'essence infernale et périssable, de la plénitude de la sagesse divine dans le néant de la sagesse propre, de la demeure sainte et libre dans la demeure de cette terre, dans l'impiété et dans l'esclavage. Cette chute était nécessaire ; elle ne pouvait pas ne pas arriver : Dieu a voulu manifester et réaliser en Adam l'essence des choses visibles. Les paroles de l'Écriture relatives à la chute d'Adam, ne sont que figures et qu'images en rapport avec notre intelligence enfantine ; elles ont un tout autre sens selon l'Esprit. C'est dans le cœur d'Adam que s'est opérée la chute ; elle a eu pour conséquence, non un déplacement dans

---

[1] Ibid., II, 2, 4-7 ; II, 13, 27-28.

l'espace, mais l'abandon de la vraie substance intérieure, la sortie spirituelle de l'unité divine. De la vie est issue la mort, de la lumière l'obscurité; du bien est sorti le mal, de l'Esprit la chair, de la vérité le mensonge. Celui qui était le plus élevé (Christ ou le premier Adam) est devenu le plus humble; le plus riche et le plus puissant est devenu le plus pauvre et le plus faible, le plus noble et le plus pur est devenu le moins noble et le plus impur, le plus juste est devenu le plus pécheur, le plus innocent est devenu le plus coupable; le plus grand a été fait le plus petit, le seigneur est devenu le serviteur[1]. »

Si le Verbe est descendu de la sorte dans le domaine des créatures, c'est pour pouvoir remonter dans l'être absolu, après avoir anéanti, en l'épuisant, la force inhérente à l'essence infinie, qui la porte à se révéler sous la forme passagère des objets visibles. « Si Christ continue à séjourner ici-bas, c'est afin que tout néant se manifeste, et que tout ce qui ne lui ressemble pas apparaisse dans son vrai jour comme un non-être destiné à périr. Christ est obligé de souffrir en ce monde, sa vivante et lumineuse essence doit demeurer cachée, jusqu'à ce que le péché, la mort, le diable et l'enfer de l'incrédulité soient abolis par la foi, et que l'homme soit ramené au sein de l'éternité divine. Aussi longtemps que la vie et la magnificence de Dieu resteront ici-bas dans un état de privation, de misère, de douleur, entourées des ombres de la mort où sont assis les damnés[2], les sept sceaux du livre de la vie n'auront pas été rompus, ce qui est issu de Dieu n'aura pas été réintroduit dans l'essence première[3].

Quoique déchue dans la sphère de la contingence, la substance divine est demeurée dans sa pureté originelle au fond de l'âme humaine. « La vie intime de l'âme est la chose du monde la plus élevée, la plus délicate, la plus incompréhensible; en vérité, elle est la vraie vie, le cœur même de l'Esprit. L'homme, dans les profondeurs secrètes de sa nature, est l'Esprit silencieux et invisible, la Parole mystérieuse et puissante cachée en Dieu. L'esprit de l'homme est l'image de la beauté de Dieu, en lui habite la joie et la perfection, la flamme violente de l'amour capable de produire des œuvres sans nombre, suivant la manière d'agir de la nature divine et la plénitude débordante de la bonté de Dieu.

---

[1] Ibid., I, 38, 23; II, 101, 129; II, 11, 23; II, 51, 80; II, 51, 81; II, 52, 81; II, 114, 145; II, 72, 104; IV, 20, 21-22.

[2] Comp. à cette thèse de Joris la proposition attribuée par Henri de Virnebourg aux Frères du libre-esprit: «Deumesse in quadam perditione.» (V. plus haut, p. 49.)

[3] Ibid. I, 123, 88; I, 29, 17; I, 39, 24; II, 3, 8; II, 94, 122.

L'esprit de l'homme est l'essence inconnue et parfaite du Père, la substance insondable de l'éternelle vérité, l'intelligence divine sainte et absolue, passant, pour se comprendre elle-même, à travers le cercle immense des créatures. Toute sagesse propre a cessé dans l'abime de l'âme; la vie de Dieu seule y habite, comme le fondement de la parfaite beauté de notre nature[1]. »

« Le Christ (historique) a été envoyé par le Père pour renouveler toutes choses, pour faire rentrer ce qui est périssable dans ce qui est éternel, ce qui est extérieur et visible dans ce qui est intérieur et invisible, la faiblesse dans la force, la chair dans l'esprit, la lettre dans la véritable substance. » Comment l'homme retournera-t-il en Dieu? Est-ce par les efforts de sa propre intelligence? « Dieu ne dépose pas sa sagesse dans la bouche de tous les hommes; il n'est pas ce que les théologiens et les philosophes font de lui dans la pauvreté de leur entendement, quelque saint que leurs descriptions le fassent paraître; ce n'est ni la rhétorique ni la dialectique, ni telle autre science humaine qui révèlera son essence; ni les hardiesses de l'imagination, ni les subtilités du raisonnement ne parviendront à le faire connaître. Dieu ne communique pas sa vérité aux riches, aux vaniteux, à ceux qu'enfle leur propre science. » Plus loin encore du but est celui qui cherche Dieu dans les objets extérieurs. « La raison de l'homme doit s'arrêter aussi peu à la compréhension des choses visibles que le font les bêtes des champs »[2]. C'est par l'anéantissement de soi-même que ce but est atteint. « Il faut que l'homme renonce à la substance périssable de son existence particulière, qui s'est ajoutée à sa substance primitive, qu'il devienne néant, et il sera ressuscité spirituellement d'entre les morts, c'est-à-dire son regard contemplera la lumière éternelle de la vérité de Christ, et pénètrera dans les profondeurs de la divinité. Que l'homme s'anéantisse en lui-même en tout ce qu'il est, afin que la Parole, cachée à tous et connue de Dieu seul, vienne demeurer en lui et se révèle dans les profondeurs de son âme, dans la génération et incarnation da la puissance suprême de l'être divin qui porte tous les hommes à connaître Dieu dans sa grâce et son éternel amour. Cette mort spirituelle le replace dans l'éternel jardin de délices et lui rend la jouissance des fruits de justice et de paix que produit l'arbre de vie planté au milieu du paradis céleste de Dieu, et qui est Christ

---

[1] Ibid., I, 9, 6; I. 31, 18; II, 5, 12; II, 8, 18;... « an volkommen verstandt, verstaen in mennichvuldicheyt ringswijs om; » II, 47, 73; II, 59, 93.
[2] Ibid., II, 73, 106; II, 117, 151; II, 3, 8; II, 2, 3; II, 2, 2; I, 9, 5.

lui-même, le Fils éternel selon l'Esprit. Ce n'est pas au moyen d'une essence étrangère à l'essence divine que nous pouvons venir à Dieu, mais seulement au moyen de sa propre essence, simple, unique et véritable, et qui est la vie de la vérité; c'est avec son œil qu'il nous faut percevoir sa lumière, la lumière de l'éternelle Sagesse; c'est avec son regard que nous devons contempler l'image qu'il a de lui-même, la divine Parole, le Soleil de l'intelligence [1].

« Quand l'âme est parvenue de la sorte à l'accomplissement de la perfection de sa stature ou maturité en Dieu, la substance invisible et inconnue de Dieu se dévoile à elle. Désormais elle ne demande plus rien sur le compte de Dieu, ni qui il est, ni comment il est, ni ce qu'il est; elle est devenue divine avec Dieu, en Dieu, comme elle avait été humaine sur la terre. L'Esprit de l'amour, qui est en elle, comprend toutes choses; il sonde les abîmes de la divinité, car il est l'Esprit de la connaissance et de la vérité, la substance sainte de la puissance et perfection de Dieu, il est Dieu lui-même [2]. Le péché est détruit, l'union avec Dieu est rétablie; l'homme est rentré dans son origine première, il demeure dans le cercle infini de la substance sans fond, sans commencement ni fin, il se tient immobile au sein de l'éternelle Joie, il a atteint l'âge de la virilité spirituelle, il engendre Christ et la Sagesse divine tout comme Christ et la Sagesse l'ont engendré, il est devenu saint, pur, parfait, un ange devant la face de Dieu, une image de sa substance invisible, la lumineuse Étoile du matin dans la clarté du jour divin, le souffle et la rosée de la vie éternelle, un Dieu véritable en Dieu, un Père céleste de la sainte Éternité. L'appeler saint, pur, juste, divin même, serait trop peu dire, il est la sainteté, la pureté, la justice elle-même, un seul Dieu en Dieu. Béni soit Dieu de ce qu'il veuille s'unir ainsi à l'homme et habiter éternellement dans son cœur [3]!

« Les hommes nouveaux du royaume des cieux ont la loi de l'Esprit écrite au fond de leur âme. Il n'y a que plaisir, liberté et santé dans l'éternel paradis de Dieu. La lettre de la loi est complétement abolie pour les enfans de la Jérusalem céleste; elle n'a eu sa raison d'être qu'aussi longtemps que la nature enfantine de l'homme a eu besoin d'un guide extérieur. Les vrais Fils de l'Éternité règnent à tout jamais avec

---

[1] Ibid., I, 36, 22; II, 2, 3; II, 36, 22; III, 23, 30; I, 14, 10.
[2] Ibid., I, 9, 6; II, 1, 2; II, 7, 17.
[3] Ibid., I, 152, 112; I, 116, 83; I, 2, 7; II, 35, 59; I, 117, 84; I, 152, 112; II, 54, 86; I, 158, 113; II, 117, 151.

Christ; ils sont les premiers-nés de Dieu, les prêtres-rois d'après l'ordre de Melchisédec, les héritiers des promesses d'Abraham, les enfans de la femme libre et non de l'esclave, les affranchis du Seigneur. Ils ne se chagrinent point de leur ancienne substance pécheresse; tout le passé est oublié. Ils n'ont plus à observer ni loi, ni commandement; ils sont entièrement libres, purs et sains. Le péché, la mort, le diable, n'ont plus de prise sur eux : tout ce qu'ils font est bien. Ce qui était défendu à l'enfant et au jeune homme est licite à l'homme; ce qui paraissait auparavant nuisible, mauvais et impur, à cause de la faiblesse de l'intelligence, est dorénavant utile, pur et bon; ce qui était une mort est devenu une vie : tout est permis aux régénérés du Saint-Esprit, surtout ce qu'ils ne pouvaient accomplir antérieurement sans péril et sans dommage pour eux. Aux impurs et aux incrédules, tout est impur; aux purs et aux enfans de Dieu, tout est pur. Celui que le Saint-Esprit a engendré ne pèche plus, car le péché ne réside pas dans les œuvres extérieures, mais dans les dispositions du cœur, qui désormais sont bonnes. Le corps lui-même participe à la liberté de notre être sprituel; rien de ce qui est antérieur ne peut plus souiller l'âme. Ce serait un péché diabolique de résister à la voix intérieure de l'Esprit, fût-ce même pour obéir à la lettre de la loi extérieure, car tous les commandemens et toutes les défenses de l'Esprit concourent au bien des enfans de Dieu[1].

« Quand l'homme s'est élevé à la perfection de la vie de l'Esprit, il n'y a plus pour lui de différence entre le bien et le mal, entre la vie et la mort, entre la chute et le relèvement. Les membres du corps remplissent des fonctions bien différentes, et cependant sont également nécessaires à l'homme : de même il ne faut pas dire : telle chose est moins bonne que telle autre, car toutes choses sont également bonnes aux yeux de Dieu, et il n'est pas possible de les faire autres ni meilleures. Mépriser quoi que ce soit, serait mépriser Dieu dans son œuvre. Ce n'est que pour nous qu'il existe des degrés différens dans la beauté, dans la foi, dans la spiritualité, dans la sainteté : pour Dieu et en Dieu il n'y a ni augmentation ni diminution; il demeure immuable dans son essence tel qu'il a été d'éternité. Si quelqu'un veut,

---

[1] Ibid., I, 160, 115; I, 135, 97; IV, 25, 26; I, 151, 109; II, 58, 91; II, 117, 115: Dese heeft volkommen gheen weth of ghebot meer, maer is gantsch vry, ghesondt, reyn unde ghenesen: sonde, doodt, noch duyvel heeft dar geen macht meer : onerst wat hy doet dat is recht; II, 44, 69; II, 66, 101; II, 7, 17; I, 116, 83; II, 118, 152; II, 67, 102; III, 11, 13.

d'après l'exemple des Pharisiens, rendre sa vie extérieure irréprochable afin de paraître juste et bon aux yeux des hommes, il ne fait qu'aggraver l'état de corruption dans lequel il se trouve; car il méprise l'œuvre et la vie de Dieu, il damne son âme par sa justice propre et sa sagesse propre. Non, être blâmé et condamné sur la terre, c'est être justifié et sanctifié dans le ciel. Ce qu'on appelle ici-bas laid et corrompu, est beau et louable auprès du Seigneur; car ce qui plaît aux hommes déplaît à Dieu; ce qu'ils nomment bien, il le nomme mal; ce qu'ils considèrent comme pur et saint, il le considère comme impur et exécrable. De même que la lumière succède aux ténèbres, que le jour naît de la nuit, il faut que la foi se manifeste par l'incrédulité, l'espoir par le désespoir, l'amour par la haine et l'envie, la bonté de cœur par l'astuce, la simplicité par la duplicité, l'innocence par l'impudicité, la franchise par la dissimulation, l'esprit par la chair, la vérité par le mensonge, l'essence céleste par l'essence terrestre; et, à cet effet, il faut savoir se placer au-dessus du jugement des hommes, qu'ils vous blâment ou qu'ils vous louent; agir en toute liberté, et réaliser, avec une entière indépendance, le bien par le mal, ce qui est impérissable par ce qui est périssable, et laisser ce qui est lumineux et pur se manifester dans sa pureté par ce qui est impur[1].

« L'homme doit entièrement s'abandonner à la direction de Dieu, et faire ce qu'il commande, la femme comme l'homme. Dieu agit seul d'éternité en éternité; tout ce qui existe est son œuvre. Il s'ensuit que tout ce qui est doit être, et ce qui n'est pas ne doit pas être. Dieu dans sa bonté a tout bien fait. Vivons donc sans prendre souci de rien, car nous sommes libres de tout mal; nous demeurons et nous vivons dans le bien. Abstenons-nous de trouver mauvais quoi que ce soit, car toutes les œuvres de Dieu sont bonnes. Si quelqu'un nous fait du tort, ne nous emportons pas : s'irrite-t-on contre la pierre à laquelle le pied s'est heurté? De même qu'une flûte ne produit pas de sons par elle-même, mais par le souffle de l'homme qui l'a faite, ainsi l'homme n'agit point par lui-même, mais Dieu, qui l'a fait, parle et se manifeste par lui. L'homme est la propriété de Dieu; l'unique but de son existence est de servir à la glorification de son Créateur; aussi ne doit-il chercher en rien sa propre gloire, mais attribuer toute gloire à Dieu et à Christ, selon les termes de l'Écriture. Chacun doit être content de la destinée qui lui a été as-

---

[1] Ibid., III, 11, 13: Soe die Mensch tot een volkommen leven in den Geest des verstandts gebrocht wird, dann is geen onderscheyt tusschen goet und quaet, tusschen leven unde dood, tusschen vallen unde opstaen; II, 43, 67; II, 125, 159; II, 3, 9; II, 39, 64.

signée ; l'homme doit obéir sans murmurer aux appels de son Créateur, être prêt à suivre Dieu partout où il lui plaira de le conduire, et laisser Dieu faire de lui ce qu'il veut. Le potier n'a-t-il pas le droit de donner à l'argile telle forme qu'il lui convient? L'Éternel brisera de son sceptre de fer toute résistance de sa créature, aussi facilement que le potier dans sa colère fait voler en éclats les vases qu'il a façonnés. L'homme à qui ces vérités paraîtront trop élevées, ne doit point les repousser pour le seul motif qu'il ne les comprend pas ; il doit les recevoir en toute soumission et se taire sur ce qui dépasse son entendement, sans quoi il risque, selon les Écritures, de blasphémer Dieu dans son ignorance [1].

« Les régénérés ne doivent plus désirer, rechercher, épouser selon la chair aucune femme, comme le font les hommes, soumis à leur nature pécheresse, mais désirer, rechercher, épouser selon l'Esprit intérieur la substance céleste, dont la beauté est éternelle et la gloire impérissable ; ils doivent concevoir en leur intelligence la splendeur, la pureté de l'essence divine, l'inaltérable satisfaction que Dieu éprouve en lui-même, et laisser tout le reste suivre son cours régulier, selon le bon vouloir de Dieu. L'homme ne doit point s'attacher à une femme, ni la femme à un homme : les élus doivent s'attacher uniquement au Seigneur. Non que l'homme et la femme cessent d'engendrer, ce qui serait contraire au plan et à la volonté de Dieu : il est question ici des mariages des anges, des noces célestes, préparées dès longtemps aux enfans de Dieu, selon la parole de Jérémie, c. XXXI : une femme entourera un homme et s'unira à lui ; elle deviendra un homme avec lui, chair de sa chair, os de ses os. Ce n'est pas d'une femme unique que le prophète entend parler, mais de sept femmes réunies dans une, de la Fiancée de Christ demeurant dans sept communautés. Sept femmes, oui sept communautés (comprenez-moi bien !), doivent volontairement s'humilier devant un homme qui est Christ, et être appelées ses épouses. Bien des communautés donnent à Christ les noms de Seigneur, d'Époux, de Roi ; elles ne sont pas pour cela ses épouses et son corps : aussi longtemps qu'elles ne seront pas devenues ses épouses, il ne sera pas leur époux et leur vie. Christ vit pour Dieu, et la communauté vit pour Christ, c'est-à-dire la femme vit pour l'homme, et non l'homme pour la femme. L'homme en effet n'est point créé pour la femme, mais la femme est créée pour l'homme. La femme est dépourvue de liberté, de vigueur, de volonté ; elle est placée sous la puissance de l'homme, non sous la pro-

---

[1] Ibid., II, 12, 27 ; II, 125, 159 ; II, 127, 161 ; II, 117, 151 ; III, 24, 31 ; II, 3, 7 ; II, 125, 159.

tection et la puissance de Dieu. Tels furent Adam et Ève, dont nous portons tous l'image dans notre nature : ce furent deux âmes, réunies primitivement dans un seul corps. Cette unité s'est brisée : l'homme porte en lui la substance du ciel, la femme la substance de la terre. C'est pourquoi il est nécessaire que la femme devienne homme, selon les Écritures, pour que la substance étrangère à l'être divin disparaisse. Alors l'homme sera un ange devant la face de Dieu, et l'homme et la femme seront redevenus ensemble égaux à leur Créateur. Quiconque ne sera point trouvé dans cet état de mariage céleste, sera maudit[1]. » David Joris a donc fondé la légitimité de la polygamie, nous dirions plutôt des affinités électives, sur le principe métaphysique de la recomposition de l'intégrité de la nature humaine par la réunion des sexes en un seul être, ou, ce qui revient au même à son point de vue, sur le principe de l'anéantissement de l'essence finie dans l'essence infinie. Nous avons rencontré chez Scot Érigène une pareille conception de l'être humain avant et après la vie terrestre.

Désormais les créatures extérieures ne nous éloignent plus de Dieu, comme c'était le cas avant notre régénération. « Toutes les formes transitoires du monde visible prennent fin dans l'éternité; les choses passagères s'anéantissent dans les choses éternelles. Alors la raison retrouve Dieu dans tout ce qui existe, dans tous les objets visibles : chaque créature atteste l'existence de Dieu[2]. » Pareillement tous les voiles qui recouvrent l'intelligence des Écritures sont enlevés :

« L'Écriture est semblable à une homme dont le corps se cache sous un vêtement épais, à un fruit dont le noyau est enveloppé d'une dure écorce. Aussi peu que l'on connaîtrait le soleil si l'on ne considérait que la lumière répandue sur les objets terrestres, aussi peu l'on connaîtrait la vérité si l'on n'étudiait que les Écritures : elles ne donnent que l'image et l'ombre de la vérité. Les saints enseignemens de l'Esprit ne sont renfermés dans la lettre que d'une manière allégorique; et il était nécessaire qu'ils fussent introduits sous cette forme dans le monde, vu la faiblesse de l'intelligence humaine. Aussi longtemps que l'enfant a été enfant, la lettre de l'Écriture a été indispensable; dans l'éducation de l'humanité ce qui est extérieur a précédé ce qui est intérieur, quoique ce qui est intérieur ait existé longtemps avant ce qui est extérieur. Les Écritures ne nous apprennent à connaître que le Christ selon la

---

[1] Ibid., II, 117, 149-150; II, 56, 88; II, 52, 81; II, 48, 76; I, 135, 97; II, 53, 82; II, 21, 25.
[2] Ibid., IV, 4, 5; II. 8, 19; II, 2, 4.

chair, le Christ extérieur et passager, le seul que connaissent les théologiens, et qu'annoncent ces prédicateurs sans mission divine, qui prêchent en leur propre nom la lettre de l'Évangile, afin de mener une vie tranquille et agréable. La Parole intérieure est aussi loin de la Parole extérieure que le ciel de la terre : pour trouver cette Parole intérieure dans la lettre écrite, il faut posséder la clef de David, seule capable d'ouvrir l'intelligence des paraboles obscures et des mystérieuses prophéties. La figure historique de Christ, en effet, sa connaissance extérieure n'est rien : l'Écriture au fond est Esprit ; à qui sait la comprendre, elle révèle le véritable Christ ressuscité d'entre les morts, le vrai consolateur qui est Esprit et dont l'Évangile est joie et lumière impérissable[1]. » Cet Évangile de l'Esprit est le fondement de la communauté des saints. L'on entre dans cette communauté par la régénération ou « baptême spirituel, dont le baptême d'eau est le signe extérieur. Ce dernier ne doit pas être aboli comme le veulent quelques-uns, car le Seigneur l'a institué ; mais il ne faut pas oublier que sans la nouvelle naissance, sans l'entrée de l'âme dans la substance divine par la foi, le baptême d'eau n'a point de valeur[2]. »

Ce n'est donc ni par l'Écriture, ni par les sacremens, ni par rien d'extérieur à nous, que nous sommes amenés à la connaissance de la vérité. La vérité nous est innée, car la substance divine habite au fond de notre être. « Si Dieu ne parlait point par ma bouche, s'écrie Joris, s'il ne témoignait pas de lui-même par mes discours, il me faudrait me taire ! Les mots que je prononce sont les paroles irrévocables de l'Éternité elle-même ; la conscience de mes auditeurs m'est témoin que je dis vrai. La parole divine est une parole de feu, de vie et de force. L'on s'est parfois moqué de moi, et l'on a tourné en ridicule ma sainte doctrine ; ce n'est pas à moi, mais à eux-mêmes que de pareils imprudens ont nui, car Dieu sait prendre en main la défense de sa cause![3] ».

« Réveillez-vous, le temps est venu ! oui, il est venu ! En vérité je vous dis que celui qui aura vu et goûté ce que l'on va goûter et voir, mille vies ne sauraient lui donner la félicité dont il jouira dans la vie qui va s'ouvrir devant lui. O terre, terre, quelle nuée s'élève de ton sein à l'heure du soleil couchant ! Le feu est allumé, la fumée monte

---

[1] Ibid., II, 1, 2; I, 9, 6; I, 50, 31; I, 53, 34; I, 116, 83; I, 13, 27; III, 31, 38; II, 11, 23; II, 84, 113; II, 66, 101; II, 44, 69; III, 37, 43; III, 12, 16; II, 118, 151.
[2] Ibid. III, 30, 36; IV, 20, 22.
[3] Ibid., II, 1, 2; II, 91, 118; I, 7, 5; I, 134, 96; I, 1, 1; I, 126, 90; IV, 17, 16.

vers le ciel, et les hommes dans leur aveuglement ne le voient pas! Veillez et prêtez l'oreille : sachez discerner la venue du Christ, du nouvel Homme céleste, de Celui qui est, qui a été et qui sera, du Seigneur et Roi sur qui reposent les sept esprits de Dieu, de la Vie de l'éternelle vérité, de la Parole toute puissante dont la perfection a été cachée jusqu'à présent à toute intelligence de ce monde, du vrai Messie de Dieu, appelé Christ-David, l'Homme de Dieu, non le David extérieur de la chair et du sang, mais le Christ-David selon l'Esprit, issu, prédit et promis à la terre de toute éternité, selon la parole de l'Écriture. Voici, il arrive le nouvel et véritable Adam descendu du ciel, l'Oint de l'Éternel, le Citoyen de la Jérusalem céleste; il vient au nom du Seigneur bénir la terre en la nouvelle substance de la vérité. Gloire soit au Sauveur et au Rédempteur du monde! Sa voix, il faut l'écouter comme la voix de Dieu ; ses commandemens, il faut les suivre comme ceux de Moïse; car il possède la manière d'être, le cœur, l'intelligence de Dieu, il est un avec le Père et le Fils, vivant d'éternité en éternité. Il vient révéler la vie et la lumière de Dieu en toute vérité et justice, il marche du milieu de la nuit vers l'aurore, contre le péché, la mort, le diable et l'enfer, contre la puissance des ténèbres et la damnation éternelle. »

« La journée de l'Eternel est là : les prophéties sont accomplies. Si quelqu'un avant ce jour a témoigné de Christ en disant : le voici! sa parole n'a été que mensonge et tromperie. Dieu s'est révélé depuis le commencement du monde au moyen de trois hommes, qui sont Moïse, Christ et Élie, ou, comme quelques-uns le disent, Adam, Christ et David : triple initiation divine, correspondant aux trois noms de la Trinité; triple ascension du Christ, à travers le parvis, le lieu saint et le lieu très-saint; triple éducation de l'humanité, pendant son enfance, sa jeunesse et son âge mûr, la première opérée par le Père, la seconde par le Fils, la troisième par le Saint-Esprit. Ni Moïse, ni David (selon la chair), ni Salomon, ni Christ (selon la chair), ni les apôtres n'ont entrevu la splendeur du dernier Temple qui doit être élevé à la gloire de Dieu et dans lequel l'Éternel sera adoré en Esprit et en Vérité. Le temple de Salomon et l'Église n'en ont été qu'une image imparfaite; aussi l'Ancien et le Nouveau Testament sont-ils destinés à passer avec les figures et les prophéties qu'ils contiennent : l'ombre s'évanouit quand la réalité est apparue[1]. »

« L'heure du jugement a sonné; le vent d'Orient se lève, la face de la terre va changer; l'ancien monde va disparaître. Le diable, la mort, le

---

[1] Ibid., I, 149, 107; II, 75, 107; III, 3, 5; II, 57, 90; I, 158, 114; I, 6, 4; I, 12, 8; III, 31, 37; III, 14, 11; II, 2, 5; II, 9, 19; II, 117, 150; II, 115, 147; II, 120, 154; I, 175, 124; II, 96, 123.

péché, l'enfer s'évanouiront, car ils ne sont que néant. Il y aura de nouveaux cieux et une nouvelle terre; l'univers sera retourné comme on retourne un vêtement. C'est dans l'homme que s'opérera ce renouvellement universel; les créatures passagères existeront dans son intelligence sous une nouvelle forme; elles y rentreront dans leur substance éternelle. Pourquoi la consommation des temps tarde-t-elle à venir? Les petits ne se sont pas encore courbés devant les grands, les ignorans devant les intelligens. Malheur alors aux princes de ce monde, à la Babylone impure, aux autorités qui n'ont point marché dans les voies du Très-Haut. Malheur à tout ce qui est élevé, puissant, orgueilleux! Malheur à ceux qui pratiquent l'injustice, qui prennent plaisir à la ruine de leurs frères et au supplice des enfans de Dieu! Le Seigneur, il est vrai, leur a placé dans la main une verge et un glaive; mais quand il visitera son peuple bien-aimé, et qu'il établira son jugement sur les nations, il jettera au feu la verge de ses ennemis et brisera leur glaive entre leurs mains[1]!

Nous sommes entrés dans ces longs détails sur la vie et la doctrine de Joris pour pouvoir présenter un tableau complet de l'activité de cet homme extraordinaire en réunissant dans un même cadre la pratique et la théorie. L'on ne saurait méconnaître la parenté intime qui rattache cet ensemble de conceptions aux systèmes panthéistes exposés antérieurement. Pour Joris comme pour les Libertins et les Frères du libre esprit, la seule réalité est l'Esprit universel de Dieu; la personnalité humaine n'est qu'un accident, une illusion. Le mal réside dans le sentiment de notre existence individuelle, dans notre confiance en nous-mêmes, dans notre intelligence et notre volonté propres. La sanctification consiste dans le renoncement à toute activité particulière, dans l'abdication intellectuelle et morale entre les mains de Joris, qui représente l'Esprit de Dieu. Pour amener l'humanité au but de son existence, sont survenues les révélations préparatoires de l'Ancien et du Nouveau Testament par le moyen de la parole écrite. Christ a laissé aux hommes un exemple à suivre sur le chemin de l'union avec Dieu; mais pour les esprits incapables de goûter une science plus haute, il a institué une religion pleine de formes, destinée à maintenir les âmes encore faibles dans la voie du devoir. Dans une troisième manifestation de lui-même l'Esprit universel dévoilera aux hommes la plénitude

---

[1] Ibid., I, 26, 15; I, 37, 23; II, 98, 126; II, 74, 106; I, 26, 15; I, 8, 5; II, 83, 113; I, 112, 81; I, 38, 23; I, 22, 13; II, 120, 153; II, 92, 119.

de la connaissance divine. Cette révélation suprême commence dès les temps présents. Ceux qui sont régénérés par l'Esprit sont délivrés à tout jamais de l'erreur et du péché; seuls ils comprennent l'Écriture et savent découvrir sous la lettre écrite les oracles de la parole intérieure. Dieu parle et agit par eux; les bons instincts subsistent seuls dans leur âme; ils ne rougissent plus ni d'aucun acte ni d'aucun aveu, et pour accomplir le bien ils n'ont qu'à s'abandonner aux mouvemens de leur nature, sans qu'aucune loi extérieure, pas même l'institution du mariage, puisse contraindre la liberté de leur esprit. Les élus de Dieu remontent ainsi à l'état d'innocence des premiers hommes avant la chute. Vivant au sein de Dieu dans la quiétude de l'esprit, ils adorent Dieu sans paroles et sans cérémonies, sans professer publiquement leur foi, mais avec la liberté de s'accommoder à tous les cultes selon les nécessités du moment, car la vie intérieure seule a du prix à leurs yeux; les actes extérieurs leur sont indifférens. A côté de ces principes communs à David Joris et aux autres sectes panthéistes, nous rencontrons chez Joris quelques traits nouveaux qui donnent à sa doctrine un caractère particulier. C'est d'abord la place que l'imagination a occupée à côté de la raison spéculative dans sa vie spirituelle et dans celle de ses adhérens. Les Anabaptistes panthéistes ont été des visionnaires; c'est dans l'extase que leur venaient fréquemment les révélations divines sur l'autorité desquelles ils fondaient leur enseignement. Puis leurs idées révolutionnaires : selon eux l'avènement du règne de Dieu sera accompagné de l'abolition de toute tyrannie humaine; les rois tomberont, et leur pouvoir passera entre les mains des enfans de Dieu. Enfin, c'est le rôle exceptionnel que Joris s'est attribué dans l'établissement de ce royaume des saints. Il s'est considéré comme la vraie personnification de l'Esprit universel, et en cette qualité il s'est offert lui-même à la foi de ses adhérens comme le Messie divin chargé d'annoncer ici-bas le commencement de l'économie nouvelle, en attendant qu'il en soit le roi. De là cette forme nouvelle sous laquelle il reproduit la théorie des trois âges, à savoir la doctrine des trois David qui au fond n'en sont qu'un, c'est-à-dire l'idée des trois incarnations successives du Verbe divin, dont la troisième est nécessairement la seule parfaite, quelque hésitation qu'il montre parfois à le reconnaître.

La mort de Joris, en donnant à ses prétentions à la messianité le démenti le plus formel, jeta la division parmi ses adhérens. Blesdik, qui du vivant de son beau-père avait déjà manifesté quelques doutes sur ce point, et à qui répugnait le relâchement moral du plus grand nombre des sectaires, se sépara complétement de ses anciens amis et forma un parti distinct. La polémique entre les deux fractions se prolongea pendant de longues années, jusqu'à ce que la secte de Menno Simons, grandissant de jour en jour par suite de l'effondrement général des espérances apocalyptiques, attirât peu à peu à elle, en les transformant, toutes les forces vives de l'anabaptisme. Voici en quels termes Menno Simons s'adressa en 1562 à la secte de Joris dans l'introduction à la seconde édition de son *Fundamentboek* : « D'abord les fanatiques de Münster, puis du parti de Batenburg, aujourd'hui de celui de David! Luxure, arrogance, dissimulation, pluralité des femmes et violences, voilà vos mœurs! Vous tenez la doctrine de Christ et des apôtres pour imparfaite, la vôtre pour accomplie ; vous prétendez que l'enseignement des apôtres et de Christ a fait son temps et que nous vivons dans une ère nouvelle : bien plus, vous chassez Christ de votre cœur et vous mettez à sa place votre chair misérable et pécheresse, pleine d'injustice et de mensonges[1]! » Ce passage fait voir que plusieurs années après la mort de Joris la secte panthéiste n'avait encore rien abandonné des doctrines religieuses et des principes moraux de son fondateur.

Les documens que nous possédons sur les menées des Anabaptistes à Strasbourg, nous montrent qu'il s'est produit dans cette ville des tendances complétement analogues à celles que nous venons de décrire. En 1533, le nombre des sectaires de tout genre qui s'étaient rassemblés à Strasbourg fut si grand, que le magistrat, sur les instances des prédicateurs évangéliques, dut réunir un synode chargé de rédiger un certain nombre d'articles contenant la foi évangélique, telle quelle était reconnue dans cette ville depuis la publication de la confession tétrapolitaine. De plus, tous ceux qui pouvaient désirer qu'on modifiât un point quelconque de la doctrine officielle, furent invités à se présenter devant le synode, à exposer leur manière de voir et à discuter publiquement avec les réformateurs[2]. Cette mesure n'eut d'autre résultat que de fournir aux autorités civiles et ecclésiastiques une base certaine dans les nombreuses enquêtes qu'on dut ouvrir bientôt après sur des questions de dissidence religieuse ; la discussion publique ne convainquit personne, et la paix ne fut pas rétablie. Dès l'année suivante, les prédicateurs strasbourgeois

---

[1] Nippold, o. c., I, 145.
[2] V. Rœhrich, *Zur Gesch. der Strassb. Wiedertäufer*, dans la *Zeitschr. für die hist. Theol.*, 1860, I, p. 11

renouvelèrent leurs plaintes; dans une lettre du 2 février, ils dénoncèrent au magistrat la présence de sectaires « prêchant publiquement que Dieu ne se soucie pas des actions que nous commettons ici-bas, que chacun est libre d'agir selon son bon plaisir. » D'autres, suivant leur récit, « admettent, il est vrai, que Dieu s'occupe de notre conduite en ce monde, mais prétendent que nous l'honorons tout autant en faisant le mal qu'en faisant le bien, que le jugement dernier n'aura pas lieu, et qu'il n'existe ni diable ni enfer[1]. » Le vrai représentant de cette tendance panthéiste a été à Strasbourg un certain Nicolas Frey, dont Capiton nous a conservé la biographie et la doctrine[2].

Nicolas Frey était originaire de Windsheim en Bavière; il y exerçait le métier de pelletier. Quand la réformation pénétra dans cette ville, il devint un des partisans les plus zélés des idées nouvelles; mais peu de temps après, il se mit en rapport avec les Anabaptistes de la contrée, reçut le second baptême, occasionna des troubles dans sa ville natale, fut emprisonné et puis relâché contre la promesse de changer de conduite. Mais comme les autorités lui demandaient de rétracter publiquement ses erreurs, il préféra s'enfuir plutôt que de subir cette humiliation. Il quitta donc, après quinze années de mariage, sa femme nommée Catherine, dont il avait eu huit enfans, et se dirigea vers Nuremberg. Abusant de l'hospitalité que lui offrit dans cette ville un des citoyens les plus pieux et les plus respectés, il gagna à ses doctrines la sœur de son hôte, nommée Élisabeth, et conclut avec elle ce qu'il appelait un mariage spirituel et céleste. Catherine, l'épouse délaissée, arriva peu de temps après à Nuremberg, et engagea son mari à retourner avec elle dans sa ville natale. Frey, pour toute réponse, la maltraita et la chassa. Plus tard il écrivit à ce sujet à sa sœur spirituelle ou, comme il la nommait encore, sa sœur conjugale Élisabeth : « J'ai vu dans la Trinité que je devais briser la tête à ma première femme afin que les prophéties de l'Ancien et du Nouveau Testament fussent accomplies. N'est-il pas dit, en effet, que la semence de la femme brisera la tête au serpent? Ma première femme est le serpent ou démon dont parle l'Écriture; quant à toi, tu es la femme dont la semence doit lui briser la tête. Pour devenir un disciple de Christ, j'ai dû haïr femme, enfans, demeure, patrie. Si j'ai écrasé le serpent de l'incrédulité, c'est parce que j'ai été forcé de le faire, car ce n'est pas moi qui l'ai fait,

---

[1] Ibid., p. 13.
[2] L'opuscule de Capiton étant devenu très-rare, Rœhrich l'a réimprimé à la p. 80 de son travail.

mais Dieu qui vit en moi et en qui je vis. » Obligé de quitter Nuremberg, Frey vint en 1532 à Strasbourg; Élisabeth l'y rejoignit bientôt. Leurs menées imprudentes et leurs rapports mal dissimulés avec les autres sectaires de la localité, ne tardèrent pas à attirer sur eux l'attention des autorités. Ils furent emprisonnés. Avertie de la présence de son mari à Strasbourg, Catherine se rendit dans cette ville et le supplia de revenir avec elle à Windsheim. Frey fut inflexible. Voyant son obstination, le magistrat le condamna, le 19 mai 1534, à être noyé comme bigame, arrêt qui fut exécuté trois jours après au pont du Corbeau.

Suivant Capiton, il doit avoir professé les erreurs suivantes : « L'Église et les sacremens sont une invention du diable. — Toutes les prédictions de l'Écriture se rapportent à moi, à ma première et à ma seconde femme. Ma première femme est la reine du royaume de l'incrédulité ; elle est préfigurée dans la personne de Saül. Ma seconde femme est préfigurée en David, moi-même je le suis en Jonathan. De même que David et Jonathan ont conclu une alliance perpétuelle pour chasser Saül, ainsi je me suis allié spirituellement à Élisabeth pour chasser Catherine. — L'œuvre la plus parfaite qu'un croyant puisse accomplir, est d'abandonner sa première femme et d'en épouser une seconde. — La foi qui justifie le chrétien et l'amour du prochain consiste dans l'affection constante d'Élisabeth ; c'est une œuvre que Dieu produit en elle, afin que le chrétien fidèle et pieux soit amélioré et rapproché de son origine. — Élisabeth est la mère de tous les croyans ; c'est par elle que la vraie foi chrétienne a commencé sur la terre. — De même que Marie a engendré le Christ, de même Élisabeth doit révéler l'image du Christ à l'humanité, et pour cette raison elle est tout aussi digne que la Vierge de chanter le « Magnificat ». — Je suis le chef de l'Église ; le Christ a accompli en moi toutes les promesses antérieures ; aucune promesse divine n'a plus à s'accomplir après moi. — Je suis Christ suivant la Parole éternelle, la pierre angulaire que les constructeurs ont rejetée. — Je suis envoyé de Dieu pour montrer aux hommes l'image de Christ en ma personne, de même que Moïse la leur a montrée autrefois dans la sienne. Tous les mystères de la divinité doivent être maintenant dévoilés, car les derniers temps sont venus. — Toutes les créatures qui sont tombées dans la perdition depuis la naissance de Christ, doivent être ramenées en moi à leur perfection primitive ; je suis l'instrument par lequel Dieu veut manifester sa gloire. — C'est à la sublime école de Dieu même qu'Élisabeth a puisé ces révélations ; c'est le Saint-Esprit qui les a fait naître dans son cœur. — Les prédicateurs ordinaires de l'Évangile ne sont que des encenseurs d'idoles; ils savent, il est vrai, équarrir grossièrement les pierres et déblayer le terrain pour l'édifice futur, mais ils ne savent rien construire. Dans leurs prédications ils déshonorent Dieu et séduisent leurs frères à cause de leur manque de foi, car ils disent que nous sommes tous pécheurs et ils défendent d'accomplir la loi sainte et parfaite, qui est d'abandonner femme et enfans pour suivre le Seigneur. »

Voilà à quelles conséquences blasphématoires a abouti au seizième siècle la doctrine de l'identité de l'homme et de Dieu chez ses plus grossiers représentans.

Si nous poursuivions nos recherches dans ce domaine encore si peu connu des idées religieuses du peuple à l'époque de la Réformation, nous rencontrerions sans doute d'autres noms encore à ajouter à ceux dont il vient d'être question; nous ne croyons cependant pas que l'exposition des doctrines ou plutôt des rêveries de tel autre sectaire panthéiste, de la communauté des Anabaptistes allemands, jetterait une lumière plus vive sur ces tendances populaires. Les phénomènes que nous venons de rencontrer en France et en Allemagne, et ceux que nous allons encore voir se produire en d'autres pays suffisent pour nous faire connaître ce côté de la vie religieuse du peuple au seizième siècle.

Les dernières traces du panthéisme populaire au seizième siècle se rencontrent dans les Pays-Bas et en Angleterre. Au dire de Florimond de Raemond, il se forma dès 1535, notamment à Amsterdam, une nouvelle secte d'Adamites, dont toute la théologie consistait dans le retour de l'homme à l'état d'innocence de nos premiers parens, et tout le culte dans le rétablissement symbolique du paradis terrestre au moyen de cérémonies encore plus grossières que celles de leurs prédécesseurs de Bohême. Le même auteur raconte que vers 1556 « le Palatinat se remplissoit de tels moqueurs de religion, nommés Lucianistes, gens perdus qui tiennent pour fables les livres saincts: sur tous ceux du grand législateur de Dieu Moyse, » et que c'est surtout « un détestable livre forgé en Allemagne quoy qu'imprimé ailleurs qui semait ceste doctrine, portant cest horrible tiltre : *Des trois imposteurs*, et se moquant des trois religions maistresses, la juifve, la chrestienne et la mahométane [1]. »

Plus intéressante est l'apparition de la secte des Familistes ou des

---

[1] Florim. de Ræmond, o. c., II, 223, 236.

Nicolaïtes, fondée vers la même époque par un ami de David Joris, nommé Henri Nicolas, originaire de Munster en Westphalie[1]. Le principe de ce dernier était l'union mystique avec Dieu poussée jusqu'à l'identification absolue de la créature et du Créateur. « Le Père, enseignait-il, s'humanifie lui-même avec nous selon l'homme inférieur et nous édifie selon l'homme intérieur en un Esprit avec lui. L'âme de l'homme n'est pas une créature, mais une portion du Dieu incréé. » Aussi s'appelait-il lui-même « un homme que Dieu a ressuscité d'entre les morts, qu'il a rempli et oint du Saint-Esprit, un homme éclairé de l'Esprit de la vérité céleste et de la lumière véritable de l'essence parfaite, un homme déifié avec Dieu dans l'esprit de son amour, et transformé en l'être de Dieu. » Le Christ, selon lui, n'est que « l'image de l'être de la droite du Père; » il ne doit plus être envisagé comme un personnage historique, mais comme une « condition » commune à tous ceux qui vivent dans l'union avec Dieu. De ce principe métaphysique il déduisait que le péché n'existe plus dans le cœur des régénérés : ses disciples et lui « ne disent en leurs prières que les trois premières parties de l'oraison dominicale, parce qu'à leur compte ils ne pèchent point d'autant qu'ils sont nés de Dieu; » il en dérivait encore à la fois l'inutilité et l'indifférence des cérémonies religieuses : « ces Amoureux vivent et meurent sans baptême ni sacremens, » ou plutôt ils considéraient le baptême des enfans comme un acte sans valeur qu'il était loisible aux uns de négliger et aux autres d'accomplir. Ils se distinguaient par là des Anabaptistes, auxquels il convient sans doute de les rattacher historiquement. Henri Nicolas fondait sa doctrine sur la théorie des trois âges : « Moïse n'a prêché que l'espérance, Christ n'a enseigné que la foi, lui-même annonce l'amour qui unit tout. Le premier a pénétré dans le parvis du temple, le second dans le sanctuaire, lui-même pénètre dans le saint des saints. » Ses relations avec Joris expliquent la ressemblance de sa doctrine sur ce point avec celle du sectaire hollandais. La devise dont il aimait à signer ses écrits était : « Charitas extorsit, » l'amour m'a forcé de parler. Il répandit d'abord ses idées en Hollande, où son principe de l'indifférence des formes extérieures lui attira des partisans jusque parmi les catholiques, entre autres le frère Balthasar, prieur des dominicains d'Anvers, auquel les adversaires de la secte attribuent ainsi qu'à un autre des adhérens de Nicolas, du nom d'Adrien Wissenhort, le principe de la liberté de

---

[1] Florim. de Raemond, o. c., II, 237.

l'homme parfait de suivre toutes les religions à condition de dissimuler ses opinions particulières. Vers la fin du règne d'Édouard VI, Henri Nicolas passa en Angleterre et y fonda avec des Hollandais réfugiés une association qu'il appela « la famille de l'amour.[1] » Réduit au silence sous Marie Tudor, il reparut sous Élisabeth et remplit l'Angleterre de ses prophéties. En 1575 ses partisans, devenus suspects, publièrent une confession de foi destinée à prouver leur accord avec l'orthodoxie; mais en 1580 la reine leur défendit de continuer leurs réunions. Ils existaient encore du temps de Jacques I[er][2]; plus tard, ils se perdirent dans d'autres sectes.

En 1562 les réformés de Hollande envoyèrent à Calvin, avec prière de le réfuter, un traité composé par un partisan inconnu de la liberté spirituelle[3]. L'auteur, auquel Calvin reproche de « farcir toutes les marges de son livre de force cottations comme s'il ne parloit que par la bouche des Apostres, » tout en « opposant à l'autorité de nostre Seigneur Iesus Christ et de tous les apostres et de tous les martyrs et docteurs anciens les songes d'un fantastique nommé Sebastien Franc[4] », soutenait dans son livre que « les enfans de dilection et d'esprit, lesquelz sont ressuscités avec Iesus Christ, et ne recherchent plus les choses terrestres » sont affranchis aussi bien de l'observation des formes du culte que de l'obligation de faire une profession publique de leur foi. Voici comment il établissait ces deux principes. L'observation des formes du culte doit, selon lui, cesser pour le vrai chrétien à cause de la pure spiritualité de l'Évangile : « Nostre Seigneur Iesus estant apparu au monde, en dressant son royaume spirituel, n'a laissé qu'un seul commandement a ses disciples, d'aimer Dieu et leurs prochains ; et par ce moyen il a mis a neant toutes ceremonies. Nostre vie est cachée avec Iesus Christ : il s'en suit que l'Eglise doit estre spirituelle et par consequent tenue en cachette. Il n'y a donc point d'Eglise visible. Le service de Dieu est situé au cœur de l'homme. » Plus de sacremens désormais : « Si nous sommes Chrestiens en esprit, nous devons quitter et mettre sous le pied le baptesme exterieur. La cene n'est rien non plus. D'adorer Dieu avec

---

[1] *Familia charitatis, huis der liefde*; de là le nom de *Familistes* ou d'*Amoureux* donné à ses partisans. — V. la liste de ses ouvrages chez Arnold, o. c., II, 873.
[2] Jacques Ier en parle lui-même dans la préface de son Βασιλικὸν δῶρον, in Opp., p. 13.
[3] Calvin, *Response a un certain Hollandois, lequel sous ombre de faire les Chrestiens tous spirituelz, leur permet de polluer leur corps en toutes idolâtries*, aux fidèles des Pays-Bas, in Opp. IX, 585 et ss.
[4] Calvin, o. c., 590, 597.

reverence exterieure, de faire confession de foi, tout cela n'est rien. C'est tout un de s'agenouiller devant Dieu ou devant une idole[1]. » En second lieu le chrétien est libre de professer sa foi, car ce serait insensé de sa part de s'exposer à la mort pour affirmer ses convictions. Ceux-là seuls qui peuvent se dire parfaits, et qui peuvent se vanter de connaître entièrement Dieu, sont tenus de suivre l'exemple de Christ et des martyrs : et encore ne peut-on les y contraindre, car il leur reste toujours le droit de s'accommoder aux cérémonies du culte établi, ce que Jésus n'a nulle part défendu de faire. D'ailleurs ce n'est pas d'après leurs actions, mais d'après leurs intentions qu'il convient de juger les hommes : souvent l'apparence du mal recouvre un cœur pur. L'acte extérieur en lui-même est indifférent, car il n'est qu'un accident passager, naissant et disparaissant sans laisser de traces à la surface de notre vie spirituelle. « Il y a grande diversité, dit-il, entre les ceremonies papales et celles des Payens, pour ce que ce n'estoit point iadis cas mortel de mepriser les idoles : mais si auiourd'huy on fait semblant de n'estre Papiste, la vie y pend. Ceux qui sont morts ne se doyvent point laisser mettre a mort pour des ceremonies mortes. C'est grand'folie qu'un homme qui n'est pas encore parfaict hazarde sa vie pour protester quelle est sa foy. En voulant que chascun rende temoignage exterieur de l'honneur qu'il porte a Dieu, nous requerons plus des foibles et rudes que sainct Paul en sa vertu et puissance n'a faict. Il y a trois choses requises a ce qu'un homme soit capable de confesser Iesus Christ : premierement qu'il se cognoisse en pleine certitude, secondement qu'il sache tres-bien discerner, finalement qu'il soit envoyé de Dieu. Nul ne devra confesser sa foy qu'il nait receu le don de parler toutes langues. C'est au sainct Esprit, non pas à Calvin d'enseigner ce qu'on doit dire. Tous ceux auxquels Iesus Christ n'est point apparu, et lesquels il n'a point ordonnez ses serviteurs et temoins, doivent brider leurs langues. Puisque l'Evangile a mis bas les ceremonies externes de la loy, et que Iesus Christ n'a nulle part defendu de plier le genou et d'oster le bonet, ces choses sont libres : veu que sans loy il n'y a point de peché. Puisque l'idolatrie peut estre cachée sous l'apparence de sainteté, aussi un bon cœur peut estre caché sous la couleur et l'apparence d'idolatrie. Comment est-il possible que l'idolatrie qui se commet au dehors, laquelle n'est qu'une ombre, souille l'homme, et que l'ombre de la pieté ne le purge point ?[2] » Notre auteur inconnu, on l'a deviné, est un défenseur de la doctrine de la li-

---

[1] Calvin, o. c., 587, 598, 610, 599.
[2] Calvin, o. c., 618, 587, 621, 603, 612.

berté spirituelle, telle que les Libertins l'ont professée : les citations qui suivent confirment ce jugement.

« Il faut, dit-il, qu'un homme s'aime soy-mesme en Iesus Christ devant qu'aimer ses prochains : ce qui vaut autant comme s'il disoit que nul n'est Chrestien sinon qu'il s'adore comme un idole, se faisant a croire qu'il est venu au dernier point de perfection. — Puisque Dieu ne peut estre servi par la main des hommes, aussi ne peut estre offensé. — Voici a quoy tend ce brouillon : que si nous avons liberté en quelque endroit, elle est en tout et par tout. — Il fait bien semblant qu'en donnant liberté de toutes choses, il n'entend point permettre qu'on ravisse les biens ou les femmes d'autruy, mais seulement d'affranchir les Chrestiens quant a l'usage des ceremonies et au service exterieur de Dieu. Or cette excuse ne seroit pas pour contenter un homme de bon iugement : veu que toute sa procedure est de monstrer, puisque le regne de Iesus Christ est spirituel, tout ce qui apparait au dehors nous est licite[1]. » Calvin a rangé avec raison notre auteur au nombre des Libertins spirituels ; son enseignement en effet ne dépasse que sur un seul point celui de ces hérétiques : il a su donner à l'idée de l'indifférence des cérémonies ecclésiastiques un développement que nous ne rencontrons pas encore chez ces derniers.

Grâce à leur esprit de dissimulation et d'accommodation au culte de l'Église, les sectaires se maintinrent dans les Pays-Bas au milieu des sanglantes persécutions ordonnées par l'Inquisition et par le duc d'Albe. Nous les retrouvons même dans ces contrées après que les Hollandais se furent affranchis du joug espagnol. Marnix de Sainte-Aldegonde composa contre les Libertins deux traités qui paraissent être perdus[2]. C'est la dernière mention qui soit faite de sectes panthéistes au seizième siècle.

[1] Calvin, o. c., 617, 618, 590.
[2] *Tractatus contra Libertinos*; — *Apologetica responsio contra anonymum quendam Libertinum*. Gieseler, *Kirchengesch.* III, 1, 558.

CONCLUSION.

Considérations générales. — Michel Servet et Sébastien Franck. — Le panthéisme allemand moderne.

Ici s'arrête la longue tradition du panthéisme populaire. Nous en avons suivi les apparitions successives depuis le commencement du treizième siècle jusqu'à l'époque des réformateurs, et l'on a pu constater que les sectes qui représentent cette tendance ont peu varié dans leurs doctrines philosophiques, encore moins dans l'application qu'elles en ont fait à la vie pratique. Partout la même absence de la notion du mal, la même négation d'une existence personnelle de l'âme après la mort, le même mépris des révélations divines, le même antinomisme aboutissant à des conséquences morales identiques, spiritualisme erroné au fond duquel il est toujours possible d'entrevoir, quoique obscurément indiquées parfois et reléguées à l'arrière-plan, la même notion de Dieu et la même conception des rapports de Dieu et du monde. Cet héritage spirituel, transmis à travers les siècles depuis les temps d'Amaury de Bène, nous l'avons vu s'enrichir momentanément sous l'influence de la spéculation mystique au quatorzième siècle, et diminuer ensuite de génération en génération, jusqu'au moment où il jette, avant de disparaître, un dernier éclat, grâce à son union avec les tendances d'une secte étrangère nouvellement apparue.

Dès le commencement de cette étude nous avons considéré cette tradition panthéiste comme la manifestation continue de la vie et de la pensée antiques au sein de la société chrétienne. L'histoire vient de montrer qu'à la fin du seizième siècle les doctrines métaphysiques et les principes moraux étaient restés chez les sectaires ce qu'ils avaient été au temps du néoplatonisme. La ressemblance porte même sur des traits qu'on croirait devoir rester particuliers à ce dernier système, tels que sa prétention de concilier toutes les doctrines philosophiques et tous les cultes de l'antiquité avec l'adoration de l'essence absolue de Dieu : conciliation que nous trouvons réalisée par les sectaires du seizième siècle, sous la forme, moins respectable sans doute, de l'accommodation à toutes les religions. L'instruction religieuse des masses, si précaire au moyen âge, succédant à leur conversion précipitée, n'avait pas remplacé en elles les conceptions et les mœurs de leur religion antérieure par une vie spirituelle plus élevée. Ces dispositions du peuple furent une source intarissable d'hérésies, contre lesquelles l'Église fut impuissante aussi longtemps qu'elle négligea l'instruction des classes inférieures pour s'épuiser en de stériles discussions; et aussi longtemps qu'elle ne fut pas en état de présenter aux multitudes la saine nourriture de l'Évangile.

Que le panthéisme ait disparu des rangs du peuple précisément à l'époque de la Réformation, c'est là un fait significatif et qui n'a pas été accidentel. S'il est vrai que le sentiment religieux n'est pas uniquement le sentiment de notre soumission absolue à la loi que révèle notre conscience, mais encore celui de notre union intime avec l'auteur de cette loi objective; s'il est vrai que l'Évangile insiste avec une force égale sur la transcendance de Dieu et sur son immanence dans notre âme, et que Christ a réalisé le type de l'homme selon le plan de Dieu en élevant dans sa personne l'humanité à la hauteur où les catégories de l'humain et du divin se confondent, sans pour cela abolir pour lui et pour les siens la réalité objective de la loi divine, il faut en conclure que l'apparition du panthéisme populaire a été une nécessité à l'époque où elle s'est produite, car il a répondu chez beaucoup de ses partisans à un besoin spirituel légitime. La présence dans plusieurs de ces sectes d'une minorité aux tendances plus honorables est une preuve que la piété populaire était réduite alors à demander au cercle des conceptions mystiques, le seul qui fût à sa portée, la satisfaction du besoin de l'union avec Dieu qui est un des élémens du sentiment religieux, et que ne satisfaisait pas la doctrine de l'Église avec son caractère purement extérieur. La Réformation, en répandant dans le peuple la connaissance du Dieu de l'Évangile, ouvrit au sentiment mystique sa véritable carrière et enleva à l'hérésie toute raison de subsister.

Cependant la doctrine de l'identité du monde et de Dieu ne disparut pas avec le seizième siècle. Elle cessa, il est vrai, d'exister au sein des masses, mais ce ne fut que pour remonter de la sphère de la vie populaire dans celle de la spéculation pure d'où elle était descendue quatre siècles auparavant. Déjà en 1531 l'Aragonais Michel Servet avait attaqué le dogme de la Trinité au nom de la philosophie panthéiste; esprit inquiet et sombre, plus dialectique que spéculatif, il fut le précurseur de Spinoza, mais n'eut pas le bonheur de vivre comme lui à une époque où l'intérêt pour les questions de métaphysique pure était éveillé. Le seizième siècle ne connut pas le philosophe et ne vit que l'hérétique. Servet ne fonda ni école ni secte; sa philosophie tomba dans l'oubli jusqu'au siècle suivant. Ses ouvrages d'ailleurs étaient écrits en latin et ne pouvaient exercer d'influence sur le peuple.

Au moment même où apparaissaient les dernières manifestations de la doctrine de la liberté spirituelle, il y eut encore un homme qui renoua, cette fois-ci en Allemagne, la tradition si longtemps interrompue de la philosophie transcendante et qui puisa dans l'étude des lettres antiques et dans l'activité de son esprit original un ensemble de conceptions que l'on peut considérer à juste titre comme le point de départ du développement ultérieur de la pensée panthéiste. Les Libertins et David Joris appartiennent encore au moyen âge; Sébastien Franck mérite déjà d'être rangé parmi les philosophes modernes [1]. Quiconque connaît ses idées sur l'être indéterminé de Dieu qui se détermine en revêtant les qualités des existences concrètes et qui devient conscient dans les intelligences finies, la solution qu'il essaie de donner à l'antithèse de la liberté morale de l'homme et de l'activité infinie de Dieu, l'opposition qu'il établit entre la nature qui vient de Dieu et l'art qui vient des hommes, enfin sa conception du Christ universel qui réside dans toutes les âmes humaines à quelque religion qu'elles appartiennent, idée sur laquelle il a établi le principe de la tolérance religieuse la plus large et dont il a su tirer toute une philosophie de l'histoire, conviendra que nous sommes en présence d'un nouvel essor de la spéculation panthéiste. Préoccupé uniquement de la recherche de la vérité abstraite, Franck n'a déduit de sa métaphysique aucune des conséquences pratiques que nous avons rencontrées tantôt; il a déclaré lui-même qu'il ne voulait pas fonder de secte. Sans doute son système révèle bien des imperfections : mais il n'en a pas moins été un premier pas vers la renaissance de la pensée philosophique, mouve-

---

[1] V. l'excellente étude sur le système de Sébastien Franck, publiée par Hagen (*Deutschlands literar. u. relig. Verhältnisse im Reformationszeitalter*, 2e édit., Frankf. 1868, III, 2, 314 et s.): Sebastian Franck, der Vorläufer der neuern deutschen Philosophie.

ment que Jacob Boehme a continué au siècle suivant, et qui a abouti aux imposantes créations dont l'Allemagne actuelle se glorifie.

Aujourd'hui cette évolution du panthéisme germanique est arrivée à sa fin. Déjà les conséquences morales d'une pareille doctrine ont été professées théoriquement. La littérature, l'art, la théologie ont subi successivement l'influence de cette philosophie; la politique vient d'en réaliser l'idéal, en attendant que la vie populaire s'en empare à son tour. Plus tard sans doute une autre plume, faisant pour les temps modernes ce que nous avons tenté pour le moyen âge, essayera de retracer l'histoire de la lente reconstitution de l'Allemagne actuelle en la rattachant à l'influence des traditions antiques, au souvenir de cet âge d'or de l'existence nationale où la mythologie et la vie populaire se trouvaient étroitement unies, à la renaissance du panthéisme indo-germanique, philosophie qui constitue le principe de la vie nationale allemande, comme autrefois la religion de Jéhovah était le fondement de la nationalité d'Israël, et dont l'hégélianisme est la suprême expression; et elle expliquera les ombres qui voilent ce tableau, en songeant aux conséquences morales que le panthéisme a engendrées au moyen âge : puisse-t-elle pouvoir ajouter qu'un mouvement sincèrement religieux, qu'un vrai besoin de justice a succédé à ces tendances antinomistes, et les a combattues aussi victorieusement que la Réformation a combattu les sectes panthéistes d'autrefois !

APPENDICE

Parmi les pièces qui figurent dans cet Appendice, quatre seulement proviennent de manuscrits appartenant à une bibliothèque publique. Ce sont les n°s III, 1; IV, 1 et 2, tirés des papiers inédits de Pfeiffer (Bibl. imp. de Vienne, supplém., 2786, n° 33; 2788, n°s 24, 30), et le n° III, 2, tiré du Cod. Argent. A. 98. 4°, f° 162, manuscrit brûlé. Les autres proviennent de manuscrits faisant partie d'une collection particulière, dont deux de la fin du quatorzième siècle (l'un contenant les n[os] I, 1 et 2, l'autre le n° II, 19), un du milieu du quinzième siècle (renfermant les n°s II, 1-18; le texte en paraît corrompu en plusieurs endroits), et un du seizième siècle (d'où est tiré le n° V).

I

TRAITÉS DE RULMAN MERSWIN
SUR LES FRÈRES DU LIBRE ESPRIT ET LES PRÉDICATIONS DE MAITRE ECKHART.

1.

Dis ist das baner buechelin, und warnet alle guothertzige menschen gar eigentliche mit grosseme erneste wie sú sich húten sollent vor alleme valschen rote[1].

Alle die menschen die gerne dem bilde Cristi noch volgent mit gantzeme erneste und mit eime vesten gantzen cristen gelouben, den tuot in disen sorglichen gegenwertigen iemerlichen ziten not, das sú fliehent under die banier Cristi; wenne es ist in disen ziten eine banier uf geworffen gegen Cristi banier, und heisset die banier Lucifers baner, und ist under der banier ein gros volg, und kummet alle zit me volkes zuo disem volke das hie under Lucifers baner ist gezoget. Das sint alle die menschen die do uf gont in iren richen sinnelichen flogierten vernunft, und mit vil froemeden behenden worten, do mitte sú ane vohende

---

[1] Voici ce que nous lisons dans la table des matières du manuscrit d'où ces traités sont tirés :

...Nuo het Ruoleman Merswin ouch buecher geschriben, der en teil hie noch geschriben stont. Aber was er schreip oder schriben muoste, das het er also gar verborgen under andere materien, und het ettliche geschrift andern gottes frúnden und lerern zuo geleit und in ire buechere vermischet von grosser grundeloser demuetikeit wegen, das er wolte von allen menschen unbekant sin und von niemane erhaben.

Item das *baner buechelin* in dem die wort und die sinne hellent glich allen den demuetigen minnenrichen worten die der liebe stifter Ruoleman Merswin selber geschriben het von den vier ioren sines anefanges und ouch anderswo, und ist eine ernesthafte warnende lere allen guothertzigen einvaltigen menschen wie sú sich soellent húten vor den valschen fryen menschen.

Item das *buoch von den dryen durchbrúchen*, und von eime gnodenrichen gelerten pfaffen der meister Eckeharten den grossen lerer stroffete umb sine behende hohe lere die er pflag zuo tuonde vor dem gemeinen groben volke, und ettliche andere guote materie die Ruoleman Merswin selber schreip, und si ouch vermúschete mit sinen inbrunstigen hitzigen zuogeleiten minneworten.

guothertzige menschen under ir baner geziehent. Dise frigen valschen menschen sprechent sú habent nút me zuo lidende noch zuo sterbende und sprechent sú habent us gelitten und gestorben, und sprechent: wer noch zuo lidende und zuo sterbende habe, der si noch ein grob mensche und si noch vol bilde. Dirre worte und ander worte hant sú gar vil, das nút guot were das men dirre valschen worte vil schribe; wenne guothertzige menschen moehtent sich dar ane stossende werden. Ach alle guothertzigen menschen, fliehent und nement mit erneste zuo úch selber war : wenne es tet in vil ziten nie so not me : wenne alle dise valschen frigen menschen wellent es besser han denne es Cristus selber gehebet het. Die wile er uf ertriche wandelte in siner menschlicher naturen, alle die wile sprach er nie das er genuog gelitten hette, untze das er kam an das ende, do er dem vatter sinen geist uf gap, do sprach er erst : Es ist vollebroht!

Cristus sprach : Wer zuo dem vatter wil, der muos e durch den sun. Nuo sprechent aber dise frigen valschen menschen : sú sint vor langen ziten durch den sún. Dis ist aber eine valsche rede. Wanne sú hoehent sich aber mit Lucifers hoffart, und wellent es aber besser han denne es Cristus selber het gehebet; wenne Cristus sprach ouch : Wer sich hie hoehet der wurt dort genidert, und wer sich hie nidert der wurt dort gehoehet. Ach, alle guothertzige menschen, nement der lere Cristi war, wenne Cristus het in aller siner lere die hochfertigen nider geslagen, und die demuetigen erhoehet. Sancte Paulus der warnet ouch in siner epystelen vor den valschen bruedern und sprichet : Es lige nút dar an an vil kluogen worten. Liebe guothertzigen lúte, die heiligen flúhent hie vor zuo walde von vorhten; ir súllent wissen es tete in disen sorglichen ziten vil noter das sich alle guothertzige menschen hútent und fliehent alle die menschen die vil kluoger behender worte hant.

Die frigen valschen menschen sprechent abe das liden unsers lieben herren, und sprechent also zuo andern moenschen : Ach gost du noch mit dem lidende umbe! Das ist aber gar valsch geret, wenne das liden unsers lieben herren sol nieman dem andern abe sprechen. Got der sol und wil selber dar über meister sin. Dise valschen menschen sprechent ouch abe die heilige geschrift und sprechent also : Ach kerest du dich noch an tinte und an birmente! Sehent, so dise valschen menschen mit guothertzigen menschen redent us der heiligen geschrift, so verkerent sú die heilige geschrift also gar velschliche, und alse gar in eine andere valsche wise, das guotherzige menschen nút wol verston kúnnent, und ist ouch zuo vorhtende das sú irre mitte werdent. Da von kan men nút bessers rotes geben, wanne dise menschen zuo fliehende die alse vil behender worte hant. Owe und owe, fliehent und fliehent, alle guothertzige menschen, wenne es tet nie so not me zuo fliehende; und fliehent under Cristi baner, wanne Lucifer der het gar vil valscher liehter under siner baner und meret sich noch alle zit. Ach guothertziger mensche, flúch und hap wenig worte mit den lúten : anders, eb du wenest, so bist du umbe geworffen und umbe gefúrt under Lucifers baner.

Ich weis in disen ziten nút sichers, wenne alleine zuo fliehende zuo dem gekrútzigeten Cristo: wer nuo mit gantzen trúwen flúhet zuo Cristo, der sol ouch ein gantz getrúwen zuo ime han, das er in nút lasse. Wo nuo der moensche were, der sich noch nút gerwe zuo grunde wollte lossen, er wolte ouch helffe suochen mit den creaturen, dem menschen tuot gar not das er gewerliche wandele in disen sorglichen ziten. Men vindet gar wenig menschen in disen ziten, die sich alleine gotte gent one aller creaturen gesuoch; das ist ouch die sache das men so wenig lebendiger gottes frúnde vindet in disen ziten. Wo nuo dise valschen menschen sint mit vil behenden worten, der men nút wol beweren mag mit der heiligen geschrift, die redent wider den heiligen geist; wenne die heilige geschrift ist kummen usser dem heiligen geiste, der heiligen cristenheit zuo helffe und zuo einer lere was die heilige cristenheit bedarf. Hútent úch, alle cristen menschen, wanne die prophecien gerotent vaste herfúr lúhten. Hie sint alle gewore cristen menschen schuldig das sú ane sehent mit der bescheidenheit die sú hant empfangen von gotte, das sú in disen sorglichen ziten nút irre werdent; und sol ie ein cristen mensche warnen das ander wie gar sorgliche es stot in allen sachen in disen ziten.

Alle guothertzigen cristen menschen, ir sollent wissen das es nuo gat an den strit; wanne es sint zwo baner gegen einander uf geworffen. Die eine baner die ist Cristi baner, die ist bluotvar rot gemalet. Welre mensche under dirre baner wil striten, der muos sich vor hin verwegen das er ein frummer ritter welle sin zuo streitende wider alle untugende, und muos sich leren frummekliche brechen durch sin selbes nature, und muos sine nature leren in allen striten toeten, und muos sich gotte geben mit einem ufgebenden frien gemuete und dem willen gotte sich lossen untze in den tot, was got von ime wil haben das er dem gehorsam wil sin. Welre mensche also mit einem frigen ufgebenden gemuete zuo widersagende Lucifer und allen creaturen, welre mensche also werlichen zoget under Cristi baner, wer der mensche ist, der sol han ein gros getrúwen zuo sinem herren; wenne Cristus ist sin houbet und, im herre, der hilffet dir das du in allen striten gesigest. Aber dis andere boese volk das under Lucifers baner ist, das leider in disen ziten vil gerotet uf gon, das sint alle die valschen frien mensche die do sprechent sú habent nút me zuo sterbende noch zuo lidende, und men solle der naturen gnuog tuon in wele wise die nature wurt ane gestossen, uffe das der geist moege ungehindert uf gon. Dise valschen menschen hant alse vil valscher behender worte die men von vorhten guothertzigen menschen nút getar geschriben. Wo nuo dise valschen menschen kumment zuo einem anevohenden guothertzigen menschen, und ime zoigent sinen valschen grunt der do lit in der naturen, so dise rede Lucifer befindet, so machet er sich geswinde uf und machet sich zuo des anevohenden guothertzigen menschen gedencken. So tuot es not das der guothertzige mensche Cristum zuo helfe nemme und wider strite. Tuot er das nút, so stot es gar sorgliche umb in, wenne eins anevohenden menschen nature ist noch alse múrwe und alse gesellig mit naturen.

Alle guothertzigen menschen, fliehen und hútent úch gar sere wenne es tet nie so not me. Wenne es geschiht gar vil in disen ziten das guothertzige anevohende menschen werdent gefúret mit falscher lere usser Cristi baner und werdent gefúret under Lucifers baner. Ach und ach, das lont úch alle minnenden hertzen erbarmen, das so gros unreht und unflot ist uf gangen in der heiligen cristenheit mit so maniger hande froemeder verborgener wisen und ouch mit offenbaren wisen! Hie tuot not allen geworen minnenden hertzen das sú iomer und dise not anesehent mit grosser erbermede, und dem gecrútzigeten Cristo zuo fuos fallent, und in bittent das er sich erbarme über die arme cristenheit, umb die es in disen ziten gar sorglichen stot. Es ist wenig menschen, wolten sú mit irre bescheidenheit anesehen wie es stúnde uf ertriche, sú muostent erschrecken.

Nuo behúte got alle guothertzige menschen vor der welte listiger vernúnftiger behendikeit und vor aller heimelicher valscher lere!....

2.

Dis ist das buoch von den drien durchbrúchen und von eime wol gelereten richen pfaffen, der alle natúrliche lipliche lúste versuhte und doch noch sinre muotwilligen meinunge in allen creaturen keinen vollekomenen lust noch genuegede nie vinden kunde, untze noch sinen fúnf und zwentzig ioren, das er mit erneste sich wart zuo gotte kerende und ein begnodeter erlúchteter andehtiger priester wart; do vand er alrest rehte genuegede und gantze vollekomenen fride und froeide in dem heiligen geiste: dar us er meister Eckeharten, den grossen lerer, stroffete und groesliche gebesserte, alse dis buoch seit, das Ruoleman Merswin, unser lieber stifter, mit sin selbes hant den bruederen zuo einer gebesserlichen lere in wahs schreip, und hie anevohet und alsus sprichet:

Es sint drie frogen in den alles das begriffen ist das eime anevohenden menschen und eime zuonemenden menschen und eime vollkommenen menschen zuogehoeret. Die erste froge ist: weles der behendeste durchbruch si, den der mensche getun mag, der do gerne zuo dem hoehesten vollekommenesteme lebende keme. Die ander froge ist: weles der sicherste grot si, do der mensche in der zit uffe geston moege noch diseme ersten durchbruche. Die drite froge ist: weles die neheste vereinigunge si, alse sich der mensche in zit mit gotte vereinigen moege. Hie zuo wart also geantwortet: Ein gewilliger demuetiger abegang in geiste und in naturen ist der behendeste durchbruch, das ist also zuo verstonde, das der mensche allen den lústen abe gange die sine nature geleisten mag, untze an die bescheidene notdurft; das men die ouch also neme das sú me fúrdere denne húndere zuo gotte. Wenne wer do begriffen wil die úbernatúrlichen ding in der hoehe, der muoz lossen die sússen zergenglichen ding in der niedere, wanne der liebe sancte Paulus sprach: Und ist es das ir lebent nach der begirde des fleisches, so sollent ir sterben; und ist es aber das ir mit dem geiste toetent die begirde des fleisches, so sollent ir leben. Und der mensche sol sich ouch bilden alse verre er kan oder mag noch dem lieplichen bilde unsers lieben herren Ihesu Christi. Do von sprach der liebe sancte Paulus: Ziehent abe den alten menschen und cleident úch mit unserme herren Ihesu Christo.

Nuo wart aber fúrbas me gesprochen von dem lerer: Ein gewilliger abegang des geistes, das ist, wenne der geist dise zergenglichen natúrlichen werg getrucket hat, und die nature úberwunden und úbersprungen hat, so springet er danne uf die lústlichen ewigen werg die er ouch gar viel lústliger niessende wurt danne die ersten natúrlichen werg: das gehoeret ouch dem geiste gar eigentlich zuo, wanne er ewig und unwandelber ist. Hie ist ouch ettewas zuo vorhtende, das ein solicher innerlicher mensche die sússikeit des geistes me wúrde minnende und meinende denne die ere gottes: do húte sich ein iegelicher geworer gottes minner vor. Wanne welre mensche einen gewilligen abegang von der welte geton het, und alle úberflússige sússikeit der naturen gelossen het, zuo glicher wise muos ouch der mensche einen gewilligen abegang tuon an aller úberflússiger sússikeit des geistes; wanne ime ist nút wol alle zit zuo getrúwende, der mensche stúnde denne in grosser demuetiger goettelicher gelossenheit, anders so ist es gar sorgliche. Wanne sider das unsers herren menscheit selber zuo ettelichen ziten sinen lieben iúngern eine hindernisse des heiligen geistes was, alse er selber sprach: Es ist danne das ich von úch fare, so wurt úch der troester des heiligen geistes nút.

Hie von sprach meister Eckehart: Etteliche lúte die nement got so er in mit luste inlúhtende und smakende ist, und dieselben nement in nút noch folheit siner minnen: wanne so in die lústlichkeit lúhten des und smakendes abe gat, so gont auch sú gotte abe. Alsoliche menschen nement den schin fúr das wesen. Aber wele menschen sich hie durch geúbet hant und durchbrochen hant, und gotte nút abegont was er in ioch gebende ist, es si súre oder sússe, das sú das alles gliche von ime uf nement, alsoliche menschen die nement das wesen fúr den schin. Wanne got der ist das wesen; aber geistliche sússikeit ist der schin. Und wele menschen den schin nemment fúr das wesen, das sint noch ussere menschen; die aber das wesen nement fúr den schin, das sint geworeinnere menschen. Hie von so hette ein mensche grossen ernest und begirde zuo gotte, das es gerne gewisset hette weles inre menschen oder usser menschen werent; alse wart ime von gotte geantwortet: Wele menschen mine ere in allen iren wercken, es si in tuonde oder in lossende, demuetikliche vor allen dingen fúr setzende sint, was guoter wercke alsoliche menschen wúrckende sint, sú sint innerlich oder usserlich, so sint sie doch inre menschen; aber was der menschen sint die fúr goetteliche ere út anders fúrsetzent, was wercke die wúrckent, es sigent usser werg oder inner werg, so sint sú doch usser menschen.

Ein mensche frogete mit grosser begirde einen begnodeten grossen lerer und sprach : Weles die geworeste gerechteste gelossenheit were. Do wart ime geantwúrtet also : Eine gewore gelossene gelossenheit in dem geiste und in der naturen, die soltent beide bigenander und mitteinander sin also das sich der mensche in allen sinen natúrlichen kreften kunde gotte alzuomole zu grunde gelossen, was er mit ime wúrcken welle, es sige súre oder sússe, das er dar inne gliche stande und in dirre ersten gelossenheit sol sich der mensche demuetikliche biegen under got und under allen creaturen. Haruf sprach der liebe sancte Petrus : Aller liebesten, demuetiget úch under die gewaltige hant gottes, durch das er úch erhoehe in der zit der beschowunge. Dirre lerer sprach ouch von gelossenheit des geistes, also were es das der mensche út befintliches úbernatúrliches sússes trostes von gotte befúnde in dem geiste, das er des ledig und blos stande. Und wenne ime dise selbe sússekeit von gotte wider benomen und entzogen wúrde, das er sich danne gotte froeliche losse, also das er friden habe in allen wercken gottes. Hie so sprach der liebe sancte Dionysius : Wanne got befintliche in miner selen ist, so ist mir alse gar froeliche rehte wol zuo muote, und gebe mir got uf die selbe zit das mir alle creaturen undertenig werent, alse ime selber, noch denne so were mir nút alse wol mit allen creaturen alse mit ime. Aber wenne er mir befintliche abe get, so habe ich iomer noch ime und das ist min gebreste. Wanne Salomon spricht : Men sol ruowe han in den dingen. Disen iomer zalete der liebe sancte Dionysius fúr einen gebresten, wanne er stund noch do nút in einer vollekomener gelossenen gelossenheit.

Ein lerer spricht : Eine gelossenheit obe aller gelossenheit ist gelossen in in gelossenheit; der mensche solte in solicher gelossenheit und einikeit mit gotte ston also das er ussewendig sin selbes nút befúnde das in verdrússe : wer aber das in út verdrússe das er denne in dem verdriessende in friden stúnde, und der fride der solte also sin was got in ime und in allen creaturen vollebrehte. Es were das er innerliche oder usserliche gebe oder neme, das er in allen gottes wercken fride und ruowe fúnde.

Von diseme friden sprichet ein lerer : Lieber mensche, du solt wissende sin in der rechten worheit : wenne du in allem dime tuonde und lossende einen einveltigen lúteren goettelichen friden vindest, also das du got einveltikliche und demuetikliche in allen dinen wercken minende und meinende bist und dich selber nút weder in zit noch in ewikeit, so bist du uf eime rehten wege. Vindest aber du des nút gentzliche in dir, so bist du noch vaste gebresthaft, wanne eine gelossene gelossenheit in geiste und in naturen, das ist eime zuonemenden menschen der sicherste weg. Aber ein vernúnftiger durchbruch durch geist und durch nature ist das der mensche bescheidenliche und vernúnfteklíche mit allen sinen sinnelichen kreften alle natúrliche ding durchbrochen het, also das er mit dem lieben sancto Augustino sprechen moege : Alle creaturen sint uns ein weg zu goite. Also wenne der mensch eine schoene starke creature sehe, so solte er nút uf der selben creaturen bliben, sunder uf der sterke und schoene des schoepfers der alle creaturen beschaffen und gemaht hat. Also solte der mensche alle ding anesehen und nemen noch dem besten und leren in allen dingen friden haben und das beste suochen und nemen. Welre mensche ouch wil einen geschwinden durchbruch nemen, der muos brechen durch natur und durch sin selbes sinneliche vernunft, doch in gelossenheit; und alles das er in der sinelichen vernunft erzúgen mag, das muos alles noch bescheidenheit durchbrochen werden, alse dicke und alse vil untze das er alle creaturen verliere und sich selber in dem einigesten eine vinde. Noch danne ist dis dar zuo nút diz hoeheste do man mit der helffe gottes in grosser demuetiger gelossenheit wol zu kumen mag. Wann wissest, lieber mensche, so du die selikeit des geistes vindest, das ist eins; aber so dich die selikeit findet, das ist das ander. Weleme menschen dis beschiht, der wurt gewerliche in dem einigesten eine funden.

Noch ist etwas nohers, wenne der geist vernúnftiklichen in sich selber und durch sich selber und durch alle creaturen bricht und tringet, also das er in allen geschaffenen dingen keine ruowe noch vollekommenen friden findet. Und diesen durchbruch sol der mensche alse dicke und alse vil tuon, unze an die zit das ime got hilffet das er sich selber und alle geschaffene ding verlúret, und in dem einigesten eine alzuomole eins werde. Hie von sprach der liebe sancte Paulus : Wer an gotte haftet, der wurt ein geist mit gotte, und in diesem selben entwerdende ist ouch der geist entworden, und ist ein einigestes eine in dem einen worden. Dise entwordene gewordenheit, die ist die groeste armuot, und die oberste richeit des geistes. Dirre hochwirdige durchbruch gehoeret zuo gerehten geworen vollekomenen menschen.

Nuo sint ouch in disen frogen sehs grete die do wol allen verstandenen menschen zuogehoeren, die do gerne wolten von goettelicher minnen die hohe selikeit erkrigen. Der eine grot ist ein geworer abegang durch alle nature in vernünftiger bescheidenheit. Der ander grot, das ist ein gewilliger abegang in dem geiste. Der drite abegang, das ist ein gewore gelossene gelossenheit in der naturen. Der vierde abegang, das ist ouch eine rehte gewore gelossene gelossenheit in dem geiste. Der fünfte abegang, das ist ein wol besinneter demuetiger durchbruch durch alle naturen; und der sechste abegang ist ein demuetiger vernünftiger durchbruch in aller gottelicher gerehter gelossenheit durch den geist gonde. Ueber disen grot kam noch nie creature noch niemer getut. Lucifer der wolte darüber sin, harumb so muoste er herabe gar vaste under sich und alle sine nochvolger. Hie von sprach die liebe hohe erwirdige künigin himelriches und ertriches und aller creaturen muoter und maget Maria: In der demuetikeit do wart zerstoeret die hochvertige hochmuetikeit noch des ewigen vatters wille, und er satte die gewaltigen von dem stuole obenan herabe, und das was Lucifer und alle sine gesellescheft und noch alle zit dar mitte die noch wonent und sint in hochmuetiger hochfart. Aber er hat erhoehet die hocheit aller vollekomener demuetikeit. Und das was und ist die aller oberste hoeheste groeste künigin, die selige liebe muoter und maget Maria; und sie het zuo ir gezogen alle ire gesellesschaft und das tuot sú ouch untze an das iungeste ende der zit.

Nuo wart zuo einer zit ein grosser lerer gefroget wie der mensche tuon solte das er zuo dem aller hoehesten kumen mochte, do men in der zit zuo kumen mag. Do zuo wart also geantwürtet, das der mensche muoste ston one alle bilde als do er nüt enwas; do gegene wart aber gesprochen, ob es denne were ein solicher mensche der do vor in eime vernünftigen lebende gangen were. Ein solicher mensche weis doch von vil dinges das doch alles bilde sint; wie moehte der one bilde gestan alse do er nüt enwas. Dise rede hoerte meister Eckehart, und sprach also: Hette ich alle die bilde in miner bildelichen sinnelichen vernunft die alle vernünftige menschen ie empfingent, und were es das ich der bilder ledig stúnde one eigenschaft beide mit tuonde und mit lossende, ehte ich in diseme gegenwertigen nuo fri und lidig were, und alleine wartete was got von mir haben wolte, und ouch dem vor allen dingen volgete und gnuog were, so stunde ich sunder hindernisse aller bilde alse gewerliche alse do ich nüt enwas.

Ouch sprach meister Eckehart: Nuo sint ettelich lúte die wellent dis und das tuon, und wellent dis und gins lossen, und wellent denne zuo ettelichen ziten aber ein anders. Hie mitte so werdent die edeln frigen werg gottes benomen, und ist gar sere faste eine hindernisse der ewigen worheit; doch so gehoeret es anevohenden menschen wol zuo, wanne der prophet David sprichet: Ich sol hoeren was got in mir sprichet. Heruf sprach ouch meister Eckehart also: Der mensche der muos alzuo mole zuo grunde in einer demuetigen gelossenheit ston der do gottes wort hoeren sol, wanne es ist gar ein gros ding, wanne das selbe das do hoeret das ist das selbe das do gehoeret wurt; und der mensche der do hoeret was got in ime sprichet, und usser dem selben gottes sprechende würckende ist, und des selben würckendes lidig und blos unangenomen stünde, das were ein werg der obersten worheit. Ein solicher mensche der also in dirre friheite stunde, der brehte des tages one alle zal vil frühte, wanne der vatter gebirt alle zit sinen eingebornen sun und würcket durch sinen eingebornen sun alle zit gar vil frühte in eime solichen got gelossenen menschen, wanne sú sint von gnoden eins worden und nút von naturen.

Es beschah ouch bi meister Eckehartes ziten das ein grosser pfaffe von der geschrift und ouch von lebende zuo meister Eckeharte sprach: Lieber meister und vatter, wollent ir es nút für übel haben, so wolte ich gerne usser goettelicher minnen ettewas mit úch reden. Do sprach er gar guotliche: Lieber herre, ir moegent froeliche reden was ir wollent. Do hup der pfaffe ane und sprach: So söllent ir wissen das ich úwere bredigen vil gehoeret habe, und ich habe sú ouch gerne und ungerne gehoeret. Do sprach meister Eckehart: Lieber herre, do begere ich das ir mich durch got die rede bescheident, wanne gerne und ungerne die zwei sint gar widerwertig einander. Do sprach der guote pfaffe: Das wil ich úch sagen. Das ich do gerne von úch hoerte, das worent die grossen behenden wort die ich ouch von der gnoden gottes wol verstonde was; so ich aber in dem selben gedohte an das wort das da sprichet: man sol die margariten nút under die swin werfen, so wurden mir úwere bredigen verdrutzig, und gedohte denne: dise hohen behenden wort, der solte men das meiste teil in grossen schuolen us rihten, und, nút entzúrnent es, wanne es het mich ettewas froemede, an úch das ir es dem gemeinen groben volke offentliche an den bredigen sagent; das dunckt mich nút nutze, wanne ir moehtet wol ein besseres und gotte ein lieberes tuon, do unser ebenmensche lere und besserunge von moehtent nemen. Wanne es ist eime anevohende menschen nút nutze, wanne er úwere grossen hohen behenden wort nút verstost. So sint sú eime zuonemenden menschen ouch nút gar nutze, wanne in eine fúrbas gonde lere nutzer were. So sint sú den hohen grossen vollekomenen schowenen menschen ouch nút gar nutze, wanne in lit nút gar vil belanges darane; wanne so vil alse sú es hoerent sagen, die wile moegent sú es vil lihte gerne hoeren; aber so sú dar von koment und sich zuo in selber inkerende werdent, und sich in grosser demuetiger gelossenheit dem aller obersten in sinen willen gebent und in rehter demuetikeit alse tieffe under sich versinkent und ertrinkent under allen dem das got ie beschuf, also das sú nút enwissent obe sie in der zit sint oder one die zit. Der schuolmeister, der oberste brediger, der sú hie zuo schuolen fúret, in der schuolen und in der bredigen, do wurt der mensche in eime ougenblicke me gewiset und geleret denn ir und alle die meistere die in ussewendigen schuolen in hundert ioren iemer geleren kundent. Harumbe, lieber meister Eckehart, so ist uwer bredigen und uwer leren disen drier handen menschen, anevohenden, zuonemenden und vollekomenen menschen nút gentzliche uf das wegeste und uf das nutzeste geseit oder gebrediget. Aber wie unwirdig ich sin bin und solte ich úch roten, so wolte ich úch wol usser goettelicher minnen und mit der helffe goettes rotende sin, also das ir nuo anevingent und der lere unsers herren Ihesu Christi nochvolgetent also das er selber lerete die wile er in dirre zit wandelte. Do was sine lere in den sinagogen und in tempeln alles daruf gerichtet das der mensche sine untugentlichen súntllchen werg abe liesse, und tugentliche werg in allen guoten dingen lerete ueben; und solte die untugende leren ustriben und von ime stossen, untze das tugende usser untugenden werdent. Und dise selbe lere tete nuo alse not alse sú ie getet, unde das men die gemeinde cristener menschen sere faste stroffete umb ir untugenthaft súntlich leben, und in bredigete und sú wisete wie das sie kumen moehtent in ein geordent tugentlich cristen leben. Nuo dar, lieber meister Eckehart, ir sagent offentliche an úweren bredigen von gar grossen vernúnftigen überschwenckigen dingen, das gar wenig iemand verstot oder nutze ist, und ouch gar wenig frúhte bringet. Nuo dar, meister Eckehart, ir sint ein gros pfaffe, ein meister der geschrift; do ir zuo dem ersten zuo schuole wurdent gesetzet, do mustent ir an dem a ane vohen; der úch do ein gros buoch hette fúr gehebet, und úch hette darane geheissen lesen, das were gar unverfenglich gesin: ir muostent selber an dem a anevohen und ie fúrbas und ie fúrbas leren, und muostent der zit erbeiten untze das ir nuo ein meister der heiligen geschrift worden sint. Harumb so ist gar nutze das men anevohenden menschen und zuonemenden menschen lere und bewise wie das sú ane sollent vohen die untugende zuo lossende und die tugende lerent begriffen. Wanne danne der mensche die tugende mit der helfe gottes alle lerete begriffen, so wurde er dann ouch wol meister über alle untugende, und wurde ouch danne von dem heiligen geiste von innan geleret das er uf die ussewendige lere nút gar vil me gebe: doch so haltet er sich noch ordenunge der heiligen kyrchen.

Nuo noch dirre rede, do sprach dirre guote pfaffe: Lieber meister Eckehart, habe ich úch zuo vil geret und es zuo lang gemaht, das vergent mir. Wanne es ist nuo zit das ich heim gange.

Do umbving meister Eckehart disen guoten pfaffen und gap ime das betze und sprach: Lieber herre, ir sollent wissen das ich in vil ioren nie keine rede so gerne gehoerte alse dise rede die ich nuo zuomole von úch gehoeret habe: got der músse úwer ewiger lon sin; und ich bitte úch usser aller goettelicher minnen und usser aller cristenlicher brúderlichen trúwen, und ich mane úch gottes alse hohe ich úch gemanen mag, das ir mir wellent offenboren und sagen von úwerme lebende alse es úch got gebende ist, wanne ich verstande wol von der gnoden gottes das ir usse eime lebenden grunde redende sint. Do sprach der guote begnodete erlúhtete pfaffe: Ir habent mich alse gar hohe gemanet, also das ich nút gelossen mag, ich muos úch sagen wie das úch armer súnder untze har gelebet habe. Aber also das ir mir gelobent die wile das ich lebe das ir niemer menschen von mir sagent. Alse gelobete meister Eckehart zuo swigende. Alse ving dirre guote pfaffe ane und seite sines lebendes von iugent uf gar vil und sprach:

Ir sollent wissende sin do ich ein iunger knabe uffe mine nún ior alt was, do was ich ein einig sun und was min vatter gar riche; und er fúrte mich alles mit imme zuo weltlichen sachen, also das ich solte leren der welte leben. Nuo was ich von kind uf gar gelimpfig und gar alzuomole riche von sinnen. Wanne was ich vor mich sach, es were was es wolte, das viel mir alse gar eigenliche in, das mich dúhte ich solte sin iemer ouch ettewas kúnnen. Und ich bat minen vatter das er mich liesse zuo schuolen gon, und es war ime ettewas wider. Doch lag ich ime alse lange obe das er es tet, und er gewan mir einen erberen schuolemeister in das hus, das er mich zuo schuolen solte fúren; und do was ich zehen ior alt worden. Und do ich drú ior gelerete und dritzehen ior alt was worden, do hette ich alse vil geleret das ich me verstunt und kunde danne min schuolemeister. Alse ging ich volles zuo schuolen untze das ich ahtzehen ior alt worden was, das sich min in aller schuole nieman me wolte annemen der mir vorlesen wolte, alse lútete mir die lere gar vaste. Also beschah es das min vatter mit groseme erneste an mich kam und mich bat, er hette rede umb eine gar schoene iungfrowe das ich die nemen solte, also das wir erben gewinnent unseres grosen guotes. Do sprach ich : Vatter, zúrne sin nút, wanne ich verbinde mich mit hinder kein wip zuo nemende, ich habe danne alles das e zuo schuolen geleret das ich kan oder mag geleren. Do min vatter sach das ich nút anders wolte, do gab er mir guotes rehte genuog und schickete mich gar erlich mit guoter geselleschaft usser lande zuo schuolen; und do ich wol vier ior zuo schuolen was gesin, do ging mir die lere gar wol zuo handen, also das ich alse vil kunde alse etteliche der vil iore zuo schuolen was gelegen, das men meinde er solte in demselben iore meister der heiligen geschrift werden.

Also beschah es in dem fúnften iore das min vatter siech wart; und er schickete gar mit grossem erneste noch mir, das ich gar geswinde kumen solte, wanne er were gar usser mossen krang. Und das seitent mir die botte ouch mit dem munde, und ich fúr gar geswinde mit den botten heim. Und do ich heim kam, do was min vatter tot; und mir wart das grosse guot allessant alleine. Do gedohte ich in mir selben : was wilt du tuon? nuo hest du gutes rehte genuog; so kanst du der heiligen geschrift ouch vil; nuo solt du rehte leben noch allem dem muotwillen das din herze begeren mag. Und ving es ouch ane, und tet es noch allen den lústen die die nature gedencken oder begeren kunde. Aber in allen disen grossen muotwilligen lústlichen und natúrlichen dingen, wie vil ich der geuebete, do vant ich alles kein begnuegen inne; und ich wart zuo manigen ziten in mir selber sprechende : Und soltest du alles din guot vertuon, du erwindest niemer du kummest danne do zuo das din liplich hertze froeliche in der worheite sprechen moege : ich habe gantzen froelichen friden und froeide mines herzen funden. Und das sol ouch nút sin eine stunde noch einen dag; es sol zuo dem minnesten ahte tage noheinander sin. Und disen wollust, den suochte ich mit hertzen und mit libe und mit guote in allen lústen die ich erdencken kunde; und in diseme lebende was ich alse lange untze das ich fúnf und zwentzig ior alt wart. Und in dem sehsse und zwentzigesten iore, do gedohte ich in mir selber: Du hast alle die loeffe versuocht die der naturen wollust bringen soltent, und hast darumbe libe und guote we geton in grosseme úberswenkigeme úberflússigeme muotwillen und luste der naturen; und kundest doch alles nút vinden vollekomenen friden alse du gerne gehebet hettest, und do din hertze ein begnuegen inne vinden kunde. Do noch viel mir in die sinne und wart gedenckende: Du kanst doch der geschrift rehte genuog; dar inne solt du dich ueben, und solt besehen obe du út in aller der geschrift vinden kúnnest do inne du geleret moehtest werden, also das du ein wollustiges begnuegen in aller diner naturen vinden kundest. Dem gedanke was ich ouch genuog, und sas über die geschrift. Und das aller erste buoch das ich uftet, do vant ich sanctum Augustinum inne, und do ich den gelas, do gedohte ich: Der was ouch gar ein riche sinnelicher wiser man, me denne du, und hatte damit cristenen gelouben, und kam doch von bette wegen sinre muoter darzuo das er ein begnuegen in cristenem gelouben vant, alse er von ime selber schribet. Do wart ich gar sere in mir selber geslagen und wart gedenckende: Nuo bin ich in cristenem gelouben geborn und habe ouch vil wisheit in der geschrift, und bin doch cristenlicher ordenunge abe gegangen. Wanne ich habe gelebet wider alle die gebot noch cristenlicher ordenunge, noch allem muotwillen. Und zuo stunt do sancte Augustinus zuo cristenem gelouben kam, do wart er begnodet also das er ein begnuegen in ime vant, also das ime fride unde froeide in dem heiligen geiste wart. Nuo bin ich und heisse cristen; aber ich habe noch muotwillen wider alle cristliche ordenunge gelebet, und habe ouch nieman in der zit der für mich bittet, und habe ouch nieman in der ewikeit deme ich út dienestes geton habe, denn alleine unserre lieben frowen, der habe ich von kint uf einen kleinen dienest geton, und das selbe was alse kleine do wider alse nút. Und die wil ich nuo anruoffen und wil sú ermanen irre grundlose erbermede, das sú mir zuo helffe kumme, und mir helffe das ich in mime natúrlichen hertzen gantzen friden vinde, dem ich ouch lange zit noch gegangen bin und mir noch nie werden kunde, do ich ein ganz begnuegen inne haben moehte.

Nuo do ich dis ane gefing und unser liebe frowe einre alse gar toerlichen bette bat dar zuo in mime súntlichen lebende und dise bette wol uffe vier wochen gewerete, do wart mir eines nahtes troumende wie das ich eine alse gar schoene frowe sehe, das ich die schoenen glentze die von ir gingent in minen ougen kume erliden moehte. Aber sú wolte nút zuo mir reden und kerte sich alles umbe von mir. Und dirre troum, der getroumde mir vier naht nocheinander, rehte als in einer wise. Und in der fúnften naht, do kam ich in ein verwegen gemuete, und wachete die ganze naht, und wartete ob ich wachende út gesehen moehte; aber es half nút; do mir nút troemde, do sach ich ouch nút. An der sehsten naht, da troumde mir aber, wie das ich die schoene frowe sehe, und wie das sú sich aber von mir kerete und wante, und mir was wie das ich in dem sloffe zuo ir sprechende were : Ach, hertze liebe schoene frowe, kere dich umbe zuo mir, und sieh mich ane! so wil ich gerne tuon alles das du wilt. Do was mir wie die schoene herliche frowe sprechende were : Du solt wissende sin das ich mich nút wol zuo dir vollekommeliche gekeren mag noch dich guotliche ane gesehen mag, es si denne das du dich e umb kerest, und eine frúntschaft mit mime lieben kinde machest. Wanne du das getuost, so maht du danne wol friden und froeide in dem heiligen geiste findende werden, und e mag es nút sin. Nuo do ich erwachete, do ving ich do zuo stunt ane und kerte mich alzuo mole von der welte, und wart mir ouch do ein grosser ruwe umb alle mine súnde und um alle mine verlorne versúmete zit; und bihtete do gantze bihte und empfing busse dar umb, und nam do unsern herrn in dem heiligen sacramente den ich vor nie me empfangen hette, und was do in diseme ruwigen kere wol uffe fúnfzehen wochen; do wart es ouch winahten. Und es beschah, in der selben winaht naht, in dem ersten sloffe, do ich noch do nút rehte slief noch rehte wachete, do was mir wie das ich aber dise schoene frowe sehe, vil und verre schoener wanne ich sú vormoles gesehen hette, und sie hette gar ein alzuo mole schoenes kint in irme arme, und kerte sich die frowe und das kint beide gar guotliche gegen mir, und sohent mich alse froeliche und also frúntliche ane, also das ich in dem troume alse gar fro wart, das ich erwachete. Und do ich zuo mir selber kam, do vant ich mich selber alse gar foul friden und froeiden, das úber alle mine sinnliche vernunft was. Und do ich das befant, do gap ich zuo stunt einen froelichen urlop aller der welte und allen dem wolluste den alle die welt gegeben mag, und gelobete ouch zuo stunt unserre lieben frowen und irem kinde das ich priester wolte werden.

Nuo was mir aber do noch eines nahtes in dem troum wie das eine stimme zuo mir sprechende were : Du solt hern Cuonrat zuo dir nemen; der sol dich nuo erst in die gewore schuole fúren und sol dich leren; und dem solt ouch du nuo an gottes stat in allen sachen volgen und gehorsam sin. Und zuo eime wortzeichen, das du dis deste bas geloubest, so sol her Cuonrat uf den mitten tag heim zuo dir in din hus kummen, und sol zuo dir sprechen : Lieber herre, was wellent ir? wanne es hat mich ettewas froemede das ir noch mir gesant hant. Das solt du nút verantwurten und solt zuo stunt uf dine knú fallen, und solt sprechen : Lieber herre, ich gibe úch húte uf, an gottes stat, beide sele und lip und alles das ich han, das ir do mitte tuont was úch got zuo tuonde git; do inne sol ich úch gehorsame sin. Nuo dis wortzeichen das beschach. Wanne der priester kam ebene uf den mitten tag zuo mir in min hús: alse gap ich mich ime ouch zuo stunt an gottes stat gehorsam zuo sinde; und ich bihtete ime gantze bihte; also besatte er mir zuo busse das ich solte búwen eine schoene núwe cappelle unde drige altere darin, und solte sú heissen wihen in unserre frowen ere, und solte drige guote pfrúnden zuo den drigen alteren machen, das wol notdurft do were. Und dis beschach ouch, und ich ward do ouch priester, und besang der alteren einen; und her Cuonrat der kam zuo mir, dem wart ouch der pfrúnden eine; und wir fundent noch einen lieben lúteren priester, dem gobent wir durch unserre lieben frowen willen die dirte pfrúnde. Alse warent wir drige alle zit bigenander und hettent von den drien pfrúnden zuo unsere notdurft rehte genuog, wir und unser gesinde; und was ich úberiges guotes me hette, das gap ich alles durch unserre lieben frowen willen enweg, doch usser gehorsame und noch willen und geheisse hern Cuonrates. Also sprochent wir drie tages unser messe in der capellen, also das wir keine lipliche natúrliche sorge bedorftent haben. Und also habe ich min leben mit disen zweyen heiligen priestern vertriben, untze an dise zit das ich nuo wol fúnfzig ior alt worden bin. — Meister Eckehart, lieber vatter, es mag úch vil lihte verdriessen das ich es ettewas mag zuo lang gemaht haben und der worte zuo vil?

Do sprach meister Eckehart: Ir sollent wissen das es mich nút verdrossen het und het mich ouch nút zuo lang gedúht; und ich bitte úch, lieber herre, das ir den tot unsers lieben herren Ihesu Cristi erent un mir fúrbas sagent von uwer driger leben und was uwerre driger uebunge vil iore ist gesin.

Do sprach der guote pfaffe: Lieber herre, meister Eckehart, ir sollent wissen und solte ich unser drier leben von iegelicheme mit sunderheite sagen oder schriben, so hette ich von iegelicheme wol ein gantzes buoch fol zuo schribende. Ich sage úch wol ettewas, das wir alle dinge von der gnoden gottes durch gros liden und durch vil mannigfaltige swere bekorunge gegangen sint und darzuo ouch gros liden in manigerhande wege unserme eiginen libe ane totent. Nuo sint wir alle drige alse krang in der naturen worden, also das wir unser eigen fleisch ussewendig nút me getoerrent ueben; und hant ouch indewendig keine uebunge me von allen bekorungen, danne die eine bekorunge die do heisset die unreine bekorunge, unkúschheit, und wir versehent uns das sú uns bi unserme lebende nút abefalle untze in unseren tot, und sú strengliche liden mússent. Und ist es gottes wille, so wellent wir es ouch gerne alse haben, in der nemunge das wir nút mússig one alles liden stont. Und herre Cuonrat, deme ich gehorsame habe geton, der ist alse gar senftmuetig und ingenumen, das er zuo vil ziten verzogen wurt also das er von dirre zit nút enweis. Und er het mit gar vil úberswenckender minnen sich alzuomole in got versencken, also das er anders wenig weis wanne von goettelicher minnen; und ich geloube das er alse foul goettelicher minnen si, das mich dunket das er der lieben sancta Marien Magdalenen leben vaste noch volgende si. So ist der ander bruoder, der do heiset her Michel, der ist ouch gar alzuo mole ein sússer mensche; aber er ist ettewas sorgfeltig, das mich dunket wie er der liehen sancte Marthen leben ettewas noch trette. Aber von mime lebende do kan ich úch nuo zuo mole nút wol von gesagen, wanne das eine, das mich ettewas wundert das got so grosse wunder durch mich armen súnder gewúrcket het. Ich spriche das wol, das es mich guot dunchet, und ich getar es wol geroten, das men die hohe die grosse himmelsche kúnigin gar sere minne un liep habe, wanne ich weis anders nút danne das ich armer súnder ir genossen habe, also das ich zuo diseme lebende kummen bin. Harumb so habe ich ir gar ein schoenes lop gemaht. Fúget es got, so wil ich es úch bringen so ich nuo zuo úch kume, und wil es úch lossen lesen.

Meister Eckehart, lieber vatter, ir wissent wol alles das ich úch geseit habe, das die wort alle in bihte verswigen súllent bliben. Do sprach meister Eckehart: Lieber herre, ich bitte úch das ir mir erloubent dise ding abe zuo schriben, also das men es nút von úch befinden mag; wanne, wissent, ich weis personen den es gar nutze wurt sinde.

Alse scheit dirre guote pfaffe von meister Eckeharte.

Nuo beschach es zuo einre andern zit dar noch das ein guoter gnodenricher lerer gefroget wart, wie das der mensche von iugent uf gelebet solte haben, also das er zuo eime geworen vollekomenen lebende kumen moehte. Des wart ein antwurte durch disen lerer von gotte gegeben, und sprach also: Es ist dehein so grosser moerder in aller der zit, wil er sich lossen wisen und ziehen von den dingen und wil gnode suochen, der vatter von himel wil in nemen und wil in fúren durch sinen sun unseren herren Ihesum Cristum, und wil in einen vollekomenen nochvolger machen, ob das er mit sime frigen eiginen willen selber wil. Hie von so sprach der liebe sancte Bernhart: Got der wil nút den menschen haben alse er was, er wil in haben alse er in sime eiginen frigen willen gerne were, und sin wil; und get er fúr sich und get er der gnoden gottes nút abe, so mag ússer eime grossen súnder ein grosser vollekomener mensche werden.

Nuo beschach es aber zu einre zit das ein guoter lerer wart redende von dem heiligen sacramente, und sprach also: Es fliessent die nutze von dem heiligen sacramente gottes lichamen, so ehte in der mensche wirdekliche empfohet. Der erste nutz flússet von der gottelichen vernunft in des menschen vernunft, also das des menschen vernunft vor gotte erlúhtet wurt, das úber alle menschliche sinneliche vernunft ist. Der ander nutz flússet von unsers herren lip in des menschen lip, also das der lip vor gotte also fruhtbar wurt do von nút zu redende ist, wanne es ouch úber menschliche sinne triffet. Der dirte nutz flússet von unsers herren sele in des menschen sele, also das des menschen sele wurt gezieret vor gotte, also das es menschlichen sinnen nút zuo verstonden ist. Und dis sint drie der minnesten frúhte die dem menschen werdent von der empfohunge unsers herrn fronelichamen. Aber von dem grossen hohen úbersinnelichen nutze und ouch fruhte die dem menschen werdent, dovon so kúnnent aller menschen zungen nút gesprechen, wanne die geschrift kan selber nút do von gesagen. Aber von dem aller hohesten nutze und fruhte, dovon so kan aller engelscher vernunft nút vollekomenliche gedenken; von disem hohen empfohende das der mensche unsers herren lichamen empfohet, so frowet sich die heilige trifaltikeit also das der vater sprichet: Ich frowe mich das ich den menschen ie geschuof. So sprichet der sun: So frowe ich mich das ich die martel ie durch in geleit. So sprichet der heilige geist: So frowe ich mich das der mensche ewicliche bi mir wonen und richtzen sol. Von diseme grossen froeidenrichen hochgezit so frowet sich alles himmelsches her mit einander. Aber sol dis grosse froeidenriche hochgezit durch den menschen geschehen von dem empfohende den wirdigen lichamen unsers herren, so muos der mensche zuo dem minnesten uf zweyen puncten ston. Uf dem ersten puncten muos er sich also vinden stonde also das ime innerliche von herzen leit si alle sine versumete verlorne zit, und einen gantzen festen willen habe von gantzeme grunde sines hertzen, das er niemer me welle súnde getuon. Uf dem andern puncten sol sich der mensche also vinden stonde, also das er in ime vinden sol einen ganzen unbetrogenen willen, also das er goetteliche ere in allen sinen wercken beide in tuonde und lossende welle fúrsetzen, und sich selber nút enmeinen in deheinen sachen weder in zit noch in ewikeit. Wenne der mensche dise zwene puncten in ime vindet, was denne darnoch in dem menschen gebristet das noch nút vollebroht ist, das vollebringet aber got in der empfohungen des heiligen wirdigen sacramentes.

Es sprach ouch zu einen ziten ein lerer das die ewige wisheit alsus sprechende ist: Liebes min kint, hoere und nim mit kurtzen worten war der vermanunge uwers getruwen vatters, und schrip sú ouch in dins hertzen begirde. Und er sprichet also: Begeret ieman goettelicher lúterkeit in goettelicher heimlichkeite, der sol wenig ussers gewerbes mit allen menschen unde creaturen habende sin. Wanne aber das der mensche do zuo kummet das er in gotte befestent moege werden, der mag gar lihtekliche in den creaturen verirret werden. Wanne ich habe noch minre wise vil gestudieret, und vinde in allen dingen nút sichers noch wegers noch nehers wanne das sich der mensche wisliche und ordenliche aller usserlichen dinge entsage und entslahe, und sich lidige und in sich selber einen weg mache, also das er von der gnoden gottes bi ime selber und in ime selber bliben moege. Wanne der mensche der sich one grosse redeliche notdurft der usserkeit underwindet, der treit selen froeide und hertzen fride veil, wanne so sich der mensche mit gotte wil vereinigen, dozuo gehoeret gesohssete wol geordnete stilheit und hohe guote betrahtunge und wenig worte und vil guoter demuetiger wercke. Und was ouch got dem menschen zuo lidende git, es sige innerliche oder usserliche, das er das dangberliche und demuetikliche und froeiliche von gotte neme, und es sime sinnelichen gebresten zuo lege, und sol aller menschen gebreste gedultikliche übersehen.

Bischof Obrecht der spricht ouch alse dicke: So sich der mensche in allen sime gemuete mit gotte vereiniget, also das er des sinen nút doinne suochende ist und sich selber in allen sachen weder minnende noch meinende ist, in zit noch in ewikeit, und in allen sinen sachen, in tuonde und in lossende, nút anders suochende noch minnende noch meinende ist wanne die ere gottes, alse dicke dis der mensche tuot mit gantzeme hertzen usser eime ergebenen got gelossenen demuetigen willen und grunde, alse dicke der mensche dis tuot, so wil ime got alle sine súnde vergeben.

Nuo luogent, lieben cristenen menschen, wie eine grosse zuoversiht dis ist; wanne alse dicke wir ruwen habent und goetteliche minne, und alse dicke der mensche tages hie zuo keret, so werden ime alle sine súnden vergeben. Ich wil der wochen und des iores geschwigen do inne es gar dicke mag beschehen von vil menschen.

Es sprach ouch zuo einen ziten ein meister also: Das edelste und das nutzeste das alle meistere und alle gottes fründe von gotte gesprechen moegent, das sint die artikel des heiligen cristlichen gelouben.

Nuo ist eine verborgene aptgrunde in der selen; die aptgrunde die ruffet one underlas und mit einre wilden aptgrüntlichen unbegriffenlicher stimme dem goettelichen aptgrunde alles noch. Wenne ouch das der vernunft in eime ougenblicke entdecket wurt, so wurt sú gereisset in ein gar wunderliches überwunderliches iagen alles der noch, und es enkan ir doch in dirre zit nút vollenkomenliche werden. Aber das hoeheste und das edelste und das nutzeste das ir hie in der zit werden mag, das ist das sú alle wortalle begirde alle gedencke und ouch alle goetteliche minne in die sele ziehe, das sú sich alzuomole versencke und ertrencke in dem hohen aptgrundelosen grunde der gotheit. Aber was der mensche hie in der zit befindet oder begriffen mag, das ist nuwent alse die almuosen schüsselen oder die brosemen die von der herren tische fallent. Aber wie hohe und wie überswenckig es in der sinnelichen vernunft schinende ist das sú rehte dunckket wie es ir von minnen zuo eigen gegeben ist, so enmag sú es doch in deheinen weg niemer schinberlicher noch sicherlicher bas behalten, wanne also das sú es wider von minnen verliere in dem goettelichen grundelosen aptgrunde do alle ding inne behalten sint. Aber die tegeliche spise die dem innern und dem ussern menschen von not bliben muos, das sol sin ein wol besinnetes vernúnftiges warnemen usser eime rehten nider geslagenen demuetigen grunde underworffen under got und under alle creaturen. Und sol der mensche ouch do inne mit grosseme erneste war nemen der ordenunge gottes in allen dingen, und sol sich ouch demuetikliche underwerfen und lossen eime andern menschen an gottes stat gehorsam zuo sinde. Und was in der heisset, dem sol er ouch denne an gottes stat in rehter demuetikeit gnuog tuon und gehorsam sin; und denne so lot ouch got den menschen nút. Was in anderre wisen geboren wurt, das verblibet und vellet in manigfaltige ungeordnete pinliche wise, der selben wise got gar wenig antwurten sol. Und ist ouch zú vorhtende das sú vallent in ungeordnete vernúnftige stoltze friheit des geistes. Das ist ouch der allerschedelicheste vall. Welhe menschen dar inne blibent den were weger das sú sich wider us kertent zuo der welte, ehte sú in der welte alleine one totsúnde blibent.

Wer dis buechelin liset und es nút gerwe untze ende ús wol verstot, das ist ein gewor zeichen das er noch nút ein inre mensche ist. Harumb so mag es gerne lesen ein anevohender mensche und ouch ein zuonemender mensche, umb das sú darinne studieren und leren sollent alse lange und alse vil untze an die zit das sú es mit der helffe gottes gelerent leben.

II

SERMONS ET PIÈCES DIVERSES

DE MAITRE ECKHART.

Maister Egghart sprichet von wesen blosz;
Er sprichet ain ainiges woertlin, das selb ist formloz;
Das ist sein selbes sin, im gat weder zuo noch abe;
Es ist ain guoter maister der das sprechen chan!

1.

Pater noster qui es in celis.

Pater noster qui es in celis. Vater unser, der uns das leben hat gegeben und uns hat geleret leben in menschlicher natur, der hat uns geleret betten; warumb wir aber betten süllen, das sind zwo sach. Die erst sach ist das wir in gebet von gnaden enpfangen werdent in die gnad mit der wir gotes wirdig sind. Die ander sach ist das wir aus der zeit geistlich geboren werden in ainer beweglichait ze goetlichen wercken, als wir in die zeit geboren sind ze leiplicher würckung.

Eya, das gebet das der sun getichtet hat in der schuol der wishait mit dem rate der hailigen trivaltichait, das erhoeret der vater gerne in der ewigen saelichait. Wan aber got hoch ist und der mensch nieder, als her David bewiset so er spricht das er wonet in der hoehi, und nach demuetichait schauet in zeit und in ewichait, darumb so hat got alle creaturen geschaffen das sich der mensch erheben mueg zuo im. Als vil die sele alle creaturen under die füsse drucket in einem unmaerem verschmaechene, als vil ist got des menschen gebet genaem. Gebraest och do ainer creatur die in der goetlichen liebi nit verschmaecht wurdi, so waer das gebet nit volkomen. Das bewiset Cristus in dem ewangelio von des menschen sel, das si selber versmaecht solt werden als si creatur ist. Sand Jeronimus spricht das gebet mit dem mund an das hertz wenig nútze sey, aber das gebet mit dem hertzen an dem mund das ist nútze, allain das gebet mit dem hertzen und mit dem mund ist volkomen.

Da von dunckt mich pillich wenn der mensch sein chosen haben wil mit got, das er denn aller seiner sinn, gespraeche und hindernust meiden sol, und das ist das erste das zuo innerchait des gebetes gehoeret. Das ander ist das man nit sol ablan, won so der flamme ie dicker ist, so sein ufgang ie hoeher ist. Also ist es umb das gebet: so du das ie dicker sprichest, so es got ie genaemer ist. Das drytt das zuo innerkait des gebetes gehoeret, das ist das es mit getrúwer zuoversicht volbracht sol werden, also das der mensch ietz ze schuld und ze genaden enpfangen ist; ob er für war ioch sich selben in gnaden nit wisti, sol er got me getrúwen denn im sein bechantnúsz und sein vernunft erforschen muege, wan da erwirbet das getrúwen als vil als das gebet, als och vor an der staetichait des gebetes (sic), wan got selber hat gesprochen: Wer zuo mir chumet mit getrúwen und mit staetichait, den wil ich nit usz traiben. Ich begere, gedenckent mein daby und bettent gerne! Wiszent als grosz es were ainem verworfnen durftigen, alles seines hertzen notdurft ze reden mit ainem obrosten chúnige; noch vil me grosser ist es in stille und in frid seines hertzen mit got ze kosenne. Doch muosz das vierde bey innigem gebet sein, das die zuoversicht an diemuetichait nit sey, als uns bezaichent ist by Marten und Marien do si sprachent: Den du lieb hast der ist siech. Wie haimlich sy im warent, doch so woltent si den wirdigen adel zuo ainem so snoeden siechen nit muegen. Noch sein liebe muoter, wie gewaltig si sein was, do wolt si im nit gebieten, do sy sprach zuo der hochzeit: Si hand nit wines; wann solich verworffen gebet enpfachent die engel, das es nit valle uf das ertrich, als Rachel Tobyas tochter tet do si wainent bettet.

Gebet ist doch der aller sichrost weg ze got, wann alle tugent muegent me gehindert werden denn gebet, als wir haben ain volkommen urchunt an des schaechers ende, das er enchain tugent volbringen moechti; dem erwarb gebet hulde. Nuo moecht ain frag sin: Sit got wol waiszt des wir notdúrftig sigint und me beraitet ist ze gebenne denne wir ze nemenne, warumb bittent wir in denne? Hiezuo antwurt ich: das wir allwent bettan sollint darumb das wir unser dúrftigen armuot innan werdint, mit dem so wir bechennent wie vil wir des enbern habint das wir umb got wol erworben moechtent han. Die antwurt ist: das wir des goetlichen richtums und der rilichen miltichait innan werdint, der so vil ist das ich so vil nit begern mag, er beger me ze gebenne ob ich seiner gnaden enpfaenglich bin. Nuo moechtest du fragen: ob ich got nicht baete, welt er mir denn nit geben? Ich sprich das mit sancto Paulo, der von seinem hochen richtuom schribet des so vil ist: E er mich geschuffe, do hat er himel und ertrich durch mich geschaffen, und hat mir ain stat bey im geordnet, und sich selber berait mir ze gebenne; disz was alles e er gebeten wurd. Ach, was wend ir denn das er geben welle den die in so mynneclich hitzeclich bittend!

Sanctus Augustinus sprichet, so er gefraget wirt wie das gebet soll sein das got aller gernost well erhoern, er antwurt und sprichet: Das gebet ist ain keren des gemuetes ze got ledeclich, unbechumbert mit dem das got nit enist; und davon, wie das got willig sey ze gebenne, doch so sigint wir nit allweg von allen dingen zuo im gekert sein gap zenemenne.

Es moecht ain ander frage sein. Hett mich got bechant ewiclich das ich solt behalten werden, so mag ich nimer verlorn werden; oder waiszt er das ich sol verdampnet werden, so mag ich nimer behalten werden: was sol ich denn betten? Hiezuo antwort ich also: das uns got alle zuo seiner ewigen froed geschaffen hat, als wir och all nach im gebildet sigint, und als er unser menschait an sich genommen hat; doch von Adames valle haer hat got geordnet das nyemant zuo im choemen mag an gnade. Der och die hat, der ist sicher, und die erwúrbet man mit gebet; und darumb hat uns got das gebet churtz gemacht und als churtz es ist als ist es och nútz, wann es rainet von taeglichen súnden und schicket zuo midung aller toedlichen súnden. Nuo moechist fúrbaz fragen und sprechen: Ich wais wol das ich betten sol; warumb ich mich aber gegen dem ufgang der sunnen cheren sol, das waisz ich nit, seit got an allen steten ist. Hiezuo antwurt ich und sprich: Do Cristus an dem craeutz starb der die war sunn ist, do naigt er sein haubt gegen dem ufgang der sunnen, und darumb keren wir uns in unserm gebet gegen im. Die ander sach ist: got hat uns geschaffen in das paradiesz, das ist in dem ufgang der sunnen; und darumb, so wir betten, so sond wir des ellend nimer vergessen in dem wir sind von dem ausstöse des paradises. Die drytt sach ist: do Cristus ze himel fur, do fur er gegen den ufgang der sunnen, und sol unser hertz gekeret sein in ainer unrúbiger begirde hin zuo im.

In der bet ist ze wissen zuo wem wir betten súllen, und des werdent wir beweiset so wir sprechen: Vater unser; wann da mainen wir dry personen ainen got; und in der weisz so ist got aller creatur vater, vernúnftiger und unvernúnftiger, in der weisz so haissend alle creatur unser bruoder. Die ander weisz darumb wir in dem gebete sprechen: Vater unser, da geben wir ain underschaidung mit dem das wir gotes bild tragen mit den engeln, mit dem wir och got vernúnfticlich erchennen, von unvernúnftiger creatur. Ze dem drytten mal haisset got unser vater mit underschaid von den engeln, wan er unser natur an sich genomen hat und nit der engeln und erloeset hat mit seinem tod und nit die engel die verfallen sind; und davon so hoert uns nit me tuone, so wir uns mit got versenen wellen, denn das wir unserm vater getrú wagint, und das wir im mit fleissigem gebet dienend; won er lat seiner chind nit die doch sein bild tragent als die bluemli und ander unvernúnftig creatur die er speisset mit dem taue und claidet mit der varbe, und och die fisch in dem wage und die tier in dem walde und die vogel in den lúften, die lat er nit; wie moecht er denne seine chind gelassen den er sein ewige froed geben wil mit im selber? als wol schein ist an den drein orden, die hand ankain aigen, und lat si doch got nit verderben.

Eya, was mag lustigers sein denn das got mein vater ist, als sunderlich als ob ich in zeit und in ewichait nit ander sy denn ich und er? Davon spricht sand Iohans: Schowent brueder, wel liebe got zuo uns hat das wir seine chind sind und haissent; und das sol uns billich raizen ze gebet. Es sprichet sanctus Dionysius von dem goetlichen namen: Das gebet ist ain erhebung des gemuetes in got; mit dem sol ein vernúnftiger gaist contempliern und iubiliern, wan, als sant Dionysius schreibet von dem englischen fúrstentum, das contempliern nach ainer wis nit anders ist denn innigú bechennung gotes hertzenlustes; won daran leit des gemuetes und der vernunft froede. So spricht der wirdig lerer Beda: Das iubiliern ist ain úbergand wundern himel súszes empfindens. Und das sol ain vernúnftiger gaist han an dem das er sprichet: Vater unser. Das huffatund meret uns den lon so wir sprechent: unser; wan als vil mein gebet an mangem menschen fruchtbar wirt, also vil wirt mir me lones. Cristus lert uns sprechen: Vater, und nit got noch herr; darumb das wir gar getúrstig sigint ze bittenne und sicher ze nemenne. So wir aber sprechen: Der du in dem himel bist, so sol hertz und alles gemuet usz disem ellend verwegen werden zuo unserm aignen lande, wann das muosz sich ain yeclich cristen mensch ymer schaemen das er kain ding ob im hab mit dem er überladen mag werden, des vater doch in dem hymel ist; und davon so waer got uner erboten. So aber unser wonung in dem himel ist mit der begirde und mit iamer, als vil wir zergenclich ding verschmaechen, als vil wirt got geeret, und davon sprichent wir: Der du bist in dem himel, das ist in erhebten hertzen; von dem der weissag in dem salter sprach : Die himel bewisent goetlich froede, da mainet er erlaeuchte gaiste die dem himel glich sind, und vil sachen. Zuo dem ersten mal, als der himel geziert ist mit der sunnen und mit dem mane und mit andern gestirne, also sind och der laeut hertzen und sele geziert mit erlaeuchter erchantnúsz die sich dem mane glichet und mit inbrúnstiger liebi die sich der sunnen glichet und mit andern tugende die sich den sternen glichent. Zuo dem andern mal, des himels her ist ordenlich; also ist och soelher laeut leben ordenlich. Als der gaist got undertaenig ist, also ist och der lib dem gaist an hindernúsz in ainem flissigem inkeren zuo got; und das ist bewiset an dem das der himel weder hindersich noch undersich noch nebensich beweget wirt. Also werdent solich laeute weder mit lieb noch mit laid von got noch von seinem gebot nimer gecheret; sey went seinen raeten gnuog sein. Zuo dem dryttn mal sind si dem himel glich, wann als der himel úber allú element erhaben ist, also sind úrú hertzen erhaben in den himel mit begirde und mit betrachtung und mit worten und mit wercken. Zuo dem vierden mal, als der himel umbbegriffen hat allen zeitlichú ding an underschaidung, also het witi ir trúwe mit liebi paide veint und fr´únd, reich und arm, durch gotes willen umbvangen. Zuo dem fúnften mal, als der himel fest ist, als in dem ersten buoch her Moyses bewiset ist das er teilet die wasser under das firmament und doch davon nit erledigat, also werdent soelich laeute von ir staetichait von trauren noch von froeden, von lieb noch von laid von ihrem staeten zuocheren nimer gehindert, und also hand wir das erste, damit wir beginnent, der chúniglichen bet von dem hoengsússen munde Ihesu Cristi gelernet, nach dem wir die ersten gebet beginnent so wir sprechen : Sanctificetur, gehailiget werd dein nam! Hie beweiset uns Cristus das wir gotes chind sind, so sind wir dem himelischen vater glich, das ist an den dreyen personen in ainem wesen als nach sippe, wann er nit hailiger werden mag, wann er ist ob aller hailichait. Doch so wirt sein nam das ist sein vaeterliche ere an seinen chinden gehailget, und das ist die erste bet umb hailichait.

2.

Ain guote closterler und colafze.

Dise wort gesprochen in ainem closter dem confent. Darumb so nement war wen ir da bey habent der verstend sey und ainvaltiges willen, der die dinge guot lasse sein die er nit verstat.

Verstant ir was ain closter sprichet ze tütsche oder ain samnunge? Es sprichet als vil als ledig und als los aller gesetzt und aller gebotte. Was da inne gescheche in ainem schein der regel von gebotte ze halten, das das gewandlet werde in gantzer mynne; das sült ir verstan, das die gebot volkomenlicher werdent gewürcket von freyer mynne, wan freye mynne hat das das sy mit geringem gemuete traet swaer bürdinan, die andren laeuten swaer waerend die der mynne nit hettend. Hie inne soeltent ir nit fragen nach manigvaltichait. Ir sond aber nit abelan manigvaltige werck ze würcken; ir süllent sein in lautrer verstandenhait, euer selbes mit aigenschaft ledig sein: so haltend ir den ursprung dannen der nam des closters choemen ist, und hand besessen samnunge in ainichait.

Das verstand: das laesen des cappitel das ir dicke werckent mit vigentlichen sinnen und mit tüfenlichen wercken. Nuo sprechent ir: Owe herre! wenn tuond wir das? Denn tuond ir es, so ain yecliches, es sey frawen oder man, vergessent eures gebresten, und nement aines andern war. In dem capitel da gehoert sich nit ze rechen.

Es gehoert ainem wysamen menschen zuo das er sich allzemal durchseche ob er hab abgelet die gebresten die sein aigen sind; denn mag er ruffen in dem capitel oder daruff: da tuot er die werck die ainen yeclichen menschen me slachent, denn ob er in mit dem mund straffoti. Ist aine charg, so werd si milt; ist aine traege, so werd sie snell; ist aine zornig, so werd si senftmuetig. Wellent ir es nemen an ainem churtzen wort waran volkomenhait leit? so nement war das ir wider ain yeclich untugent würchend tugent. Sechent so ist nieman bey ü so unsaelig, er muosz gedencken: wie bist du so unsaelig das du des nit tuost das du weltest das man dir taet: nuo wilt du och zuo gotte. So ir dis getuont, so lernent aller erst bechennen wie ir üch haltent in disen grossen freyden: wann wissent sicherlich das ir got vil werder sind in disen dingen mit clainer uebung denn vor in grosser uebunge. Das verstant das das var sey. Tausent pater noster sint vil glicher der helle denn fiertzig, und fiertzig vil glicher denn zwaintzig, und zwaintzig vil glicher denn zway. Enkeines ist dem ewigen leben aller gleichist. Warumb? Da hat es ruowe, das man minder gedencket des endes noch des aneganges.

Nuo nement die rede rechte das ir gebetes noch guoter werck nit sond ledig sein, wann das verstand dabey: wo ir vor aines taetent, da tuont ir nun zway, in soelicher ledichait das ir euch selber als wenig überhabend als ir ainem tuond, den ir ansechent, der och der selben chaines tuot; und da ist verboten urtail über dich und über den naechsten. Das ist wider der rede die man pfliget ze sprechen in der welte. Die laeute sprechent also: Der den man hat als er in gesicht, guoter witz er nit pfligt. Warumb? Da hat er in als ain bilde der hailigen drivaltichait, darnach er ist gemachet, das nie boshait in gefiel. Nuo sich ich an dem ainen boesz, an dem andern guotes; sol ich da nit underschaid haben? Ia, das weyset sich selber. Ich sol den boesen nit lassen in der not da er mein bedarf; ich sol in och nit fliechen in der schalkhait der natur, dass ich besser welle sin denn er; wann ich sol es alles got geben, boesz und guotes das er es richte.

Sech, der rede moecht man ú vil sagen. Wer das erer hat, der hat disz alles sament und vil me, wann ain bild ist in der sele das wil alleu ding snell haben. Nuo sprechent ir: Eya, herre, hettent wir der lere vil, moechten wir warhait verstan! Legent úch selber ab, so verstant ir vil naeher denn ich und alle pfaffen úch gesagen chúnnen oder mú-gen nach rechter lere. So fragent nit vil, wann ir envindent ir nit. Warumb? Da sind si mit lúginan uf sich selber gechert, und die laeute, die si hoeren solten, die sind mit abgotleren ze sere bechumert. Entrúwen, seite ich alwegen rechte gantze warhait, so rúchi mein kúchi nit alweg so wol, als si sús etwenne tuot, so man sait das man gern hoert. Nuo vernim was die abgoetter seyen. Das ist so die laeute in arbaiten sind und in noeten, so tuond si grosse werck; den hailigen und guoten laeuten enpfelichent si sich, das si von leiden choemen, und sy wellent es nit han das sy von mynne soliche werck solten wurcken, so si in friede sind. Darumb verstant das sy got nit gæntzlich mynnent in ir wercken. Hierumb wirt vil abtgoetter anbettet.

Nuo verstant: vil me denn ich úch sag, des ist not. Alle die weil ir die red nach naher behendlichait wellent nemen, so hand ir vil widersprechentz. Nuo sprechent ir: Eya, herre, hetten wir soelich lere ze allen zeiten! Das han ich ú gesaget, das ir der nit enfindent die den gaist me mainent denn die gab. Hand ir es verstanden? Nuo nement war úr wort und úr rede die ir dicke vergebens tuont. Ir sprechent : Owe! waer ich ain pfaffe oder ain pischof oder ain pabst, wes ich denn grosz nutz welt schaffen! Eya, mensch, tuon das dein; got hat getan das sein. Wann rechter priester, ir ist nit vil zwyschen Pasel und Mentz und Koeln, also wann ich wolt, ich wolt sy tragen uf meiner hand. Nuo verstant was ain rechter priester sey. Der ist ain rechter priester ob er als vil schmachait und schanden hetti von seinem ampte als vil er eren hat, das er dennocht durch die liebi gotes priester wolt sein. Ich fúrcht laider das ir wenig waere; ich enwaisz ob ich selber ainer waer. Das ampt der hailigen cristenhait, das haben wir alle, gleich boesz und guot. An priesterschaft, noch an pischofen, noch an baebsten, noch an vil messen, noch an gotes leichnam ze enpfachen noch ze sechen, enlit nit die obrost saelichait des ewigen lebens. Warumb? Da hat got alle seine werck recht gewúrckt. Nun ist das sicher, das enchain fraw priester sol sein, und doch so mag ain fraw choemen úber ainen man, wan die hat got als wol gemachet als ainen man. Das selb sprich ich von gotes lichnam ze sechen und ze nemen. Warumb? Da mag ain blind volkoemender werden der gotes leichnam nimer gesicht, und das werck ist gotes aigen, das ainer blind geborn ist oder geblendet, und ist saeliger denn vil laeute die gotes leichnam sechent. Hievon waer vil ze reden. Vil mess geschechent in den stetten, und ist doch me saelichait entsprungen in den waelden, da wenige messen ist gewesen. Und darumb so merckent das saelichait noch volkoemenhait nit enlait an vil messen ze sprechen noch ze hoeren. Wenne ain pfaff aine des tages sprichet, so ist ir genuoge. Das selb sprich ich von ainem pischof. Wann ainer in ainem pistum ist, so ist sein genuoge; wenn zwen werdent, so stuond es úbel. Also sprich ich von gotes leichnam das selbe in vil ze nemen; wann waer er saelicher darumb das er gotes leichnam vil naeme, so waer ain priester saeliger denn ain lay; des enist nit. Das das war sey, so sechent ir es mit den augen das groessere hochfertichait nit enist noch beschicht denn von den gelerten; aber ainem layen wirt dick gewalt getan von den pfaffen. Hie verstant das saelichait nit enleit an zuovallenden dingen. Wellent ir es eben nach rede vernemen, so hand ir vil widersprechen in der lúglichait.

Nuo verstant was ist lúgigen der warhait. Das ist vil worte, warumb, darumb; wann denn geit ain mensch im selber das sein nit ist. Das das war sey, so sechent ir es mit den augen das der welt wise haiset der sich vil eben betrachtet was er sprechen welle in grossen taedingen. Noch noeter ist ainem menschen, der von got reden wil, wenige materie; wann ie minder materie in rede und in würcken uf dem ertrich, so es der ewichait aller gleichest ist. Das das war sey, so gant mit mir in dem glauben bis an den babst; wann das ist war das er vermag das auf ertrich chain haubt vermag als vil als er allain; wann er ist irdischer got und sol chain got me sein uf ertrich denn er allain : wenn zwen werdent, so stund es übel an der cristenhait. Nuo das ist war das er mir mein sünde mag vergen mit clainer buosz; aber es muosz ser an mir ligen, und mag geschechen das er selber zuo der helle fert. Ach, wie ist so vil toren und toerin die in selber aignent das ir aigen nit enist, noch nie wart! und der ist aller maist, nach dem und ich es nim und och ir die es verstan sont, das under den gelerten und under andern die guot laeut wellent seyn, die sint mit solicher torhait besessen, so si vil chlaffens chünnent. Wissent das für war, das ain recht goetlicher weiser mensch der machet seine wort nit wolvail. Er sprichet selten icht, er wisse denn zwirent; als vil er ist nit wysz der da wissen lat alles das er chan, es sey denn in rechter not das er es nit mueg enberen. Nuo nement war der natur schalckait, wan ir gebent dick der not des nit not ist: schweigent ir baide, von got ze reden und och von straffunge üwers naechsten; so fündent ir fride, und da waer got des ir dick enberent; und der euch fragti warumb ir sein enbaerint, ir chündent im es nit gesagen.

Nu sprechent ir : Owe, herre, hetten wir allwegen sogetan bichtere die uns wysent uf die naechsten warhait! Ich spraech : Der tuond üch ab, das ir der nit findent! Wer ist ain rechter lerer? Das ist der da hat ain mynnezaichen. Nuo findent ir die wol die da sprechent : Ich han den armen lieber denn den reichen. Es enist dick nit war. Das verstant dabey das er den reichen haimlicher ist und die armen flúchet. Wil er aber war han, so hat er die armen also lieb das er nit behaltet vor in, das er also arm ist mit der gabe der armen, und soelt er sein leben losen mit ainem haller, er enhetti sein nit; mer, er solt sein selbes also arm sein, und soelt man im sein leben nemen, das er nit gedaecht mit gantzem willen : Owe, warumbe behielt du es nit, das du es hettest? so loestest du nun dein leben. Ir enpfindent sein nit? darumb so luogent zuo euch selber.

Dise red, die hievor gesprochen ist, die verstand under euch selber also, das ir an chainer laye weyse enchain leben urtailent. Land verstandnúsz würcken in dem liecht, baide haimlich und offenlich, und hand dise red als lieb bey eu selber, das ir hüttent das si für die port nit kome, als lieb eu fride si. Und ain anders : als laid üch waer das ain swester fúr das closter kome der ir úbel fúrchtent, noch laider solt úch sein das dise red fúr die port choeme. Nit enfúrchtent mein; me, setzent úch darauf, das ir alle die rede, die hie gesprochen ist, das ir haltent in verstantnúsz das noch nie gerúret wart; davon ist nit ze reden.

Also sprach der maister. Do die obrosten von dem closter in wolten fragen, do sprach ein junger man: Lant eur fragen sein; wann als ir scheinent gaistlich in dem closter, also sind allain der ding die got nit zuogehoerent (*sic*). Do sprach der maister: Sechent, verstant ir dise wort, das ist alle mein rede: Chinde, nement war gotes haimlichait, wann die offenbart eu me denn alle zungen gesprechen múgent! Do sprach aber der junge man: Nit me fragent nach manigvaltichait, wellent ir nit verwirrt werden. Da mit schieden si sich in gotte. Amen.

3.

Daz send gar hoch fragen und materien.

Dise vor gesprochen rede die sol nieman straffen, wann ain chunstreicher pfaffe was ein tolmescher us dem latine, als es der werde Dionysius bestetiget und geschriben hat in gebrúchunge goetlicher warhait, wann er hat es von chunstlichait und anhuchunge des hailigen gaist und von ungelernoter chunste. Dis sind wort die dem gaist ze warhait wisent, aber nit das man uf in súlle beleiben; man sol die wort lassen stan und sol sich senken in den sin der worte.

Ein iúnger fragte seinen maister und sprach, was das mainte das sanctus Paulus sprichet: Wir súllen got sechen als er ist von antlútze ze antlútze. Und anderswa sprichet die geschrift: got den gesach nie mensche. Seit denn goetliches wesen des angesicht úbersteiget die aller lauterosten engelische nature, wie mag denn menschlich nature got gesechen, seit doch dem menschen nicht gelobt ist denn gleich den engeln? Sanctus Augustinus sprichet von der gotes stat, von goetliches wesendes angesichte: Da fúr ich es han, so súllen wir mit liben die wir tragen got sechen mit allen liben. Wa wir unser augen hin cheren, da súllen wir got mit einer durchlautren clarhait alle schauwen. Der maister sprach: Die hoechsten gelarten von got, Dionysius, Gregorius, Maximus die bewaerent das goetlich wesen enkeinem sinne ze begriffen nit enist, noch enkeinre beschaidenhait, noch chainer vernunfte, wann sand Jacob, unsers herren bruoder, sprichet das got allaine hat untoetlichait an ime, und wone in aim liechte da nit zuoganges enist. Aber mit sinnelicher weise, die wir haissen goetlich offenbarunge, die got wúrket in uns, die got wise und guot haisset, so súllen wir got sechen und die engele nach disem libe in guoten laeuten; aber in disem leibe tuont es die verzúket werdent, als Paulus verzúchket wart, da sich got inne formen sol nach iecliches menschen wirdichait; allaine das doch si ein des alle ding begernt, das da haisset gotes wort, und das sprichet: in meines vaters haws ist mangerhande wonunge. Das ist gotes weishait, die ain haws ist des vaters, und ein ist und unverwandelich, und doch mangvalticlich wirt angesechen von den erwelten; wann ain ieclicher sol des ainbornen wortes gotes bekantnisse in im selber besitzen nach der masse der gnaden die im gegeben ist und nach der zal der erwelten sol sein die zal der wonunge und manigvaltichait goetlicher offenbarung.

Der iúnger der sprichet: Es ist glich der warhait; aber sage mir weder sich goetliche offenbarunge schepfe in dem menschen oder ussen. Der maister sprichet: Maximus der lerer sprichet: Als goetliche weishait in menschlich nature sich mit gnaden neiget und der mensche mit mynne sich ze goetlicher weishait steiget, so geschicht gotes offenbarunge in der sele. Sanctus Augustinus daeutet sant Pauli wort da er sprichet: Weishait des vaters, mit der und in der alle ding gemachet sind, die nicht geschepfet, mer, si ist schepfende, die wirt in unser sele mit einer unsprechlicher barmhertzigkait sich neigende zuo unser vernunfte... Und dem selben gleich geschicht von gerechtikait und von andern tugenden die da geschicht von gotes weishait und von unser vernunft mit einer wunderlicher unsprechlicher bildunge und formunge. Maximus sprichet: Als vil menschliche vernunft ufsteiget, als vil neiget sich goetliche weishait in die sele. Da von gotes offenbarunge sind die tugende alle, die sich an gerechten laeute hie anhabent und dort volbracht werdent, nit uswendig, sunder inwendig, das von gote und von in selber geschicht; wan als Maximus sprichet: Was die vernunft begreiffen mag, das wirt die vernunft; als viel och die sele die tugent begreiffet, als viel wirt si die tugent. Des nement ein bilde an der erlaeuchtunge des luftz. Als der luft, da die sunne in scheinet, nit anders ist denne ain liecht, nit das der luft sein nature verliese, me, das liecht überwindet den luft, also das der luft ein liecht geachtet wirt: also ist menschlich nature gefúget ze gote, das si haisset in alle weis got; nit also das menschlich nature ze gote werde, sunder von goetlicher tailhafticbait, die si enpfachent, geschicht das, das got in ir erscheinet wesen. Die ander gleichnisse get uf das goetlich wesen, das ist da sunnen liechtes nit enist, da ist der luft dunster; so aber das liecht in im selber ist, so ist es unbegriflich leiplichen sinnen. Da von ist sunnenliecht unbegriflich in im selber; so es sich aber mischet mit dem luft, so wirt es begriflich. Also verstent goetlich wesen, wie das unbegriflich ist, aber mit der vernunft versamnet erscheinet es mit ainer wunderlicher weise, also das das goetlich wesen in der vernunft aller scheinet, wann sin unsprechlicher überschal überwindet alle nature die sein tailhaft wirt, also das nit anders in allen dingen allen vernünften begegnen mag wanne si, wie si doch an ir selber niemende erscheinen mag.

Der iünger sprichet: Das ist als sanctus Ausgustinus sprichet: mit den liben die wir tragen süllen wir got sechen in allen liben. Der maister antwurt und sprichet: Mit libe in libe, wann in im selber wirt er nit gesechen mit vernunfte in vernunfte, mit beschaidenhait in beschaidenhait. Also erscheinet goetlich wesen, wann sin grose überwelzende tugent wirt geoffenbart in dem kunstelichen leben allen erwelten, da nit anders dem lib nach der vernunfte erscheinen sol wann si, wann got sol werden alle ding in allen dingen, wann got allaine erscheinen sol in allen dingen. Davon sprichet Jop: In meine fleischem sol (got?) sein; als ob er spraeche: Als nun in meinem fleische, nit erscheinet denn toetlichait und fulnisse, also sol da in meinem fleische nit erscheinen denn got.

Der iünger fraget: Welches wirt denn der sele wirdekait seit dem libe so grosse wirdikait, glorie und ere gelopt ist? Der maister Gregorius sprichet das der heiligen libe in der uferstendunge ze gerechte werde also ingefüget das die beschaidenhait in die vernunft ingot; und also wirt al ir nature in got gewandelt als das eisen im füre scheinet verlorn haben sein nature und gewinnet füres nature, und als der luft scheinet liecht; und doch luftes nature und eisens wesen da beleibet, wie doch der luft liecht scheinet und das eisen für; wann nach dem ende der welte so sülle allen leipliche und unleipliche nature erscheinen allaine got, das doch die ding ir nature behalten; das got, der in im selber unbegriffelich ist, begrifflich wirt in der nature, und ir nature mit unsprechlichem wunder wirt gekert in got.

Der iünger sprichet: Zwei ding sind schepfer und geschepfnisse. Darumb wolt ich wissen wie got geschepfet hiesse an der geschrift. Der maister antwurt: Bechennen des wortes nature, das got ist, das ist sechen und loffen, wann er alle ding sicht in im selber und lauffet in allen dingen als er wil, und doch sein lauffen ist anders nit denn sein sechen. Davon sprichet David: Snelleclichen loffet sein sermon, das ist sein wort. Der iünger sprichet: Ich siche nicht wa sich hin waege der allenthalben ist, ane den nit enist; wann er ist ain stat und ain unbering aller dinge. Der maister sprichet: Got waeget nit us im selber in sich selber, und sein waegen ist seines willen gerunge, und also ist och sein ruowe des selben willen unwandelhafte fürsatzung, damit er alle ding wil in steter begerunge, wann noch sten noch waegen ist im aigenlich, wann zuo einem biglichnisse der schepfnisse ze dem schepfere. So lütent doch die wort waegen und sten, wann er ist ein sache aller dinge, wann aller dinge anbeginn ist von seinem waegen, das in ime unbeweglichen stond, wann er ein ende und ein ruowe ist aller dinge und usser im begerent sie nichtes, wann ire begerunge eine anbeginn und ein ende vindent.

Der iünger sprichet: Darumbe ist sein wille sein wesen, und er erfollet alle dinge und schepfet alle ding von nichte, und er wirt geschepfet als er in allen dingen ist, wann nicht enist wesliche ane in, wann er ist alle dinge, wann enchain natürlich guot ist ane in, sunder alles das guot heisset das haisset guot von teilhaftichait des obrosten guotes das da firstentuom heisset, und was wesen heisset das ist von der theilhaftichait des wesendes der nature werlich ein wesen. Aber in den dingen die von gnaden sind als froede, hoffenunge und mynne und ander tugende, die bracht werdent an den menschen, so wirt geborn das wort gotes mit einer wunderliche unsprechenliche weise. Secht also ist er uns worden ein waishait und ein guete, und wirt och in allen geschepfet in dem er scheinet und doch in im selber unbegriffenlich ist; wann als unser vernunft in ir selber unbegriffenlich ist, und nemende wann got und uns bekant ist, und doch in eim gehügnisse wirt also anekleidet mit des dinges formen und namen damite es sich an dem hoeheren bezechenne mag, secht also ist es von goetlichem wesende, das in im selber wesende überwindet alle vernunfte: das haisset doch geschepfet sein in den dingen, in dem es beschaideliche bechant wirt.

Der iünger fraget: Seit die goetliche nature schepfet und och geschepfet wirt, warumbe haisset si allaine ain schepferine und nit ein geschepfete? Der maister sprichet: Goetliche nature ist aller dinge schepferine, und von nite wirt geschepfet wann von ir. So man aber sprichet das si sich selber schepfet, das ist nicht anders denn das si die nature der dinge schepfet; wann sein schepfunge ist in seiner offenbarunge in ainem andern, wann er aller wesender dinge ist ein understant.

Der iúnger sprach: Was ist got und wie ist er und wie beschreibet man in? Der maister der antwurt: Die warhaftigosten maister die sprechent: Wann von dem wesende der dinge die da sind ist er bekant wesen, und von der wunderlicher ordenunge der dinge ist er bekant wise wesen, und von der bewegunge der dinge ist er bechant ein lebenden wesen; also ist das funden, und darumb bechennen wir von dem wesende den vater und von weishait den sun und von dem leben den heiligen gaist.

Der iúnger sprichet: Nuo weis ich das man das nit versten enmag, das man das mit enkainer rede volenden mag; doch wiste ich gerne warumbe in die weisen drivaltig und ainvaltig nannten. Der maister sprichet: Dionysius loeset die rede das enchain wort menschlicher sinne noch name noch weise enchan bezeichennen oder bedeiten das sacheliche wesen aller dinge und das firstentuom, wann die einvaltichait und die drivaltichait enist nit ein dinge das von menschlicher vernunfte, da si ioch aller reinost ist, noch von engelischer vernunfte, da si ioch aller heiterst ist, verstanden muege werden; sunder geordente lúte die von goetlichem geiste erlaeuchtet sind, die habent funden ein sache aller dinge und einen ursprung einvaltig und unteilig und gemeine, das habent si einichait genannt und habent doch die drivaltichait nit in einer sunderlichait; mer, in einer sunderlicher manigvaltichait der geschaffen dingen hant si genomen ein einichait die ungeborn ist und geborn ist und vorgende ist; und den gefuog den das ungeborn wesen hatte zuo dem gebornen wesen nannten si den vater, und den gefuog den das geborne wesen hatte zuo dem gebornen wesende nannten si den sun, und den gefuog den das vorgande wesen hatte zuo dem ungebornen wesende nannten si den hailigen gaist. Und als es die geordente laeute habent funden, also súllen wir es von hertzen glauben, und mit munde veriehen goetliche guete in einer einchaite wesende mit dreien personen oder mit dreien underscheidunge.

Der iúnger spricht: Ich wolt gern wissen wie man von gote sprechen muege das er sei ein vater und ein sun und ein heiliger geist. Der maister antwurt: Das ist nit also ze verstanden das die drey namen seind sunderlicher underscheidunge; mer, es sind namen die einen von dem andern scheident: also wa man vater nemet, das da eines sunes namen inne lautet und enchain sun ist, da enlútet ein vater, und an dem heiligen geiste lútet wa geist heisset. Als Abraham und Ysaac und Jacob sind ein menschait, und sind doch underscheidenlichen drey personen.

Der iúnger sprichet: Ich wolt gern wissen ob man alles das von den dreien personen moechti sprechen das man von der einichaite sprichet. Der maister antwurtet: Das allen sinnen und allen vernunften überstiget, das wer als suber ze swigende, wann als under den maistern krieg wechset, so muos man zweier hand weise die in der geschrifte sind gebruchen. Das eine ist die abnemunge, das ander ist die vergehunge. Das erste ist, si scheident alle ding von gote; das ander, si veriehent etlicher dinge, wann die sache, durch das gleichnisse zuo dem gesachten dingen, so wirt si redlich geleichet als man nennet ein warhait, ein guote, ein ewichait, und dem gleich, als Dionysius sprichet das si nit eigenlichen, sunder bei gleichnisse, von gote gesprochen sind.

Der iünger sprichet: Ich wante das guote und weishait und gerechtichait bezeichente gotes wesen aigenlichen und nit bei gleichnisse. Der maister antwurtet: Von gote enmag nicht eigenlichen gesprochen werden das nit widersaz enhabe, wann sprichet man wesen, dawider ist nitwesen. Hierumbe mag man got nit bechennen, an dem das widerlut hat und solich ding mag got nit bezeichen, wann dem wesenden wider stat 'nitwesen. Durch die widersteunge so enmag got nit geheissen ein wesen eigenlichen; darumbe ist er ein überwesen. Davon biten wir an dem herren gebete: Das überwesliche brot gib uns heut. Also haisset och got ein guote, und wann die gueti hat einen widersaz der iergen (?), darumbe bekumet das gote nit; und das sol och von gerechtichait und von liechte sin gesaget.

Der iünger sprichet: Ich gihe des; moechte man got genennen, so enwer er nit unnemlich. Der maister sprichet: Als ich dann e sagte: wa widersatz, ist ander widersatzunge, gotes veriehen und loegenen. Veriehen sprichet: got ist warhait; loegenunge widersprichet: got ist nit warhait; und wer doch hie widersatzunge warlichen merket, so enist enkain widersatz in disen zwein, wann der da sprichet: got ist warhait, der meinet es noch bei gleichnisse, nit mit eigner bezeichnunge; der ander lasset blos gotes wesen, der da spricht: got ist nicht ein warhait; der mainet das got unsprechlich ist und nit eigenlichen warhait ist genannt, noch wesen eigenliche; und alle die bezeichnunge die die veriehung gotes anclebet, der berobet in verloegenunge mit dem das si gote abe sprichet alle nemlichait, als er sprichet das got nicht ensei.

Der iünger sprichet: Liechter denn das liecht ist das da die veriehunge und die loegenunge über ein tragent; doch ist die verloegenunge gefüget an der geschrift, wann wenne man sprichet: Got der ist ein überwesen, das loegent das er si ein wesen. Der maister sprichet: Wenne man sprichet ein überwesen, so vergicht man offenbar und loegnet verholne mit ein ander; usserlich, ist überwesen ane loegenunge; aber innerlich in der vernunft, so loegent man das da sei ein wesen; wann wer da sprichet überwesen, der sprichet nit das das es ist, mer, er rúrt das das es nit enist, und vergicht das es me denne ein wesen ist. Was aber das me si, des enzúget er nit abe das wesen; was das sei, das vo lendet er nit[1].

4.

Schœn fragen.

Timotheus fragte sant Paulus wie man gesechen moechte flaisch und bluot in dem sacramente des brotes. Der sprach: Das mag nieman anders gesechen, er gange denn mit unserem herren in sein widergeburt hinder dem beginn des wortes, do er vor gote ie in nicht gewesen ist; wann (von?) dem gewaltigen widergange so wirt er ain in Cristo und ain mitberer gotes und aller creature, und wúrket begin und ende eins ogenblikes in dem sich alle ding offenbarent. In dem beginn wird gesechen wie das wort ze flaisch worden ist von hitziger angesicht der hailigen drivaltichait, und dasselb wort also flaisch und bluot ist in allen creaturen, und sunderlich in redlichen creaturen, wann si im geliche gebildet sind. In der verainung wirt gesechen die ere gotes als ein ain geborner sún, in dem der vater alle seinen werck geworcht hat in seiner istiger geistlicher art, seit nuo das vaeterliche geistliche wort so chreftig ist das es gelibet wirt, und alle gelibete ding in der súnlicher widerbarung sint ein vas und ein chelich des gaistlichen wortes das zuo fleisch und zuo pluot worden ist. So muegent alle menschen, die dis in súnlicher art erchriegent, das selbe ewige fleisch und bluot sechen und niessen in allen dingen gewalticlich ob si went, und mit der niessung gebent si allen dingen iren ersten adel wider. Dis ewige flaisch und bluot opferte der liebe Cristus in seim kelche und sprach: Ich bin das lebende flaisch und pluot das vom himel komen ist; alle die mich also essent und trinkent, die sint mit mir in dem vater. Von dem chref-

---

[1] Suivent les Nos 5, 121-136, 138, 140, 141, 148, 2, du *Liber Positionum* d'Eckhart, publié en partie par Pfeiffer, *Deut. Myst.*, II, 631 ss. — La pièce intitulée *Daz sênd gar hoch fragen*, et celle qui suit immédiatement (*Schœn fragen*), ont dû faire également partie de ce recueil de propositions métaphysiques, qui ne s'est conservé, paraît-il, dans les différens manuscrits, que d'une manière fragmentaire.

tigen worte wurden die iúnger sechende in dem chelche Cristi dis lebende flaisch und bluot, von ernstlichem geloben den si zuo ime hattent. Do brach er das brot, und gat in sein ewig lebende flaisch und bluot in ainer vernúnftiger creature und mainte: hettent si das lebende bluot in ainer vernúnftiger creatur gesechen als in im, so soltent si in och sechen in unvernúnftigen creaturen vernúnfticlich durch das si vereinet wurden mit ime ze wúrckende alle ding in ir ersten adel; und sprach: Ich bin ein chelich und ain vas das lebende flaisch und bluot ze offenbaren in úch zu einem núen urkund, als er ewiclich in dem vater gewesen ist, der durch úch iúnger und durch vil iúnger vergossen wirt umb wider bringen aller rúwigen hertzen die herzuo mynne und girde hant. Und alle die dis nit versten múgent, die sond es mit begirde glauben, so werdent si es wissende, und in wissentlicher zuoversicht werdent si lebeliche lebende das selb flaisch und chain anders als Cristus. Hie wirt dem geiste gotes gelobet, das der vater alle zeit in uns suochet. Davon so rate ich in gantzem ernste das alle menschen das lebende brot dester diker niessent, untz si ein volkomen waissenkorn werdent mit Cristo; wan in disem brot ist gewaerliche das lebende flaisch und bluot als es in Marien was und an dem crútze hieng, das man mit biblibendem zuokere sechende wirt, und nit anders.

Sanctus Paulus wart gefraget, wer Cristi leichnam recht fruchtberlich empfieng. Der sprach: Die mit gesamnoten chreften und in begirlicher mynne alle zeit entslaffent und sterbent in unserem herren Ihesu Cristo, in den alle geschaffenheit entwirdet, und si der vater geclaeret und gelaeutert hat, also das si in im erstanden sind, die sint ain lip und ain waissenkorn worden mit Cristo, und enpfachent alle zeit Cristi leichnam als er sich selber empfieng an den iúngern die mit im ain lip wurdent, und gebent in och allen gereinten hertzen als er sich den jungern gab und nit minre, wenne si gelobent das si mit im erstan wellent; und wer also erstanden ist, der tuot gewalteclich mit Cristo die selben werck und mere, und wúrcket alle ding in aim Cristo, in dem si gefreiet werdent. Und saelig sind die augen und oren die dis sechent und hoerent, wann si empfachent alle zeit Cristi leichnam fruchtberlichen. Des helf uns got.

Sanctus Paulus wart gefraget, wie man verstan solte das Cristi leichnam in Marien empfangen wurde. Der sprichet: Timotheus, ich sag dir: wer in seiner widergeburt ist erstanden, der ist durch Marien und durch Cristum gegangen in das ewige lebende wort, das ze flaisch und ze bluot worden ist. In der verainung ist er ain mitberer gotes und wais mit gote alle ding. Dis sol man ansehen in dem beginne, da das wort zem ersten flaisch und mensche gelibet ward. Der mensch was so edel und so lauter das er unenpfintlich was alse got und der in ze stúcken gehowen hett, er hette es nút empfunden, und slieff doch und redte allen underschaid als er von gote floss. Der underschaid was so lústlichen riche den der mensch mit lust empfienge, das der aigen wille des menschen nit gnuegen wolte, er wolte wissen übel und guot, das ime von gote verboten was, und viel von dem willen gotes; do ward er lidende, und alle ding sich selbe empfindende, und wurden vermitelt von dem lebenden ewigen worte in dem si lúter gesprochen wurdent, und och nimer wider inchomen muegent, denne gewilligen lidende sterbende. Den willigen rat kúnde nieman gewissen denne das selbe lebende flaisch und bluot das von beginn gesprochen ward, das cham also lauter in Marien leib, und ward mensche, und was mit ir enpfintlichen und lidende, und starb eins bittern todes, ze einer widerbringunge aller dinge die von dem ersten menschen verfallen waren, und och das alle menschen erkennen moechtent das si sich selber noch die ding in chain weise widerbringen muegent denne mit willigem tode durch Cristum. Und wer also gat, der chumet vil reicher wider heim denn er us floss, wanne er bringet enpfintlichen underschaid des er vor nit weste, und der trost ist in Marien leibe erstanden. Got helf das er in uns nimer zergange.

Timotheus fragte Paulus, was ein gerechter mensch waere. Der sprach: Der mit begirde seiner chrefte allzeit und mit offenem hertzen gerichtet stet, verainent ze werden in disem lebende wort Cristo, und sich zeit und ewichait also ledig haltet das ane underlasz ain núe geburt in ime verstanden mag werden sicherlich, dem geschicht recht.

Timotheus fragte Paulus, waz ain volkomen mensch waere. Der sprach: Wer sich verainet hat in dem ewigen lebenden wort, und sunder allen lust von zeit und von ewichait das genomen hat, und och mit allen toeden zites und ewichait erkrieget hat und gewaltig worden ist das ewig wort wider ze verclaren in volkomenhait uf das naechste ertrich, da enhaine frucht von der andern ist und iegliche von ir selber ist, und des selben kan sin ledig sicherlich, der ist ain volkomen mensch und früchtet alle ding under dem stúppelin des ertriches.

Timotheus fragte Paulus, was reiche der himel were. Der sprach: Das kan nieman volle sagen; doch ich wil ein wenig sprechen das du wissen solt. Alle die creaturen, die got ie geschuof und noch schaffen wil, si seien clain oder grosse, wenne die mit toeden eins vernünftigen menschen wider in iren ersten adel getragen werdent, da ist iecliche creature, wie claine si ist, si ist ain sunder gantz himelreiche. Alle sind eins vernunftlosen verdorben armen gaistes, in dem got mensche worden ist. Das helf uns got.

Timotheus fragte Paulus: Wie súln wir verstan ainen vernunftlosen verdorben menschen? Das sol du vil mol mercken. Ich sag dir: Ich main nit die menschen die in natúrlicher vernunft richsent, wann die verblendent die sele. Ich main die menschen die sich in dem lebendigen bluot Cristi entnatúrent und entselet hant und mit Cristo vaeterliche vernunft und weisheit mit allen roeten erkrieget hant, wenne die von freiem adel irer gelassenhait under gant und alle ire vernunft und weishait dem vater wider haim geben, die sint rechte vernunftlos und weislos, wenne alle goetliche vernunft und weishait ist in in mit all entsprungen. Des helf uns got. Amen.

Timotheus fragte Paulus: Mag der mensch in diser zeit darzuo kumen das er kainen aigen lust me gewinnet? Der sprach: Ia sicherlich; wer in dem ewigen wort Cristi verainet und lebende wirt, dem engat alle lust in zait und in ewichait, und wirt also gefrawet dez, daz er nit anders lustet noch wircket denne daz lebende pluot Cristi der sein herre worden ist, das er stat in vermuegenhait usz ze rúten alle naigunge und anncleben uf ichte. Daz wirt betútet bi Cristi pluot. Und daz wirt sein herre, daz ist daz er kumpt in soellichem abschlagen in die vermúgenhait in der er stat, besunder alle notdurft aller dinge, als Cristus. Daz ist bezaichnet in dem das ich gesprochen han: der sein herre worden ist.

Timotheus fragte Paulus warumbe er alle zeit ruofti: Hilf mir von dem kerker mines leibes! Der sprach: Ich sag dir, ich ward in meiner widergeburt also gar verainiget mit dem lebendigen pluot, daz ich in zit noch ewikait nit wollt leben, und mein usser mensche was noch nit gestorben mit mir in sein widergeburt der in Cristo wider verkleret werden muosz. Und die weile er nit erstanden ist, so muosz ich alzeit mynne und begirde wúrken untz er mit allen dingen durch Cristo wider verklaert wirt, uf daz naechste ertrich.

Timotheus fragte Paulus, warumb er nit schlieff. Der sprach: Seit emal daz ich mit veraintem worte in meiner widergepurd begunde luogen, da ich ie gewesen bin in goetlichen gnaden, werdent mir alle ding offenbar, also daz ich mich nit me richte, wann das lebende pluot Cristi ist herre und ritter in mir, und sein glantz ist so haiter in dem alle ruo und schlaffen lebendig worden ist, in dem ich erstanden bin und alles schlaffen in mir vergangen ist.

Timotheus fragte Paulus, wer Cristi leichnam rechte empfieng als in die iungern empfiengent. Er sprach: Die mit ernstlicher begird in den verainten worten Ihesu Cristi entschlaffend und erstorben sint und nit me lebendig sind, und si die vaeterlich gnade leret und gelaeutert hat, das si in im erstanden sind, sind ain leib und ain weisekorn worden mit Cristo, und empfachent Cristi leichnam alle zeit recht als in die iungern empfiengen. Die empfiengent in in dreierlay weisz. Zuo dem ersten: im glauben koerten si sich so vesticlich, so ernstlich zuo ime, daz si alle ding liessent, und alles ir tuon was ain ruowe und ain schlaffen, so gar warent sy mit got veraint. Die andren empfiengend in an dem groenen dornstag und nach der urstendi do si sprachent: Zaige uns dein vater, und wart Cristi wort so krefticlichen in iren hertzen begirlichen daz si sprachent: Wir sechen dich in verainigunge der vaeterlichait sunder gleichnüsse. Und lies si in wissender zuoversicht seiner volkumenhait. Die tritten empfachent in in dem liechte des hailigen gaistes, also das si veraint wurden in dem vater und in dem sune nach volkumenhait, also daz si die selben werck worchten die Cristus vor getan hett und merere. Und alle die menschen die die begirde und mynne habent Cristi iünger ze werden, die volgent diser lere sicherlich, so werdent sy ain mit im.

Timotheus fragte Paulus was ain armer mensch waer. Der sprach: Der die welt verschmaechet het nach zeit nach ewikait und das ertrich erkrieget und besessen hat, daz ist alles, daz hieruf leichtet, verachtet, und nun uf kaim wissen haftet oder klebet, und dez alles und sein selbs kan ledig sin, das ist daz reich der himel mit gewalt.

Timotheus fragte Paulus: Gib uns underschaid wie man schlaffen sol in Cristo uud wie man sterben sol in Cristo. Daz sage ich dir, und solt es och wol mercken. Die haissent schlaffend in Cristo die alle ir gemuet mit gantzem hertzen an underlasz in Cristi leiden giessent, also das er alz in irem tuon ir usserlicher gegenwurf sy, und wenne si och natürlich trakait oder schlaf bekoret, und si och anders getroemet denn von Cristo, dez süllen si nit erschroecken und sund darumb nit ab lan, wan die grob natur die muosz also gelütert werden, und alle die weile snud si mit in selber kriegen, untz der lieb Cristus sein gegenwurf wirt, schlaffen oder wachen, und die die ruowe also stette in Cristo nement, die werdent ain weishait mit ime, also daz der vater allen sein reichtum in sy würcket als in sein aingeboren sun. Und wer disz mit begird suochet, der endet und schlaffet alle zeit in dem leben Cristi.

Nuo die da sterbent in Cristo, daz sint die die von freiem willen irs rainen hertzens, das die vaeterlich frucht gepflanzet het in sein volkumenhait, nimer erwindent noch abland, sie gant allezeit mit Cristo in den bittern tod des ertrichs. Daz also ze versten : wenne widerwertikait oder schmertze kumet, daz er sey den also tot und verzigen vindet aller rechter goetlichait (*sic*), daz si kain widersechen haben, und williclich mit Cristo senkent in den bittern tod des schmerzens, in dem alle dinge lebendig werdent; aber schier ze sterben ist der aller edlost tod, ze versten : wer mit dem veraínten ewigen worte in zeit und in ewikait stat sunder allen lust, und wartende ist untz im gewalt geben wirt, daz ewig wort wider ze verclaeren.

Timotheus fragte Paulus, wie man verstan solt das ewig wort wider ze verkleren ? Daz sag ich dir und merck es wol. Der mensch der da mensch worden ist in dem ewigen worte über zeit und ewikait, wenne der stirbt, der stirbt ains núen verklerten todes, der weder in zeit noch in ewikait hoeret; mit dem willigen nit ende git er allen dingen als zeit und ewikait ir leben und ir wesen wider, da sy ie warent. Und saelig sind die, die disz verstand, wann si wissent wol daz Cristi tod in zeit und in ewikait nit was. Das helf uns got. Amen.

Timotheus fragte Paulus : Wie sol man mensch werden in dem lebendigen wort ? Er sprach : Du solt gar ernstllich verstan und mercken, anders du gast lange wege und kumst doch nimer da hin. Du solt gar geschwindelichen gan über dich selber und über alle sinliche chreft, über redlichait und über vernunft, über weise, über wesen, in die verborgen stilli des lautren wortlosen beginnes in dem dich got und alle creatur ie angesehen hat. Als du da sichtig wirst mit dem redlichen willen als du von got gebildet bist, dann sichst du und wissest dich selber unwisseliche, unwesende, und was dich denne in dem nichte entmenschet oder unwisselich schawet, daz ist nit von diner aigner wirdikait und ist och nit din; es ist des der dich ie angesechen hat in aines freien vorspiles augen der hailigen trivaltikait. In der verzigenhait so wirt got, daz ist daz wort, mensche und lebendiges flaische und pluot in dir; und in deinem ingange und gelassenhait so traegt got alle ding vernúnfticlich wider in iren staeten adel. Und da bist du von gnaden mensche und ain mitbruoder gotes und aller creatur wissenliche unwissende. Und hiezuo kan niemant kumen, denn ain willenloser verzigter mensch, daz mit dem lebendigen pluot Cristi in dise dúnsterkait gegangen ist. Des helf uns got. (Von sant Bernhart.)

Timotheus fragte Paulus : Wie sol der mensch verstan daz er sey gefreiot in Cristo? Das sag ich dir : wenne von ernstlichen zuokeeren der liebe Cristus in dem menschen erstet, also daz er übernatürlichen in im wandelt und wissiclich empfindet sein goetlich liecht.

Timotheus fragte Paulus : Lere uns ain zuogenden weg daz wir balde kumen zuo dir in volkumenhait. Er sprach : Wer kumen wil volkumenlich, der sol haben aine verdrosne gnade aller zergencklicher dinge; da kumet ain ungesorgte freihait. Er sol auch haben ain ungetrübte begird aller ewiger dinge, da kumet von ain tribende mynn in die sel. Danne so sol er sich keren von aller wollust leibes und selen in die stille seines beginnes mit staetem undergang, so kumet er zuo der hoechsten lautrikait. Wissent auch daz er gleich enpfachen sol armut, schmachait, siechtage, pine und alle unselde die got uf in gegiessen mag, recht als ob er im gebe richtum und froede in himelriche und in ertriche. Und wenn er das alles enpfachet in gleicher danckberkait, denne so wachset ain hoche goetliche volkumenhait. Das helf uns got. Amen[1].

5.

Etlich hoch fragen.

Wann ist das unmiltost leben? wenn hat der gaist goetlich glichait? was ist recht gebet und wie sol ich betten für mich selben und für mein ebenmenschen? und wie sol ich aplas haischen? wie sol ich sacrament enpfachen? und was nutzes bringet es? wie sol ich wissen ob mich got hat geloest von würckung uswendiger tugent, oder ob ich mich selb han erloest? wenn ist der mensch warlich gefryet in dem sun? warumb haist er ain nit? wie sol ich mich halten und leben nach dem inren leben?

Wann mynne gewinnet den gewalt in den laeuten, die werdent nimer ledig noch gefryet; und wenn natürlich bechantnusz gewaltig wirt in den laeuten, die werdent nimer rechtmuetig; und wenn bekantnusz und mynn und das lieht ain wirt, so machtu alle lebende wollust toeden und allezeit dich ueben in ain nüwe grünendes enpfinden usz

---

[1] Comp. quant à la méthode d'Eckhart de traiter parfois des questions spéculatives sous la forme d'un dialogue entre un maître et son disciple, Pfeiffer, *Deut. Myst.*, II, 8, 1; 509, 4; 514, 6. — Cependant ce n'est pas avec une certitude absolue que nous attribuons à Eckhart une pièce dont la forme pourrait plutôt rappeler certaines productions mystiques plus anciennes.

der ersten warhait. Allú unser werck und tugende muegent so guot nit sein das sy icht fruchtbar sigint, sy entspringen denn usz der inren warhait an warumbe. Als usser liden und wúrcken ist niena zuo nutze, denn allain den menschen beraiten ze irem leben. Ze glicher weis als das fúr das holtz beraitet und ze núti machet, als lang als das holtz ist út materie an im selber, so brochselt es und ist widerspaenig; mer, so das fúr das holtz úberwunden hat und das holtz sin nature und sein groben materie verlorn hat und sein wesen, so ist es stille und in ainer ruowe, und ist denn mit dem fúr veraint, und hat fúres wesen und nature an sich genomen, und enzúndet ander fúr, und gebirt ander fúr mit dem ersten fúr; also ist es ze glicher weis mit dem menschen: so der berait ist, und verlorn hat sein aigen wúrcken und sein aigen nature, so ist er ain mitwúrcker und mitgeberer mit dem vater. Der nit anders mainet noch mynnet denn got, der mynnet got umb got.

Der mensch der von der nature geschaiden ist, der vindet vier ding: das erst ist ain und ainoede, und verlúrt zorn und ursache und bewegunge und raissung der unchaeuschait und úppekait, und blibet unschuldig aller boszhait und boeser gedenck von sechen und von hoern, und erfert von dem nature ist, und davon ist er auch unschuldig allerlay urtail von got und auch von den laeuten. Dis alles sament verlúret der mensch. Damit das er nit geschaiden ist von der nature, darumb kam der zorn gotes under die chint der verzweiflung umb úppichait die sie uebtent. Got hat manig blage verhenget úber die laeute umb ir úppichait und umb ir hoffart, das si gotes undanckbar waren alles seines guotes. Es wasz ein grosz ding das got an sich nam die menschait; mer, das was noch vil groesser das die menschlich gothait begert minn, und undertaenig was dem vater in der gothait. Begerende minn ze gotte, die mag als vil núwer forme und begirde gelaisten als das gries in dem mer; und doch hindert si nit die inren schowunge, won si allwent dienet ze got.

6.

Ain guote kurtze ler.

Osee der prophet ward gezogen in ain goetlich liecht; in dem liecht sach er drivaltig wunder. Das ain ist wie das sy das got ainvaltig ist an dem wesen und drivaltig an den personen. Das ander wunder ist wie das sey, das zwo natur stoessent in ain persone. Das drytt ist wunder ob allen wundern, wie das sey das schoepfer creatur sey und creatur schoepfer sey.

Nuo sprichet der prophet: Sein usgang ist brait als der morgenrot und sol uns choemen als ain susser abentregen. Bey dem morgenrot ist uns bezaichnet der betwang seiner zuochunft: als der morgenrot erscheinet so ist man gewisz des tages. Nuo sind drey morgenrot erschinen. Der erste morgenrot ist erschienen in der kamer der persone des vaters. Der ander morgenrot ist erschinen in der persone des sunes. Der drytt morgenrot ist erschienen in der welt. Der erst morgenrot was der will des vaters. Der ander morgenrot was die underloeglichait des sunes. Der drytt morgenrot was do ir baider gaist undergraif des mynnelichosten aller lauterosten bluotlin das iendert swebte umb das maegtlich hertz Marien. Do der mynnezunder erbrennet ward, do mocht der morgen lenger nit bleiben; do muost uns der tag herfúr choemen. Hie sond wir verstan den gaist der warhait der da flússet von dem vater und von dem sun in des lautern menschen sele. Der mag haissen ain mensch, der in Cristo stat und der gaist der warhait sein laiter ist. Den menschen mag nieman irren.

Der maister sprichet von nún gaisten. Der mag ain ainiger bestan an der warheit; wann ain ainiger, das ist der von dem wir davor geredet haben. Wer in dem nit stat, wissent, der stat sorgklich. Der erste falsch gaist ist der die sich an nement ains gaistlichen lebens umb dehain warumbe denn lauterlich durch got. Die laeute trúget der falsch gaiste. — Der ander falsch gaiste ist der den laeuten erscheinet in ainem liechti und die laeute weiset in ain gesicht der creaturen die under dem schoepfer ist. — Der dritt ist der die laeute weiset in ain gaistlich hoffart das si sich daruf richten wie si den laeuten wol gevallent. — Der vierd falsch gaist ist der die laeute laitet, die von chúnftigen dingen sagent. — Der fúnft ist der die laitet, die in natúrlichen gunst genaigt werden uf sich selber oder uf chain creature, und waenent das in das von got gegeben sey. Wissent der gaist ist zemal falsch. — Der sechste ist der die laitet die in selber wolgevallent und vil tugende uebent umb ruom der creaturen. Wissent das die wúrckent in irem ewigen tod. — Der sibende ist der da laitet die da waenent in natúrlichait koemen zuo irem besten guote. Wissent das des nit mag sein, und wissent och Cristus der vermocht sein nit; er cham in natúr zuo dem vater, won er was es selber; won nature ist ewig und nature muos beleiben. — Der achtent falsch gaist ist der die laitet die da chetzer haissent. Das sind alle die die da súnde nit fúr súnde hand, und nit in uebung stant aller tugenden, und Cristum nit erchennen wend in seinem hoechsten adel, und redent von goetlicher haimlichait die in froemd ist an der warhait.

Die besten maister sprechent: Der den gaist der warhait well verstan, die laeute richtent sich allweg nach Cristo. Der mensch der da stat in Cristo, der sol alweg scheinen das er ist, und sol sein das er scheinet, und sol leben von dem er redet. Unser allerbesten maister sprechent: Der mensch der da lebt in dem gaiste der warhait, der mag gezogen werden über alles das got ie geschuof, in die verborgne ainichait. Da bechennet er alles das sein selbes sel begert in im. Wissent das chan nieman geworten. Die laeut die das befunden hand, die sind unbechant allen laeuten, an got allain, und och den die in dasselb guot gezogen werden mit aim waren besitzen. Die bechennent alle ding in der warhait; davon bechennent si der falschen gaiste schaden von dem wir davor gesprochen haben; und, wissent, das ist die maist peine die si leident in disem bechennen, das si sechent iren ebenmenschen in gebresten der so gros ist, und sunderlich die gaistlich laeute heissent und in des der warhait nit sind[1].

7.

Am j sonntag nach der octaff der iij kinig.

Man liset hútt da haime in der epistel das sanctus Johannes sprichet: Got ist die mynne, und der in der mynne ist der ist in got und got ist in im. Nuo sprich ich: got ist die mynne, und der in der mynne ist der ist in got und er ist in im. Das ich sprich: got ist die mynne, das tuon ich darumb das man beleibe pey ain. Nuo merckent. Wenn man spricht: got ist die minne, da moechti ain frag invallen, wely mynne er waere, wann me mynne ist denn ain, und damit so gieng man von ain. Und darumbe das man beleibe bey ain, so sprich ich: got ist mynn.

Das sprich ich umb vier sache. — Die erste sach ist: got iaget mit seiner mynn alle creaturen, mit dem das sy got begerent ze mynnen. Der mich frage was got waere, ich antwúrti yetz also: Got ist ain guot das da iaget mit seiner mynne alle creaturen, darumb das sy in wider iagent, also lusticlich ist got das er geiaget wirt von den creaturen. —

[1] Comp. Pfeiffer, *Deut. Myst.*, II, 638.

Ze dem andern mal: alle creaturen die iagent got mit ir mynne, wann es ist chain mensch so unsaelig das er darumb sünde tuo durch der poshait willen; mer, er tuot sy durch ainen mynneclichen lust. Ainer schlecht ainen ze tode, das tuot er nit darumbe das er übel tuo; in dúncket des, die wile iener lebend was, das er nimer ze fride in im selber choeme; darumb wil er lust suochen in fride, wann fride mynneclich ist. Also iaget alle creature got mit mynne, wann got mynne ist. So begerent alle creaturen der mynne. Waer ain stain vernúnftig, er muost got iagen mit mynne. Der ain boem fragti warumb er baeri sin fruocht, waer er vernúnftig, er spriche: das ich mich vernúwe in der frucht, das tuon ich darumb das ich der núwe minem ursprung mich naehi; won dem ursprung nach sin, das ist mynneclich. Got ist der ursprung und ist mynne. Darumbe chan die sele nit genuegen denn an mynne; die mynne ist got. Sanctus Augustinus sprichet: Herre, gaebest du mir alles das du gelaisten macht, daran genueget mich nit, du gebest denn dich selben mir. Sanctus Augustinus sprichet auch: O mensch, mynne das du mit der mynne erwerben macht, und behalt das, das deiner sele genuegen mag. — Ze dem drytten mal sprich ich: got ist mynne, wann got hat sein mynne zersprait in alle creature, und ist doch an im selber ain, wann an allen creaturen an ainer yeclicher etwas mynneclich ist; darumb so mint ain yeclich creature etwas an der ander das ir glich ist, die echt vernúnftig ist. Darumb begerent die frowen etwenne rotz, das sy ir genuegde an dem lust wellen nemen, und wenn sy ir genuegde nit daran vindent, so begerend sy etwen gruens, und mag doch ir begirde nit erfúlt werden, und ist das darumb, sy nement den lust ainvaltig, sy nement das tuoch dermitte, das da enthalt ist der varwe, die da lustig scheinet. Und wann alsus einer ieglichen creaturen etwas lústliches schinet, darumb so mynnent die menschen nuo das und denn das. Nuo leg ab das und das; das denn da belibet das ist lúter got. Der ain bilde malet an ain wand, so ist die wand ain enthalt des bildes. Wer nuo mynnet das bilde an der wand, der mynnet die wand darmitte; der die wand dann naeme, der naeme och das bild dannen. Nuo nement dannen die wand, also das das bilde beleibe, so ist das bild sein selb enthalt; wer dann mynnet das bilde, der mynnet ain lauter bilde. Nuo mynnent alles das mynneclich ist, und nit an dem es mynneclich schinet, so mynnest du lauter got; das ist ane zwivel war. Sanctus Dionysius sprichet: Got ist der sele ze nite worden, das ist das er ir unbechant ist. Darumb wann wir got nit bechennent, darumb so mynnen wir an den creaturen das da guot ist, und wann wir die ding mit der guete mynnent, das machet uns súnde. Der englen der ist an zal; ir zal chan nymant gedencken, und yeclicher ist ain coli(?), yeainer hoeher denn der ander; und der niderste engel, enphiel dem ain spaenli, als der ain spaenli snitte von aim holtz, und das vieli haer in dis zit auf ertrich in der edelkait als es ist in seiner nature, alle ding auf ertrich die müssent blüen und fruchtbaer werden. So achtent denn wie edel der obrist engel sey. Der nu naeme aller engel edelchait so si hand an ir nature, und aller creature edelchait als si sind in ir nature, und mit der edelkait aller welte ze got welte gan, man fund got nit darmitte, wann es ist alles poshait, won es ist ain lauter posheit und ist minder denn posheit, won es ist ain lúter nit; also vindet man gotes nit, won in ain. — Ze dem vierden mal so sprich ich: got ist mynne, won er mynnen muosz alle creature mit seiner mynne, sy wissens oder wissens nit. Darumb so wil ich sprechen ain wort das ich nuo naechst an fritag sprach: Ich wil got umb seiner gaben nymer gebitten, noch wil im seiner gabe nimer gedancken, wann waer ich wirdig seiner gabe ze entpfachen, so musti er mir geben, es waer im lieb oder laid. Darumb wil ich in nit bitten umb sein gabe, wann er geben muosz; ich wil in wol bitten das er mich wirdig mache seiner gabe ze enpfachen, und wil im dancken das er also ist das er geben muosz. Darumb sprich ich: got ist mynne mit der er sich selben mint, und der im das benaeme, der benaeme im alle sein gothait. Wie das sy das er mich minnet mit seiner mynne, damit mag ich doch nit saelig werden; mer, ich würdi saelig damit das ich in mynne und bin saelig in seiner mynne.

Nuo spriche ich: der in mynne ist, der ist in got, und er ist in ime. Der mich fragti wo got waer, so antwurte ich: er ist überal. Wer mich fragti wo die sele waeri die in mynne ist, so spraech ich: sy ist überal; won got mynnet und die sele die in mynne ist die ist in gotte und got ist in ir, und won got überal ist und si in got ist, so enist si ain und in gotte und anderst nit; und wann got in ir ist so muosz die sele von not überal sein, wann er in ir ist der überal ist. Got ist überal in der sele und sy ist in ime überal; also ist got ain al, und sy mit im ain al an al.

Disz ist ain sermon der heiligen. Hie ain ende. Nuo sitzent alle stille, ich will úch laenger halten. Ich wil úch noch ain sermon sprechen:

8.

Ain nutze ler.

Die geschrift sprichet: Die sele die wirt ain mit gotte und nit veraint. Des nement ain glichnúsz. Fúllet man ain vass wassers, so ist das wasser im vas veraint und nit ain, wann da wasser ist da ist nit holtz, und da holtz ist da ist nit wasser. Nuo nement das holtz, und werfent das enmitten in das wasser; so ist doch das holtz nit wan veraint und nit ain. Also ist es umb die sele nit; die wirt ain mit gotte und nit veraint; won wa got ist da ist die sele, und wa die sel ist da ist got.

Die geschrift sprichet: Moyses sache got von antlúte ze antlúte. Dawider sprechent die maister und sprechent also: Wo zway antlúte erschinent, da sicht man gotes nit, wann got ist ain und nit zway, wann wer got sicht, der sicht nit won ain.

Nuo nim ich ain wort das ich gesprach in dem ersten sermon: Got ist mynne, und der in der mynne ist, der ist in got und er ist in ime. Der also in minne ist, ze dem sprich ich ain woertlin, das sprichet sanctus Paulus(!): Gang in, getrúwer chnecht, in die froed deins herren. Nuo nim ich ain woertlin: Sprach unser her: gang in getrúwer chnecht, ich sol dich setzen boben all mein guot. Das ist ze verstanden in dreyer hand wise. Das erste, ich sol dich setzen enboben all mein guot. Als al mein guot gespraitet ist in die creaturen, über die zertailung sol ich dich setzen in ain. Ze dem andern mal, als es alls versament ist in ain, über die versamnunge sol ich dich setzen in ainikeit, da alles guot ist in einikait. Ze dem drytten mal, sol ich dich setzen in die art der einikait da der nam ab ist al versament, da ist got der sele als er darumb got sy das er der sele sy; wann waere das, das got it seines wesens oder seiner istikait, damit er im selber ist, behuebe das got vor der sele als grosz als gegen ainem hare, er moecht nit got sein, als gar ain wirt die sele mit got. Ich nim ain woertlin aus dem ewangelio das unser herr sprach: Ich bitte dich, vater, als ich und du ain sint, das sy werdent also mit uns. Ich nim ain ander woertlin auch aus dem ewangelio da unser herr sprach: Da ich pin, da sol auch mein diener sein: also gar wirt die sele ain istikait die got ist, und nit minrer, und das ist als war als got got ist.

Lieben chind, ich bitt úch daz ir merken ainen sin. Des bitt ich úch durch got, und bitte úch das ir es tuogent durch myn willen, und disen sin wol behaltent. Alle die also sind in ainichait, als ich e sprach, won die ane bildunge sind, so dúrffens nit waenen das in bildung waeger waer, das si nit ausgangen von ainichait, wann wer das taete, das waere unrecht, und man moechti sprechen es waer chetzerey, wan wissent das da in der ainichait ist weder Chuonrat noch Heinrich, ich wil úch sagen wie ich der laeute gedenck; ich wil mein selbs und aller menschen vergessen, und fúge mich fúr sy in ainichait. Das wir in ainichait beleiben, des helf uns got. Amen[1].

9.

Ain schoene bredig von der liebi gotes.

Got ist die mynne und der in der mynne wonet der wonet in got und got in im. Got wonet in der sele mit allem dem das er ist und alle creatur. Darumb wa die sele ist da ist got, wann die sele ist in gotte. Darumb ist och die sele wa got ist, die geschrift liege denn. Wa mein sele ist da ist got, und wa got ist da ist och mein sele, und ist als war als got got ist.

Der engel ist als edel in seiner natur; waere ain spaenlin oder ain clain genastlin von im gevallen, es hetti erfúllet alle dise welt mit wunne und mit saelichait. Nuo merckent: wie edel ain engel ist in seiner natur, der och so vil ist das sy chain zale hand, ich sprich: es ist alles adelich umb ainen engel. Soelti der mensch darumb dienen bis an den iungsten tag und bis an das ende der welt, das er ainen engel saech in seiner lauterchait, im waere wol gelonet. An allen gaistlichen dingen so vindet man das das ains in dem andern ist ain ungetailet. Da die sel ist in ir blossen natur abgeschaiden und abgeloeszet von allen creaturen, die hetti in ir natur von natur alle die volkomenhait und alle froede und wunne die alle engel hand an zal und an mengi von natur: die han ich alzemal mit aller volkomenhait und mit aller ir froede und aller ir saelichait, als si sy selber in in selber, und ainen yeclichen han ich in mir sunderlichen als ich mich selber han in mir selber, ungehindert aines andern, wann enchain gaist beschlússet den andern. Der

---

[1] Comp. Pfeiffer, *Deut. Myst.*, II, 30 (sermon 5).

engel bleibet unbeschlossen in der sele, darumb geit er sich ainer yeclichen sele alzemal ungehindert ainer andern und got selber. Nit allain von natur, me, über natur fraeuet sich mein sele aller froede und aller der saelichait der got sich selber fraeuet in seiner goetlichen natur, es sey got lieb oder leid, wann des enist nit denn ain, und da ain ist da ist all, und da all ist da ist ain. Das ist ain gewisze warhait. Wa die sele ist da ist got, und wa got ist da ist die sele. Und spraech ich das es nit enwaer, ich spraech unrecht.

Eya, nuo merckent ain woertlin, das halt ich gar wirdeclich, wann ich gedenck wie ain ere mir ist, als ob er aller creatur hab vergessen, und nit me sy denn ich allain. Nuo bittent für die die mir enpfolchen sind! Die da icht bittent denn gotes oder umb got, die bittent unrecht; wann ich nichtes bitt, so bitt ich recht, und das gebet ist recht und ist chreftig. Wer ichtes it anders bittet, der bittet ainen abtgot an, und man moecht sprechen, es waer ain lauter chetzerey. Ich bitte nimer so wol won so ich nichtes nit bitte, und für nieman bitte, noch für Hainrichen, noch für Conraten. Die gewaren anbetter die bittent got in der warhait an und in dem gaist, das ist in dem hailigen gaist; das got in der chraft ist, das seyen wir in dem bilde; der vater ist in der chraft und der sun in der weishait und der hailig geist in der guetichait, das seyen wir in dem bilde. Da bekennen wir als wir bechant sind, und mynnent als wir gemynnent seyen. Disz enist och sunder werck, wann si wirt da enthalten in dem bilde und würcket in der chraft als die chraft; sy ist noch enthalten in den personen, und stat nach muegenhait des vaters und nach wyshait des sunes und nach der guetichait des hailigen gaistes. Disz ist noch alles werck in den personen; hie oben ist wesen unwürcklich; sunder da ist allain wesen und werck da si ist in got, ia nach anhangunge der personen in das wesen da ist werck und wesen ain, da es ist da sy die personen mynnet in der innebleibung des wesens, da si nie us kamen, da ain lauter weslich bild ist, es ist die weslich vernünftichait gotes der die lauter leibes chraft ist, *intellectus*, das die maister haissent ain enpfenglichs. Nuo merckent mich. Darob mynnet si erste das lauter *absolucio* des freyen wesens, das da ist sunder da, da es enmynnet noch engibet; es ist die blosz istichait die da berobet ist alles wesens und aller istichait. Da minnet sy got blosz nach dem grunde da da er ist, über alle wesen. Waer da noch wesen, so naeme sy wesen in wesen; da enist nit denn ain grund. Disz ist die hoechst volkoemenhait des gaistes da man zuo choemen mag in disem leben nach gaistes art. Aber es ist nit die hoeste volkoemenhait die wir immer besitzen súllen mit leib und mit sele das, das der verserte mensch alsemal enthalten werde in dem understentnúsz, habe von den personen wesen also als die menschait und die gothait an der personlichait Cristi ain personlich wesen ist, das ich in demselben understantnúsz habe des personlichen wesens, das ich das personlich wesen selber sey alzemal lagenlich in mein selbes verstantnúsz, also als ich nach gaistes art ain bin nach dem grunde, also als der grund selb ain grund ist; das ich nach dem ussersten wesen dasselbe personlich wesen sey, alzemal beraubet aigens verstentnúsz: dis personlich wesen, mensch, got, entwachset und úberschwebt dem ussersten menschen, alzemal das er es nimer erfolgen chan. Staend er an im selber, er enpfachet wol der gnaden inflůs von dem personlichen wesen in maenger hand wyse, sůssichait, trost und innichait, das guot ist, aber es ist das hoesti nit. Blib er also an im selber an understantnúsz sein selbes allain, er wol trost enpfieng von gnaden und mit wúrckunge der gnaden, das doch sein bestes nit enist; so muoste der inner mensch nach gaistes arte sich herus biegen uszer dem grunde in dem er ain ist, und muoste sich halten nach dem gnadenlichen wesen von dem er gnadenlichen enthalten ist. Hierumb so mag der gaist nimer volkoemen werden, libe und sele werden volbracht also als der inner mensch nach gaistes art enpfellet seines aigens wesens, da er in dem grund ain grund ist; also muoste och der usser mensch beraubt werden aigenes understantnúss und alzemal behalten understantnúss des ewigen personlichen wesens, das dasselb personlich wesen ist. Nuo sind hie zway wesen. Ain wesen ist nach der gothait das blos substantzlich wesen; das ander das personlich wesen, und ist doch ain understosz: wann der selb understosz, Cristi personlichait, der sele understosz ist, understendichait der ewigen menschait, und ist ain Cristus an understendichait, baide weslich und personlich. Also muosten wir och derselb Cristus sein, damite wir im nachvolgen in den wercken, also als er in dem wesen ain Cristus ist nach menschlicher art; wann da ich dieselb art bin nach menschait, so bin ich also verainiget dem personlichen wesen, das ich von gnaden in dem personlichen wesen bin ain und och das personliche wesen, wann denn got in dem grunde des vaters ewiclich inne bleibend ist und ich in im, ain grund und derselb Cristus, ain understendichait meiner menschait; si ist als vil mein als sein an ainer understendichait des ewigen wortes, das beide wesen, leib und sel volbracht werden in ainem Cristo, ain got, ain sun. Das uns das geschech, des helf uns got.

10.

Ain bredig von sant Augustin, die mag uff in gezogen werden von siner hohen wiszhait.

Daniel der weissag spricht: Wir volgen dir nach von allem hertzen und fúrchtent dich und suochent dein antlútz. Dise red fúgt wol zuo dem das ich gester sprach: Ich hab im geruoffet, und in geladen, und hab im gelocket, und in mich ist komen der gaist der wishait, und hab in geachtet fúr allú chúnigrich und fúr gewalt und herschaft und fúr gold und silber und fúr edelgestain, und alle ding hab ich geachtet gen dem gaist der wyshait als ain sandeschorn und als ain hor und als ain nit. Das ist ain offenbar zaichen das der mensch habe den gaist der wyshait, der allú ding achtet als ain lúter nit. Wer kain ding also achten mag, in dem ist nit der gaist der wyshait. Das er sprach: ain sandeschorn, das was ze claine; das er sprach: als ein pfúl, das ist och ze klaine; das er sprach: als ein nit, das was wol gesprochen, wann allú ding sind ain lúter nit gegen dem gaiste der wyshait. Ich han im geruoffet, und im gelocket, und in geladen, und in mich ist komen der gaist der wishait.

Es ist ain kraft in der sele, die ist witer denn alle dise welt. Es muosz gar wit sein da got inne wonet. Etliche laeute ladent got nit in dem gaiste der weishait; sy ladent in in gesunthait und in reichtum und in wollust, aber in die kumt nit der gaist der weishait. Darumb sy bittent, das ist in lieber denn got; als der ainen pfenning git umb ain brot, der hat das brot lieber denn den pfenning; si machent got zuo irem chnecht. Tuo mir das und mach mich gesunt, spraech ain richer man; bitte was du wilt ich gaebe dirs, und baet er denn umb ainen helbling das waer ain affenhait, und baet er in umb hundert marck er gaebe im gern. Darumb ist gar ain torhait der got umb út anders bittet denn umb sich selber. Das ist im unwert, wann er git nit liberes denn sich selber. Ain maister sprichet: Allú ding habent warumb; aber got hat dekain warumb, und der mensch der got umb icht anders bittet denn umb sich selber, der machet got ain warumb. Nuo sprichet er: Mit dem gaist der wishait ist mir chomen alles guot zemale: die gabe der wyshait, die edlest gabe under den siben gaben. Got geit der gabe enkaine, er geb sich selber zum ersten und glich und geberlich. Alles das da guot ist, und lust und trost bringen mag, das han ich alles in dem gaist der wishait, und alle sússichait, das nit usbleibet als grosz als ainer nadlen spitz, und waer doch ain clain ding, man hat es denn zemale und glich und recht; als es got engebrúchet, also gebrúch ich es glich dasselbe in seiner nature. Won in dem gaist der wishait da wúrcket es alleklich also das das minste wirt als das maiste, und nit das maist als das minste: also der ain edel zwy pflantzet in ainen groben stock, da wirt alle die frucht nach der edelkait des zwyes und nit nach der grobhait des stockes. Also beschicht in in disem gaiste. Da werdent allen werck glich, won da wirt das minste als das maiste und nit das maist als das minste; er geit sich selben geberlich, won das edleste werck in got ist geberen, ob ains in got edler waer denn das ander, won got hat seinen allen gelust an dem geberen. Alles das mir angeboren ist, das mag mir nieman benemen; alles das mir zuogefallen mag, das mag ich verliesen; won alles das mir angeborn ist, das verlúr ich nit. Got hat allen seinen gelust in der geburt, und darumb gebirt er seinen sun in uns, das wir allen unsern lust darinn haben, und wir denselben natúrlichen sun mit im geberint; won got hat allen seinen lust in der geburt, und darumb so gebirt er sich in uns, das er allen seinen lust habe in der sele, und das wir allen unsern lust habent in im. Darumb sprach Christus, als sant Iohannes schreibt in dem ewangelio : Si volgent mir nach. Got aigenlich nach volgen, das ist guot das wir seinem willen noch folgen, als ich gester sprach : Dein wille werde. Sant Lucas schreibet in dem ewangelio das unser herre sprach : Wer mir nachfolgen welli, der verzichi sich sein selbes und nem sein crútz und folg mir nach. Der sich sein selbes aigenlich verzige, der waer aigenlich gotes und got waer aigenlich sin, des bin ich also gewisz als das ich mensch bin. Dem menschen sind allú ding als leichte ze lassen als ein linsi, und ie me gelassen ie lieber gelassen.

Sant Paulus begerte durch gottes willen von got geschaiden sin durch seiner brúder willen. Hiemit sind die maister sere bekumert und zweiflent sere daran. Etliche sprechent: er mainte ain weile. Das ist alzemal nit war; als ungern ainen augenblick als ewiklich, undoch als gern ewiklich als ainen augenblick ; wann er gotz willen fúrsetzet, so es denn ie lenger waere ie lieber im waere, und so die pein ie groesser waere ie lieber si im waere : recht als ain chaufmann der fúrwar wisti das er umb ain marck chaufti, das im das zechen gúlti; was marcken er denn hetti, die laite er all daran, und was arbaiten er denn hetti, er sicher waer das er haim kaem mit lieb und dest me daran gewunne, das waer im als lieb; also was sant Paulus. Was er wisti das gotes wille waere, ie lenger ie lieber, ie me pein geliten ie groesser froede; won gotes willen erfüllen das ist himelrich, und ie groesser pein in gotes willen ie me saelichait. Verlaeugen dein selbes und put uf dein chraeutz!

Das sprechent die maister, das si pine: vasten und ander pine. Ich sprich: es sy pin ablegen; won mit den froeden folget diesem wesen. Darnach sprichet er: Ich gib in das leben. Aber vil ander dinge die an vernúnftigen dingen sind, die sind zeval; aber das leben ist ieklicher creature aigen als ir wesen; darumb sprichet er: Ich gib in das leben. Won got der geit sich alzemale; ainhain creature vermoechte das, das si engaebe: waer es mueglich das es chain creatur geben moechte, so het got die sel also zart das er es nit geleiden mocht, sunder er wil es selber geben. Gaeb es ein creatur, das waere der sel unwert; si achteti es als wenig als einen mucken. Recht als da ain chaiser ainem menschen ainen apfel gaebe, den achteti er hoeher denn ob im ain ander mensch ainen rock gaebi: also enmag die sele och nit geleiden das si es von ieman anders neme dann von got. Darumb sprichet er: Ich gib das die sel volkomen froed hab in dem gebenne.

Nuo sprichet er: Ich und der vater sint ain. Die sel ist in got und got in ir. Der wasser taeti in ain vasz, so gieng das vasz umb das wasser, aber das wasser waer nit in dem vasze, noch das vasz waere och nit in dem wasser; aber die sel ist als gar ain mit got, das ains an das ander nit mag verstanden werden. Man verstat die hitze wol an das fúr, und die schin an der sunne; aber got chan nit verstanden werden an die sele und die sel an got, als gar ain sind si.

Die sel hat nit undeschaides von unserm herren Ihesu Christo, won das die sel hat ain groeber wesen, won sein wesen ist an der ewigen persone. Wann als vil si ir grobhait ablat, und moecht si es alzemal ablegen, so waer si alzemal dasselbe; und alles was man mag sprechen von unserm herren Ihesu Cristo, das moecht man och sprechen von der sele.

Ain maister sprichet: Gotes minstes des sind vol alle creature, und sein groesse ist in ainige. Ich wil úch sagen ain maere: Ain mensch fraget ainen guoten menschen was das mainde das in etwenn als wol gelust ze andacht und ze gebet, und ze ainem andern mal gelust es in nit. Do antwurt er im also: der hund der den hasen gesicht, und er in gesmeckt, und er uf den spor kumt, so lauffet er dem hasen sere nach; aber die andern sechent disen lauffen, und lauffent och, und si verdrússet och schiere, und lassent ab. Also ist es umb ainen menschen der gesechen und gesmecket hatt gotes : der lat nit ab, er lauffet im alwent nach. Davon sprichet David in dem salter : Smeckent und sechent wie súss got ist. Disen menschen verdrússet nit; aber die andern verdrússet schier. Etliche laeute die loffent vor got, etliche neben got, etliche die volgent got nach. Die vor got loffent, das sint die, die irm aigen willen volgent, und wellent nach gotes willen nit leben; das ist alzemal boes. Die andern die gant neben got, die sprechent : herre, ich wil nit anders denn das du wilt; sint si aber siech, so begertint si das es gotes will waere das si gesunt waerint, und das mag bestan. Die drytte laeute volgent got nach; war er wil, da volgent si im willeclich, und diese laeute die sind volkomen. Davon sprichet sant Iohannes in dem buoch der tougin : Si volgent dem lam nach, war es gat. Diese laeut volgent got nach war er si laitet, in siechtagen oder in gesunthait, ze gelück oder in ungelück. Sand Peter gieng vor got; do sprach unser herr : Tiefel, gan hinter mich!

Do sprach unser herre : Ich bin in dem vater und der vater in mir. Also ist got in der sele, und die sel ist in got. Nuo sprichet er : Wir suochen dein antlút. Warhait und gueti ist ain claid gotes; got ist über alles das wir geworten muegent. Verstantnúsz suochet got und nimet in in der wurtzen da der sun us gat, und alle die gothait; aber der wille der bleibet usse und haftet an der gueti, wann gueti ist ain claid gotes. Die obrosten engel nement got in seinem huse, e das er gecleidet werde mit gueti oder mit dekainen dingen die man geworten mag. Darumb sprichet er : Wir suochent dein antlütz, wann das antlütz gotes ist sein wesen. Das wir dis begreiffen und williclich besitzen, des helf uns got. Amen.

11.

Uff der unschuldigen kindlin tag.

Mein herre sand Iohans sach ain lamb stan uf dem berg Syon, und het geschriben voran an seiner stirnen seines vater namen und seinen namen und het bey im stent vier und viertzig hundert tausend. Er sprichet : Es waren alles junckfrawen, und sungen ain wunderlich gesanck den nieman gesingen moecht denn si, und volgeten dem lamp nach war es gienge.

Die maister sprechent das got die creatur also geordnet hat das ie aine ist ob der andern, und das die obrosten die nidrosten regierent und die nidrosten die obrosten. Das wyse maister gesprochen hant mit beschlosnen worten, das spraechen die andern offenbar, und spraechen das die gúldin keten ist die lauter bloss natur, die gehoechet ist in got, und der nit ensmacket das usser im ist, und die got begriffet. Ain yeclichen rúret die andern, und die obrost hat iren fuosz gesetzt uf die nidrosten. Alle creatur rúrent got nit nach der geschaffenhait; und das geschaffen ist, das muos gebrochen sein und das guot herus choemen: die schal muosz enzwain, sol des guoten und des chernen herus choemen. Es mainet alles ain inwachsen, wann der engel, usserhalb der bloszen natur, enwais nit me als dis holtz; ja der engel, an disz natur, hat nit me den ain múgg hat an got.

Er spricht: Uf dem berge. Wie sol disz geschechen das man zuo diser lauterchait choeme? Si waren junckfrawen, und waren obnan uf dem berge, und waren dem lamb getrúwe und allen creaturen entrúwet, und volgeten dem lamb war es gienge. Etlich laeute die volgent dem lamb nach als lang es in wol gat; aber so es nit noch irem willen gat, so koerent si wider. Das mainet der sin nit, wan er sprichet: Sie volgeten dem lamb war es gieng. Bis du ain junckfraw und bist dem lamb getrúwend und allen creaturen entrúwet, so volgest du dem lamp war es gat; nit, so leiden koemet von deinen frúnden oder von dir selb von chainer beschorung, das du denn zerstoeret werdest. Er sprichet: Sie waren obnan. Was obnan ist, das leidet nit von dem das underem ist, es sey denn das etwas ob im sey das hoecher sey denn es ist. Ain ungloebiger maister sprichet: Dieweil der mensch hoche ist und entrúwet allen creaturen und got getrúwend ist, der enleidet nit und soelti der liden, gotes ere wúrd getroffen. Si waren uf dem berg Syon. Syon sprichet als vil als schowen; Ierusalem sprichet als vil als fride. Als ich nuo núwelichen sprach zuo dem garten: Die zway zwingent got; und hast du die an dir, so muosz er in dir geboren werden. Ia wil ich eu sagen ain halbes maere: Unser herre gieng ainest under ainer grosser schar. Da chám ain fraw und sprach: Moecht ich berúren die vasen von seinem claide, ich wúrd gesunt. Do sprach unser herre: Ich bin gerúret. Got segen, sprach sant Peter, wie sprichest du, herre, du seiest gerúret? ain grossi mengi gat umb dich und tringet dich.

Ain maister sprichet das wir leben von dem tode. Sol ich ain hon essen oder ain rind, es muos vor tod sein. Man sol uf sich nemen liden und sol dem lamb nachgan in laide als in lieb. Die apostel nament uf sich glich laid und liep; darumb was es in alles súsz das si litten; in was als liep der tod als das leben. Ain haidenscher maister glichet die creaturen got. Die geschrift sprichet: wir súllen got gleich werden. Glich, das ist boesz und trúgenliche; gleich ich mich ainem menschen und vinde ich ainen menschen der mir glich ist, der mensch der gebaeret als ob er ich sey, und er enist es ist. Die geschrift sprichet: Wir súllen got gleich sein. Nuo sprichet ain haidenischer maister der mit natúrlichen dingen darzuo chaem: Got mag als wenig glaich leiden als wenig er nit geleiden mag das er got nit sey. Glichnúss ist das nit an gat, es ist ain sin in der ewichait; mer, glichait das ist ain. Waer ich ain, so waer ich nit geleich: glichait, das enist nit froemdes inne der ainichait; es geit mir ain sin in der ewichait, nit gleich sin.

Er sprichet: Si hetten iren namen und ires vaters namen geschriben an iren stirnen. Was ist unser name? was ist unsers vaters name? Unser nam ist das wir súllen sein geborn, und des vaters nam ist geborn da die gothait us glimmet usser der ersten lauterchait, als ich sprach zuo dem garten. Philippus sprach: Herre, zaige uns den vater so genueget uns. Es mainet zuo dem ersten das wir súllen vater sin, wann des vaters name ist geboren, er gebirt in mich sin glich. Sich ich ain speise, und ist si mir gleich, so komet ain mynne daraus; oder sich ich ainen menschen der mir glich ist, so kumt ain mynne daraus. Also ist es: der himlisch vater der gebirt in mir sin gleich, und von der gleichait so chumet us ain mynne, das ist der hailig gaist, der der vater ist; der gebirt das chind natúrlichen. Der das chind hoebet aus der tauffi, der enist nit sein vater. Boecius sprichet: Got ist ain guote stillestend, der alle ding beweget; das got staet ist, das machet alle dinge lauffent. Etwas ist so lústlich, das bewegt und iagt und machet alle ding ze lauffen, das si choemen wider dannen si geflossen sind, und bleibet es unbeweglich in im selber, und ie me denne ain yeclich ding edler ist, ie staetelichen es lauffet. Der apgrund iaget sy. Alle wyshait und gueti und warhait leit etwas zuo; ain enleit nit zuo denn den grund disz wesens.

Nuo sprichet er: In ir munde ist chain lúgi, funden. Dieweil ich creatur han und dieweil mich creatur hant, so ist es lúgi und des enist in ir mund nit funden. Es ist ain zaichen aines guoten menschen, das er lobt guote laeute: lobet mich ain guoter mensch so bin ich warlich gelobet; lobet mich aber ain boeser, so bin ich warlich geschant. Schiltet mich aber ain boeser mensch, so bin ich warlich gelobt. Was des hertze vol ist, davon redet der mund. Das ist alwegen ains guoten menschen zaichen, das er gern von got rede; wan mit wa die laeut umbgand, davon redent si gern. Die mit den handwercken umb gand, die redent gern von den handwercken; die mit predigen umbgand, die redent gern von predigen. Ain guot mensch redet nit gern wann von got.

Ain chraft ist in der sele von der ich och me gesprochen han, und were die sele alle also, so wær si ungeschaffen und unschœpflich. Nuo enist des nit an dem andern taile; so hat si ain zuosechen und ain zuohangen zuo der zeit, und da rúret si geschaffenhait, und ist geschaffen vernúnftichait. Diser chraft enist nit ferre noch usser; das enunt(?) des meres ist über tausent meil, das ist ir als aigenlich kunt und gegenwirtig, als dise stat da ich inne stan. Dise chraft ist ain iunckfraw, und volget dem lamp nach war es gat. Dise chraft die nust got blosz zemal in seinem istigen wesen; si ist ain in der ainichait, nit gleich mit der gleichait. Das uns das widerfar, des helf uns got. Amen.

12.

An der vij brueder tag.

Mater tua et fratres tui foras stant. Nim war, dein muoter und dein brueder stent da ussen und warten dein.

Lobent, chinder, den herren der da machet die unberhaften wonende in dem hus gotes froelich, und ain muoter der chinde. Der name des herren si gebenedict von disem nuo untz in die ewichait!

In disen worten sind wir getroestet zwaier dinge. Das erste das er uns gelobet das wir gotes muoter súlln werden. Das andre das wir gotes brueder súllen werden.

Nuo mercken das erste wort. Nim war, das trait vier dinge in ime. Das erste ist, das man das wort underprichet, und bedaeutet das es ain wunder ist das wir gotes brueder und muoter werden. Das ander, das dis wort unwandelbaer sol sein der da gotes muoter und brueder wil werden. Das dritte ist, das dis wort (nim war alles das es bezaichnet mit den worten!) und maint das der mensche, der gotes muoter und brueder wil werden, das alle sein gedancke und sein girde sol gerichtet werden uf das wort das des ewigen vaters sun ist. Das vierde ist das disz woertlin: nim war, ist ain zuowort oder ain mitwort und maint das der mensche nit enmaine in allen seinen wercken denn das ewig wort.

Und súllent gotes muoter und seine brúder werden, das da ist ain wunder; darumb sprichet chúnig David: Got der wúrket wunderliche ding in seinen hailigen; und sprichet ain maister das der engel sey in im selber ain gaist und ain wunder, aber in ordenunge ze got und zuo gote so ist er ain leichnam, und darumb ist es ain wunder das wir des muoter und brueder súllen werden. Und davon stet geschriben in dem mynne buoch, das sich die engel des wundern das die sele sei in dem leibe in der wuestunge als ain ruoten des roches, und hat sich genaiget auf iren lieben. Si sprechent: wir went das die sele gotes muoter und sein bruoder werde, das ist ain wunder, man enmag es nit gesprechen; es enhat nit namen, es trittet enoben zeit und enoben stat, wann es ain wunder ist; davon mag man es nit gesprechen. Darumb sprichet sanctus Johannes von dem wunder der clarhait des ewigen wortes: Wir hant gesechen seine clarhait als aines aingebornen von dem vater. Nuo sprichet sanctus Crisostomus: Wann es ain wunder was und unmaessig was, darumb chunde er es nit gesprochen. Rechte sprichet er als ainer der aines chúniges herschaft hat gesechen und ist der als unzalich vil, der den fragti und spraeche: Was ist des chúniges herschaft? und der antwurte und spraeche: Recht als eines chúniges.

Nuo wer ist dise die uf get von der wuestunge als ain ruote des roches? und maint: wann als die ruote ist spitzig obnan des roches, und dringet imer mere durch den luft, untz si als ungesichtlich wirt als der luft, und also gaistlich nimet man es, das der mensche der gotes muoter werden wil, das der gar gaistlich sol sein und erhaben über alle geschafne ding und hat sich genaiget uf iren lieben herren. Was hais ist das get obnan us, als der wein uf wasser satze, der wein, wann der haisser nature ist, darumb get sein chraft obnan us in das wasser, und wirt das wasser wein; und davon gat ain hitze, und was us im gat, das gat obnan us. Darumb hat si sich obnan genaiget, was usser gote gange, das das in sy gange, und engnueget ir nit, sy wil da baiten untz es ir von gnaden werde, herus si ensenke sich in den grund und schepfe selber in dem beginne aller goetlicher wercke.

Nuo sprich ich: Es ist ain wunder das wir gotes muoter und seine brueder súllen werden, wann wir sein us ainem bilde getreten, und súllen ainander bei der hand nemen und gelich wider intreten und wider ingebildet werden. Nuo sprich ich: Súllen wir gotes muoter werden, und och das ewig wort gebern als es der vater gebirt, so muos ich im verainet sein. Also sprich ich: Sol ich dasselbe wort sprechen das got sprichet, so muos ich im verainet sein. Nuo sprich ich: Ist got vater, ia so ist er och muoter; und si ist also sere verainet das si nit anders ist denn got.

Sy stant da usse. Das mainet zway dine. Das erst, das die sele nimer sol gote so sere verainet werden, si sülle duncken das si noch ussen ste. Das ander, das die sele, die gotes muoter werden wil, sol ussen sein und von allen dingen geschaiden sein. Und wartent dein. Das maint das die sele die gotes muoter wil sein und werden wil, sol sein selbes und aller dinge vergessen. Unser frawe, e si gotes muoter ward in der menschait, do ward si e gotes muoter in der gothait, und von der geburt das si in gebar in der gothait so widerbildete sich die geburt gotes in ir das er menschlich von ir geborn ward.

Mein oberste chraft ist darzuo geordnet das si got begreiffet und sich in in gusset und sich mit im verainet. David spricht ain schoene wort: Mein herre sprach zuo meinem herren: ich han dich húte geborn, in dem widerschein der hailgen drivaltikait. Der vater gebirt seinen sun ane underlas in alle ding. Der vater sprichet zuo seinem sun: Ich han dich geborn in dem aller nidrosten meiner gothait; und gebirt sich ane underlas in dem nidrosten der sele. Das ist gotes nature, das er sich ane underlas in die sele geber; das ist der sele nature, das si enoben zeit und enoben stat ist an irem hoechsten. Ir nature, si geruowet nimer si enwerkte sich in das hoechste da sich der vater selbe inne gebirt. Der vater gebirt seinen sun natúrlichen in die sele, und sein geberen ist sein sprechen. Der vater sprichet zuo dem sun: Ich han dich geboren und ich gebúte dir das du dich geberst in Iacob und ruowest in Syon. Was ist Iacob? ain seie die alle ding unter ir fússe getreten hat, und in dem menschen ufstat, ain haisse brinnendú begerung. Da wirt der sun geboren als in dem himlischen vater, also die vernunft got begreiffet an seinem blossen wesene. Das, das got getan hat, das tut die vernunft mit gote. Got hat enkaine hindernússe seines flusses; des gússet er sich alzemale in seinen ainbornen sun, und der ainborn sun liecht in uns. Das disz an uns volbracht werde, des helf uns die wesende warhait. Amen.

13.

Als Maria úber daz birg gieng.

Maria stuond uf und gieng snelle in daz gebirge. Die maister der hailigen geschrift sprechend daz an dem usflusse der creature us dem ersten ursprungen sei en cirkeliches widerboegen des endes uf den beginn, wann als das usfliessen der personen usser gote ist ain formlich bilde des ursprunges der creaturen, also ist es och ein vorspiel der widerfliessenden creatur in got, als Augustinus sprichet. Die geschiht wenne das wort gotes sich personliche gusset in die sele mit dem hailigen gaiste, und er es uns us dem runse der ersten gabe der sele schenket, davon die sele geraisset wird nach ze volgende mit den gaben an den personen, da die sele gaistlichen ufgetragen wirt ze des ersten wesendes bloshait anblike, wider der glorien glantze. Da zuo furdert der gnaden liecht, das die sele pur machet von froemder formen und gleichnisse. Dise zuogabe, dise da uf tragent die sele nach den personen, das ist bechantnús goetlicher wishait, darinne das ewige wort des vaters entgossen ist; darvon wirt es goetlichen smakende in die sele. Die ander gabe flüsset von der ersten nach des hailigen gaistes art den das wort von im entgüsset, und heiset mynne des gaistes. Mit disen gaben wirt geformet die vernunft der sele und och der wille. Wille swinget in die froemden forme des frigen wesendes gotes; so ist alle die sele vollenfürt dazuo si got geschaffen hat, in ze bekennende und ze mynnende und ze versmaechende die welt und undertreten. Davon sprichet sanctus Paulus: Unser wandlung sol sein in dem himele, nit in der welte. Das maint och Augustinus da er sprichet: Wenne wir ewig ding bechennen und mynnen, so sein wir gesatzet us der welte; und davon sprichet das ewangelium das Maria stuond uf. Maria bezaichent aine erlaeuchtende sele an bekantnisz, die von gotes personlicher inwonunge swanger worden ist. Dise sele stat mit gerunge ufgerichtet ze aim widerwuorfe gegen dem hochgelobten guote gotes; si stat geheftet in dem mitelpuncten, übertenet aller wesende. Das ist in dem überswanke goetlicher volkoemenhait, wann die sele sprichet in dem buoche der weishait das ir wonunge sei in der füllende der hailgen, das ist in dem ursprunge alles guotes.

Darnach volget das ander stüke, das Maria stuond uf. Bei disem uftragende ist uns begriffen ain freihait von allen dingen, die mit creatúrlichen bilden, gotes unglichait, in die sele getragen werdent, bis das die sele sich entschütet von allem anvalle leiplicher bilde, und darzuo über des leibes chrefte sich ufgerichtet an das lauter gensterlin der sele, ze erbietende sich in lauterm liechte der vernünftichait, gotes gegenwúrtichait. Dis mainet unser herre da er uns manet das wir uns unser selbes verzeichen, ob wir im volgen wellen, da er uns nit allaine haisset verzeichen toetliche und froemde creature, sunder er haisset uns das wir unser selbes verzeichen und das wir uns über uns selber tragent in goetlich wesen, das sich uns noch mer erbietende ist denn wir an uns selber sein. Und in der bloshait, als er stat in im selber, so stat er och in uns. Doch so entreit er nit us sich selber, so er sich vernünfticlichen güsset in mich durch den umbevang seines wesendes über alle gaiste, als das buoch saget des weishait.

Maria, das ist ain erlaeuchte sele, die stet uf wenne si got swinget us ir selber in sich. Wer des bevindet, der widersaget der welte falsch troste.

Nuo merkent das wort das Maria mit ainer gaeche gieng in das gebirge. Nuo sond wir merken welches das gebirge sei in das Maria gieng. Das ist die übersubstancieliche hoehi der goetlichen maiestaet, die alle creature ist überswenckende, wann uns der vorhang der vinsternisz vor den augen hanget; doch begert die sele in der mynne buoch dise hoehi ze schowende und sprichet: Herre, züche mich nach dir; wann ane sein hantgelaite muegen wir dar nit geraichen. Nuo sprichet das ewangelium das Maria mit ainer gaeche gieng in das gebirge. Do verstan ich der goetlichen personen drivaltichait die in eines wesendes einikait stant, doch mit personlichem underschaide, das ist vater und vaterlichait, sun und gaist. Nuo merkend die hoehi des gebirges. Augustinus sprichet das der vater sei ain ursprung al der gothait, des sunes und des gaistes, beide personliche und wesliche. So saget Dionysius das in dem vater si ein usflutende oder ain river schenkende die gothait nach runse der nature in dem worte des sunes, und nach flusse der miltekait des willen in dem gaiste. Nuo merkent wie dem sei ze dem usflusse des wortes usser des vaters hertzen und vernunft: muos das sein das got mit liechte seines bekantnisse uf sich selber blicket an ainer widerboegunge uf goetlich wesen, so enmoechte das wort enpfangen und nit gezogen, davon nit got gesin, sunder es were ain creatur und das were falsch. Ze dem andern mal, von dem widerwurfe goetliches istes oder wesunge, so muos die vernunft des vaters sich bilden oder sprechen in ainer nachfolgunge einer natürlichen gleichait, wanne one das so enwere das wort nit ain sun; wann aber in diser gebürd des wortes die vernunft des vaters und der widerblick des widerwurfes (das ist got, nicht substancie) und das usgrünende wort, diese dreye sind ain an dem wesende umb das wir heten ainen underschaid an den personen, so sprichet Iohannes: Das wort was in dem beginne bei gote; und da brüfent wir des underschaides zaichen. Zem dritten male, muos das widerboegen und das widerbliken gotes uf sich selber in ainer ewigen stete uf das hoechste gespannen gegenwúrtige werke und uebunge, davon die geburt ewig ist; wann, und liesse got die vernunft an ain geistliche muoskait (ob ich das von im gesprechen toerste) von disem widerbliken ain stunde, so vergienge aller der drivaltikait underschaid, und bleibe nit me denne ain blos got an underschaid, als die Iuden und haiden an got glaubent, die der personen usflusses laugnent. Von disem dritten stúcke ist das wort des vaters ewicliche in dem ursprunge seiner geburt, und in dem iste der geburt, und in dem ende der geburt; davon ist er imer enpfangen, und ist geborn, und wirt geborn. Der nement ain bilde in der lúchtunge der luft : da ist ursprung der clarhait und des tages wesenhait, und des endes volkomenhait allein. Das ist das dritte stúcke.

Darnach mercke wie wir den hailigen gaist vinden in disem gebirge. Das secht und merkent also. Die substancie der vernunft ist ain bekantnisse; die muos och haben neigunge nach den formen die in der vernunft enpfangen sind in ir ende. Dise neigunge das ist wille. Nuo merkent den vorwurf der mynne nicht nach dem gleichnisse der formen der nature, als der widerwurf der vernunft blenchet in dem liecht der bekantnisse; und wenne dis wort flússet us dem usblike des vaters nach der formen der nature mit personlichem underschaide, so haisset sein entgiessung von dem vater ain geburt. Wann aber dise weise an dem usrunse des willen und der mynne nit enist, davon die persone, die nach der mynne fluote entgossen ist von des vaters und des usgedrukes bilde in ewigem abgrunde, enmag weder sun heissen noch geborti. Davon gibet Paulus unserm gaiste ain inwendig und zuo tribende manunge und sprichet : Wer vom gaiste gote gotes getriben ist, der ist gotes sun, ob er dem triben willichen volget. Nuo han ich mit churtzen worten usgesprochen die ewigen gebirges hoehi und seinen ursprung.

Nuo sond wir och mercken wie die sele her zuo keklimmen muege Das ist der berg uf dem Moyses mit gote wonte in der vinsternisse des unbegriffenliches glantzes der goetlichen clarhait. Da sprach er im zuo als ain fründ redet mit seinem fründe, und wonte mit ime viertzig tage von antlútze ze antlútze ane leipliche speise. Nuo sond ir wissen, guoten kind, wenne die sele gaistlich in dis gebirge gat, das ist so si mit einer vergessenen sinechait sich ufgetreit in die hohen oberst en chreften der sele, in den si vindet ainen widerglantz des úberweslichen liechtes. Der berg ist ain usgedrucket bild der heiligen drivaltichait, beide wesliche und personliche. Hie von sprichet die alte geschrift : Die sunne warf ir licht in das verguldete schilt und davon widerschinen die berge. Dise sunne ist das liecht der substancie des goetlichen wesendes, das sprichet : sein liecht glentzet us dem vater in die guldene schilte der goetlichen clarhait, das ist in dem sun und in dem hailigen gaist; und davon widerschinen die berg, das sind die hohen selen an dem bilde der hailigen drivaltikait. Davon sprichet Augustinus das an dem obrosten taile der sele das da *mens* oder gemuet haisset, da hat got geschepfet mit der sele wesende eine chraft die die maister haissent ain schlos oder ain schrein gaistlicher formen und formlicher bilde. Dise chraft bildet den vater der sele durch sein usfliessende gothait, von der er entgusset allen den hort goetliches wesendes in sein wort und in den gaist, doch mit personlichem underschaide, als das gehugnisse den chreften der sele us gusset den schatz der bilde. So die sele in der kraft schowet der ussersten creaturen bilde, ioch aines engels und ioch irs selbes, noch denne ist das bilde des vaters nit lauter usgedrucket in der sele. So aber die wesliche vernunft ingot us der sele, so vindet si got mit wesunge ligende gegenwurtig in der chraft beslossen[1].

14.

An sant Jacobus tag.

Es ist geschriben in dem ewangelio das Maria Jacob und Johannes muoter bat Cristum und saite : Sprich das, das die meine zwen sune ainer sitze zuo der rechten hand und einer zuo der lincken. Cristus antwurt und sprach : Ir enwissent was ir bittend, ze sitzende ze miner rechten und ze miner lincken hand; es ist mein nit uch ze gebenne; es ist des dem es mein vater bereitet hat. Nuo sprichet er : Es ist mein nit uch ze gebenne. Das ist zway weis ze verstan. Des ersten nach menschlicher natur und ist also das Cristus nach menschlicher natur ni hat ze gebenne das reich gotes, noch danne das die sel Christi so nahe der gothait ist das alle gaist in dem ewigen leben darzuo nit langen muegen das die sel Ihesu Cristi begriffen hat von der gothait, noch dann ist es ir nit ze gebenne nach geschaffenhait. Das ander ist das er sprach : Es ist mein nit uch ze gebenne, und dis ist ze verstan nach goetlicher nature das er sait : Es ist mein nit uch ze gebene. Es ist wunderlich das er sait :

[1] Comparer la fin de ce sermon avec le commencement du sermon 99 chez Pfeiffer (o. c., 318, 4 ss.).

und doch nit mein úch ze gebenne; mein und nit mein ist se wunderlich; als an ainer andern stat in dem ewangelio, do sprach er och: Mein ler ist mein nit. Mein und nit mein das ist sere wunderlich, und es ist war. Es mainet: es ist mein nit úch ze gebenne; es ist des dem es mein vater beraitet hat; awer es ist mein nit úch ze gebenne, mer, wend ir es nemen, so mússent ir es nemen in dem ursprung da ich es nime. Es ist wol mein, wann ich han es von dem vater; awer es ist nit mein úch ze geben; mer, nement es da ich es nime, das ist in demselben ursprung da ich es nime, in dem grund da ich und der vater ain weslich art sind in dem usflusz da ich ewiclich von dem vater flússe. Da mússent irs nemen, und darumb, wenne das der vater úr vater wird als er mein vater ist, so mag ich úch es nit geben noch enhan es nit úch ze gebenne, ir nement es da ich es selber nime, in dem grund da der vater reich ist, das ist in seiner urspringlichait. Und sol si das reich da nemen, so muosz si derselb sun sin, der ewiclich ain sun des goetlichen vaters gewesen ist, won anders so ist das reich nit ze nemenne wann in dem grunt da der vater ain natúrlich ursprung ist des sunes, und des enmag nieman wann der sun des vaters nach der ainichait. Und darumb, solt du es nemen, so muost du derselb sun sin des vaters. Darumb spricht Cristus: Es ist mein, wann ich han es von dem vater; mer, es ist mein nit úch ze geben; darumb da mússent ir es nemen da ich es nime, das ist usz dem ursprung usz dem ich ewiclich geflossen bin. Des enmúgent ir nit tuon, ir sigint denn der sun ewiclich us dem ursprung fliessend ist, in dem ir úr saelichait nement sind. Das wir herzuo komint, des helf uns got. Amen.

15.

Das ist von fúnf armueten.

Cristus der sprichet: Selig sind die armen des gaistes, das himelreich ist ir.

Es sind fúnf hande armuet.

Das erst ist ain túfeliche armuot. Das sind die nit enhant und gern me hettent, es sey uswendig oder inwendig; das ist ir helle.

Das ander haisset ain gúldin armuot. Das sind alle die da sitzent in eren und in guote und gant doch ledige us und in, also, wenn si us sint, waer das es alles sampt verbrunne was si gelaisten muegen, das si dennocht unbewegt beliben. Dise laeute habent himelreich von not und si muegen nit minder haben denn himelrich.

Die dritte haissent willige armuot. Das sind all die mit willen arm sind, die da hant gegeben fründe und mag, guot und ere, leib und sele. Die dis zemal gegeben hand von rechtem freien willen, dise süllen besitzen an dem iungsten tag das urtail mit den zwelfboten. Dise bechennent sich das si gelassen hand, und wegent es gar gros; darumb gend si urtail, wann si bechennent das es besser ist das si gelassen hand, denn die da besitzent.

Die fierden haissent gaistlich armen. Die habent nit allain gegeben fründen und mage, ere, leib, sele und guot, me, si sind zemal ledig aller guoter wercke; si haltent weder boesz noch guotes, wann das ewig wort das würcket die werck; wann si sind an underlasz das werck leident; wann in dem ewigen worte ist weder boes noch guotes. Darumb sind si berait das wercke ze leiden und sind doch ledig. Die habent mit dem urtail nit ze schaffen, wann si sind ir selbes ledige und aller ding.

Die fünften sind goetlich armen. Die sind nit allain ir selbes ledige, me, si sind och gotes ledige und sind sein als recht ledige, das er chain stat vindet in in da er würcken muege. Und fünde er ain stat darin er woerchti, so waer die stat ain und er ain anders. Die menschen habent chain stat, und si sind zemal ledig und blos aller zuofallender forme. Hie sind alle menschen ain mensch und derselb mensch ist Cristus. Hievon sprichet ain maister das das ertrich disz menschen nie ledige wart noch nimer sol ledige werden, wann der mensch ist ain enthalt himelriches und ertriches. Waer der mensch nit, so waeren si och baidü nit.

16.

O du süsse nature des ungebornen liechtes, rainig meinen gaist und claer mein verstantnisse, das ich von dir wissen mueg! Cristus sprach: Mein vater hat mich gesant den armen guote botschaft ze tuone. Bischof Albrecht sprichet: Got ist in allen dingen, also daz die tugende got in ir beslossen hat; und die weishait die ist in got, also das got die weishait in im beslossen hat. Sanctus Johannes sprichet: Wir wissen das wir mynnen; das wissi wir dabei, das wir mynnen sunder mitel. Der vater ist uns mit seim hertzen, als er uns gewesen ist mit seim sune. Sanctus Augustinus sprichet: Herre! ich mag dich nit gemynnen; mer, kuom in mich und mynne dich selber in mir. Sanctus Paulus sprichet: Wir súllen von uns legen das bilde unsrer nature und súllen an uns nemen ain goetlich bilde. Sanctus Augustinus sprichet: Lege von dir das wesen deiner nature, so sol infliessen und offenbar werden das wesen goetlicher nature. Sanctus Augustinus sprichet: Die da suochen und vindent, die envindent nit; wer da suochet und nit envindet, der ist allein der da vindet. Sanctus Paulus sprichet: Alles das ich was, daz enwas ich nit; me, es was got in mir. Doch sprichet Paulus: Wir sint boten oder chnecht des gaistes. Sanctus Augustinus sprichet: Ich der ich ie was in gote und immer me sein sol, mir waere lieber das ich nie worden were noch nimer werden solte, e denne wir daz minst wort ergrúnden moechtin das man von gote sprechen mag. Sant Bernhart sprichet: Wir súln gote volgen da er uns laitet; wellen wir it hoeheres denne wir han, so verlieren wir; und das wir gerne hetten, das enwirt uns nit. Sant Iohannes baptiste ward gefraget von seinen iungern: Wann, her, gangen wir und sechen Ihesum? Do sprach er: Warzuo solte ich das flaischlich sechen das ich gaistlich siche? Sant Iohannes ewangelista sprichet: Das liecht ist von dem liechte, und got von gote; in der substancie ward der sun geborn von dem vater. Die weishait sprichet in irm buoche: E das himel und erde gemachet ward, do was ich usgegangen von dem allerhoechsten in einer ewigen geburt. Och sprichet die weisheit: Ich han ufgetane das ú ain liecht geborn ist in dem himel, das sol úch nit erleschen.

Es sprechent die maister von den innern sinnen, die sint zwayerlay: die obrosten und die nidrosten. Die nidrosten sind zwischen den obrosten und den usren sinnen, und sind den ussern so nach, so das or it gehoeret oder das auge icht gesicht, zehant nimet es die begerung, das es lústlich ist inne; da ist die beschowerin, und besichet es mit fúrsichtichait. Ist es denne geordnet, so gibet si es den obrosten chreften; die nement es und tragen es úf der obrosten chraft sunder gelichnússe, wann si nit enpfachet forme, noch bilde und haisset *sinteresis*, und ist alles ain mit der sele nature, und ist ain fúnkli goetlicher nature; si mag nit erleiden was nit guot ist; si wil sin sunder allen flecken in volkomender lauterkait, und zemal erhaben sein von zeitlichait, und wil wonen in unwandelberer staetichait geleich der ewichait. Was herin chomen sol, das muos zem ersten geschaiden sein von manigveltichait in ainveltichait, das alle die chrefte der sele darinne gesamnot sint usserlich und innerlich. Was da chumet in die obrosten chraft, daz wirt also getragen von ainer chraft zuo der andern, und dis werck haltet sich nach der ewichait; es ist so schnelle geschechen als ob es geschehe sunder zit.

Ain haiden sprichet : Das herz ist lauter, das nichtes nit angeliden mag da von es der welt gefellet. Ain hailig sprichet : Die creaturen die uns got gegeben hat ze ainer hantlaitung in got ze wisende, die han wir uns selber ze ainer musvallen gemachet und sint in ir beliben, uf dem wege der uns ze herberg bringen solt... Ain subtiler haiden sprichet : Was wir verstan von der ersten sach, das sint wir me selber denne es die erste sache sige; wann si ist über alles verstan. Gregorius und Origines sprechent : Der mensch verzichet sich seines selbes, der von seiner stolzhait sich cheret in gantze demuetichait, und von gittichait sich cheret in verschmechnüsse irdischer dinge, und usser seinem aigem willen sich cheret und gotes willen fürderlicher suochet denn sein aigne saelichait, und doch nit uf dem ze belibene; wenne aber man in staetichait der ainichait (kumen wil?), so sol das alles abe, und allain würcken umb das man würck und umb kainen warumb. Es sprichet ain haidenscher maister: Was du würckest und was du tuost, züchet es dich von stolzhait und von manigvaltichait in demuetikait und in ainichait, so ist es ane zweivel guot. Boecius sprichet : Wilt du die warhait lauterlich bevinden, so leg abe froede und forcht, zuoversicht und hoffnung und peine und alle aigenschaft; es ist alles mitel. Es sprichet ain haiden : Leg abe alles dis und das, hie und nuo, und halt dich nach dem das du selber bist nach innerkait.

Der ist getrieben us seinem vaterhaim, der sich nit regniert und richtet nach dem gerechten gemuet das in innekait beslossen ist. Amen.

17.

Liebe chind, ir sond wissen das ware gaistlich leben leit an rechter bloshait sein selbes und aller dinge, das der mensch im selber nit ensuoche, noch beger, noch hab, noch well, wann das er sich selbst lasse der ewigen ordenung die allen dingen erlich gewiset und geoffenbaret ist, der es recht erchanti; was aber nieman erchennen mag, er sey denn von innen geainiget und von unserm leben in der erberen ordnung die von unserm herren Ihesu Cristo volkomenlich volbracht ist.

Die da inne lebent, die choment in recht ainichait; wann, wer die warhait verstan sol, der muos in der ainichait verstan, und das er in der ainchait sei; wann wer von selbes gaist út wissen wil, der mag von gotes geist nút wissen, noch enpfachen. Wann wenn das ist das er waisz und bechennet, so enist er nit blosz; wann das hoechste wissen und bechennen ist das man wisse und bechenne in unwissent und in unbechennent. Wann wer von im selber út wissen wil, der mag von got nút wissen. Und wer wil das im got sy, das ist im ain hindernúsz, wann ain hailig spricht : Wer wil das im got sey, der wirt hochfertig von innan ; wann der sele der recht ist, ie me ir got ist, ie minder es ir ist; wann got ist im selben alle dinge. Der recht demuetig gaist wirt clain in im selber davon das im der weg der warhait gewiset wirt. Hie leit ware gaistlich diemuet inne; wann die sele niedert groesser diemuet vindet denn an unserm herren Ihesu Cristo, der da selber sprichet : Ich bin von mir selber nit.

18.

Do unser herr Ihesus Cristus das craeutz wolte tragen zuo der marter, do redt er zuo seiner muoter fruntliche und mynneclichú wort. Dise wort sond wir verstan als got redet in die edeln sele, des man nit geworten mag. Die maister sprechent : Das man nit geworten chan, das ist das aller lauterste. Cristus offenbart seiner muoter all sein haimlichait, das si chaines trostes bedorfte, wann si was gestercket mit der warhait.

Die warhait hat vier tugend an ir. Die erste ist das si sich nit darf verhelen. Die ander das si sich nit darf bergen. Die drytt das si sich nit darf entschuldigen. Die vierde das si starck ist an ir selber. Dis ist uns bewaert mit allen den fründen unsers herren. Die warhait in ir selber chan nieman überwinden. Hierumb sol man warhait mynnen, wann ir nit gleich ist denn got allain. Got lobet warhait in ir selber, und offenbart si vor allen laeuten. Das ist uns bewaert mit Cristo und mit allen seinen gemynten fründen, die sind all tod durch die warhait. Woeltend si der warhait han geswigen und sich der creature han underwunden und nidergeneiget, so het man in des lebens wol gúnnen. Darumb so clagend all die frúnt unsers herren, die da sind in der ewichait, und die, die noch hie sind in der zeit, das der so vil ist die der warhait schement, und aber der so recht wenig ist die der warhait lebend. Und das clagen si der ewigen warhait die got selber ist.

Die laeute die da lebend in der warhait, die habent ain angezogen antlútz und ain gedultig leidung und ain durchnaechtig wandlung. Es sind etliche laeute die waenent die laeute betriegen, und sind si die betrognen. Der laeute sond ir nit mynne han; nement ir achte, si beweisent dicke das si sind und sunderlich da si vellent uf zergencklichú ding der zeitlicher begirde, der nement si me an sich denn der warhait gezeme. Ich wais wol das wir nit me haben denn ainen got; des haben och wir nit me denn ainen gaist, das ist der gaist der warhait. Der gaist der warhait der stat alwege in der warhait. So er ie me leidet durch die warhait, so er ie me begert ze leiden. Moecht er alles das geleiden das Cristus und all sein gemynnte fründe ie gelitent, die da sind im himel und uf erde: das woelt er alles leiden an alles warumbe, und ist aller derselben laeute mynne gerichtet und geordnet in der gerechtechait des gaistes.

19.

Dis lerte meister Eckhart:

Herre, himelscher vatter, durch dine ewige minne die dich neigete in menschliche nature, so neige dich in mich.

Herre Ihesu Criste, durch die trúwe das du dine werg wúrketest dime vatter zuo lobe und zuo eren, so wúrke in mir dines vatters lop in dem hoehsten.

Herre Ihesu Criste, durch diner muoter ere und durch dines todes kraft, so doete an mir alle ungelicheit, und wurtzel an mir din goetlich bilde nach din selbes lop. Amen.

Gemaine und schlechte wort,
Verborgne und froemde sinne!

III

POÉSIES MYSTIQUES.

1.

Ich wil úch sagen mere,
Sprach ein nonne guot;
Uns koment bredegere,
Des frauwet sich min muot.
Sie sagent uns guode wort,
Sie wollent uns entslúzzen
Den hymelischen hort.

   Scheidet abe gar,
    Nement godes in úch war,
    Senkent úch in synekeit,
    So werdent irs gemeit.

Der werde lesemeister
Der wil in einer sin (*sic*),
Er wil die sele reizzen
Mit der minnen fúrbitt *(sic)*;
(Mit) seiner minnen sticke
Duot er ir also heiz,
Daz sy von rechter minne
Nút erwidern enweiz.

   Scheidet abe gar,
    Nement godes in úch war,
    Senkent úch in synekeit,
    So werdent irs gemeit.

Der hohe meister Diderich
Der wil uns machen fro

Er sprach lúterlichen
Al in principio.
Des adeleres fluken
Wil er uns machen kunt,
Dy sele wil er verzuken
In den grunt ane grunt.

    Scheidet abe gar,
    Nement godes in úch war,
    Senkent úch in synekeit,
    So werdent irs gemeit.

Der wise meister Hechard
Wil uns von nihte san;
Der das niht enverstat,
Der mag es gote clan;
In den hat niht gelúchtet
Der godeliche schin!

    Scheidet abe gar,
    Nement godes in úch war,
    Senkent úch in synekeit,
    So werdent irs gemeit.

Ich kan úch nit berihten
Waz man uns hat geseit
Ir solt úch gar vernihten
In der geschaffenheit.
Geit in das ungeschaffen;
Verlisent úch selber gar;
Aldar habt ir ein kaffen
Al in daz wesen gar.

    Scheidet abe gar,
    Nement godes in úch war,
    Senkent úch in synekeit,
    So werdent irs gemeit[1].

---

[1] Le texte que nous avions sous les yeux portait: ligne 6: entssúzzen. — l. 11: gewar. — l. 16: Seiner minnen sticke, sans « mit. » — l. 19: nút erniden. — l. 30 versenken. — l. 36: gesat. — l. 41: hat sich. — De plus, le refrain « Scheidet abe gar, » etc., ne s'y trouvait en entier qu'après la première strophe, et sous une forme plus ou moins tronquée après les autres.

2.

Ich will von der minne singen
Die in dez vaters herzen bran;
In der hoher verholener tougener stille
Einen sun er im gebar
In aller voller gelicheit sin;
Dez gihet er ime al offenbar
In deme stillen widerschin,
Daz bliken und daz widerbliken
Daz under einander da geschihet,
Ir jeclicher anschowet sin nature;
Alsus so hant si sich vergen,
Si lůhtent in ir selbesheit,
Doch hant si in in beslozen
Alle drie ein einikeit.

Driveltecheit, dů bist ein brunne,
Ein urspring aller dinge;
Gar ein wesen der guete
Bist du genemet, floegende
In die geiste klar
Nút welden in ir selbes sind;
Alsus werdent si gezogen
In die edeln gotheit sin.

Die einicheit, die hohe nature,
Die haltent sich drige an underscheit,
An eigenschaften ich daz meine,
Daz bewiset die personlicheit.
Seht, diz ist der understoz:
In der wesenlicher eine
Sint si der eigenschefte bloz;
Eigenschefte sint bisunder
In der gelobeten drinitet,
Si lůhtet sich ein, daz ist gemeine

Ir jegelich an ire selbesheit;
Alsus so haldent si sich ein:
Seht, alsus ist uns bewiset
Ein gedriget und doch ein[1].

[1] Le goût de la métaphysique rimée paraît avoir été assez répandu à l'époque des grands docteurs mystiques. Voir plusieurs poésies analogues chez Ph. Wackernagel, *Das deutsche Kirchenlied*, Leipzig, 1864, II, 310 ss. Les *Cantilènes* attribuées à Tauler par Pierre Canisius (Pierre de Nimègue), dans son édition des œuvres de Tauler (Cologne, 1543), appartiennent au même genre littéraire.

IV

CATALOGUES DES PROVINCIAUX D'ALLEMAGNE DE L'ORDRE DES DOMINICAINS.

1.

Allso wil ich hie beschreiben die namen unser lieben vetter der provincialen, die da von angenge bisz auf die zeitte túzscher provinze gewessen sind, und hab willen daz ich allein ir name und nit ir leben hie wole schreiben und das von kúrtze wegen, wan ich ouch nit willen het die cronica der meistern als lang und grosse zuo machen.

2.

Hic est catalogus provintialium defunctorum provintie teutonie :

Beatus Conradus eligitur 1221 ; primum capitulum celebravit in Madenburg 1226, tantum novem fratribus extraneis supervenientibus.

Nomen secundi non reperi, quamvis in actis capituli apud Treverim celebrati 1236 habeatur qui pro fratribus B. et C. fiet[1], sicut

---

[1] Comp. Mone, *Quellensamml. zur bad. Landesgesch.*, IV, 2: « A. 1233 war C... prior provincialis in Teutonia. » Les catalogues que nous publions ici rectifient sur bien des points les listes de provinciaux que Mone et M. Preger (*Vorarb.*, p. 24 ss.) ont tenté de donner avant nous.

A. d. 1233 do ward provincial in diser provintze br. Bertholdus Dracho, und waz by siben jaren an dem ampt.

A. d. 1240 br. Hitto, und was by neun jaren an dem ampt.

A. d. 1249 br. Edmundus und was by zweyen jaren an dem ampt.

A. d. 1251 br. Hermannus von Haudelberg, gar ein heilliger man, durch den got grosze wunder wúrken was. Er was by 3 jaren an dem ampt.

A. d. 1254 br. Albertus magnus, der grosze meister, er was darnach byschoff zuo Regenspurc. Er was by 3 jaren an dem ampt.

A. d. 1258 br. Alexander und was by 2 jaren an dem ampt.

A. d. 1260 br. Hermannus von Haudelberg zuo dem andern male, und was by 5 iaren an dem ampt.

A. d. 1265 br. Gwoswinus, und was by eime jar an dem ampt.

factum fuisset si mortui essent in officio provincialatus; quare fortasse sequens primus nominatur, quia in officio defungitur. In actis etiam capituli provincialis apud Wormatiam celebrati 1254, efficitur predicator generalis fr. Hugo, quondam provincialis, quare plures fuerunt quam communiter assignantur.

Fr. Bertholdus Draco eligitur in Gandavo 1233; præfuit annis septem.

Fr. Hitto eligitur in Halverstat 1240; præfuit annis novem.

Fr. Edmundus eligitur in Treveri 1249; præfuit annis duobus et absolvitur.

Fr. Hermanus de Hauelberg, vir sanctus, genere nobilis eligitur in Leibtz 1251; præfuit tribus annis et absolvitur.

Fr. Albertus magnus, beatus, natione Suevus, genere nobilis, philosophorum maximus. Eligitur Wormatiæ 1254; præfuit annis tribus, postea in episcopum Ratisponensem eligitur. Obiit 1280.

Fr. Alexander eligitur Vienne 1258; præfuit annis duobus.

Fr. Hermanus de Hauelberg eligitur secundo Argentine 1260, et præfuit annis quinque et absolutus est. Claruit multis miraculis.

Fr. Groswindus, prior Madenburgensis eligitur Friburge 1265;

A. d. 1266 br. Edmundus, zuo dem andern mal, und was by 3 jaren an dem ampt.

A. d. 1269 br. Wolframus und was by 3 jaren an dem ampt.

A. d. 1273 br. Uolrich von Strasburg, ein man grozer tugenden und hoher kunst und was by 5 jaren an dem ampt.

A. d. 1277 br. Cuonradus von Esslingen ein gerechter man, und was by 4 jaren an dem ampt.

A. d. 1281 br. H. Engerlin und was by 5 jaren an dem ampt.

A. d. 1286 br. Hermannus von Minda. Diser was gar ser fast geflissen an dem ampt und erwarb vil freyheiten von einem legaten für die provinze. Er sant auch vier swestern von dem swestercloster Otenbach in das angefangen swestercloster Brunnader daz man nant sant Michels-Insel, das sy solten leren die selben swestern des ordens gewonheiten. Er war by vier jaren an dem ampt.

A. d. 1290 br. Cuonradus von Esslingen zuo dem andern mal und was by 3 jaren an dem ampt.

A. d. 1293 br. Theodricus, meister goetlicher kunst, und was by 3 jaren an dem ampt.

A. d. 1296 br. Cuonradus von Trebense, der do was do zu mal prior zuo Mentze, und was by 4 jaren an dem ampt.

præfuit uno anno et absolvitur.

Fr. Edmundus eligitur secundo in Treveri 1266, et præfuit annis tribus.

Fr. Guolframus eligitur in Lovanio 1269; præfuit annis tribus.

Fr. Udalricus Engelbert, compilator sume, Basilee eligitur 1272; præfuit circiter quinque annos.

Fr. Conradus Gurli de Eslinga eligitur Ratispone 1272; præfuit annis quatuor et absolvitur.

Fr. Henricus Engerlin eligitur in Minda 1281; præfuit quinque annis.

Fr. Hermanus de Minda eligitur 1286; præfuit annis quasi quatuor.

Fr. Conradus Gurli de Eslinga, eligitur secundo Friburge 1290, et præfuit tribus annis.

Fr. Theodoricus, magister in theologia, eligitur Argentine, 1293; præfuit annis tribus et absolvitur.

Fr. Conradus de Trest eligitur Argentine 1296; præfuit annis quatuor.

A. d. 1300 br. Hugo von Zúrich gar ein seliger andechtiger man, und was by 3 jaren an dem ampt, und starb daran.

A. d. 1303 br. Antonius und was by 2 jaren an dem ampt.

A. d. 1305 br. Egno von Stoffen, edel von geslecht und von tugenden und was bey 3 jaren an dem ampt.

A. d. 1308 br. Iohannes von Liechtenberg, ein hoher meister gotlicher kunst, und do er ein jar was gewesen an dem ampt, do ward er byschoff zu Regenspurg do vor mals der grosz Albertus byschoff gewesen was.

A. d. 1310 do ward erwelt in einem provincial der andehtig vater meister Eckard, aber er ward nit bestettiget, und darumb muost man des selben jars ein welung tun und die geschach zuo Zúrich in dem convente, und ward erwelt br. Heinrich von Gruningen, und was by 5 jaren an dem ampt.

A. d. 1315 br. Egno von Stoffen zuo dem andern mal, und was nit ein jar an dem ampt, und starb und ward begraben in der brueder convente zuo Zúrich in den kor fúr den fronaltar.

A. d. 1316 br. Jacobus von Welsperg, und was by 5 jaren an dem ampt.

A. d. 1323 br. Heinrich von

Fr. Hugo de Turego eligitur Colonie 1301; præfuit annis tribus.

Fr. Antonius Confluentinus eligitur ibidem 1303. Sub isto dividitur provincia in Theutoniam et Saxoniam. Primus provintialis divise provintie præfuit duobus annis.

Fr. Egno de Stoffen, genere nobilis, eligitur Winpine 1305; præfuit annis tribus et absolvitur.

Fr. Johannes de Leichtenberg, magister in theologia, eligitur Antwerpie 1308; præfuit uno anno, et ad episcopatum assumitur; post quem Eckardus, vir sanctus, magister in theologia eligitur, sed non confirmatur.

Fr. Henricus de Gruningen conventus esslingensis, eligitur Spire 1310; præfuit annis quinque et absolvitur.

Fr. Egno de Stoffen eligitur secundo in Brisaco 1315; anno sequenti moritur.

Fr. Jacobus de Welsberg, viennensis, eligitur Nurenberge 1316, et præfuit annis fere quinque.

Fr. Henricus de Gruningen eli-

Gruningen zuo dem andern mal, und was bey 3 jaren an dem ampt.

A. d. 1326 br. Heinrich von Lingo und was bei 5 jaren an dem ampt. Bey dis provincials zeiten do wolt man den orden etwas bass reformieren und der 15. meister des ordens Barnabas was sich fast domit bekúmern, aber der provinzial und etliche brueder der provinz warent nit darzuo geneiget, und darumb ward die sach so gross, das es fúr den bapst Johannes den XXII. dis namen kam, und der selb bapst gab der provintze von teutschenland zuo einem vicarien genannt br. Bernhardus Tarrerii und was von der provintze Tolosana.

A. d. 1331 do ward erwelt der selbe br. Bernhardus Tarrerii zu provincial der von dem bapst der provintze gegeben was zuo einem vicarien und was bey 3 jaren an dem ampt.

A. d. 1334 br. Jacobus von Welsperg von Wienne zuo dem andern mal, und was by 6 jaren an dem ampt.

A. d. 1340 br. Johannes de Duobus Montibus und was by 14 jaren an dem ampt.

A. d. 1354 br. Bartholomäus von Bölsenheim meister gotlicher kunst und ein seliger man. Der andechtig vater br. Heinrich Seuse und diser edler provinzal warend

gitur secundario in Basilea 1323, et præfuit annis quasi tribus.

Fr. Henricus de Lingo eligitur Confluentie 1326, et præfuit annis quinque.

Fr. Bernardus Tarrerii eligitur Argentine 1331, et præfuit annis tribus. Illo tempere fuit magna discordia in provintia quia Barnabas magister ordinis volebat reformare ordinem, sed precedens Henricus de Cigno obstitit et ad papam Johannem XXII appellavit, qui eum a provincialatu absoluit.

Fr. Jacobus de Welsberg eligitur secundo Berne 1334, et præfuit annis sex.

Fr. Joannes de Duobus Montibus eligitur in Gewiler 1340; præfuit annis 13.

(Hucusque tabula.)

ein ander gar lieb und geheim, und etlicher siner buecher gab vater Heinrich dem provinzial zuo übersehen und zuo überhoeren und zuo bewaren, by sunder teuzsche buecher die er gemachet hat. Aber die lateinischen buecher die er machet, gab er dem XVI. meister des ordens Hugo, und sy bewerten tugenlichen die selben buecher und meinten das es were ein kerne der geschrifft und tugenreiches guotes lebens. Diser provinzial was an dem ampt by 6 jaren und starb.

A. d. 1362 br. Gerhardus de Huntnis, meister goetlicher kunst, und was by 6 jaren an dem ampt.

A. d. 1368 br. Johannes Cúsin ein grosser und gelertter meister goettlicher geschrifft, und was bey 4 jaren an dem ampt.

A. d. 1372 br. Uolrich Wintener von Regenspurc, und was by 12 jaren an dem ampt.

A. d. 1384 br. Peter Engelin von Augspurg, meister gotlicher kunst, und was by 6 jaren an dem ampt.

A. d. 1390 br. Uolrich Theobaldi von dem convente zuo Basel, meister gotlicher kunst und ein andehtig man, und was bey 8 jaren an dem ampt.

A. d. 1398 br. Petrus Florin und starb desselben jars.

A. d. 1399 br. Petrus Engerlin zuo dem andern mal, und was by 3 jaren an dem ampt.

A. d. 1402 br. Adam von Coelne, meister goetlicher kunst, und was by 6 jaren an dem ampt.

A. d. 1408 br. Giselbertus, und was by 18 jaren an dem ampt.

A. d. 1426 br. Nycolaus Notal von Gemúnde, und was 21 jar und 4 manet an dem ampt, und kein provincial von anfang des ordens ist also lang an dem provincial ampt gewesen in diser teuzscher provintze als diser provincial. Er regiert auch die provintze gar wol und was auch gar ein erberer lieber vater.

A. d. 1446 br. Petrus Wellen von Antwerp, meister goetlicher kunst und gar ein seliger man, der do mit grossem fleiss die provintze und alle bruederconvente und swestercloester gar wol gefürdert hat und durchohtet fast die sünde, bosheit und missthat in welen clostren er sy fand, und meret geistliches lebens. Er ist jetz in dem neunden jar an dem provincial ampt und dienet uns mit seiner arbeit und visitatio getreulich, also daz er gewenlich alle jar von einem convent zuo dem andern faren ist, nit an sunder mue und arbeit. — Do nun der provincial Peter Wellen was an dem ampt gewesen 9 jar, so begehrt er darvon und ward absolviert.

A. d. 1455 do was das provincialcapitel zuo Francfurt an Sant-Marthen der heilligen junckfrawentag; do ward erwelt ze provincial hie über die teuzche provinze br. Heinricus de Tenenaco, ein meister goetlicher kunzt, und was an dem ampt etwas mer den ein jar.

A. d. 1457 ward erwelt wider zuo dem amptbruoder Peter Wellen, und was an dem ampte zuo dem andern mal 11 jar und etliche manet, und det vil guotz mit reformie vil bruoderconvent und swestercloester.

A. d. 1469 ward erwelt zu einem provincial br. Wilhelm Rosslauf von dem convente zu Gemünd, ein meister der heilligen geschrift, und was an dem ampt 5 jar, darnach ward er absolvirt.

A. d. 1475 do ward erwelt zuo einem provincial bruoder Jacob von Stubach von dem convente zuo Wen (?), ein meister der gotlichen kunst. Den befiel ich euch in eur andechtig gepet. Do er die provinz regiert do ward disz buoch geschriben[1].

---

[1] Ces catalogues ont déjà figuré dans l'Appendice de notre *Essai sur le myst. spécul. de M. E.* Strasb. 1871; nous les reproduisons sans autre changement qu'une disposition plus exacte des noms d'après l'ordre chronologique.

Pfeiffer, dans les papiers inédits duquel nous les avons rencontrés, les avait tirés tous deux d'un manuscrit du couvent de Sainte-Catherine à Augsbourg, comme le montrent les notices suivantes qui les accompagnent dans la copie qu'il s'en était procurée :

1. *Catalogus Provincialinm provinciæ olim Teutoniæ, modo Saxoniæ, dessumptus ex ms. codice papyraceo in fol. in bibliotheca monialium ad. S. Cathar. Augustæ adservato, quem circa annum 1483 confecit monialis quaedam, et vulgo adpellatus* : Das Ambt Buch.

2. *Catalogus Provintialium Teutoniæ ex antiqua tabula in monasterio San-Cathariniano Augustae adservata, descriptus.*

V.

TRAITÉ D'UN LIBERTIN SPIRITUEL.

Un petit traicté du commencement pour pervenir de plaire a Dieu, par le moyen de son filz Iesus Christ.

LE PROLOGUE.

Après qu'ai ocuppé, arresté et mis mon temps a cercher, demander, m'enquester, et par dessus tous thresors povoir obtenir le vray moyen et principal sentier, qui mayne, conduict, asseure et a droict multiplie, et enrichit au vray chemin de la vie immortelle de Christ, selon l'esprit de la tressacrée sapience, laquelle voye, verité et vie (qui de vray est) moyennant le Seigneur par son filz Iesuschrist i'ay trouvé, donnant premier la gloire a mon Dieu, en ceulx qui m'ont iusques a present conduict et enseigné a ceste mesme doctrine, et aussy afin que finablement ie les honnore et ayme comme peres et meres, non seulement par bouche, livres, lettres et escriptures : ains bien perfaictement et droictement en une vie fidele, chrestienne et celestielle, ce que i'ay veu et certainement cogneu en iceulx, selon la droicte forme, sens et maniere des escriptures, et sapiente doctrine procedante de Christ en l'esprit ; pourtant, voiant plusieurs poeuples en toutes regions, a dextre et a senestre, principallement en celle ou de present i'habite, que pourroyent estre ignorantz d'icelle saine, spirituelle et veritable doctrine : me suis (soubz correction) humblement advancé (selon la mesure de foy que i'ay receu de mon Dieu eternellement benict, en sa renaissance et puissance immortelle, veritable et eternelle) pour esprouver si par aucun moyen, mon Seigneur Dieu me vouldroit prendre comme un tesson ou pot cassé, pour servir envers aucuns a sa gloire et louenge. Priant aussy qu'un chascun (le petit comme le grand) tendent et mettent paine, de vouloir plaire et estre aggreables, riches et plaisantz au Seigneur, ce qui est iuste et droict, de travailler a obtenir ces bons dons, et ces plus celestes et glorieuses richesses de Dieu : combien que c'est chose merveilleusement a redoubter et craindre, de s'advancer a la declaration d'un tel sy excellent, puissant, fort et admirable sens de l'esprit, et se vouloir entremettre de vouloir mener, instruire et enseigner un aultre, la ou mesme on ne seroit point enseigné, ou instruict, ou de vouloir preceder, et conduire un aultre, la ou on est mesme sourd, muet et aveugle, lesquelz a iuste cause le Seigneur appele desrobeurs et larrons, ouy meurdriers : leur concluant d'ensemble tomber en la fosse.

Parquoy, ayant (selon mon petit entendement) excogité et recoulé toutes ces choses, ay d'aultre part aussy regardé qu'un chascun peult (moyennant le Seigneur) en ce qu'il ha receu de Dieu, faire son debvoir de son talent, en marchandant pour soy et un aultre, afin d'adviser de faire quelque petit gaignaige; car combien que le petit mercier ou bannetier n'est pas le grand marchant, sy est-ce qu'il court le marché comme les aultres, et trouve souventes fois quelque simple lourdault, qui prendt, marchande, er achapte quelque piece de luy, par laquelle il vist et substente son ame, avec sa famille : ie dy selon l'esprit.

Au semblable, afin que nul ne me repute et estime que selon ma petitte richesse ou evaluation, et aussy que par mon escript ne veuillez laisser la lecture de livres de mon Seigneur et Maistre, desquelz est la perfaicte veine de toute sapience superfluante comme Euphrates, scaichez (comme i'ay devant escript) que je me veulx tenir selon mon endroict, ma chairge, et mon quartier, ayant aussy mes gentz obedientz soubz mon enseigne et estandart Iesuschrist, portans le zele de mon cœur en leurs coeurs, habillez des livrées de mon Dieu dedans et dehors, n'oyantz ou escoutant aultre son, tambour ou phiffre, sinon du sens de Christ, tenans mon mot du guet sur la veille, et de nul aultre soit d'ange, d'homme, ou de diable : lequel mot est la mortification, et cruciation de la chair pecheresse, laquelle est interieurement generée, et engendrée de la faulse et orgueileuse semence du serpent, conceue avec la grande paillarde pourprée, mere de fornication : faisantz leur œuvre en l'abisme de noz pensées et imaginations, ou gist et consiste la premiere et derniere regeneration, suivant la Saincte Parole du Seigneur, disant : Quiconque ha les piedz (ou pensées lavées), il est net par tout, estant faict un sainct temple et habitacle de Dieu benict.

A laquelle chose pervenir, par cy devant (a scavoir avant les iours d'icelluy Enseigneur dont premier i'ay parlé) n'estoit donnée l'ouverture, ou cognoissance de comprendre ou entendre la profundité, et eternelle ancienneté de l'esprit, a cause que son iour et manifestation en Israel, en la plenitude et perfection des temps, n'estoit point encoire venu. Ce qui est maintenant clairement veu, et apparu de pouvoir recouvrer et obtenir, par la seule et exsudante misericorde de Dieu en son filz Iesuschrist, lequel est liberal largiteur de toutes choses, a ceulx qui le cerchent et craignent. Pour lesquelz le Seigneur suscite, ou esveille un vaisseau tel qu'il luy plaist, par lequel il faict son œuvre, ainsy qu'il faisoit en sa primitive Eglise, par ses Apostres et Prophetes : les ayant envoyé devant sa face en la vertu et soufflement de son Esprit, qui nous est une figure, ou instruction du temps present, en son dernier iour, heure, minute et iect d'œil. Pourtant un chascun de vous se haste de cercher, d'enquerir, et demander sans tarder ou donner temps, iour ni heure (avec le prince Ozias et les anciens de Bethulie) au Seigneur pour trouver et fidelement approcher de ceulx, que Dieu par sa puissante main ha ordonné et envoyé en ce present temps d'eternité a ce mesme, en plus perfaicte office apostolique que devant n'est dict. Aussy ausquelz Dieu tout puissant ha donné puissance de lyer et deslyer, de condemner et iustifier, guerir et blesser, comme Christ l'ha parlé de sa veritable et sacrée bouche en son Evangile, disant aux fideles croyantz avecques Pierre Apostre que les portes d'enfer ne pourront rien a l'encontre d'eulx.

Laquelle function ou office plusieurs (avant ces iours) ont usurpé, et usurpent sans quelque revelation, puissance ou soufflement de l'Esprit : dequoy est sours, et sourdent grandes erreurs et seductions en l'universel monde. Ce qui est maintenant (Dieu mercy) cogneu de plusieurs, a la louenge et priz de Dieu.

Mais a nous n'est faict ny pensé ainsy, sans tesmoignage, puissance, ou vertu. O non : et aussy nostre bouche et oeuvre de l'esprit, porte sa lumiere avec elle, accordante avec la Parolle du Seigneur : ascavoir que si aucun vient a vous, et n'apporte point ceste doctrine de soy mortifier, ne le saluez et ne le recepvez point. Oultre dict-il : vous les cognoistrez a leurs oeuvres de l'esprit, le fruict des lebvres, ou la resonnance et sifflement de la voix, a laquelle les brebis accourent et s'assemblent, et elles s'enfuyent de l'estrangier et mercenaire, duquel les brebis, ne l'appel ou huchement n'est du Seigneur.

Combien qu'il pourroit estre trouvé des patres pelues et pharisaicques diseurs, qui parleroyent et feroyent signes comme l'aigneau : mais auroient le sens du tout eslongné et estrangé de Dieu, et sa Parolle, leur fyans a la menstruosité et souillure de leurs oeuvres, qui sont toute hipocrisie et fainctise : desirans et demandans estre veux des hommes, es coings des rues. Mais non point ainsy avec nous. Car il fault que nous nous tenons comme en tenebres, iusques a ce que notre Dieu s'apparoistra triumphamment en lumiere, en un dechassement et departie de toutes tenebres et obscurité. Lequel temps attendons par patience : n'aiantz ce pendant de quoy nous iustifier, monstrer, ny exalter, sy non de plorer, gemir, et lamenter nostre infame, meschante et abhominable precedente vie : laquelle nous rendt (avec noz peres et ancestres) confuz : qui cause que soions du tout nous appuyant et confyant en la seule misericorde de Dieu en son filz Iesuschrist, laquelle misericorde il ha franchement favorisé et donné a ceulx qui croyront, obeyront et se confyeront en luy, et qui de tout leur coeur, imagination, sens et pensées, tascheront d'entendre et concepvoir son sens : pour en ce mesme luy servir, le craindre, et obeyr : sans espargner pere, mere, soeur ny frere, ne soymesme (qui tout excede) dedans et dehors.

Voila (tres chers) le chemin par lequel nous suyvons le Seigneur et sa Parolle : auquel ensuivre vous vous advancerez, et adioindrez, si ne voulez perir entre les mortz et mauldictz du Seigneur, en un verminant ver, lequel les demangera a tousiours eternellement. Ce qui adviendra par vostre deffaulte, si ne suivez et obeissez au conseil de Dieu, lequel vous est tant clairement annoncé. Considerez a quelle utilité et prouffict viendra vostre labeur, quand vous aurez faict par cela detriment a vostre ame, et qu'aurez amassé un thresor d'ire au iour de vengeance. Ne savez-vous point que la racine de tous maulx est convoitise de richesses? et que ces cerchantz d'icelles sont tombéz en plusieurs douleurs? Aussy n'est-il pas escript, que le riche fist rompre ses greniers, pour les faire plus grandz, amples et spacieux afin qu'il y eubt lieu pour mettre les biens qui luy estoyent parcreux? et ayant faict ce, disoit a son ame qu'elle se reposast : dequoy du Seigneur (en la mesme nuict de sa vaine attente de repos) luy fut demandée son ame. Voiez et lisez la thesaurization et assemblement de celuy qui est sans Dieu. N'est-ce pas une fumée de toute son oeuvre, et penser, sans icelluy benict, estant accomparé au fol, qui ha edifié sa maison sur le sablon et vanité, contre laquelle les ventz et la tempeste ont couru et ha esté ietée par terre, et sa ruyne faicte grande.

Pourtant craignez, et vous enquerez des voyes de Dieu, afin que cheminiez en icelles. Cognoissez et aymez vostre Createur et Dieu. Ostez de voz yeulx dedans et dehors ce qui vous empesche ou nuist a le suivre. Ne scavez-vous, ou debvez scavoir, qu'il vous ha créez a un prix de sa gloire ? et qu'il vous ha tant aymé et chery de vouloir librement habandonner et delaisser son seul filz unique Ieuschrist le Iuste, en toute calamité, souffrance, passions et mort, pour vous faire sainctz et esleuz a une ymage et eternelle louenge de son Nom ? et que par ce moyen fussiez destournez et delibvrez des lyens de vous mesmes, qui est le diable. Vous donnant par Christ, une loy saincte, spirituelle et bonne, surmontante et excedante celle de Moyse ou de la lettre, voire bien plus perfaicte et vivante, autant que le dedans est la vertu et puissance du dehors. Auquel dehors poeult, ou pourroit estre faicte quelque fraulde ou deception, par une exterieure vesture d'aigneau ou de brebis : dont dedans seroient trouvéz loups ravissantz et deschirantz, qui cautellement (comme devant est dict) apparoistroient en une vie de chasteté et de pieté, mais par dedans nyantz en leurs coeurs la vertu, ou force d'icelle. Ce qui ne poeult estre trouvé ny demeurer caché en la loy de l'esprit : laquelle par sa prudence ou sapience admayne tout en lumiere par la vertu de son iour lumineux et clair. Surquoy vous pouvez cognoistre et veoir la difference en ceulx qui contredisoyent et contredisent de present a Christ : l'ayant crucifié et crucifient iournellement en leurs coeurs : le voulant reprendre en sa vie et conversation par leur loy, laquelle ilz n'avoyent puissance d'observer. Et aussy ilz n'avoyent cause de le reprendre, entant qu'il estoit observateur d'icelle : ayant en soy une loy plus penetrante, et de plus perfaicte et spirituelle cognoissance, sans laquelle nul vivant ne poeult venir a salut : consideré que l'une (qui est spirituelle) vivifie, et l'autre (qui est charnelle) occist : l'une blesse et l'aultre guerist : l'une aveuglist, et l'aultre faict veoir. Parquoy a iuste cause, le Seigneur Ieuschrist ne s'esmouvoit point de leur dire pourtant que son Pere estoit en luy, et luy au Pere, ou en la loy de l'esprit. Dequoy avons a parler, et du tout avoir noz sens et entendement fichéz et arrestéz a l'intelligence, ouverture et cognoissance d'icelle loy spirituelle, vivante et eternelle. Afin que ne soions pas seduictz, ne divertiz du Seigneur nostre Dieu, par quelque saincte deceptive apparence exterieure, par sepulchres blanchiz, lesquels amaigrissent leurs faces, pour farder leur trongne ou visaige comme paillardes : pour mieulx decepvoir le simple et ignorant, qui ne voidt que par dehors : ne se guettant ou doubtant que soubz tel habit sont les pocques ou verolle. Mais a nous qui suivons (par grace) la voye, la vie et le salut de Christ, en sa loy ardente, admirable et spirituelle, nous oingdons (ou desirons qu'elles soient oinctes) noz faces : afin que n'apparoissons aux hommes ieusnans, ou qu'on ne faice aucune estyme de noz oeuvres interieures ou exterieures. Ains bien coyettement et invisiblement desirons qu'elles soient veues de nostre Dieu, principallement quand elles sont maulvaises, afin qu'il nous reprenne misericordieusement a emendation et rechangement comme nostre vray Pere. Et ainsy petit a petit aspirons et travaillons a faire son vouloir : en imprimant et formant de iour en iour sa perfaicte crainte en noz coeurs, iusques a ce qu'icelle loy spirituelle y soit escripte de son doigt ou main. Afin d'ainsy proceder en avant (sans quelque simulation, ou deception) en nous mesmes premierement, puis (en passant nostre chemin) s'il y ha aucun frere ou soeur de bonne volonté, ayant vouloir et desir a ce mesme chemin et voye de Christ, pour son grand bien et utille salut, nous luy aydons par nous mesme (a scavoir par la cognoissance et rencontre de nostre peché) en la force de l'esprit du Seigneur (auquel gist tout) a s'humilier, applatir et abbaisser soubz la puissante main de Dieu : pour ensemble estre faictz semblables a un petit enfant, en la renovation des sens, pour estre chastréz, et faictz capables du Royaume des cieulx. Qui est le vray fondement de la doctrine de Christ. Sur lequel sens sa saincte congregation, Eglise et assemblée est et sera fondée eternellement et a tousiours. Et aussy la castration ou circoncision en l'esprit, est celle qui se faict pour le Royaume des cieulx : la principale, qui excede les chastréz du ventre de leur mere, ou qui le sont des hommes. Car icelle circoncision est de Dieu par Christ, en la loy spirituelle : dont Iesuschrist est l'inciseur, la pierre et le cousteau : le commencement et fin de toutes choses.

A laquelle circonscision (mes bien aymés freres et soeurs) il vous fault pervenir, si desirez d'estre saulvez, et qu'il vous vienne a gré de nous evoquer et appeller, avec Cornelis : lequel invocqua Pierre, pour scavoir le chemin de son salut. Non pas que ie dye que Pierre Apostre et Esleu du Seigneur, fut pervenu a une telle cognoissance comme elle est de present, o non : car le temps n'y estoit point pervenu. Et aussy le commencement n'est pas la fin, ne l'enfant l'homme. Ce neantmoins que si estiez venuz aussy avant, que pour lors estoyent les Disciples et Apostres de Ieuschrist nostre seul fondement, vostre chemin et voye seroit abregé d'une bonne lieue.

Toutefois esperant par grace (faisant diligence et debvoir), toutes choses sont possibles au croyant. Voiez (selon chose humaine) comment de present au monde toutes choses sont abbregées et practiquées en tout artz et estatz, par dessus le sens et entendement du temps passé. Si doncques les choses terrestres sont ainsy enrichyes, et pervenues en subtilité, combien plus donc s'enrichyt et envieillyt l'esprit et sens de Dieu en l'homme nay de sa nature.

A ceste cause, advancez vous en ce qui vous poeult faire vivre, et donner eternelle joye : et le Seigneur vous recepvra, engendrera et recreera. Luy seul vous conduyra, subtantera et enseignera en toute doulceur et clemence. Ce qui vous semble estroit et penible, il le vous fera large et facile. Approchez-vous. Ne craignez point. Ouvrez voz yeulx, et regardez ses bagues, dorelotz et richesses : car telles perles, rubis ny emeraugdes n'ont oncques esté veues au monde. Cerchez les bien (elles sont a trouver). Vendez ce que vous possedez, et achaptez le champ ou elles sont enfouyes : et vostre ame sera remplye de richesses eternellement. Privez-vous interieurement et exterieurement avec la veufve de Zarephta de Zidon, de ce qui nourryt la chair, et l'habandonnez a Elye : pour recepvoir la vie infaillible de l'esprit. Mettez tout vostre vivre (ie dy selon l'esprit) aux dons de Dieu. Et soiez veufves avec la veufve : afin que soyez trouvéz ayantz plus d'enfans, que celle qui ha mary. Ne songez point, puis qu'on vous offre gaing. Ouvrez et estendez les mains, puis qu'on vous veult donner, et point oster, fors que le maulvais sens, et ce qui nuygt et empesche a vostre ame. Cognoissez que ce qui est descendant d'enhault du Pere des lumieres, que c'est une pluye qui produict tout bon fruict, et admayne en avant le maulvais et zizanique : afin que vous vous gardez de manger d'icelluy. Savourez et goustez ce qui est bon, delectable et vivant. Ne perdez point de l'oeil ce qu'avez receu en l'ouye et aureille. Enquestez-vous ou se faict l'assemblée. Oyez le bruict du tabourin, et escoutez aprep le son du phiffre, de quelle part il gasouille en sa fleute. Enquerez vous ou sont leurs ennemys, et vous destournez de leur camp : vous adioignant a la bonne querelle. Scaichez a droict la cause de la noyse, et vous accompaignez et associez des bataillantz soubz Dieu. Ne vous admusez ou empeschez point des negoces seculieres (qu'aultant que la necessité temporelle le requiert) ou aultrement seriez incommodes a batailler soubs Dieu. C'est le dict de l'Apostre et le conseil de l'esprit. Parquoy venez avant devant qu'il soit plus tardt : afin que n'attendez trop longuement, et que soiez forcloz de la vie eternelle de Dieu. Il heurte a vostre huys : ouvrez, et le laissez entrer : afin qu'il prenne lieu et demeure avec vous et vous avec luy. Car croyez veritablement que quiconque sera trouvé sans Dieu mourra la mort eternelle. Considerez ce qui est iuste, et vous donnez le tort, et au Seigneur tout droict et louenge. N'est-il pas digne d'estre aymé et obey par dessus nous mesmes? en tant qu'il nous ha faict, et point nous : ou de nous ayantz quelque povoir (ô non) de faire un cheveul blanc ou noir en sa taincture. C'est bien loing de le creer en sa forme, vertu ou force.

Pour ceste cause (mes tresaffectez freres) ne vous laissez perir, perdre et destruire par vostre nonchalloir. Approchez-vous de vostre createur, redempteur et auxiliateur. Ne craignez point son ioug ne sa chairge, car elle est legiere : ouy plus legiere que ne le povez croire. Vray est qu'elle vous semble pesante, pourtant que vostre nature est entierement contraire a la sienne : mais quand par foy accolerez son gorreau, vouloir et commandement, lors la chairge est a demy allegée. Croyez-le car ie vous tesmoigne la chose estre veritable, comme celuy qui mesme ha craint et doubté le faix. Et aussy vous debvez scavoir, que ma vie et nature estoit autant, ou plus meschante que la vostre, et m'estoit dur et difficile d'en departir. Mais quand ie conceu qu'il n'y avoit point d'aultre moyen ou eschappatoire pour venir a la vie (laquelle ie desiroye) sinon par Christ : ascavoir tribulation et affliction dehors et dedans, lors ie me bendy en mes reins et memoire, comme faict (charnellement) l'homme a la bataille, soustenant la querelle de son Roy, prince ou seigneur a l'encontre de ses ennemys : habandonnant toute sa vertu et puissance au gaing ou perte de celuy soubz lequel il s'est submis, pour un petit sallaire. Au semblable, ie fey selon l'ouverture de la cognoissance de mon Dieu, qui lors par foy me fut donnée, comme pour un salut immortel et certain bien, donné par celuy qui est, estoit, ha esté et sera tousiours eternellement infaillible et veritable : voiant l'aultre (comme il est dict) habandonner toutes choses pour ce qui est perissant et mortel. Et moy donc, et vous (mes freres) avec moy, est-il maintenant temps de dire : ie crain et suis tremblant d'entreprendre un tel chemin, auquel on gaigne et acqueste une telle et inexprimable richesse et bien? Veu que l'homme charnel (selon son entendement) y va tout ryant, sans regarder derriere soy, ou vaciller a l'esperance de sa vaine attente. Combien plus nous pour la vie immortelle, laquelle nous est tant copieusement en habondance asseurée de Christ, ouy de Dieu mesme par ses Apostres et Prophetes : parlantz des le commencement du monde, d'une telle fruytion et iouyssance a ceulx qui accomplyront sa parolle et commandement; l'exprimant par oeuvres spirituelles a dextre et senestre, dedans et dehors, a un jugement et tesmoignaige de ceulx qui y contrediront. Desquelz contrediseurs et ennemys de la croix de Christ, il fault que vous et moy vous vous eslonguez, et que leur monstrez (par vostre approchement et bon vouloir a l'obedience de la verité) ce chemin pour vous suivre. Afin que finablement tout homme bon ou maulvais n'ayt quelque excuse d'ignorance devant Dieu nostre Seigneur : ains bien par nous une occasion et instruction de bien faire. Faisantz ainsy que Christ, nostre Enseigneur et Maistre, ha faict pour nous qui estions ses ennemys et estrangéz. Lequel par sa bonne conversation, et visceralle misericorde de sa grace, nous crye et prye d'approcher de luy : a celle fin que goustions et savourions sa divine bonté, et qu'aprez l'avoir gousté, et estre faictz semblables a luy, nous facions la pareille aux indigentz d'icelle.

C'est la le premier commencement de l'introyte de mon petit, indocte et rural traicté. Auquel ay deliberé (selon mon petit povoir) donner le sentyment de ce que j'enten du principe de pervenir a plaire a Dieu, par le moyen de nostre seul enseigneur Iesuschrist, l'envoyé et oinct de Dieu, d'une sapience, entendement et unction, laquelle ne fut jamais sceue et cogneue iusques au iour present. Comme il ha dict et respondu a ses Apostres, aprez leur demande du temps de la restitution d'Israel : a vous (dict-il) n'est et ne poeult estre donné a cognoistre ces choses (pourtant qu'este enfantifz). Mais a ceulx qui sont ordonnéz des la creation, et avant la constitution du monde, de par mon Pere.

Par ainsy recepvez le traicté de moy .F. petit en l'intelligence,

touteffoisgrand en foy au desir d'y pervenir. A la gloire et seule louenge
de mon Dieu, par Iesuschrist,
qui est, estoit et sera a
tousiours mais, en
tout et par
tout eternellement benict.
Amen.
1547

Premierement et avant toutes choses, si aulcun veult pervenir a Christ et estre faict un membre ou outil servant a sa gloire, et obtenir salut, il fault qu'il croye, entende et cognoisse, que Iesuschrist la parolle du pere, nous est envoyé, distribué et baillé, non seulement en l'exterieur pour signe et figure, mais principalement pour un interieur spirituel et perfaict entendement de la cognoisçance et vie de l'esprit, en l'immortelle regeneration de la puissance de la force. Combien que vray est que premier qu'ayons ou puissions pervenir a un tel entendement et sens interieur, il falloit que par sa bonté il commenceast et se plyast visiblement comme un pere a son enfant, une mere a sa fille, un maistre, pedagogue ou enseigneur a son disciple. Car aultrement estoit-il impossible que le sens enfantif eust poeu comprendre ou entendre un tel, hault et excellent mistere, comme vous voiez que par nature nous povons concepvoir, entendre et apprendre toutes choses visibles, leur sens, leur cours, leur fin et commencement, et qu'aussy font les enfans selon la chair, lesquelz facilement par acoustumance de veoir la conversation, l'aller, le venir et parler de leur pere, ilz perviennent a une telle maniere de faire, en parolles, faictz et oeuvres, tellement qu'aprez le deces ou trespas du pere, on dict que le filz luy est semblable dedans et dehors : a scavoir de face, de hauteur, de contenance et de parler.

Puis doncque qu'ainsy est qu'avons poeu comprendre visiblement (avec Iean baptiste) ce qui ha esté de Christ selon la chair, lequel Iean baptiste, aprez le retour de ses disciples envoyéz a Christ, lesquelz luy dirent qu'ilz luy avoient veu donner la veue aux aveugles, et faire aller les boyteulx droictz, resusciter les mortz, et creudt et entendit par cela que c'estoit le Christ et celuy qui estoit envoyé pour le salut et redemption d'Israel. Mais son croyre et intelligence n'estoit (comme i'ay dict devant) que visible, terrestre, tastable ou maniable : point esprit, lequel n'ha chair ni os : ains estoit chair, ainsy que luy mesme le tesmoigne d'estre terre et parlant de terre, savourant et goustant ce qui estoit terrien. Combien qu'entre tous ceulx qui naissent de femme n'en fut de tel que Iean, ne plus sapient ou angelique avant Christ : entant qu'il avoit l'ouverture et cognoissance litteralement de tous les prophetes, lesquelz ont eu leurs cours et envoy iusques a luy en l'exterieur. Mais aprez qu'il eust ouy en la prison les oeuvres de Christ, il tesmoigna de luy disant : Celuy qui est descendu du ciel est celeste, et est pardessus tout. Il fault qu'iceluy croisce, et moy que ie sois amoindri : qu'il regne et que ie sois aboly : entant qu'il est la vie et la sapience de Dieu, le sens, l'entendement et la vertu de la vie de l'esprit : pour donner vie aux mortz, la veue aux aveugles et la droicte alleure aux boyteulx : ce que Iean entendoit corporellement, comme aussy pour lors se faisoit. Mais Iesuschrist entendoit et tachoit (comme il fault que nous facions) de pervenir a une aultre guarison, parolle et intelligence, a une aultre vision, alleure et resurrection de l'esprit : a un aultre baptesme, une aultre confession et mortification. Comme Iean ha dict : ie vous baptise en eaue (dict-il), mais il y en ha un au milieu de vous, lequel ne cognoissez point : icelluy baptise en feu et vertu de l'esprit : duquel le van (ou la verge) est en sa main : il purgera par icelle son aire (ou nostre cœur) et assemblera son froment (ou parolle) en son grenier : mais les pailles (ou vaines parolles) seront soufflées au vent. Ou aultrement (si vous l'entendez mieulx), il r'assemblera les zizanies par fagotz ou faisseaux, et les jectera au feu inextinguible.

Voilà donc (mes tres aymez freres) en brief le contenu de ce qui est visible ou terrestre : afin que plus-facilement puissiez entendre le celeste. Ce qui est impossible a vous d'y pervenir par quelque travail, estude ou labeur que pourriez faire iour et nuict. Car les dons celestes se font sans labeur : et par labeur non pas de nous : mais par la seule priere en la foy en Iesuschrist. Lequel ne vous orra ou escoutera, si premier ne vous habandonnez de tout vostre cœur et sens a luy : en luy manifestant entierement a vostre confusion, en la presence de ceulx qui cheminent le mesme chemin que desirez ensuivir, toutes voz iniquitez et transgressions, sans retenir en vous quelque chose de caché, absconsé ou muré. Et ainsy bien humblement vous prosterner en une vraye confession et obedience de cœur devant luy, disant :

Seigneur le Dieu de mon salut, qui as créé le ciel et la terre, la mer, les estoilles, et toutes les gloires et beaultez contenues en iceulx. Je te prie, donne moy a cognoistre le chemin a la vie en ton fils Iesuschrist, et me dresse et conduy avec ceulx qui craignent ton Nom, et me destourne de la voye des meschantz, et de ceulx qui cheminent en fraulde. Et me donne d'estre renay de ta puissance celeste, par la vertu de ta parolle, laquelle de present tu as donné et favorisé en la bouche de tes serviteurs, prophestes et apostres : qui selon la vie immortelle et eternelle de ton esprit cheminent en tes voyes, afin qu'avec eulx, ie soye faict un enfant, en l'obedience et discipline de ta parolle, et que finablement ie puisse pervenir en un virille et ancienne grisesse de ton esprit, a un prix de ton Nom eternellement benict. Amen.

Et par ainsy (tres chers) en continuant et perseverant nuict et iour, par prieres et petitions devant le Seigneur sans cesser ou vous lasser : mais plustot luy estre moleste avec la veufve, iusques a ce qu'obteniez vostre requeste et que heurtiez tant oultraigeusement a son huys, qu'il vous donne des pains tant et sy largement qu'en ayez a suffisance, pour festoyer vostre amy qui est venu de dehors : a scavoir Iesuschrist.

Et que le puissiez substanter et festoyer, selon la noblesse et loyaulté de sa personne. Vous advanceant ainsy de toute vostre ame et force, pour cognoistre et entendre (par ceulx qui ont ceste cognoissance devant vous) comment c'est qu'il fault faire pour scavoir departir le bien du mal : et par ce moyen petit a petit escouter en voz pensées (aprez que le Seigneur vous ha touché) ce qui est lumiere ou tenebres. Car sytost qu'il ha attainct aucun de son esprit, la bataille se commence es pensées : la font-ilz trois contre deux et deux contre trois, legion contre legion, Christ contre Belial et Belial contre Christ, en telle maniere se commencent a dresser et eslever les domestiques de vostre maison, et s'opposent mortellement et inimicieusement a l'encontre de Christ et de vous, et eslevant la bataille aussy durement contre vous, que vous faictes a l'encontre d'eulx. Puis aprez que Christ voidt que vous vous ioignez avec luy, et que n'espargnez chair ne sang du vieil homme (ou vieil Adam), lors il s'asseure petit a petit en vous et avec vous : et les assault, et leur livre asprement le combat. Et quand il advient qu'en combattant ilz vous iectent par terre, et que cryez a son ayde, il sault soudaynement a vous en secours et ayde. Puis doulcement (selon vostre puissance), par la loy de son esprit, il vous reprent, tence et chastye. Et quand il voidt que gemissez et plourez en dueil et repentance vostre cheute et improvidence, lors il se contente et est reconcillyé par soy mesme en l'obedience de vostre coeur au sens de sa parolle. Lors a mesure qu'il voidt l'accroissement de vostre douleur et tristesse du mal qu'avez commis, il multiplye et accroist au semblable coyettement en voz pensées la ioye et la cognoissance du bien : et vous ouvre les yeulx (par sa loy) de degré en degré, tellement qu'il se faict puis aprez une si dure bataille, qu'on n'y voidt entrée n'yssue, bort ne ryve : advironnéz de toutes partz d'ennemys dedans et dehors. En telle sorte qu'on vient a estre surmonté en ses pensées, tant qu'on ne voidt ayde a dextre ne senestre : en tant que le Seigneur s'est absconsé de nous, tenant touteffois secretement le combat pour nous, ne donnant ou permettant au tentateur de nous tenter oultre nostre povoir : consideré qu'il (benict) baille la mesure de tentation selon la foy. Par laquelle foy nous cryons : Seigneur, Seigneur nous perissons, ayde-nous! Lors incontinent aprez nostre cry au dangier, il vient et s'advance a nostre ayde, et nous relieuve le couraige : et affermit noz pensées, nous r'enforceant d'autant que nous estions foybles et non plus. Veu que de l'un vient l'aultre. Puis aprez il nous envoye auprez de nostre frere, ou enseigneur en Iesuschrist, qui ha esté r'encontré de ce mesme : et luy venons a racompter nostre fortune, et le dangier de nostre necessité. Adonc il entendt que la chose va bien, puisque le Seigneur nous donne telles attainctes, et que la besongne s'advance : et s'esiouyt de ce que povons estre encoire participans de la grace et misericorde de Christ, en ses afflictions et tribulations, tellement qu'il nous console de ce mesme qu'ha souffert Ieuschrist pour noz pechez et offences, par les escriptures en la vertu de sa parolle en l'esprit, laquelle luy est donnée de Dieu par grace. Et ainsy par plusieurs admonitions, il plante et arrouse nostre nature sprirituelle donnée de Dieu : afin que par ce moyen le Seigneur donne accroissement, et qu'il luy plaise florissamment nous fructifier, en sa filiale crainte et nature, qu'avons misericordieusement receu de luy, par la regeneration et rechangement de noz sens en l'obedience interieures et exterieure de sa spirituelle et divine parolle. Procedant en avant en crainte, en la vraye nature et innocence de l'enfant en l'entendement.

Puis venir par la mesme voye au iouvenceau, la ou premier se commence a enforcer la bataille : a cause que l'entendement entendt plus vivement les navreures de la loy, et commence a cognoistre ses ennemys de plus pres. En telle sorte qu'il ne regarde plus derriere soy, pour donner la fuyte ou reculler pour la crainte d'iceulx : ains au contraire est du tout preparé a la mort, selon le florissement de son adolescence et ioeunesse, tellement qu'il ne le fault plus contraindre ny poulser a la poursuyte de ses ennemys : car il n'y est que trop aspre. Pourtant le Seigneur vient en rudesse a l'encontre de luy, et le reprendt fermement : afin que par la gloire de son eage il ne se perde soy mesme ; et aussy qu'il cognoisse que c'est adonc que l'ennemy par sa cautelle le poursuyt, le voulant eslever en sa fleur nouée, le glorifiant et exaltant en sa beaulté et sapience : se monstrant devant luy comme une belle deesse ou royne, aornée d'habitz de gloire et de beaulté, luy attribuant et donnant toute liberté, afin qu'il s'approche d'elle, et que couvertement elle le faice paillarder a son amour. Surquoy le Seigneur au contraire le vient a blasmer, enlaydir et reiecter, reprendre et chastier : et luy donne a cognoistre les embusches de Satan et de sa paillarde : afin que par ses acclicotemens elle ne le deçoipve et luy faice perdre sa beaulté et ioeunesse. Et ainsy luy vient-il a mettre au devant les dangiers et le peril ou elle le poeult faire tomber, et le vient a abbaisser encore plus bas qu'il n'estoit en son enfance, l'advironnant d'ennemys dedans et dehors : afin que par le grand empeschement et occupation de l'un, il oublye l'aultre, et qu'ainsy il vienne a accroistre et meurir d'obedience en obedience, d'humilité en humilité, de crainte en crainte, de pleurs en pleurs. Pour par ce moyen apprendre perfaictement a cognoistre ses ennemys, lesquelz nous costuyent perseverammant et accroissent avec nous, non seulement dehors, mais principalement dedans iusques au temps de la moysson (ou de la perfection) que la sye ou la faucille trenchante (la parolle) separera l'un de l'aultre eternellement et a tousiours.

Par ainsy donc, voiez qu'il fault de bataille en bataille estre r'enforcé en l'obedience de la loy interieure de Christ, ayant les aureilles aspres apres icelle : voire se bender et trembler de paour de tomber ou cheoir en la transgression et prevarication d'icelle loy spirituelle. Et ainsy tousiours veiller en l'esprit et pensées : afin que du tout on pervienne a cognoistre la voix de Dieu ou du diable, l'esprit de Christ ou de Belial; l'esprit d'humilité ou d'orgueil, l'esprit de simplesse ou de faulseté, l'esprit d'amour ou de hayne, l'esprit de paix ou de discorde, l'esprit de chasteté ou de paillardise, l'esprit de sobrieté ou de gourmandise, l'esprit de liberalité ou d'avarice, l'esprit de gaing ou de perte, l'esprit menant a la vie ou a la mort. Afin que sommairement on les delaisse, et qu'on soit faict ennemy du tout de l'un, et qu'on s'adioingne inseparablement a l'aultre qui est Iesuschrist selon l'esprit : bataillant et vaincquant avec luy. Car si nous avions esté loyaulx et obedientz en l'enfance et innocence, et vouloir apres estre inobedientz en nostre iuventute et adolescence (quand l'esproeuve attainct et penetre de plus prez), que prouffiteroit tout cela, sinon de demourer tousiours comme un serviteur soubz tuteurs et curateurs, sans iamais estre capables ou ydoines de posseder l'heritaige. N'est-il pas ainsy?

Pour ce nous faut-il entendre de proceder en avant : et ainsy graduement (en poursuivant nostre bataille) pervenir au iouvenceau, auquel se forme le bouton par la fleur de l'enfant en la chaleur du soleil par la consolation de la pluye et rosée d'enhault : conservé et garde de ses fueilles, porté par ses branches et substanté de sa racinne par son tronc. Iusques a ce qu'il soit pervenu a un fruict perfaict, viril et commode en la bouche des fameliques mangeantz, et une sanité en ses fueilles (ou parolles) a la guarison des gentilz. Afin qu'en toutes choses l'homme soit une gloire a son Dieu eternellement benict, par Iesuschrist, nostre seul vaincqueur et salut.

Or doncques veu qu'ainsy est que nous nous sommes humblement advancéz de parler de l'enfant et iouvenceau, selon la petite possibilité de nostre rural entendement, il ne sera contentieux ou moleste aux anciens si ie m'advance a parler de l'homme selon mon sentyment enfantif en la vie immortelle de Christ. Et aussy, ie scay que l'homme sapient et ancien est immuable en tout, et supporte tout quand la chose procede d'un bon zele, sans oultrecuidement ou malice. Ce qu'il ha soudainement senti et veu par l'esprit de sa sapience en Dieu benict, qui est le scrutateur des coeurs, reins et pensées. Et par ainsy pour poursuivre ce que i'ay entreprins par la grace de mon Dieu. Il est a noter et entendre qu'aprez que le iouvenceau est pervenu et parcreu en son eage, par moult d'assaultz, batailles et tribulations, il commence a entrer au principe de l'eage, en laquelle le Seigneur mesme apprehende la cause et la conduite, et ne s'attendt plus a homme vivant, quelque celeste ou angelique qu'il soit : non pas a son filz Iesuschrist sa sapience et gloire. La cause est, qu'icelle eage touche et attaint l'esprit, et pourtant exced-elle l'ame : comme le Royaume de Christ. Et aussy entant que l'homme vient a estre puissant en parolles, asseuré en pensées, ne se laissant dimouvoir pour vent qui vente, ne s'esmouvoir de quelque chose qui reptile en ciel ny en terre, sinon de son Dieu seul en l'esprit de sa force.

Il n'y ha plus ne loy ny Evangile qui ayt pouvoir sur luy, ny puissance de l'espoventer. Il accroist et commence d'approcher de l'ancienneté grise. Car les choses qui au paravant le faisoient reculler et craindre, il les approche franchement : pourtant qu'il est l'affranchy de Dieu en icelles. Il scait prendre le feu sans se brusler et scait entrer en l'eaue sans se noyer : sçaichant manger le glayve ou espée de Dieu sans se blesser. Il ne craint deffence ne commandement sinon ce qui est conforme a celuy de son Dieu. Car il est le filz de Dieu mesme, ayant son Pere habitant et demourant en luy, lequel le rend fort, puissant et immuable : ne povant produire ne donner de son coeur et thresor, que ce qui est de Dieu : car Dieu mesme parle par luy. Et est fidelement un advocat pour la deffension des indigentz veufves et orphelins : les consolant et aydant en vertu et puissance de son esprit. A cause qu'il est remply de toutes richesses spirituelles : tellement que nul (ayant faim ou soif) ne part de luy, qu'il ne soit du tout consolé et aydé, de telle sorte qu'un chascun donne louenge a Dieu par icelluy.

Ce neantmoins (mes tres chers freres et soeurs) combien qu'il soit pervenu a une telle virillité et puissance de la sapience de Dieu, si est-ce qu'il fault qu'il procede et chemine plus oultre : asçavoir en l'ancienneté, d'eternité en eternité, en la grisesse et perfaicte eternité de l'ancienne et derniere plenitude de l'esprit. A laquelle pervenir, le Seigneur mesme se vient a tourner a l'encontre de luy, aprez qu'il est echappé de Laban et d'Esau, et luy vient du tout a retourner sa sapience en insipience, sa lumiere en tenebres, ses amys en ennemys, son exaltation en abbaissance, sa force et vigueur en foiblesse et impuissance, sa verité en mensonge, sa richesse en paovreté, sa beaulté en laideur. Tellement qu'il le faict plus miserable et plus paovre, que iamais n'avait esté beau, plaisant, noble ou riche : et luy oste toute foy, esprit et vie, s'absconsant dedans luy au lieu le plus secret de son temple. Lors aprez qu'il l'ha bien tenté et esprouvé iusques au bout, et qu'il voidt que du tout son aspirement est aprez luy, adonc il le r'admaine de degré en degré (de l'abysmense fosse en laquelle il l'avoit mené) pas a pas : et le commence de rechef a revestir de toutes les choses lesquelles il luy avoit despouillé, et luy rendt (oultre icelles) plus habundantes possessions qu'il n'eubt iamais : et faict venir dire peccavi a ses contredisantz. Et Dieu reçoipt la face (ou priere) d'icelluy pour iceulx. Adonc le Seigneur se contente, et prendt du tout son eternel habitacle avec icelluy ancien, cheminant en ses salles en toute esiouissance et felicité eternelle de son coeur, en attendant le dernier iect d'oeil auquel sera la consummation de toutes choses et le iugement de toute chair en une ardeur de feu. Aussy attendt-il ses freres, et les ayde de tout son povoir pour pervenir a ce mesme temps selon leur degré, estat et lieu : afin que le corps precieux de Dieu et de Christ resuscitent ensemble perfaictement a l'eternelle gloire de la vie immortelle de Dieu.

A ceste cause (vous qui aymez le Seigneur) mettez paine et diligence de pervenir a un tel sens, entendement et cognoissance : pour par aprez vivre et regner avec Dieu en son filz Iesuschrist. Lequel vous enseignera et conduira en toute verité, plus que langue ou main ne scauroit parler ou descripre. Combien que pour vous faire approcher a ce haultain et divin office, il fault qu'on vous en escripve quelque chose : afin que cela vous induyse de venir aux fontaines d'eaux vives, courantes soubz le sueil ou marchepied de Dieu : et qu'oyez de voz aureilles, et sentez de vostre coeur par le regard de voz yeulx, les tres excellentes richesses du Royaume de Dieu : et appreniez en toute humilité le moyen et la voye d'y pervenir.

Premierement (comme devant est dict) soyez faictz et engendréz un enfant capable au Royaume.

Puis aprez un iouvenceau.

Tiercement un homme : auquel commence la generation.

Puis pardessus tout un ancien et gris.

Finablement (d'eternelle en eternelle perdurable eage) un ange eternellement vivant, iour et nuict assistant devant Dieu en perpetuelle louenge.

Qui est la fin de ce que i'ay maintenant a vous dire, du principe de pervenir a plaire a Dieu par le moyen de son filz Iesuschrist, par les trois eages dont i'ay faict mention a un priz de Dieu et salut de vos amés.
Amen.

Vu par le Président de la soutenance :
F. BONIFAS.

Vu par le Doyen :
SARDINOUX.

Vu et permis d'imprimer :
Le Recteur :
CH. DREYSS.

TABLE DES MATIÈRES.

	Pages.
Préliminaires.	
Introduction	1
Le Néoplatonisme	3
Denys de l'Aréopage (Pseudo-Denys)	3
Scot Erigène	5
Joachim de Flore	13
Chapitre I. — XIIIe siècle.	
David de Dinant	14
Amaury de Bène et les Amalriciens	20
Les Vaudois panthéistes	31
Le panthéisme des écoles	34
Ortlieb de Strasbourg et les Ortlibiens	36
Chapitre II. — XIVe et XVe siècles.	
Les Béghards et les Béguines, les Frères et les Sœurs du libre esprit	42
Maître Eckhart	57
Les Frères du libre esprit (fin)	94
Marguerite Porrette, Jeanne Dabenton et les Turlupins	109
Les Hommes de l'intelligence, de Bruxelles	111
Les Adamites ou Picards de Bohême	116
Chapitre III. — XVIe siècle.	
Les Libertins spirituels	119
Les Anabaptistes, David Joris, Nicolas Frey	163
Henri Nicolas et les Familistes	200
Les Libertins spirituels (fin)	202
Conclusion	205

APPENDICE. — *Pièces inédites.*

I. *Traités de Rulman Merswin sur les Frères du libre esprit et sur les prédications de maître Eckhart.*
    1. Das baner buechelin 211
    2. Das buoch von den dryen durchbrúchen, und von eime gnodenrichen gelerten pfaffen der meister Eckeharten den grossen lerer stroffete... 215

II. *Sermons et pièces diverses de maître Eckhart.*
    1. Pater noster qui es in celis 231
    2. Ain guote closterler und colatze 236
    3. Das sint gar hoch fragen und materien 240
    4. Schœn fragen 246
    5. Etliche hoch fragen 252
    6. Ain guote kurtze ler 253
    7. Am j sonntag nach der octaff der iij kinig 255
    8. Ain nutze ler 258
    9. Ain schœne bredig von der liebi gotes 259
    10. Ain bredig von sant Augustin, die mag uff in gezogen werden von einer hohen wiszhait 262
    11. Uff der unschuldigen kindlein tag 265
    12. An der vij brueder tag 268
    13. Als Maria uber das birg gieng 270
    14. An sant Jacobus tag 274
    15. Das ist von fünf armueten 275
    16. O du susse nature des ungeboren liechtes 276
    17. Liebe chind, ir sond wissen das ware gaistlich leben leit an rechter bloshait 278
    18. Do unser herr Ihesus Cristus das craentz wolte tragen... 279
    19. Die lerte meister Eckehart 280

III. *Poésies mystiques.*
    1. Poésie d'une nonne sur les prédications de maître Eckhart et de Théodore de Saint-Martin, etc. 281
    2. Poésie sur la Trinité 283

IV. *Catalogues des prieurs provinciaux de l'ordre des Dominicains de la province d'Allemagne* 285

V. *Traité d'un Libertin spirituel.*
    Un petit traicté du commencement pour pervenir de plaire a Dieu, par le moyen de son filz Jesuschrist 292

www.ingramcontent.com/pod-product-compliance
Lightning Source LLC
Chambersburg PA
CBHW071600170426
43196CB00033B/1504